仏教がわかる四字熟語辞典

森　章司・小森英明 編

東京堂出版

はじめに

この『仏教がわかる四字熟語辞典』は、インド撰述の漢訳仏典ならびに中国・日本の祖師たちが著した仏教文献から、四字熟語を採集してその意味を解説したものであるが、本辞典の主眼とするところは、これらの熟語の根底にある仏教の教えや、その文化背景、あるいはその言葉の持つニュアンスなどを解説することにある。換言すれば、本辞典は仏教四字熟語の解説を通しての「仏教入門」あるいは「仏教文化概説」をめざしたということができる。本辞典を単に『仏教四字熟語辞典』ではなく、『仏教がわかる四字熟語辞典』とした所以である。

また本辞典は仏教四字熟語の「活用辞典」をめざした。この辞典を利用して、できれば講話や文章執筆などに仏教の四字熟語を活用していただきたいということであって、そのために「キーワード索引」を作成して巻末に付した。たとえば私たちのすべてが備えているとされる仏性や、私たちのめざすべきさとりの境地などが、四字熟語でどのように表現されているかを検索するための索引を付したということである。

本辞典は以上のような目的をもって編集されたために、一般書としてはなくもがなの例文やその出典をも書き込むことになった。語義のみをお知りになりたい向きには解説の❶の部分のみをお読みいただければよいのであるが、熟語の思想的・文化的背景やそのもつニュアンスを理解していただくために、❷の部分もお読みいただければ幸いである。

平成二〇年五月

森　章司

凡　例

本辞典で取り上げた「仏教四字熟語」

ここに取り上げた四字熟語は、仏教の漢文・和文の古典に使われた、それぞれ独立した意味を有する二文字の漢字からなる漢語が二つ重ねられて四文字となり、単に二つの漢語の意味がプラスされるのみに止まらず、掛け算式により深く広い意味をもつ熟語となっているもので、それ自体において完結しているものをいう。

したがって原則として、以下のようなものは取り上げなかった。

（1）二文字の漢字からなる漢語が二つ重ねられて構成されていないもの。
例：第一義諦、本清浄心などのように○○○-○、一実相印、発菩提心などのように○-○○○という構成からなるもの、常楽我浄、慈悲喜捨などのように○-○-○-○というような構成からなるもの

（2）訓読するものや、間に「の」を入れて読むもの
例：青息吐《あおいきと》息《いき》、愛欲の大海

（3）事物・人物・聖典の名や行為の名称などを表し、仏教の教えを表さないもの
例：九山八海、沙羅双樹、弘法大師、般若心経、白四羯磨

（4）仏教の教えを表すが、それ自体において完結していないものや、いくつかの教えをまとめて表現したもの
例：「教誡示導」のように三種示導の中の一項や、あるいは「三種示導」のように教誡示導などの項目をまとめた言葉

（5）古典に見いだされない新しい熟語
例：廃仏毀釈　大乗仏教など
ただし、「愛縁機縁」など出典にはその趣意があるのみで、この熟語そのものは見いだせないものも、熟語として定着しているものは取り上げた。

（6）サンスクリット語などの音写語

例：毘鉢舎那　波羅蜜多など

（7）二字からなる漢語が単に二つ並べ記されているのみで、四字熟語となって新たな意味が生じていないもの

例：有為無為、有見無見、往相還相など

（8）一見して意味が明瞭で、ことさら解説を必要としないもの

例：貪愛煩悩　断疑生信など

ただし上記の基準には当てはまらないが、重要な仏教教理を表す漢字四字からなる、例えば「十二縁起」「四苦八苦」などの熟語は、本辞典がめざす四字熟語を通しての仏教概説という意味合いからこれを採用した。

項　目

同意あるいは類似の意味を表す四字熟語、反対の意を表す四字熟語などについては、その代表的な四字熟語の解説文中で紹介し、独立の項目として立てなかったものも多い。ただし、目次には、本辞典で取り上げたすべての四字熟語をかかげてある。

なお、本文中の四字熟語で、項目として立てられているものには、（☞）を付して示した。

解　説

解説は❶と❷に分けた。

❶には当該四字熟語の簡単な意味を、❷にはより詳しい意味や、その思想的・文化的背景、あるいは類似の意味を表す四字熟語や反対の意を表す四字熟語などを記しておいた。なお解説文中の四字熟語はゴシックで表記してある。

また語のもつ細かなニュアンスを知っていただくために、用例なども紹介した。用例文については現代語に訳することを原則としたが、分かりやすいものについては原文を現代表記に改めて示した。

出典は煩を恐れて、原則として通称とその巻数のみを記すにとどめた。

なお、解説中にしばしば登場する人物や書名、あるいは仏教の基礎用語などについては、煩を避けて別途に解説したものもあるので、「人名・書名・仏教用語解説」

をご参照いただきたい。なお、これがあることばには右肩に＊を付しておいた。

目　次

項目として立てた四字熟語のほかに、解説文中にあげられている四字熟語も示した。したがってここに掲げられている四字熟語が、本辞典で取り上げたすべての仏教四字熟語ということになる。

なお、ページが太字で示されているものは、項目として立てられているもので、斜体文字で示されているものは解説文中に出るものである。

人名・書名・仏教用語解説

解説中にしばしば登場する人名や書名、あるいは仏教の基礎用語などを簡単に解説した。しかし「しばしば登場するもの」であって、原則としてはすべての解説が当該項目の解説文中で完結するように心がけた。

キーワード索引

巻末に四字熟語の内容による索引を作成しておいた。例えばさとり、真理、心などが四字熟語でどのように表現されているかということを知るためである。キーワードは読者の便を考えて、具体的なものや大きく括ったものなど、さまざまな次元のものを立てておいた。講話や文章を書くときなどにご活用いただけると思う。

仏教がわかる四字熟語辞典

■ 目次

＊太字になっている熟語・頁数は見出し項目とその頁である。細字の熟語は解説文中にあるもので、頁数が斜体で表記されているものは、その熟語が解説文中にとり上げられているものである。

＊四字熟語の漢字表記が複数ある場合は全て記載してあるが、読み方が複数ある場合は、スペースの関係から一つにしてある。

【あ】

あいえんきえん　愛縁奇縁　合縁奇縁　相縁奇縁　3
あいけんだいひ　愛見大悲　3
あいべつりく　愛別離苦　5、112、117、138
あくいんあくか　悪因悪果　168
あくいんくか　悪因苦果　8、13、99、126、168
あくちあっかく　悪知悪覚　186
あくにんしょうき　悪人正機　5、188
あくはつとほ　握髪吐哺　69
あしそうにょう　屙屎送尿　6
あしとくむ　啞子得夢　6
あびきょうかん　阿鼻叫喚　7

【い】

いあくじゅおう　為悪受殃　96
いくどうおん　異口同音　8
いじさんてん　伊字三点　8
いしんでんしん　以心伝心　9
いしんとくにゅう　以信得入　10
いちあいいっさつ　一挨一拶　25
いちいんいっか　一因一果　11
いちがつさんしゅう　一月三舟　12
いちげつさんしん　一月三身　12、100
いちげんりょうげん　一眼両眼　13
いちげんれいこう　一源霊光　260
いちごうしょかん　一業所感　13
いちごんいっく　一言一句　25、86、236
いちじっそういん　一実相印　120
いちじふせつ　一字不説　14
いちじへいげん　一時炳現　14
いちじんほっかい　一塵法界　15
いちそくいっさい　一即一切　24、81、119、175
いちどうしょうじょう　一道清浄　245
いちねんおうじょう　一念往生　15
いちねんさんぜん　一念三千　16
いちねんたねん　一念多念　16
いちねんふしょう　一念不生　17
いちぶつたぶつ　一仏多仏　17
いちみしゃびょう　一味瀉瓶　一味写瓶　18、114、216
いちもんふち　一文不知　19
いちもんふつう　一文不通　19
いちれんたくしょう　一蓮托生　一蓮託生　20
いちろさんき　一路生機　20
いっかみょうしゅ　一顆明珠　21
いっきいっきょう　一機一境　21、25
いっきしゃびょう　一器瀉瓶　18
いっきょうきょつう　一竅虚通　22
いっきょうしけん　一境四見　26
いっきょうしじゃ　一篋四蛇　22
いっきょうししん　一境四心　26
いっけんごし　一拳五指　23
いっこういっしん　一向一心　149
いっこはんこ　一箇半箇　23
いっさいかいく　一切皆苦　23、138、146、219、266
いっさいかいくう　一切皆空　97、219
いっさいしゅち　一切種智　24
いっさいそくいち　一切即一　24、119、175、225
いっしゅついちにゅう　一出一入　25

いっしょうふしょ　一生補処　74
いっしんいちがく　一心一学　25
いっしんさんがん　一心三観　25
いっすいしけん　一水四見　26
いっせつたしょう　一殺多生　26
いっそういちみ　一相一味　27
いったいさんぼう　一体三宝　56
いっぽういっしゅう　一放一収　27
いばしんえん　意馬心猿　28
いろふとう　意路不倒　28、92
いんがはつむ　因果撥無　29
いんきどんしょう　飲気呑声　29
いんどうせっしゅ　引導接取　引導摂取　131

【う】

ういしょうじ　有為生死　265
ういむじょう　有為無常　266
うえんむえん　有縁無縁　30
うかつろんかつ　胡喝乱喝　30
うしつじゃくじ　右膝著地　249
うじょうせけん　有情世間　30
うせつらんどう　胡説乱道　31
うにょうさんそう　右遶三匝　218
うみょううじつ　有名有実　32
うみょうむじつ　有名無実　31
うやむや　有耶無耶　32
うんかいくよう　雲海供養　71
うんとうちう　雲騰致雨　32
うんぴんすいてい　雲兄水弟　33
うんもんさんく　雲門三句　53
うんゆうひょうき　雲遊萍寄　33

【え】

えいんこうか　廻因向果　33
えかしょうか　依果正果　38
えこうないしょう　廻光内照　34
えこうはんしょう　廻光反照　34
えこうへんしょう　回光（廻光・迴光）返照　34、136、185
えこうへんぽん　廻光返本　34
えさんきいち　会三帰一　46
えしゃじょうり　会者定離　35、139、140
えしょうこうだい　廻小向大　35
えしょうにほう　依正二報　38
えしんこうだい　廻心向大　35
えせんだんし　依詮談旨　35、227
えそうふぼく　依草附木　36
えそうふよう　依草附葉　36
えにゅうしょうじ　廻入（回入・迴入）生死　36
えほうしょうほう　依報正報　37
えぼんぜっぽん　壊本絶本　38
えんえごんじょう　厭穢欣浄　39、123
えんつうじざい　円通自在　81
えんてんばんぱく　宛転盤礴　39
えんにゅうさんたい　円融三諦　102
えんりえど　厭離穢土　39、123

【お】

おうがんしゃくじく　黄巻赤軸　40
おうきせつもつ　応機接物　41
おうししゅじく　黄紙朱軸　40
おうせつじゅせつ　横説竪説　41
おうそうえこう　往相廻向　37
おうびょうじゅやく　応病授薬　42
おうびょうしょやく　応病処薬　42

おうびょうとうやく　応病投薬　*42*
おうびょうよやく　応病与薬　**41**、*154*、*155*、*181*
おうぼういほん　王法為本　**42**
おくしせっしゅ　抑止摂取　**42**
おくせつにもん　抑摂二門　*43*
おんしんびょうどう　怨親平等　**43**
おんじんりく　遠塵離垢　**43**
おんじんりく　遠塵離苦　*44*
おんぞうえく　怨憎会苦　*5*、*111*、*117*、*138*
おんみつぜんしん　穏密全真　**44**

【か】

かいいんへいげん　海印炳現　*225*
かいかくこうとう　恢廓曠蕩　**45**
かいごんけんおん　開近顕遠　*45*
かいごんけんじつ　開権顕実　**45**
かいさんけんいち　開三顕一　**46**
かいじごにゅう　開示悟入　**46**
かいしゃくけんぽん　開迹顕本　*45*
かいしょうかいし　回生回死　**47**
かいそけんみょう　開麁顕妙　**47**
かいとうどめん　灰頭土面　**48**
かいほつしゅくぜん　開発宿善、*130*
かくぎょうえんまん　覚行円満　*48*
かくぎょうぐうまん　覚行窮満　**48**、*106*
かくどうまんぞく　覚道満足　*48*
かくねんかいご　廓然開悟　*49*
かくねんたいご　廓然大悟　**48**
かくねんむしょう　廓然無聖　**49**、*248*
かくるはんざ　各留半座　**50**、*132*、*217*
がげひょうしょう　瓦解氷消　**50**
かこうりゅうりょく　花紅柳緑　**51**、*66*、*144*、*234*
がっすいわでい　合水和泥　*290*
かっぱつぱっち　活鱍鱍地　*21*
かふくそうじょう　禍福相承　*168*
かぶつばそ　呵佛罵祖　**52**
がんおうびちょく　眼横鼻直　*51*、*66*、*144*、*234*
かんがいけんこん　函蓋乾坤　**52**、*226*
かんがいそうおう　函蓋相応　*53*
かんがいそうしょう　函蓋相称　**53**
かんこかんこん　亘古亘今　**54**
かんのうどうこう　感応道交　**54**
がんりうきん　眼裡有筋、*165*
がんりきえこう　願力廻向　**55**

【き】

きえさんぼう　帰依三宝　**55**、*213*
きかおんざ　帰家穏坐　**56**
きかんぼくじん　機関木人　**57**
きせんくご　機先句後　**57**
きたじさん　毀他自讃　*113*
きちゅうくり　機中句裏　*57*
きほういったい　機法一体　**57**
きほうそうごう　機鋒相合　*236*
きほうふに　機法不二　*58*
きもうとかく　亀毛兎角　**58**
きゃくかしょうこ　脚下照顧　*136*
きゃくかんはせつ　撃関破節　**59**
ぎゃくじゅんじゅうおう　逆順縦横　**59**
きゅうしんそくねん　休心息念　**59**
きゅうそくばんじ　休息万事　**60**
きゅうりべんどう　究理弁道　**60**、*87*
きょうげべつでん　教外別伝　*9*、*14*、*29*、

68、78、92、142、210、224、246
きょうざいちそく　軽財知足　60、143
ぎょうじどうかん　行持道環　61
ぎょうじゅうざが　行住坐臥　41、61、91、
222、281
きょうしょうふに　境照不二　62、63
きょうぜんしゅぐ　挟善趣求　62
きょうちいちにょ　境智一如　63
きょうちくゆう　境智倶融　62
きょうちごゆう　境智互融　63
きょうちふに　境智不二　63
きょうちみょうごう　境智冥合　63
きょうとんきぜん　教頓機漸　63
きょうりぎょうか　教理行果　63
ぎょくせきこんこう　玉石混交　64
ぎょくせきしゅし　玉石朱紫　64
きんさげんかん　金鎖玄関　64、205
きんじょうほか　錦上鋪花　64
ぎんわんせいせつ　銀椀盛雪　65

【く】

ぐうえんそくしゅう　遇縁即宗　156
くうくうじゃくじゃく　空空寂寂　65
くうしゅげんきょう　空手還郷　66
くうそくぜしき　空即是色　25、49、86、102、
109、148、177、221、223
くうふくこうしん　空腹高心　66
くうやくぶくう　空亦復空　67
くえいっしょ　倶会一処　20、67
くかいちょうしゅう　苦海朝宗　68
くきょうさんてつ　究竟参徹　68
くきょうめいてつ　究竟明徹　68
くきょうようてつ　究竟映徹　68
くくちょうしゅう　句句超宗　68、272
くけつめんじゅ　口決面授　口訣面授　69
くしいちげん　九思一言　69
ぐぜいしょうじん　弘誓精進　276
くぜどにん　救世度人　69
くせんしゃべつ　句詮差別　263
くねんめんぺき　九年面壁　70
くふうべんどう　功夫弁道　70
ぐふとくく　求不得苦　5、112、117、138
くよううんかい　供養雲海　70

【け】

けいげいしゅじゅ　煢煢忪忪　71
けいせいさんしょく　谿声山色　71
けいちゅうみょうしゅ　髻中明珠　72
けうじつむ　仮有実無　135
げぐちんりん　下救沈淪　72、229
げけしゅじょう　下化衆生　73、135、146、218
けさくどく　袈裟功徳　73
げじょうちんりん　下拯沈淪　229
げしんさんらん　外心散乱　264
けしんめっち　灰身滅智　74
けぞくいっしょう　繋属一生　74
げぞくけちえん　化俗結縁　75
げだつじんきょう　解脱深坑　75
げだつたいかい　解脱大海　75
けちえんかんじょう　結縁潅頂　75
けちえんくよう　結縁供養　75
けちみゃくふだん　血脈不断　76
けねんざいぜん　繋念在前　190
けんがいさっしゅ　懸崖撒手　76、183
けんきけんおう　顕機顕応　263

げんきしょうじん　現起精進　*276*

けんきみょうおう　顕機冥応　*263*

げんげんへんぽん　還源返本　*56*、**76**

けんごしょうじん　堅固精進　*276*

けんしきみょうしん　見色明心　**77**

けんしょうおんみつ　顕彰隠密　顕彰隠蜜　**77**

けんしょうじょうぶつ　見性成仏　*9*、**78**、*107*、*162*、*187*、*243*、*246*

けんしょうはじゃ　顕正破邪　*229*

げんしょうふたい　現生不退　*247*

けんしょうみょうしん　見性明心　**79**

けんじょじざい　巻舒自在　*225*

けんじょせいしょう　巻舒斉唱　**79**

けんしんけんしょう　見心見性　*199*

けんぜんかくぶつ　見前仏隔　*215*

げんぜんせんとく　言前薦得　**80**

げんそうえこう　還相回向　*36*

げんちゅうゆうげん　玄中又玄　**80**

けんてきそうおう　拳踢相応　*141*

けんもんかくち　見聞覚知　*186*、*240*

げんらいえこく　還来穢国　**80**

【こ】

ごいしゅばん　互為主伴　**81**、*115*

こいちぜんしゅう　挙一全収　**81**

こいちへいしょ　挙一蔽諸　**82**

こいちみょうさん　挙一明三　*82*

こいちれいしょ　挙一例諸　*82*

こううんりゅうすい　行雲流水　*33*、**82**

こうかんげきせつ　敲関撃節　扣関撃節　**83**

こうきょうぐぼう　光境倶忘　**83**

こうげぐぶつ　向外求仏　**83**

こうごうたしょう　曠劫多生　**83**

こうじつこうこう　紅日杲杲　*228*

こうみょうへんじょう　光明遍照　**84**

こうりゃくそうにゅう　広略相入　**85**

ごうんかいくう　五蘊皆空　**85**

ごうんせけん　五蘊世間　五陰世間　*17*

ごおんじょうく　五陰盛苦　*5*、*112*、*117*、*138*

ごかんじゅうおう　互換縦横　**86**、*236*

こかんひんしん　顧鑑頻申　**86**

こきょうしょうしん　古教照心　*60*、**86**

こきょうしょうせい　古鏡照精　*87*

ごくじごくあい　極慈極愛　*69*

こくどせけん　国土世間　*17*

ごくらくおうじょう　極楽往生　*62*、*89*、*173*

ここえんじょう　箇箇圓成　**87**

ごじきょうはん　五時教判　*182*

こしゅうりゅうほん　虎驟龍奔　*181*

ごじょうおんく　五盛陰苦　*112*、*138*

ごしょうかくべつ　五姓格別　**87**

ごしょうさんしょう　五障三従　**88**

こたいぜんしん　挙体全真　*245*

ごねんそくしょう　後念即生　**89**

ごひゃくけつじゅう　五百結集　**89**

ごひんしちじゅ　五篇七聚　**90**

こほうちょうじょう　孤峰頂上　**90**

ごもくさき　語黙作作　**91**

ごもくどうじょう　語黙動静　**91**

ごんぐじょうど　欣求浄土　*39*、*123*

こんくしょせつ　金口所説　**91**

こんごうふえ　金剛不壊　**92**

ごんごどうだん　言語道断　*36*、**92**、*94*、*147*、*152*、*165*、*246*

こんしこんでい　紺紙金泥　*40*

ごんじょうえんえ　忻浄厭穢　39
ごんじょうえんえ　欣浄厭穢　40
こんじんしょうしき　魂神精識　93
ごんせんふぎゅう　言詮不及　28、92、246
ごんもうりょじゃく　言忘慮寂　94
ごんもうりょぜつ　言忘慮絶　**言亡慮絶**　29、92、**94**、165

【さ】

さあくとくおう　作悪得殃　96
ざいあくじんじゅう　罪悪深重　94
ざいかみてん　罪過彌天　95
ざいこんじんじゅう　罪根深重　95
さいどうふたい　斉同不退　95
ざいふくむしゅ　罪福無主　96
さぜんとくふく　作善得福　96
ざだつりゅうもう　坐脱立亡　96
さっしゅけんがい　撒手懸崖　76
さんがいいっしん　三界一心　97、124、261、274
さんがいかたく　三界火宅　98
さんがいこもう　三界虚妄　97
さんがいゆいしき　三界唯識　261
さんがいゆいしん　三界唯心　97、245
さんきいちろ　生機一路　21
さんげめつざい　懺悔滅罪　98
さんしゃかたく　三車火宅　11、46
さんしょうしま　三障四魔　99
さんしんそくいち　三身即一　12、**100**
さんぜじつう　三世実有　100、256
さんぜりょうじゅう　三世両重　285
さんたいえんにゅう　三諦円融　101、177
さんたいそうそく　三諦相即　102
さんたいそくぜ　三諦即是　102
ざんていせってつ　斬釘截鐵　102
さんねいっぱつ　三衣一鉢　102
さんぼうきえ　三宝帰依　55
さんみつそうおう　三密相応　276
さんみつゆが　三密瑜伽　276
さんりんかいご　三輪開悟　103
さんりんくうじゃく　三輪空寂　104
さんりんしょうじょう　三輪清浄　104、267
さんりんたいくう　三輪体空　104

【し】

しあくしゅぜん　止悪修善　104
しいわげ　志意和雅　105
じかいじりつ　持戒持律　105
じかくかくた　自覚覚他　106、110
しかんたざ　只管打坐　106
じきしたんでん　直指単伝　107
じきしにんしん　直指人心　9、78、**107**、187、243、246
じきじゅんじゅく　時機純熟　108
じきしょうぼだい　直証菩提　108
じきずじきぎょう　直途直行　108
じきそうおう　時機相応　108
しきそくぜくう　色即是空　25、38、49、67、86、101、102、**109**、148、177、221、223
じきにしゅぐ　直爾趣求　62
じぎょうけた　自行化他　110
じきょうりき　示教利喜　110
しぐぜいがん　四弘誓願　73、106、**111**、212、253
しくはっく　四苦八苦　5、**111**、117、138

じごうじとく 自業自得 34、96、99、112、126
じさじじゅ 自作自受 112
じさんきた 自讃毀他 113
しししょうけん 師資相見 113
しししょうひ 死此生彼 113
ししそうじょう 師資相承 114、216
ししそうでん 師資相伝 114
ししふんじん 師子奮迅 114
じじむげ 事事無礙 114、128、252
ししゅちしき 師主知識 115
じじゅほうらく 自受法楽 115
じじょうごい 自浄其意 133、227
ししょうしごう 師勝資強 116
じしょうしょうた 自障障他 自鄣鄣他 116
ししらいどう 師資雷同 113
じしんじんし 辞親尋師 116
じしんぜぶつ 自心是仏 116、178
じそんさんね 慈尊三会 280
したいげんかん 四諦現観 117
しだいふちょう 四大不調 22
じたびょうどう 自他平等 118
じたふに 自他不二 96、118
じたほっかい 自他法界 118
しちじきむぎ 質直無偽 118
しちせんはっけつ 七穿八穴 119、205
しちつうはったつ 七通八達 119
じちょうじど 自調自度 119
しつうぶっしょう 悉有仏性 206、259
じっさいりち 実際理地 119、178
じっそうむそう 実相無相 120、142、145
じっそくじっしょう 十即十生 235
じっぽうざだん 十方坐断 120
しでんくごう 師伝口業 120
しねんけんご 志念堅固 118、121
じねんほうに 自然法爾 121
じひごねん 慈悲護念 122
じひにんじょう 慈悲仁譲 122
しほうりっそう 指方立相 122、250
しもんしゅつゆう 四門出遊 122
しもんゆうかん 四門遊観 123
しゃえぐじょう 捨穢求浄 123
しゃえごんじょう 捨穢忻浄 123
しゃえしゅじょう 捨穢取浄 123
しゃえにゅうじょう 捨穢入浄 123
じゃくえきっぱん 著衣喫飯 6
しゃくじみょうき 借事明機 123
しゃくしんへんへん 赤心片片 124
じゃくめついらく 寂滅為楽 161
しゃくるいとくほん 積累徳本 125
しゃしょうきじょう 捨聖帰浄 124
しゃしんくよう 捨身供養 237
しゃしんしこ 捨身飼虎 237
しゃたじゅぎょう 捨多寿行 282
しゃっくるいとく 積功累徳 125
じゃにゅうちくとう 蛇入竹筒 125
しゃばせかい 娑婆世界 123、126
しゃびょうむい 瀉瓶無遺 19
しゃへいかくほう 捨閉閣抛 126
しゃぼんにっしょう 捨凡入聖 203
しゅいんかんか 修因感果 126
しゅいんとくか 修因得果 127
じゅうじがいとう 十字街頭 91
じゅうじざい 自由自在 22、119、127、193、209、211、230
じゅうじさんぼう 住持三宝 56

じゅうじゅうむじん　重重無尽　15、24、81、115、**127**、175、252
じゅうじゅうむじん　十十無尽　127
じゅうにいんねん　十二因縁　128
じゅうにえんぎ　十二縁起　128
しゅくしゅうかいほつ　宿習開発　130
しゅくしゅうかいほつ　宿執開発　130
しゅくぜんかいほつ　宿善開発　130
しゅくそくはんそく　粥足飯足　130
じゅしゅいんじょう　授手引接　131
じゅしゅごうしょう　授手迎接　131
しゅじょうさいさいど　衆生済度　77、279
しゅじょうせけん　衆生世間　17、31
しゅぜんしあく　修善止悪　105
しゅぜんぶぎょう　衆善奉行　133、159、227
じゅちょうようらく　樹凋葉落　186
しゅっそうにゅっそう　出草入草　131
しゅつぼんにっしょう　出凡入聖　203
しゅつもつけんじょ　出没巻舒　79
しゅばんぐそく　主伴具足　81
しゅばんどうえ　主伴同会　131
しゅばんむじん　主伴無尽　81
じゅんいつむぞう　純一無雑　245
しゅんらんしゅうきく　春蘭秋菊　132
しょあくまくさ　諸悪莫作　132、159、227
しょうあんぼうてい　正按傍提　133
しょういんたいか　小因大果　134
じょううりむ　情有理無　134
じょうえいったい　定慧一体　135
じょうええんみょう　定慧円明　135
じょうえふに　定慧不二　135
しょうえんだいほう　小縁大報　134
しょうかいえんみょう　性海円明　252、266
じょうぐだいほう　上弘大法　72、229
じょうぐぼだい　上求菩提　73、**135**、146、217
しょうこきゃくか　照顧脚下　34、**136**
しょうじじだい　生死事大　136
しょうじじょうや　生死長夜　136
しょうじねはん　生死涅槃　137
しょうじむじょう　生死無常　112、**138**、144
しょうしゃくしゅしゃく　将錯就錯　138、143
じょうしゃひっすい　盛者必衰　35、**139**、144
しょうじゃひつめつ　生者必滅　35、**139**
じょうじゅうふめつ　常住不滅　232
しょうじょうごねん　証誠護念　140
しょうじょうせせ　生生世世　163
しょうじょうねんねん　声声念念　225
しょうしょうれいれい　昭昭霊霊　140
じょうしょさち　成所作智　200
しょうじりんね　生死輪廻　117、137、141
しょうじるてん　生死流転　140、144
しょうそうにょにょ　性相如如　141
しょうそうふに　性相不二　150
しょうたいちょうよう　聖胎長養　141
しょうはくそうずい　唱拍相随　141
しょうひしし　生彼死此　114
しょうぼうげんぞう　正法眼蔵　142
しょうめつしゅどう　証滅修道　193
しょうめつめつい　生滅滅已　161
しょうめつりんね　生滅輪廻　232
しょうゆうどうじ　照用同時　79
しょうよくちそく　少欲知足　60、102、106、
しょうるてんもつ　渉流転物　44
しょうろうびょうし　生老病死　117、123
しょぎょうむじょう　諸行無常　23、109、120、

138、*139*、**143**、*146*、*161*、*219*、*223*、*266*
しょきょうゆいしん　諸境唯心　*274*
しょしょぜぶつ　処処是仏　*158*
しょしょぜんしん　処処全真　**144**
しょぜんぶぎょう　諸善奉行　*133*
しょてんぼうりん　初転法輪　*55*、**144**、*193*
しょほうじっそう　諸法実相　*144*、**145**、*178*、
261、*275*
しょほうむが　諸法無我　*23*、*120*、*138*、**145**、
177、*219*、*223*
じりきさぜん　自力作善　*5*
じりきしょぎょう　自力諸行　*189*
じりきねんぶつ　自力念仏　*189*
じりむげ　事理無礙　*114*
じりりた　自利利他　*110*、**146**
しんいのうにゅう　信為能入　*10*
しんえんいば　心猿意馬　*28*
しんがつえんみょう　心月円明　**147**
じんぎいせん　仁義為先　*42*
じんぎいほん　仁義為本　*42*
しんぎょうかいほつ　信楽開発　**147**
しんぎょうしょめつ　心行処滅　**147**
しんくうみょうう　真空妙有　*135*、**148**、*177*
しんこうしょうご　心光摂護　**148**
しんじつしんじん　真実信心　**149**
しんじつにんたい　真実人体　**149**
しんじんいちにょ　身心一如　**150**
しんじんいほん　信心為本　**151**
じんじんざんまい　塵塵三昧　**151**
しんじんだつらく　身心脱落　**151**
しんじんふに　信心不二　**152**
しんぞくいっかん　真俗一貫　**152**
しんぞくにたい　真俗二諦　*216*
しんとうめっきゃく　心頭滅却　**153**
じんなんけう　甚難希有　**154**
しんぶつむべつ　心仏無別　**154**
しんぼんむべつ　心凡無別　*154*

【す】

ずいえんけもつ　随縁化物　**154**
ずいえんじびょう　随縁治病　**154**
ずいえんしんにょ　随縁真如　**155**、*243*
ずいえんせいかい　随縁制戒　*157*
ずいえんせっけ　随縁摂化　*164*
ずいきくどく　随喜功徳　**155**
ずいきせっぽう　随機説法　*41*、*181*
ずいごんせんとく　随言薦得　*80*
すいしゅにゅってん　垂手入鄽　*217*
ずいしょさしゅ　随処作主　*6*、**156**、*169*、*278*
ずいしょにっさ　随処入作　**156**
すいとうきょせい　水到渠成　**157**、*236*
ずいはちくろう　随波逐浪　*53*、*187*、*226*
ずいびょうよやく　随病与薬　*42*
ずいぼんずいさん　随犯随懺　**157**
ずいぼんずいせい　随犯随制　**157**
すいまつほうえん　水沫泡焔　*200*
ずしんびしん　頭正尾正　**158**
ずずぜどう　頭頭是道　**158**
ずほくめんせい　頭北面西　**158**

【せ】

せいざんはくうん　青山白雲　**159**
せいちでんげき　星馳電激　*181*
せいちょうにきょう　制聴二教　**159**
せいてんはくじつ　青天白日　**159**、*271*
せえんもうしゅう　世縁妄執　**160**

せきかでんこう 石火電光 160
せきへきむげ 石壁無礙 161
ぜしょうめっぽう 是生滅法 161
ぜしょぶっきょう 是諸仏教 104、133、227
ぜしんさぶつ 是心作仏 162
ぜしんぜぶつ 是心是仏 162
ぜしんぜほう 是心是法 162
せせしょうしょう 世世生生 163
ぜつがくむい 絶学無為 163
ぜっかんぼうしゅ 絶観忘守 163
せっけずいえん 摂化随縁 164
せっけりしょう 摂化利生 164
ぜつごさいせい 絶後再甦 76、183
ぜつごんぜっし 絶言絶思 165
ぜつごんぜつりょ 絶言絶慮 164
せっしゅふしゃ 摂取不捨 165
せっしんせっしょう 説心説性 199、243
せっしんふらん 摂心不乱 61
せつだんしゅる 截断衆流 53、226
ぜっとうむこつ 舌頭無骨 165
ぜっとうらくち 舌頭落地 166
せつなえんぎ 刹那縁起 284
せつぶつせっそ 殺仏殺祖 52、166
せつもつりしょう 接物利生 166
ぜつりょぼうえん 絶慮忘縁 167
ぜんあくごっぽう 善悪業報 168
ぜんあくふに 善悪不二 167
ぜんあくほうおう 善悪報応 167
ぜんいんごか 先因後果 168
ぜんいんぜんか 善因善果 168
ぜんいんらくか 善因楽果 8、13、99、126、168
ぜんきとうだつ 全機透脱 169
ぜんきどくろ 全機独露 169
せんきゃくびくう 穿却鼻孔 169
ぜんぎょうおうき 善巧応機 170
ぜんぎょうほうべん 善巧方便 251
せんきょうまんろん 千経万論 170
せんこうみつよう 潜行密用 170
ぜんごさいだん 前後際断 171
ぜんごどうじ 前後同時 225
ぜんごんじょうじゅく 善根成熟 171
せんじゃくほんがん 選択本願 171
せんじゅせんねん 専修専念 149
せんじゅねんぶつ 専修念仏 39
せんしょうこうざん 先照高山 172
せんじんこうこ 先人後己 122
ぜんしんもつもつ 全真物物 245
せんちゅうぶぎょう 専注奉行 173
せんちゅうむいち 千中無一 173
ぜんとうもくしょう 禅灯黙照 173
せんにんびくう 穿人鼻孔 169
ぜんねんみょうじゅう 前念命終 89
せんむいっしつ 千無一失 173
せんりょうひゃくとう 千了百当 174

【そ】

そうえんふうこう 草偃風行 236
そうきふしん 早起不審 273
そうぎゃげんぜん 僧伽現前 174
そうしょういちにょ 相性一如 264
そうそくすいそく 草足水足 131
そうそくそうにゅう 相即相入 25、81、175
そうぞくたいはい 草賊大敗 176
そうもくじょうぶつ 草木成仏 176、269
そくうそくくう 即有即空 177

そくしきみょうしん　即色明心　244
そくじにしん　即事而真　177、204
そくじにしん　触事而真　178、279
そくしんじょうぶつ　即身成仏　207
そくしんぜぶつ　即心是仏　117、162、178、232
そくしんそくぶつ　即心即仏　178、232
そくしんむしん　即心無心　178
そくせそくはい　即施即廃　179
そくとくおうじょう　即得往生　89、179
そくもくぼだい　触目菩提　180
そくりょぎょうじゃく　息慮凝寂　180
そくりょぎょうしん　息慮凝心　180
そったくじんき　啐啄迅機　180
そったくどうじ　啐啄同時　124、180

【た】

だいいちけつじゅう　第一結集　90
だいえんきょうち　大円鏡智　200
たいきせっぽう　対機説法　41、181
だいきだいゆう　大機大用　181
だいごいちじつ　醍醐一実　181
だいごきゃくめい　大悟却迷　182
たいごんたいく　滞言滞句　182
だいしいちばん　大死一番　182、239
だいしだいかつ　大死大活　183
だいじだいひ　大慈大悲　183、185、229
たいすいたでい　帯水拕泥　191
たいすいたでい　滞水拕泥　187
たいどうむもん　大道無門　183
だいにけつじゅう　第二結集　90
だいひこうえ　大悲広慧　184、185
だいひせんだい　大悲闡提　184
だいひむけん　大悲無倦　185
だいほうげんぞう　大法眼蔵　142
たいほへんしょう　退歩返照　185
たいほほんしん　退歩翻身　185
たいもうじゅうじゅう　帝網重重　128
たいもうてんしゅ　帝網天珠　127
たいろきんぷう　体露金風　185
たいろしんじょう　体露真常　186
たこうたしょう　多劫多生　84
たじょういっぺん　打成一片　7、186
たしょうこうごう　多生曠劫　84
だったいげんじょう　脱体現成　187
だつらくしんじん　脱落身心　152
たでいたいすい　拕泥帯水　拕泥滞水　187、217、290
たねんおうじょう　多念往生　16
たもんこうがく　多聞広学　187
たもんごうしき　多聞強識　188
たもんこうはく　多聞広博　188
たりきえこう　他力廻向　55
たりきおうじょう　他力往生　188
たりきしんじん　他力信心　189
たりきねんぶつ　他力念仏　189
たりきほんがん　他力本願　188、190
だんあくしゅぜん　断悪修善　155
たんじんしょうい　端心正意　190
たんじんしょうぎょう　端心正行　190
たんじんしょうぎょう　端身正行　190
たんじんしょうねん　端身正念　190
たんだいどくろう　単提独弄　190
たんたんむき　湛湛無寄　191
たんでんじきし　単伝直指　107
たんとうしゅにゅう　単刀趣入　191
たんとうちょくにゅう　単刀直入　191、278

たんねんじょうじゃく　湛然常寂　192

【ち】

ちいのうど　智為能度　10
ちぐうけちえん　値遇結縁　192
ちくじゃくかいじゃく　築著磕著　192
ちくだんじゅう　知苦断集　193
ちくろうずいは　逐浪随波　53
ちけんげえ　知見解会　107、193
ちもくぎょうそく　智目行足　194
ちゃくちゃくそうじょう　嫡嫡相承　194
ちゅうどうじっそう　中道実相　194
ちゅうゆうへんもつ　中涌辺没　211
ちょうきしゃしゅ　長跪叉手　249
ちょうこちょうこん　超古超今　195
ちょうさいようこう　兆載永劫　195
ちょうさんぼしょう　朝参暮請　196
ちょうさんりし　張三李四　23
ちょうしこうすい　釣絲絞水　196
ちょうたいふんみょう　貼体分明　196
ちょうぶつおっそ　超仏越祖　197
ちょうぼんにっしょう　超凡入聖　203
ちょうようしょうたい　長養聖胎　141
ちょうらいぶっそく　頂礼仏足　249
ちんちょういぜん　朕兆已前　197

【て】

ていそうでんじゅ　逓相伝授　198
てきすいてきとう　滴水滴凍　198
てんきょうたんばん　点胸担板　198
てんきょうてんしん　転境転心　198
てんこうさいがく　塡溝塞壑　199
でんこうせきか　電光石火　160
でんこうちょうろ　電光朝露　199
てんじきとくち　転識得智　200
てんじとうき　展事投機　200
てんじょうなんし　転成男子　201
てんしんじざい　転身自在　202
てんしんどくろう　天真独朗　202
てんにょじょうなん　転女成男　201
てんにんごすい　天人五衰　203
てんぼんにっしょう　転凡入聖　203
てんめいかいご　転迷開悟　203

【と】

とういそくみょう　当位即妙　203
とういそくみょう　当意即妙　204
どういつかんみ　同一鹹味　204
とうかんはせつ　透関破節　204
とうきこうてん　当機敲点　64、205
とうきてきめん　当機覿面　205
どうこうかんのう　道交感応　54
とうこうまいえい　韜光晦影　206
とうこうまいせき　韜光晦迹　韜光晦跡　205
どうごしんにょ　道後真如　207
どうごどうげ　同悟同解　77
どうしどうしょう　同死同生　206
とうしゅつしょうじ　透出生死　230
どうしゅどうしょう　同修同証　77
どうしょうどうし　同生同死　47、206
どうじょうむけん　動静無間　150
どうしんどうい　同心同意　206
どうしんどうき　同身同機　206
どうしんどうみょう　同心同命　207
どうぜんしんにょ　道前真如　207

とうそくどう　当相即道　*204*
とうたいじょうぶつ　当体成仏　**207**
とうたいぜんぜ　当体全是　**207**
とうたいそっくう　当体即空　**208**
どうたいだいひ　同体大悲　**208**
どうちゅうしんにょ　道中真如　*207*
どうちょういもん　同聴異聞　**209**
とうちょうとうてい　透頂透底　**209**
とうとうにんうん　騰騰任運　*222*
とうとうむげ　蕩蕩無礙　**209**
どうとくはちじょう　道得八成　**210**
とうふういっし　刀風一至　**210**
とうまちくい　稲麻竹葦　**211**
とうみょうまいせき　韜名晦迹　*205*
とうゆさいもつ　東涌西没　**211**
どうりきけくう　道力化功　**211**
とかいまつど　塗灰抹土　*48*
どくくてんく　毒鼓天鼓　*212*
どくてんにく　毒天二鼓　**211**
どだついっさい　度脱一切　**212**
どめんかいとう　土面灰頭　*48*
とんしゅとんご　頓修頓悟　*239*
とんじんにが　貪瞋二河　*214*

【な】

ないげたじょう　内外打成　*187*
ななひゃくけつじゅう　七百結集　*90*
なむさんぼう　南無三宝　*56*、**213**
なんぎょうくぎょう　難行苦行　*125*
なんげなんにゅう　難解難入　**213**
なんちなんけん　難値難見　**214**
なんゆほくもつ　南涌北没　*211*

【に】

にかにほう　二果二報　*38*
にがびゃくどう　二河白道　**214**
にちゆうむしょう　日用無生　**215**
にっかことう　日下孤灯　**215**
にっしつしゃびょう　入室瀉瓶　**216**
にっしんげっきゅう　日深月久　**216**
にぶつびょうざ　二仏並坐　*50*、*132*、**216**
にもつそうごう　二物相合　*208*
にゅうががにゅう　入我我入　**217**
にゅってんすいしゅ　入鄽垂手　*77*、*187*、**217**
にょうこうたっさく　鐃鉤搭索　撓鉤搭索　**218**
にょうぶつさんそう　遶仏三匝　遶仏三帀　**218**
にょうやくうじょう　饒益有情　**218**
にょげんけう　如幻仮有　**219**
にょじつちけん　如実知見　**219**
にょじつむとう　如実無倒　**219**
にょぜがもん　如是我聞　**220**
にょぜじっそう　如是実相　**221**
にょにんおうじょう　女人往生　*201*、*222*
にょにんじょうぶつ　女人成仏　*88*、*201*、**221**、*249*、*280*
にんうんじざい　任運自在　*222*
にんうんとうとう　任運騰騰　**222**
にんにんぐそく　人人具足　*87*
にんぼうむが　人法無我　**223**

【ね】

ねはんじゃくじょう　涅槃寂静　*23*、*109*、*120*、*138*、*146*、*223*
ねはんじゃくめつ　涅槃寂滅　**223**

ねはんみょうしん 涅槃妙心 *142*、**223**
ねんげみしょう 拈華微笑 拈花微笑 *142*、**224**
ねんこうゆうそく 念劫融即 **224**
ねんねんしょうじょう 念念声声 **225**
ねんねんしょうみょう 念念称名 **225**
ねんねんそうぞく 念念相続 **225**
ねんねんほほ 念々歩々 *281*
ねんぶついほん 念仏為本 *151*
ねんぶつざんまい 念仏三昧 *264*
ねんりょちけん 念慮知見 *107*

【の】

のうごばっせん 脳後抜箭 **226**
のうそうびくう 衲僧鼻孔 **226**

【は】

はいあくしゅぜん 廃悪修善 **227**
はいせんだんし 廃詮談旨 *35*、**227**
はいめんそうほん 背面相翻 *208*
はかさんたく 破家散宅 **228**
はかんげきせつ 破関撃節 *83*
はくうんじゅうじゅう 白雲重重 **228**
はくじつちょうとう 白日挑燈 *215*
ばしじょうあん 婆子焼庵 **228**
はじゃけんしょう 破邪顕正 *216*、**229**
はしゅきょうこう 把手共行 *166*
はそけんみょう 破麁顕妙 *47*
ばっくよらく 抜苦与楽 *183*、**229**
はっそうさんげん 撥草参玄 **229**
はっそうじょうどう 八相成道 **230**
はっそうせんぷう 撥草瞻風 *229*
はってんきかん 撥転機関 **230**
はっぷちゅうどう 八不中道 **230**、*245*
はつむいんが 撥無因果 *29*
ばんししょうもう 板歯生毛 版歯生毛 **231**
ばんばんしゅっせ 番番出世 **231**

【ひ】

ひうひむ 非有非無 **232**
ひじょうじょうぶつ 非情成仏 *177*
ひじょうひだん 非常非断 **232**
ひしんひぶつ 非心非仏 **232**
ひそうひぞく 非僧非俗 *42*、**233**
ひちえんまん 悲智円満 **233**
ひちかえん 悲智果円 *234*
びちょくがんおう 鼻直眼横 **234**
ひもうたいかく 被毛戴角 披毛戴角 **234**
ひゃくそうせんじゅう 百匝千重 *119*
ひゃくそくひゃくしょう 百即百生 **235**
ひょうしょうがげ 氷消瓦解 *51*
びょうじょうぶじ 平常無事 **235**
びょうどうしょうち 平等性智 *200*
びょうどうびょうどう 平等平等 **235**
ひんじゅごかん 賓主互換 *21*、*236*
ひんじゅれきねん 賓主歴然 *86*、**236**

【ふ】

ふうこうそうえん 風行草偃 *157*、**236**
ふえこんごう 不壊金剛 *92*
ふくもんじ 不拘文字 *246*
ふしそうとう 父子相投 **236**
ふしゃいっぽう 不捨一法 **237**
ふしゃくしんみょう 不惜身命 **237**
ふじゃくみょうじ 不著名字 *246*
ふじゃくもんじ 不著文字 *246*

ふじゅいちじん 不受一塵 237
ふじゅいっぽう 不受一法 237
ふじゅうねはん 不住涅槃 238
ふしゅくしし 不宿死屍 238
ふじゅふせ 不受不施 239
ふしょうかいてい 不渉階梯 239
ふしょうじっさい 不生実際 178、239
ふしょうせえん 不渉世縁 53
ふしょうばんえん 不渉万縁 53
ふしょうふめつ 不生不滅 240、245、246
ふせついちじ 不説一字 14
ふぞういっぽう 不増一法 237
ふそくふり 不即不離 240
ふたいふてん 不退不転 241
ふだんふぜつ 不断不絶 241
ぶつおんほうしゃ 仏恩報謝 241
ぶっしょういちにょ 仏性一如 241
ぶっしょうじょうじゅう 仏性常住 242
ぶっしょうびょうどう 仏性平等 242
ぶっしょごねん 仏所護念 242
ぶっしんいちにょ 物心一如 151
ぶっせいちまい 仏世一枚 242
ぶっそたんでん 仏祖単伝 108
ぶつぶつそそ 仏仏祖祖 113、178、180、243
ふにしんじん 不二信心 152
ふはふえ 不破不壊 246
ふへんしんにょ 不変真如 155、243
ふまいいんが 不昧因果 138、244
ふもつけんり 附物顕理 178、244
ふもんじげん 普門示現 245
ふらいふこ 不来不去 245
ふらくいんが 不落因果 138、244
ふりもへき 扶籬模壁 36
ふりゅうもんじ 不立文字 9、14、29、36、68、78、92、94、125、142、187、210、224、246
ふろうふし 不老不死 246
ぶんいえんぎ 分位縁起 285
ぶんだんしょうじ 分段生死 246、265

【へ】

へいじょうぶじ 平常無事 6
へいぜいごうじょう 平生業成 247、281
へいもんたすい 閉門打睡 86
へきとうへきめん 劈頭劈面 248
へきふくわんしん 劈腹剜心 248
へきりゅうせんじん 壁立千仞 21
べっそうさんぼう 別相三宝 56
へんかいふぞう 遍界不蔵 169
へんしょうえこう 返照迴光 34
へんじょうなんし 変成男子 88、202、222、248
へんだんうけん 偏袒右肩 218、249
べんべきえんきん 卞璧燕金 249
へんぽんげんげん 返本還源 77
へんやくしょうじ 変易生死 247、265
へんゆうちゅうもつ 辺涌中没 211

【ほ】

ほういおうしゃ 法已応捨 122、250
ぼうえんぜつりょ 忘縁絶慮 167
ほうじんぼんのう 法塵煩悩 250
ほうそさっそ 逢祖殺祖 166
ほうにほうねん 法爾法然 250
ほうぶつさつぶつ 逢仏殺仏 166
ほうぶつむに 法仏無二 162
ほうべんぜんぎょう 方便善巧 251

ほうべんぼだい　方便菩提　251
ほうもんむじん　法門無尽　111
ほうもんむへん　法門無辺　111
ほうもんむりょう　法門無量　111
ぼくじんきかん　木人機関　57
ほっかいいっそう　法界一相　251
ほっかいえんぎ　法界縁起　81、252、266
ほっかいえんゆう　法界円融　252
ほっかいゆいしん　法界唯心　252
ほつがんえこう　発願廻向　252
ほっけいちじょう　法華一乗　253
ほっけしちゆ　法華七喩　27、72
ほっしょうじょうらく　法性常楽　254
ほっしょうずいえん　法性随縁　155、254
ほっしょうずいもう　法性随妄　254
ほっしょうびょうどう　法性平等　254、255
ほっしんせっぽう　法身説法　255
ほっしんびょうどう　法身平等　256
ほったいごうう　法体恒有　101、256
ほったいじつう　法体実有　256
ほんうしゅうじ　本有種子　257
ほんうぶっしょう　本有仏性　257
ほんがんたりき　本願他力　188、190、258
ぼんしょういちにょ　凡聖一如　258
ほんしょうしょうじょう　本性清浄　259
ぼんしょうふに　凡聖不二　258
ほんしょうみょうしゅ　本証妙修　259
ぼんてんかんじょう　梵天勧請　224
ぼんのうむじん　煩悩無尽　111
ぼんのうむすう　煩悩無数　111
ぼんのうむへん　煩悩無辺　111
ぼんのうむりょう　煩悩無量　111
ほんらいえんじょう　本来円成　260
ほんらいむもつ　本来無物　119
ほんらいめんもく　本来面目　197

【ま】

まつどとかい　抹土塗灰　48
まんぎょうえんび　万行円備　278
まんぜんじょうぶつ　万善成仏　260
まんぜんどうき　万善同帰　260
まんどくえんにゅう　万徳円融　261
まんぽういちにょ　万法一如　261
まんぽういっしん　万法一心　261、274
まんぼうゆいしき　万法唯識　261、274

【み】

みしょういぜん　未生以前　197、262
みつじゅしんいん　密受心印　262
みょううしんくう　妙有真空　148
みょうかんざっち　妙観察智　200
みょうきけんおう　冥機顕応　263
みょうきみょうおう　冥機冥応　262
みょうしゅごじ　冥衆護持　264
みょうせんじしょう　名詮自性　263
みょうたいそうそく　名体相即　263
みょうたいふに　名体不二　263
みょうたいふり　名体不離　263
みょうちゅうゆうみょう　妙中又妙　80
みょうとくごじ　冥得護持　264
みょうもんりよう　名聞利養　264
みろくさんね　弥勒三会　280

【む】

むいじねん　無為自然　265
むいしょうじ　無為生死　247、265

むいじょうじゅう　無為常住　**265**
むげじざい　無礙自在　*252*、**266**
むげんじごく　無間地獄　*7*、*113*、*137*
むげんほうよう　夢幻泡影　**266**
むこむらい　無去無来　*245*
むごんむせつ　無言無説　**266**
むさふくでん　無作福田　**267**
むしじご　無師自悟　*268*
むしじしょう　無師自証　*268*
むしどくご　無師独悟　**267**
むしむしき　無示無識　*267*
むしむみょう　無始無明　**268**
むしゅむしょう　無修無証　**268**
むじょうじょうぶつ　無情成仏　*177*
むじょうじんそく　無常迅速　*136*、*144*、**269**
むじょうせっぽう　無情説法　**269**
むじょうてんぺん　無常転変　*232*
むしょうむめつ　無生無滅　*240*
むしりんね　無始輪廻　*268*
むそうむじょう　無相無状　*267*
むほうかせつ　無法可説　**269**
むみょうごっしょう　無明業障　**270**
むよねはん　無余涅槃　*74*

【め】

めいげつぞうろ　明月蔵鷺　*65*
めいげつろか　明月盧花　**270**
めいちゅううめい　迷中又迷　**270**
めいとうにんえい　迷頭認影　**271**
めっきゃくしんとう　滅却心頭　*153*
めんじゅくけつ　面授口決　*69*
めんぺきくねん　面壁九年　*70*

【も】

もうきふぼく　盲亀浮木　*214*、**271**
もくきしゅりょう　目機銖両　*53*
もくしゅきりょう　目銖機鋼　*53*
もくしょうむごん　黙照無言　*66*
もつがどうたい　物我同体　*150*
もつもつぜんしん　物物全真　*158*、*245*
もつもつてきたい　物物覿体　*245*
もんしょうごどう　聞声悟道　*77*
もんもんけんたい　文文見諦　*68*、**272**
もんもんふどう　門門不同　**272**

【や】

やかんちんちょう　夜間珍重　**273**

【ゆ】

ゆいがどくそん　唯我独尊　**273**
ゆいしきむきょう　唯識無境　*262*、**274**
ゆいしんえてん　唯心廻転　**274**
ゆいしんしょげん　唯心所現　*252*
ゆいぶつよぶつ　唯仏与仏　**275**
ゆうかんしもん　遊看四門　*123*
ゆうしゅつしもん　遊出四門　*123*
ゆうずうむげ　融通無礙　融通無碍　**275**
ゆうみょうしょうじん　勇猛精進　**275**
ゆがさんみつ　瑜伽三密　**276**

【よ】

ようびしゅんもく　揚眉瞬目　**276**
ようびどうもく　揚眉動目　*276*

【ら】

らいごういんじょう　来迎引接　*131*、**277**、*281*

らいごういんせつ　来迎引摂　277

【り】

りうじょうむ　理有情無　135
りきゆうきょうてつ　力用交徹　277
りぎょうしょうじ　利行摂事　277
りじふに　理事不二　141、178、278
りじむげ　理事無礙　114、141、278
りちみょうごう　理智冥合　278
りっしょかいしん　立処皆真　156、178、278
りっしょそくしん　立処即真　178、278
りやくしゅじょう　利益衆生　279
りゅうげさんね　龍華三会　279
りゅうにょじょうぶつ　龍女成仏　201、222、249、280
りゅうりょくかこう　柳緑花紅　51、234
りんじゅうごうじょう　臨終業成　247
りんじゅうしょうねん　臨終正念　280
りんじゅうらいごう　臨終来迎　277、281
りんてんごどう　輪転五道　281
りんてんしょうじ　輪転生死　281
りんねごうほう　輪廻業報　282
りんねてんしょう　輪廻転生　4、84、93、113、129、281、284

【る】

るたじゅぎょう　留多寿行　282
るてんりんね　流転輪廻　84、283

【れ】

れいだんじち　冷暖自知　冷煖自知　41、236、283
れっぱここん　裂破古今　284
れんばくえんぎ　連縛縁起　130、284

【ろ】

ろうしょうふじょう　老少不定　285
ろうばしんせつ　老婆心切　285
ろくじじょうじゅ　六事成就　220
ろくしゅりんね　六趣輪廻　283
ろくそういちえん　六窓一猿　286
ろくだいえんぎ　六大縁起　217
ろくどうししょう　六道四生　234
ろくどうりんね　六道輪廻　283
ろくどまんぎょう　六度万行　286
ろくなんくい　六難九易　287
ろけついそう　露結為霜　33
ろじびゃくご　露地白牛　287
ろぜんばご　驢前馬後　288
ろっこんしょうじょう　六根清浄　288

【わ】

わげんあいご　和顔愛語　289
わこうおうじゃく　和光応迹　289
わこうすいじゃく　和光垂迹　和光垂跡　290
わこうどうじん　和光同塵　290
わでいがっすい　和泥合水　187、290

仏教がわかる四字熟語辞典

あ 行

愛縁奇縁　合縁奇縁　相縁奇縁《あいえんきえん》

❶「縁は異なもの味なもの」という言葉があるように、男女・夫婦・友人など、人と人との出会い・めぐりあわせとその関係はすべて言葉では説明できないような、不思議な因縁によることをいう。

❷仏教では現象として現れているものはすべて「因縁」、すなわち因（直接的な原因）と縁（間接的な原因＝条件）によって成り立っていると説く。したがって、人と人とのめぐり合わせもこの「因縁」によるものに他ならない、というところから生まれた言葉である。

「愛縁（もしくは合縁・相縁）」と「奇縁」という二つの言葉からなる熟語であるが、仏典中には**愛縁**（**合縁・相縁**）**奇縁**という四字熟語として用いられている例は見当たらない。

中国語としての「愛」は「いつくしむ」「あわれむ」「親しむ」「情けをかける」という肯定的な意味をもつ言葉であるが、仏教語としての「愛」は、「愛執」「愛欲」とか「渇愛」「貪愛」と熟語化されるように、最も根源的な煩悩《ぼんのう》を意味し、決して肯定的な意味をもたない。もともと仏教は「出家」を尊ぶからであって、「性愛」もまた煩悩の一つである。したがって、「愛縁」という言葉も、「諸《もろもろ》の煩悩の中に愛縁の合する所が最も重い」（『*大宝積経』78）というふうに使われている。

愛見大悲《あいけん（の）だいひ》

❶「愛見」とは、「愛」と「見」という二種類の煩悩のことで、「愛」は習慣的・情意的な迷い（思惑・修惑という）であり、「見」は理論的な迷い（見惑という）をさす。「大悲」とは衆生《しゅじょう》（生きとし生けるもの）に対して憐れみいたむことで、*菩薩に不可欠の徳と考えられている。「愛見大悲」とは、心の迷いである「愛見」

から「大悲心」を起こすことで、見返りを目当てにして衆生を憐れみいたむことをいう。

❷愛見大悲は、維摩《ゆいま》（ヴィマラキールティ Vimarakīrti の音写。正確には維摩詰《きつ》という）という在家の大商人を主人公とする『維摩経』文殊師利問疾品にある言葉。『維摩経』は一切の執着を徹底的に取り去ることを主題としており、仏教用語ではこれを「空《くう》」という。

「大悲」は「大慈」の対語として用いられることが多い。「悲」のサンスクリット語はカルナー（karuṇā）であって、嘆き悲しむことが本来の意で、すべての人に分け隔てなくもつ同情を意味する。「慈」のサンスクリット語はマイトリー（maitrī）であって、友を意味するミトラ（mitra）から作られたもので、すべての人に分け隔てなくもつ友情を意味する。簡単に言えば、人の喜びをわが喜びとすることが「慈」であり、人の悲しみをわが悲しみとすることが「悲」であるということができる。これに「大」を付した「大慈」「大悲」は、仏・菩薩のもつ無限の慈悲*をいう。

愛見大悲は見返りをあてにした慈悲のことであるから、本当の慈悲ではない。本当の大悲とは、一人息子が病気になったときには両親もまた病気になり、一人息子の病気が癒えたときに両親の病気もよくなるように、生きとし生けるものが病気であるかぎり菩薩もまた病み、生きとし生けるもののすべてに病気がなくなったときに菩薩の病気も癒える、そういうものでなくてはならないということを説いたものである。

『維摩詰所説経』（文殊師利問疾品）中には「もろもろの衆生においてもし**愛見大悲**を起こさば、即ちまさに捨離しなければならない。何となれば、菩薩は煩悩を断除して大悲を起こすけれども、愛見の悲は生死において疲厭（疲れ）の心がある。もしよく愛見を離れることができれば疲厭あることがない」とされている。衆生は数限りなく存在し、彼らは**輪廻転生**《りんねてんしょう》を繰り返す。**愛見大悲**ではすぐに嫌気がさすであろうが、菩薩の大悲は功徳を期待して起こすものではないから、衆生が存在するかぎり嫌気を起こさない、ということを表わそうとしたもの。

愛別離苦　あいべつりく

❶愛する者と別れる苦しみ。「会うは別れの始まり」といわれるように、人生にはこのような苦しみが満ちあふれていることをいう。**四苦八苦**《しくはっく》（⇧）の一つで、生・老・病・死が「四苦」、これに**愛別離苦**と**怨憎会苦**《おんぞうえく》、**求不得苦**《ぐふとくく》、**五陰盛苦**《ごおんじょうく》を加えて「八苦」になる。
❷日本の浄土教思想の祖である源信*（九四二～一〇一七）の著『往生要集*』大文2には、極楽浄土（西方世界）では心に思うことと現実との違いがないことから、**愛別離苦**さえもないということが述べられている。

悪人正機　あくにんしょうき

❶阿弥陀仏（阿弥陀如来）による他力の救済は、自分の力で覚りを得ることができない悪人こそが目当てであるということ。
❷浄土真宗の祖である親鸞*（一一七三～一二六二）の教えの中核で、その弟子である唯円《ゆいえん》（生没年不詳）が、師の言葉を記したとされている『歎異抄*』《たんにしょう》に、「善人なおもて往生をとぐ、いわんや悪人をや。…悪人成仏のためなれば、他力をたのみたてまつる悪人、もとも往生の正因なり。よて善人だにこそ往生すれ、まして悪人はと、おおせそうらいき」と述べられている。
　ここでいう「悪人」とは、自己の力によって善をなして（**自力作善**《じりきさぜん》）、仏となることのできない人をいう。この「善」も「悪」も一般に流布している通念とは異なり、宗教的な意味から吟味されるべきもので、仏の側から衆生を見た場合の「善」と「悪」をいう。また、「正機」とは阿弥陀仏の救済の対象となるべき人をさす。
　親鸞の**悪人正機**説は、阿弥陀仏の救済によって極楽浄土に往生することをめざす浄土教の流れの中で、中国の善導*（六一三～六八一）および日本の法然*（一一三三～一二一二）の影響のもとに生まれたものである。善導は浄土に生まれるための「信心*」を二つの側面に分けた。一つは「機の深信」であって、劣悪で救われようのない自らのあり方を深く自覚することであり、もう一つは「法の深信」であって、阿弥陀仏の衆生に対する働きかけを深く信じることである。

　また、法然には「罪人なおむまる、いわんや善人おや」（『*黒谷上人語灯録』14、和語灯4）という記述があり、右の『歎異抄』とは対称的な構造が見られて興味深い。

屙屎送尿《あしそうにょう》

❶屙屎は大便をすること、送尿は小便をすること。卑近な日常の営みこそ仏法であるという意。
❷中国臨済宗の祖である臨済義玄《りんざいぎげん》（？～八六七）の言行を弟子の慧然《えねん》（生没年不詳、唐代）が記録した語録『*臨済録』示衆に、「仏法というものは努力のしようもない。ただ平常のままでありさえすればよい（**平常無事**《へいじょうぶじ》）。糞を垂れたり小便をしたり、着物を着たり飯を食ったり、疲れたら横になるだけ。愚か者は笑うであろうが、智者ならわかる。古人も言っている、外に向かって工夫をなすのは、みんな愚か者だ、と。君たちはその場その場で主人公になれば（**随処作主**《ずいしょさしゅ》（⇧））、おのれのあり場所はみな真実となり、外的条件が変化してもその場を取り換える必要はない。たとえ過去世の煩悩の名残や母殺しや父殺しという五逆罪があろうとも、そちらの方から解脱（悟り）の大海となってしまう」とされている。
　先の引用文中の「着物を着たり飯を食ったり」は**著衣喫飯**《じゃくえきっぱん》といい、これも卑近な日常生活の営みをいう。

唖子得夢《あしとくむ》

❶口の利けない人（唖子）が夢を見たとしても（得夢）、その夢の内容を口では説明できないこと。仏教の悟りというものは、自ら体験してみなければわからず、また人には伝え難いことをいう。
❷「趙州無字《じょうしゅうむじ》の公案」として有名な『*無門関』の第一則にある言葉。ある僧が*趙州和尚に「狗子《くし》（犬ころ）に仏性ありや」と尋ねると、趙州は「無」と答えた、

というものである。これを解説（禅ではこれを「提唱」という）する文章のなかで、この「無」を「虚無」とか「有無の無」とかと理解してはならない、昼もなく夜もなく追及して、真っ赤に熱せられた鉄のかたまりを呑み込んで、吐き出そうとしても吐き出せないような状態でいると、今までの悪知悪覚が洗い流されて、だんだんと純熟して、自然に自分と世界の区分がなくなって（**打成一片**《たじょういっぺん》（⇧））、口の利けない人（唖子）が夢を見たようなもので、ただ自知（悟る）するばかりになる、と記されている。

阿鼻叫喚《あびきょうかん》

❶八大（八熱）地獄*のうちの阿鼻地獄と叫喚地獄が合わさってできた語で、戦争や災害等の惨状に対し、人々が苦しみ泣き叫んで取り乱すさまをいう。

❷阿鼻地獄は八大（八熱）地獄の中でももっとも下にあり、もっとも辛い責め苦をおう。阿鼻地獄の阿鼻はアヴィーチ（avīci）の音写語で、受ける苦しみに間断のないことを意味し、**無間**《むげん》**地獄**と訳される。五逆（父母・出家者等を殺害するなど）や謗法《ほうぼう》（仏の教えを誹謗する）の罪を犯した者が死後に墜ちるところとされ、そこは大地が熱された鉄板のようであり、罪人の皮や肉を焼き、筋を断じ、骨を破る。

叫喚地獄は八大地獄の中の四番目で、殺し・盗み・邪淫・飲酒を犯した者が堕ちるところとされ、そこでは獄卒（地獄の鬼）が鉄棒で頭を打ち、熱した釜で炙られたり煮られたりする。あるいは鉗（かなばさみ）で無理矢理口を開かされ、溶けた銅を流し込まれて、五臓六腑を焼かれる。叫喚地獄の叫喚はその責め苦によって罪人たちの喚き、泣き叫ぶ声をいう。

なお、八大（八熱）地獄とは、(1)等活《とうかつ》地獄、(2)黒縄《こくじょう》地獄、(3)衆合《しゅごう》地獄、(4)叫喚（号叫）地獄、(5)大叫喚（大叫）地獄、(6)焦熱（炎熱）地獄、(7)大焦熱（大熱）地獄、(8)阿鼻（無間）地獄の八つのことである。

仏教はインドの他の宗教と同様に業や輪廻の思想を持ち、悪い行い（悪業）をすれば人は死後に地獄や餓鬼・畜生に生まれ、よい行い（善業）をすれば人間や天に生まれることができるとする。これを悪因苦果《あくいんくか》、善因楽果《ぜんいんらくか》という。

異口同音《いくどうおん》

❶大勢の人が口をそろえて同じ内容のことを言うこと。
❷『宋書』など中国の古典にも見いだされるので、仏教起源の言葉ではないかも知れない。しかし、仏教経典にも多くの用例が見いだされる。

例えば『観普賢菩薩行法経』には、釈迦牟尼仏がガンジス河中流の北に位置する毘舎離《びしゃり》（ヴァイシャーリー）国の大林重閣講堂で三月後に般涅槃する（入滅する）と宣言されたとき、仏弟子である阿難と*摩訶迦葉《まかかしょう》と弥勒菩薩が異口同音に、「世尊が入滅された後に衆生がどのように菩薩の心を起こし、*大乗仏教の教えを行じるべきでしょうか」と質問した、というように使われている。あるいは『巨力長者所問大乗経』下には、その時、巨力長者と五百の長者たちは仏に異口同音に、「今だかつて聞いたことのない微妙で清浄なる法を、一切衆生を利益安楽ならしめるために説いて下さい」とお願いした、と説かれている。

伊字三点《いじ(の)さんてん》

❶仏典が書かれている古代インド語の「イ」の音は、例えば悉曇《しったん》文字（六世紀ころの書体）では「𑖂」と書き表す。三つの点が摩醯首羅《まけいしゅら》（インドのシヴァ神）の目のように三角形に並んでこそ「イ」という文字になるのであって、横一列に並んでも、縦一列に並んでも、またバラバラになっても「イ」にはならない。このように三つのものが相寄り相助けあって物事を成立させることをいう。
❷大乗の『*大般涅槃経*（曇無讖訳）』2には、仏の境地である涅槃《ねはん》を「伊字三点」に例えて、「解脱《げだつ》の法（仏が一切の汚れを脱した境地）が涅槃でもないし、如来の身（法身）が*涅槃でもなく、摩訶般若《まかはんにゃ》（仏の智慧）もまた涅槃ではない。これら三つが別々になっては涅槃で

はない。この三つが伊字のように安定してそろってこそ涅槃なのである。」と説かれている。

「涅槃」という言葉は原語をニルヴァーナといい、「(火が)吹き消された状態」を意味し、煩悩の火が滅した覚りの境地をあらわす。初期仏教ではこれを覚者の死後に得られると考えた。そこで、いわゆる*小乗仏教の『*涅槃経』はブッダ・釈迦牟尼の死の様子を描いたものである。

しかし、*大乗仏教では、真の涅槃は一切の煩悩を解脱した境地であるだけではなく、死を超越して永遠なる法身を獲得するとともに、一切の衆生を救済する働きを有する智慧を持つものではなければならないと考えた。上記の「伊字三点」の譬えは、このような大乗仏教の涅槃のあり方を表したものである。そこで大乗仏教の『涅槃経』は、小乗のそれと同じ題名であっても、ブッダ・釈迦牟尼の死は衆生教化のために仮に表したものに過ぎないということを内容とする。

以心伝心《いしんでんしん》

❶文字や言葉によらずに、悟りの内容を師から弟子に心をもって心に伝えることをいう。特に**不立文字**《ふりゅうもんじ》(⇧)、**教外別伝**《きょうげべつでん》、**直指人心**《じきしにんしん》(⇧)、**見性成仏**《けんしょうじょうぶつ》(⇧)などを標榜する禅宗で重んじられる。

❷例えば、中国禅の第六祖*慧能《えのう》(六三八～七一三)の行実と説法が収録されている『六祖壇経(宗宝本)』行由には、「昔、釈迦牟尼仏から数えて第二八祖となる*達磨大師(五三〇年頃、中国に渡る)がインドから初めて中国に来たとき、人々はその教えを信じなかった。そこでこの教えが仏から直接に伝えられたことを証明するために、釈迦から*摩訶迦葉《まかかしょう》が譲られたとする衣を師から弟子に代々受け伝えてきた。しかし、仏の教えは本来、心をもって心に伝え、自ら悟り、自ら理解するものでなければならない。だから衣は争いの始まりである。もはや伝えてはならない」と説かれている。

同じく中国禅の流れを汲む宗密《しゅうみつ》(七八〇～八四一)の著と

される『*禅源諸詮集都序』上之1にも、「達磨は天竺《てんじく》（インド）において法を受けて中華にやって来たが、人々は未だこの法を理解することができず、文字にとらわれるのみであった。そこで月をさす指は月ではない、仏の教えはただ心によって心に伝えられるのであって、**不立文字**《ふりゅうもんじ》であると知らしめた」と述べられている。

以心伝心の用例は日本の仏典にも見られる。例えば、*華厳宗の学僧であった凝然《ぎょうねん》（一二四〇～一三二一）の主著『*八宗綱要』中の禅宗に言及している箇所で、「天竺の二八祖、心を以って心に伝え、彼の第二八祖達磨大師、梁の世に之を伝え、漢地にては乃至六祖まで次第に相承す」とある。また、『*正法眼蔵』葛藤でも如浄禅師（一一六三～一二二八）の言として「葫蘆藤（ウルチン：瓢箪のつる）の葫蘆藤をまつう（からみ合う）は、仏祖の仏祖を参究し、仏祖の仏祖を証契（さとる）するなり。たとえばこれ**以心伝心**なり」と記されている。

以信得入《いしんとくにゅう》

❶信じる心があってこそ、仏教の教えの中に入ることができるということ。

❷『*法華経』譬喩品に「舎利弗《しゃりほつ》よ、おまえですら信によってこの経（法華経）に入ることができたのだ。その他の弟子たちは言うまでもない。その他の弟子たちは、仏の言葉を信ずるが故にこの経（法華経）の教えに従うのであって、己の智慧によるものではない」という。すなわち、仏陀の十大弟子の中で智慧第一の誉れ高い舎利弗ですら、『法華経』が説く教えの中には「信」によってこそ入ることができるというのである。

『*大智度論』1にも「仏法の大海には信を能入となし、智を能度となす（**信為能入**《しんいのうにゅう》、**智為能度**《ちいのうど》）」と説かれる。仏法の大海原には信じる心があってこそ初めて乗り出すことができ、智慧というのはそれを乗り越える力である、というのである。

なお、仏教の「信」は、澄みきって清らかな心、敬って揺れのない心、疑いもなく了解すること、などを意味する。それが漢訳語では「浄信」「敬信」「清浄心」「信解《しんげ》」「深心《じんしん》」「誠信」などと表される。キリスト教などの一神教では、神こそが万能であって私たち人間は無力であるから、その「信」は神を絶対的・無条件に信頼することになり、「不合理なるが故にわれ信ず」という側面を持つことになるが、仏教は私たち自身が仏になる教えであるから、その「信」は「自分の心を清らかにする」「疑いもなく理解する」という側面が強い。

一因一果《いちいんいっか》

❶聖徳太子（五七四～六二二）の著述である『法華義疏《ほっけぎしょ》』の中にしばしば使われる言葉で、さまざまな修行もすべては仏になるための『法華経*』という一つの道に帰結する、ということを表す。

❷『法華経』は仏となる（成仏）ための教えを説くのであって、仏の教えはこの教えの外にはないとする。この教えを一乗*、一仏乗、仏乗などという。「乗」は乗りものの意で、これは今まで阿羅漢果*という小さな覚りしか得られない教えである声聞乗《しょうもんじょう》、仏に近いが衆生教化に邁進しない縁覚*という覚りしか得られない教えである縁覚乗*《えんがくじょう》、仏になるための教えである菩薩乗*《ぼさつじょう》という三種の教え（三乗*）があると考えられてきたけれども、結局のところは仏になるという『法華経』の教え一つに帰結するということを表す。

　このことを巧みな比喩で表したのが「**三車火宅《さんしゃかたく》**の喩《ゆ》」である。長者の家が火事になった。ところが家の中の子供たちは遊びに夢中でこの火事に気がつかないし、注意を促しても気づこうともしない。そこで長者は一計を案じて、外には珍しい玩具や宝物を載せた羊の車・鹿の車・牛の車があるからすぐに外に出て遊びなさいと叫ぶ。子供たちはこれにつられてやっと燃えさかる火の家から出てきたので、長者は大きな白牛の車を与えた、というものである。羊の車は声聞乗に、鹿の車は縁覚乗に、牛の車は菩薩乗に、白牛の車は仏乗にそれぞれ譬えられたもので、方便としていくつかの教えが立てられるが、究極のところは『法華経』しかないということを説いたものである。

一月三舟《いちがつ（いちげつ）さんしゅう》

❶仏の教えは本来一つであるのに、人はそれぞれ異なった受け取り方をしてしまうということ。
❷「月」を停まっている舟から見ると月は動かない。しかし、舟が南に千里移動すると同じ月を千里南から見ることになる。北に千里移動すると同じ月を今度は千里も北から見ることになる。今流に言うと、私たちが日本で見る月も、アメリカで見る月も、インドで見る月も、みな同じ月であるにもかかわらず違う月のような印象を受けるように、このように本来はただ一つである仏教の教えも、それぞれの見方・受け取り方によって、異なったものと解釈されてしまうということを表したもの。

中国、*華厳宗の第四祖である唐時代の澄観（七三八〜八三九）が著した『*華厳経（実叉難陀訳）』の注釈書『大方広仏華厳経疏』17にある言葉。

一月三身《いちげつさんしん》

❶月は、丸いという形（体）と、太陽に照らされて発している光と、影の三つから構成されているということ。これが仏の三つのあり方、すなわち真理を体現したダルマ（法：dharma）そのものとしての法身《ほっしん》、仏となるための長い修行の果報としての功徳を具えた報身《ほうじん》、衆生を救済するために現実世界に現れた応化身《おうけしん》に譬えられ、それらは三つであるけれども、もともとは一つであるということを表す。これを**三身即一**《さんしんそくいち》（☞）ともいう。
❷中唐の飛錫《ひしゃく》が著した『念仏三昧宝王論』中にある言葉で、「仏の*三身は法・報・化なり。法身は月の体の如く、報身は月の光の如く、化仏は月の影の如し」とされているが、「一月三身」という言葉そのものは見い出せない。

一眼両眼《いちげんりょうげん》

❶「一隻《いっせき》の眼」と「二つの肉眼」のことで、高い識見を有することを意味する。仏道の修行においては、真実を見抜く心眼としての「一隻眼《げん》」と、日常生活に必要な「両眼」の二つの眼の働きが必要であるということ。

❷「一隻眼」は「頂門眼《ちょうもんのまなこ》」ともいう。眉の下の双眼に対して額にある眼のことで、帝釈天などが持つ第三の眼のこと。『無門関*』や『碧巌録*』など禅家の語録に好んで用いられる。

「一眼両眼」は曹洞宗の祖・道元*（一二〇〇～五三）が僧の食事を管掌する役職である典座《てんぞ》の心得を説いた『典座教訓』の中には、「典座は精進して心の雑念妄想を消して清らかにし、一眼両眼を失うことなかれ」と記されている。

一業所感《いちごうしょかん》

❶仏教は業を説く。端的に言えば、よい行いをすれば幸せになり、悪い行いをすれば不幸せになるということであって、これを**善因楽果**《ぜんいんらっか》、**悪因苦果**《あくいんくか》という。そしてこれが輪廻の思想と結びつくと、悪い行いをすると死後に地獄*や餓鬼に生まれ変わり、よい行いをすると人間や天に生まれ変わるという考え方になる。私たちは一生の間にたくさんの行為を行うが、しかし地獄や天など次の生を決める業はただ一つであるとする。これが**一業所感**である。

人間に生まれたとすると、例えばそれは前世に線路に落ちた人を命がけで救ったというただ一つの行為であって、他の盗みをしなかった、嘘を言わなかったというたくさんのよい行為は、どれだけの財産をもって、どんな家柄の、どんな容貌の、どんな体力をもって人間に生まれるかということに影響するだけであるとする考え方である。

❷このことを釈迦*仏教の思想体系を最も要領よくまとめた『*倶舎論《くしゃろん》』17という書物は次のように述べている。「一業が一生を引くのであって、その他の多業はよく円満するのみである。例えば画師がまず一色をもってその輪郭を描き、後にたくさんの色をもってこれを彩るがごときである。このように人身を受けるのは一業で、そのなかに支体・諸根・形量・色力の荘厳を具するもあり、欠減多き者もあるなり」と。

また、『太平記*』に「如何なる**一業所感**にか、斯る乱世に生れ逢うて、或は餓鬼道の苦を受け、或は修羅道の奴《やっこ》と不死前《しなざるさき》に成ぬらんと、歎かぬ人は無りけり」（31 新田起義兵事）などと使われている。

一字不説《いちじふせつ》

❶仏教における覚りの境地や真理は言葉では表現できないということ。『大般若経*』571には、「法はみな説くことができない（不可説）。この説くことができないということも説くことができない。もし説くことができるとすればそれは虚妄である。虚妄の中に真実の法はない。諸々の仏・菩薩*は始めより終わりに至るまで、一字も説かない（**不説一字**《ふせついちじ》）」とされている。

❷特に禅宗は**教外別伝**《きょうげべつでん》、**不立文字**《ふりゅうもんじ》（⇧）を標榜する。そこで禅宗の祖師たちは、言葉以外の方法で覚りの境地を伝えようとして、さまざまな常人の理解を超える指導方法を取った。それを「公案《こうあん》」といい、通俗的には「禅問答」と呼ばれる。

禅宗で重んじる『入楞伽経』6にも、「もし人が言葉（名字）に執着して説くならば、それは善法説者とは言わない。なぜなら法には言葉はないからである。この故に諸仏如来は一字も説かず、一名も示さない」とされている。

一時炳現《いちじへいげん》

❶あらゆるものがいっぺんに輝き現れることをいう。「一時」とは「同時」あるいは「即時」を意味し、また「炳現」とは「光り輝いて現れる」ことをいう。

❷『華厳経』*は仏が「海印三昧」に入って観察した覚りの世界を説いたものである。**一時炳現**は波静かな大海の水に、天の万象がことごとく映し出されるように、過去・現在・未来の私たちや私たちの住む世界はもちろん、説くべき法門などすべてのものが明らかに現れでるという「海印三昧」を説明したものである。

『華厳経』はこの世界のすべては**重々無尽**《じゅうじゅうむじん》(⇧)に関係しあっているという世界観を持ち、これが帝釈網(因陀羅《いんだら》網)で説明される。帝釈天の宮殿は須弥《しゅみ》山《せん》の頂上にあり「善見城」と呼ばれる。ここは結び目の一つ一つに宝石がつけられた網で覆われており、その宝石の一つ一つは他のすべての宝石を映していると同時に、その一つの一つの宝石は他の宝石のすべてに映し出されている。このように世界はすべてに関係しあっているのであって、海印三昧に入ると、これらの世界のすべてが**一時炳現**するというわけである。

一塵法界《いちじんほっかい》

❶微細なものの中に真理そのものが内在しているということ。「塵」とは「微塵」のことで、目に見える物質の最小の単位。これは七つの極微から形成され、この「極微」が原子に相当する。「法界」とは真理そのものの世界をいう。

❷圜悟《えんご》克勤《こくごん》禅師（一〇六三～一一三五）の語録である『圜悟仏果禅師語録』*に、「一塵に法界を含み、一念に十方に遍ず。大地を尽すこれ真実の人なり」という言葉が見られる。

また、密菴咸傑《みつあんかんけつ》（一一一八～八六）の語録、『密菴和尚語録』には、「一塵に法界を含み、一句に千差を載せ、一毫端に宝王の刹（国土）を現わし、微塵の裏に坐して大法輪を転ず」という言葉がある。

一念往生《いちねんおうじょう》

❶阿弥陀仏が救って下さることを信じて、ひとたび「南無阿弥陀仏」と唱えることによって、極楽浄土に往生することができるということ。

❷「念仏」は、もともとは心に仏の姿を思い描くことをいうが、中国・日本の浄土教では阿弥陀仏の名を称する「称名」を「念仏」と理解するようになった。「一念往生」は一声の念仏に極楽往生の業が円満するという考え方であるが、他にたくさんの念仏を唱えれば唱えるほどよいとする**多念往生**《たねんおうじょう》の考え方もある。また、他力（阿弥陀仏の救済力）を信じる心、すなわち「一念の信」が強調されることもある。

浄土真宗の開祖*親鸞（一一七三～一二六二）は『*教行信証』信巻で、王日休（?～一一七三）の『龍舒増広浄土文』10を引用して、**一念往生**すれば、いとも簡単に弥勒菩薩と同じ位になる、と説いている。また、その親鸞の曽孫である*覚如（一二七〇～一三五一）は親鸞口伝の言行録である『口伝鈔』下を著して「されば真宗の肝要、一念往生をもて淵源とす」と述べている。

なお、称名の回数についての論争を「**一念多念**《いちねんたねん》のあらそい」という。

一念三千　いちねんさんぜん

❶一切の現象世界そのものが真実であるから（これを***諸法実相**《しょほうじっそう》（⇧）という）、私たち普通の人間の起こす一瞬の心の中にも、*地獄から仏までのありとあらゆる真実の世界が具わっているという意。

❷中国天台宗の開祖である*智顗《ちぎ》（五三八～五九七）は、その主著の一つであり、天台宗の根本聖典とされる『摩訶《まか》止観《しかん》』5上のなかで、「ただ、心はこれ一切法、一切法はこれ心なり」とし、この一切法を「三千種世間」と説明して、これを観察することが肝要であると説いている。

「三千種世間」というのは、地獄・餓鬼・畜生・*修羅・人間・天の六つの世界と、悟りの世界としての*声聞・*縁覚・*菩薩・仏の四聖《ししょう》の十法界と、例えば地獄のなかにはそれぞれ仏も菩薩もあるいは地獄も餓鬼もあるというように、一法界はそれぞれ十法界を具えるから百法界となり、この百法界はそれぞれ『*法華経』の説く如是相・如是性・如是体・如是力・如是作・如是因・如是縁・如是果・如是報・如是本末究竟等などの「あるがまま」なるあり方（十如是）をしているから千如となり、世間には生きもの（有情）としての**衆生世間**《しゅじょうせけん》と、その生きものが住む場所としての**国土世間**《こくどせけん》と、これら二つの世間を構成する*五蘊《ごうん》（五陰《ごおん》）についていう**五蘊（五陰）世間**の三世間に分類されるので、三千種世間となる。

要するに、「三千種世間」は、私たちと私たちの住んでいる世界のすべてをいい、**一念三千**はこの「三千種世間」が一心に含まれていることをいう。

一念不生《いちねんふしょう》

❶長い時間をかけて徐々に心境が高まるのではなく、一瞬の心の働きのうちに妄心が起こらなくなって仏となること。漸教《ぜんきょう》に対する頓教《とんぎょう》の説明として使われたもの。

❷中国華厳宗の第三祖で、華厳宗の教学を大成させた法蔵《ほうぞう》（六四三〜七一二）が著した概説書『華厳五教章（華厳一乗教義分斉章）』1・2では「一念不生これ仏なり」と説かれている。また、「一念とは即ち無念なり、時とは即ち無時なり」（同書2）とするから、「一念」は必ずしも時間的に短いことを意味するのではなく、今の心がそのままに、ということを表したものである。

一仏多仏《いちぶつたぶつ》

❶一つの世界にただ一人の仏しか存在しえないのか、それとも同時にたくさんの仏が存在しうるのかという問題をあらわす語。

❷*釈迦仏教では一つの世界に同時に複数の仏は存在しえないと説く。一つの世界とは須弥山《しゅみせん》世界が一〇億（一〇〇〇×一〇〇〇×一〇〇〇）個集まった三千大千世界のことである。一つの須弥山世界は地球を中心として太陽や月からなる世界であるから、これを太陽系宇宙だとすると、三千大千世界は一つの銀河系宇宙に相当することになる。この一つの銀河系宇宙が一人の仏の縄張りで

ある。私たちの住むこの銀河系宇宙を**娑婆世界**といい、この世界に生まれた仏が釈迦牟尼仏である。しかしアンドロメダの星雲などは他の銀河系宇宙であって、このような他の無数の銀河系宇宙には他の仏が存在するとされ、それが西方極楽世界の阿弥陀仏、東方妙喜世界の阿閦仏《あしゅくぶつ》などの仏である。

ところですでに釈迦牟尼仏は亡くなられているので、いま兜率天《とそつてん》という天上の国におられる弥勒菩薩が、この世界に現れて次の仏になるのは、五六億七千万年後だとされるのは、こうした考え方に基づいたものである。仏とは優曇華《うどんげ》が一〇万劫《こう》（*劫は天文学的に長い時間の単位）にひとたび花開くように極めて現れがたいものであるから、次の弥勒仏が現れるまでにはかくも長い時間を待たなければならないというわけである。

これに対して、*大乗仏教ではたくさんの仏が一つの世界に現れることを否定しない。そこで薬師如来や大日如来など、さまざまな仏を信仰する。また、大乗仏教はすべての衆生が仏になることを目標とするから、もし一つの世界に一人の仏しか存在しえないとすると、この目標は永久に実現できない理想でしかないということになる。とはいいながら仏が次から次へと現れえないことは、我々が現実に体験しているところであって、そこで**一仏多仏**の論争が起きることになる。

一味瀉瓶　一味写瓶　いちみしゃびょう

❶あたかも一つの瓶からもう一つの瓶へと中味を移すように、師から弟子へと仏の教えを残さずに伝えることをいう。

❷『大唐大慈恩寺三蔵法師伝』8に「**一味瓶瀉**して以て五乗（人々を覚りの境地に運ぶ五種類の教え）を瞻《あおぎみ》る」とある。**一器瀉瓶**《いっきしゃびょう》ともいい、その意が、「我が所説の十二部経（すべての教え）を持し、一たび耳を経れば曾て再問せず、瓶水を瀉して之を一瓶に置くが如し」（『*大般涅槃経』曇無讖訳40、慧厳等依泥洹経加之36）とか、「なお水を瀉して之を異器に置くが如し。阿難比丘もまたまた是の如し。仏より聞く所、聞くが如くに転じて説く」（『同』曇無讖訳30）などと表現されている。

また、仏の教えが漏れなく伝えられることが瀉瓶無遺《しゃびょうむい》とも表現される。

類義語に入室瀉瓶《にっしつしゃびょう》（⇧）、師資相承《ししそうじょう》（⇧）がある。

一文不知《いちもんふち》

❶文字を知らず、読み書きのできない人のこと。仏教の教えをもっとも素直に受け入れられる人は、このような人であるということを表す言葉。**一文不通**《いちもんふつう》（⇧）に同じ。

❷浄土宗の開祖法然*（一一三三〜一二一二）は「知恵の法然房」と称された人であるが、その彼が著した『黒谷上人語灯録』*11（和語灯1）には、「念仏*を信ぜん人は、たとい一代のみ法をよくよく学すとも、**一文不知**の愚鈍の身になして、尼入道の無智のともがらにおなじくして、智者のふるまいをせずして、ただ一向に念仏すべし」としている。

また、浄土真宗の中興の祖と謳われる第八世・蓮如*《れんにょ》（一四一五〜九九）の手紙（『蓮如*上人御文』5）にも、「八万の法蔵をしるというとも、後世（来世の往生）をしらざる人を愚者とす。たとい**一文不知**の尼入道なりというとも、後世をしるを智者とすといえり」とされている。

このような伝統を受けて浄土真宗では江戸時代の末期に、白蓮華のように素晴らしい信仰を持つ人たちの行状を集めた『妙好人伝《みょうこうにんでん》』という書物が作られ、「妙好人」は真宗のもっともすぐれた信仰をもつ人たちを表すことばになったが、この妙好人たちも、多くは地位も財産もなく文字も知らないような人たちである。

一文不通《いちもんふつう》

❶文字を知らず、読み書きのできない人。このような人の方が仏教の教えを純粋に受け入れやすいというニュアンスで使われる。**一文不知**《いちもんふち》（⇧）に同じ。

❷浄土真宗の祖である親鸞*（一一七三〜一二六二）は『歎異抄』*の中で、「**一文不通**にして経釈の意味も判らない人の、となえやすからんための名号におわしますゆえに易行という」「われらがごとく下根の凡夫、**一文不通**のも

の〻、信ずればたすかるよし、うけたまわりて信じそうらえば、上根のひとにとってはいやしくとも、われらがためには最上の法にてましますとして、念仏*の教えはこのような**一文不通**の者のための教えだとしている。また、曹洞宗の祖である道元*（一二〇〇〜五三）も、*『正法眼蔵随聞記』6の中で、「**一文不通**にて無才愚鈍の人も、坐禅を専らにすれば、多年の久学聡明にも勝れて出来《しゅつらい》す」として、読み書きができなくても、坐禅を専一にすれば悟りを成就することができると説いている。

一蓮托生　一蓮託生　いちれんたくしょう

❶死後に、極楽浄土の同じ一つの蓮華の花の上に生まれることをいう。日常語としては、善悪にかかわらず運命や行動を共にすることをいう。
❷宋代の王日休（?〜一一七三）が浄土の行者の伝記からその要文を集めた『龍舒浄土文』5という書物には、東晋の慧《え》遠《おん》法師（盧山の慧遠と称される。三三四〜四一六）が、僧俗一二三人とともに白蓮社という結社を結んで浄土の修行をし、他日（死んだ後に）蓮華の中にともに生まれようと誓いあった、ということが記録されている。これは『阿弥陀経』*の「阿弥陀仏の名を聞き、極楽浄土に生まれたいと願うものは、すべてともに一処に会うことができる（**倶会《くえ》一処《いっしょ》**（㊀））」とする教えにもとづくものである。

一路生機　いちろさんき

❶ひたむきで、活力に満ちたはたらきをいう。「一路」は「一すじ路」のことで、「ひたすら、まっすぐに」という意味、「生機」は生き生きした働きを意味する。
❷「生機」は、雲門宗の*雪竇重顕《せっちょうじゅうけん》（九八〇〜一〇五二）の「雪竇頌古」百則を臨済宗の圜悟克勤《えんごこくごん》（一〇六三〜一一三五）が解説した*『碧巌録《へきがんろく》』の七四則に、「衲僧《のうそう》（禅僧のこと）家はすべからくこれ生機有って始めてよし」とあるように使われる。
「一路生機」の用例も『碧巌録』七〇則にあり、「殊

に知らず、箇裏の**一路生機**の処は**壁立千仞**《へきりゅうせんじん》、**賓主互換**《ひんじゅごかん》して**活鱍鱍地**《かつぱつぱつち》なることを」とあり、禅僧の生命力に満ちて生き生きとした働きは、近寄りがたい風格と共に、互いに主となり客となって、自由自在な働きも兼ね備え、実に活力に満ち溢れている、と述べられている。

また、無門慧開（一一八三～一二六〇）が古今の禅者の問答の中から四八則を選んで解説した『無門関』*のなかには**生機一路**《さんきいちろ》という言葉がある。これは「生き生きとした働きがまっしぐらに実行される」という意味である。

一顆明珠《いっかみょうじゅ》

❶「顆」はまるい粒を意味し、珠を数える時に用いる量詞で、「一粒の輝く玉」のこと。真如（真理）や如来蔵（覚りの可能性、仏性）などに譬えることばとして用いられる。

❷宋時代の承天道原（生没年不詳）が一〇〇四年に著した中国禅宗史として名高い『景徳伝灯録』*18に玄沙《げんしゃ》宗一《そういつ》（八三五～九〇八）の「尽十方《じんじっぽう》世界はこれ一顆の明珠なり」という公案が記されている。これは「向上一実の眼を開いて達観すれば、宇宙は無欠無余にして一顆の明珠のごときなり」という意であって、**一顆明珠**によって真如が表されたものである。この公案は道元*（一二〇〇～五三）の『正法眼蔵』*一顆明珠にも取り上げられている。

また、天童宏智禅師（一〇九一～一一五七）の百則を万松行秀和尚（一一六六～一二四六）が解説した『従容録』*九三則には、『法華経』*にある、すべての衆生には仏性が具わっていることを表した「衣珠（衣の下に隠された宝珠）喩」を下敷きにして、「糞掃堆頭（うずたかく積まれたぼろきれのかたまり）に一顆の明珠を拾得するにあい似たり」という文章が見られる。これは**一顆明珠**によって如来蔵仏性が表されたものである。

一機一境《いっきいっきょう》

❶「機」は内なる心の働きをいい、「境」は外にある心の対象をいう。**一機一境**は禅において師家《しけ》（指導者）

が修行者を、一人ひとりの微妙に異なった機微を捉えてこまやかに指導することをいう。

❷禅の語録として有名な『*碧巌録』一一則には、「何げない一句一言は群を驚かせ、衆を動かす。**一機一境**は迷いの鎖、悟りの枷《かせ》を打破する」とされている。

一竅虚通《いっきょうきょつう》

❶「竅」は「穴」のこと。一つの穴ががら空きになって、風が**自由自在**(⇧)に通じることをいい、何ものにもとらわれることのない境地を表す。

❷万松行秀和尚（一一六六～一二四六）の語録である『*従容録』八六則に、「真風籥（笛）を度《わた》る」ということばを**一竅虚通**と言い換えて解説している。

また、禅宗では、「一竅」は生得的に有する身体上の九つの「竅《あな》」以外のもう一つの「竅」、すなわち第三の眼も意味し、圜悟克勤《えんごこくごん》（一〇六三～一一三五）の語録である『*碧巌録』六〇則には、「向上の一竅を撥開すれば、千聖（聖者という聖者のすべては）斉しく下風に立つ」という文章が見られる。

一篋四蛇《いっきょうしじゃ》

❶「篋」は書物などを入れる長方形の箱のことで、私たちの身体に喩え、四匹の蛇は私たちの身体を構成する地・水・火・風という四つの要素（四大）に喩えたもの。私たちの身体は、地・水・火・風という四つの要素から成り立っているのであるが、それは身中に四匹の蛇を飼っているようなもので、不安定な状態にあるということを表したもの。

❷『*華厳経（般若訳）』11入不思議解脱境界普賢行願品には、私たちの身体は一つの篋《はこ》に四匹の蛇が入ったようなものであるから、一つの要素が不調をきたすと一〇一の病が起こると説いている。また、『金光明最勝王経』5には、「私たちの身体は地水火風の四つの要素が同じく一処にあって害しあっている。それは四の毒蛇が一篋に居るが如し」と記されている。**四《し》大不調《だいふちょう》**ということばが病気を表すのは、このような考え方に

よる。

一拳五指《いっけんごし》

❶「拳」は五本の指を握りしめたときにできるもので、指を拡げた本来の手の形は「拳」ではない。このように名のみあって、実体のないものを表す。

❷*大乗仏教の百科事典ともいうべき『*大智度論』51には、「色・受・想・行・識という五つの要素が集まって私たち衆生（生きもの）というものが形成されている。五つの要素を除けば衆生というものはない。五指中には拳はなきがごとく、だから衆生は不可得空である」と説かれている。

一箇半箇《いっこはんこ》

❶「一人もしくは半人」ほどしかいない、極めて少数の得難い人という意。

❷中国の禅宗の歴史を記述した書物として名高い『景*徳伝灯録』28は、「百千人中からすくいとっても、法器とするに足るのは**一箇半箇**だ」としている。禅の語録である『*碧巌録』二〇則にいたっては、なまじっかの教えでは大地を尽しても悟りを得るのは**一個半箇**もないであろう、という。

しかし日本の曹洞宗の祖である道元*（一二〇〇～五三）は『*正法眼蔵』授記において、仏にならないものはない、山河大地もしかりであって、「さらに**一箇半箇**の**張三李四**《ちょうさんりし》なきなり」という。張や李は中国ではありふれた姓で、その三男四男を「張三李四」と呼んだもので、人を卑しむときに用いる。ただ一人の例外もなく悟りを得ることができるという意味である。

一切皆苦《いっさいかいく》

❶人間として存在するかぎり苦ではないものはない、人の一生は苦しみばかりだということ。

❷**諸行無常**《しょぎょうむじょう》（⇧）、**諸法無我**《しょほうむが》（⇧）、***涅槃寂静**《ねはんじゃくじょう》とあわせて*四法印とよばれる。法印とは仏教であるしるしという

意味である。

一切皆苦、**諸行無常**、**諸法無我**は人間は生まれては老い、病気し、死んでいかなければならないものであるから苦しみであり、無常であって、悟りを得て涅槃*寂静の境地に達しないかぎり、これを如何ともすることができないから無我であるという意。

確かに人生には楽しいこともあるのであるが、その楽しみは長続きしないし、変転きわまりない人生を考えてみれば、苦しみばかりであるというのが仏教の人生観である。

一切種智　いっさいしゅち

❶ものを概括的に知る智慧を得たあとに得られる、一つ一つのものを個別に知る智慧をいう。

❷ものを概括的に知る智慧を「一切智」といい、「根本智」ともいう。概括的に知るということは、ものの本質を知ること、あるいは平等な姿を知ることであって、例えば猿山の猿はニホンザルと知ることである。しかしながら猿山の飼育担当者は猿山に住む一匹一匹の個体を知らなければよい世話はできない。このように衆生を救済するためには、衆生一人ひとりの個性を知らなければならないから、これは差別を知ることであり、これが**一切種智**とよばれ、「根本智」を得た後に得られる智であるから「後得智」ともよばれる。一切智は一段低い悟りを得た阿羅漢*にも得られるが、**一切種智**は仏にしか得られないとされる最高の智慧である。

一切即一　いっさいそくいち

❶すべては**重々無尽**《じゅうじゅうむじん》(⇧)に関係しあっていて、一のなかに一切が含まれ、一切の中に一が働いていることをいう。**一即一切**《いちそくいっさい》ともいう。

❷大乗*仏教の代表的な経典の一つである『華厳経*』の世界観を表す。この世界観は帝釈網（因陀羅《いんだら》網）の比喩で説明される。須弥山の頂上にある帝釈天の宮殿は結び目の一つ一つに宝石がつけられた網で覆われてお

り、その宝石の一つ一つは他の宝石に映されていると同時に、その一つの宝石には他のすべての宝石を映し出している。このように世界は、一は一切に現れ、一切は一に収斂されるという関係にあることをいう。**相《そう》即相入《そくそうにゅう》**(⇧)ともいう。

一出一入《いっしゅついちにゅう》

❶出たり入ったりする何げない動作のこと。禅家はこのような何げない動作を見て心境の進み具合を量る。❷*『碧巌録』二三則に「**一言一句《いちごんいっく》**、**一機一境《いっきいっきょう》**(⇧)、**一出一入**、**一挨一拶《いちあいいっさつ》**、深浅を見ることを要し、向背を見ることを要す」とされている。

一心一学《いっしんいちがく》

❶修行者が心を合わせて、一つの教えを学ぶこと。

❷仏教の修行者の集団は「和合衆」と呼ばれる。インドの言葉でいえばこれがサンガ(saṃgha)である。このありようが、「サンガは、和合するが故に歓喜し不諍なること、**一心一学**にして水と乳との合するが如し」(『五分戒本』)と表現される。

一心三観《いっしんさんがん》

❶「三観」とは一切のものが実体をもたないと観じる「空観《くうがん》」と、しかし一切のものは仮の姿として存在しているという「仮観《けがん》」と、このどちらにも偏らない「中観《ちゅうがん》」をいい、ひと思いの心のうちにこの三つの観察を具えることをいう。

❷天台宗で説く観想法の一つで、端的にいえば「空観」は**色即是空《しきそくぜくう》**(⇧)と観察すること、「仮観」は**空即《くうそく》是色《ぜしき》**と観察すること、「中観」はこの両者をともに観察することということになる。例えば、*『法華玄義』7上に、浄心観というのは、心というものはことごとく因縁によって生じたものであるから、すなわち「空」であり「仮」であり「中」であり、すなわち**一心三観**である、と説かれている。

一水四見《いっすいしけん》

❶人間にとって「水」と見えるものが、餓鬼にとっては「膿《うみ》の河」、天人には「瑠璃《るり》」、魚には「住処《すみか》」など、見る立場によってさまざまに見えるということ。

日本の法相宗のもととなった瑜伽行派《ゆがぎょうは》と呼ばれるインドの中期*大乗仏教の思想では、*阿頼耶識《あらやしき》という私たちの心の深層にある識から外界のすべてが現れていると主張する。すなわち外の世界は私たちの心から現れ出たものであって、だから同じものが心の状態によって水に見えたり、瑠璃に見えたり、膿の河に見えたりするというわけである。

❷瑜伽行派の大論師であったインドの*世親（ヴァスバンドゥ、三二〇～四〇〇頃）が著した『摂《しょう》大乗論釈』12の中に、「同じ一つのものが、心が異なるがゆえにさまざまなものとなる。例えば河の流れが餓鬼には膿血となり、魚には住処となり、人には水となり、天には地となる」と説かれている。

一水四見という用語は、宋時代の宝臣が著した『注大乗入楞伽経』2に見られるが、同じ意味を表す熟語には、唐の智周（六六八～七三三）が著した『成唯識論演祕』6に**一境四見《いちきょうしけん》**、唐の窺基《きき》（六三二～六八二）が著した『成唯識論述記』7には**一境四心《いっきょうししん》**がある。

一殺多生《いっせつたしょう》

❶一人の悪人を殺して、多くの人の命を救うこと。

❷仏教の戒律においても殺人はもっとも重い罪であり、教団を追放される波羅夷《はらい》罪であるが、*大乗仏教では多くの人を救うために一人の悪人を殺すのは、罪悪となるどころかむしろ功徳になるとする考えも生じた。例えば、三世紀ころに成立した*唯識思想の根本論書である弥勒《みろく》（マイトレーヤ、二七〇～三五〇頃）の著した『瑜伽師地論』41には、「もし盗賊が財を得ようとして多くの衆生を殺し、無間地獄に堕ちようとしているのを見るならば、*菩薩は自らが*地獄に堕ちようとも、盗賊に地獄に堕ちる罪を犯させないように、憐愍心を起こして

彼の命を断つ。これは菩薩戒には違反せず、かえって多くの功徳を生じる」とされている。

また大乗の『*大般涅槃経（曇無讖訳）』12には、大乗仏教を誹謗する婆羅門（バラモン）を殺しても地獄には堕ちない、大乗経典を護持しようとする心があるからであって、大乗経典にはそのような力がある、とされている。

なお**一殺多生**という語は、謡曲の『鵜《う》飼《かい》』に「ねらう人びとばっと寄り、**一殺多生**の理に任せ、かれを殺せと言い合えり」というように使われている。しかしこのような論理が安易に使われてはならないことはいうまでもない。

一相一味《いっそういちみ》

❶真実は差別も対立もない絶対平等なるものであるから、一つの様相、一つの味をしている。仏はこれを衆生の機根にしたがって説きあらわすから、さまざまな教えがあるように見えるけれども、実はただ一つであるということを意味する。

❷仏教には*声聞《しょうもん》、*阿羅漢になる教え、*縁覚《えんがく》になる教え、仏になる教えの三種（*三乗）があるように見えるけれども、実は仏になる教え一つしかないという思想（*一乗思想）を説く『*法華経』薬草喩品にこの言葉が使われている。

法華《ほっけ》七喩《しちゆ》ということばがあるように、『法華経』には巧みな比喩が七つあるのであるが、その一つである「薬草喩」は次のように言う。この大地には小さな樹も、中くらいの樹も、大きな樹もある。雲がこの大地の上を覆って雨を降らすと、小さな樹は小さな樹なりに、中くらいの樹は中くらいの樹なりに、大きな樹は大きな樹なりに水をすって生長する。しかしその雨水には違いがないように、如来の説法も**一相一味**である、と。

一放一収《いっぽういっしゅう》

❶手綱をゆるめたりひきしめたりすること。禅を修し、

指導する機微をいう。
❷語録として名高い『碧巌録*』二四則に、機鋒が鋭いために鉄磨と呼ばれていた老婆と、その師である潙仰《いぎょう》宗の祖である潙山*（七七一〜八五三）の丁々発止《ちょうちょうはっし》たる問答のさまが、「**一放一収**互にあい酬唱し、両鏡あい照らして、影像の観るべきなきが如し。機機あい副い、句句あい投ず」と表現されている。

意馬心猿　いばしんえん

❶心は走り回る「馬」のように御し難く、騒ぎ立てる「猿」のように制しにくいものであるということを表す。
❷中国浄土教の祖である曇鸞*《どんらん》（四七六〜五四二）の『略論安楽浄土義』に、「凡夫の心は野性の馬のように、意識は激しく動く猿のように、執着の対象（六塵）を駆け巡って、一時たりとも落ち着いてとどまることはない」としている。**心猿意馬**《しんえんいば》という場合もある。
ここでは心は馬や猿に喩えられるのであるが、この他に「狗《いぬ》」のように制御しがたいとか（『法句経』上＝仏教聖典中、最古のものの一つ）、「蒼蠅」（『大宝積経*』112）や「猪」のように不浄を求める（『大乗集菩薩学論』17＝寂天〈七世紀〉による菩薩*が学ぶべき教説を集めたもの）、というように他の動物に喩えられることもある。

意路不倒　いろふとう

❶「意路」とは思慮分別、「不到」は路が途絶えたことで、思慮分別の範囲を越えたところということ。
❷禅の語録として有名な『碧巌録*』の六三則は、南泉普願（七四八〜八三四）の弟子たちが猫をめぐって騒いでいたので、南泉は「何か言うことができれば斬らず」と提起したが、答えがなかったので子猫を斬ってしまったという「南泉斬猫児」という公案であるが、その垂示（師が弟子に教訓を垂れること）に「**意路不倒**、宗旨の大要を提起して説法しようとしても**言詮不及**《ごんせんふぎゅう》」としている。**言詮不及**も言葉や文章ではとらえられないという意味で、禅の悟りの境地は言葉では表現できない

とされ、**不立文字**《ふりゅうもんじ》（⇧）、**教外別伝**《きょうげべつでん》、**言妄慮絶**《ごんもうりょぜつ》（⇧）などという言葉が好んで使われる。

因果撥無《いんがはつむ》

❶すべてのものごとには原因があり、原因は結果として現れるという「因果」の道理を無視し、否定することをいう。**撥無因果**《はつむいんが》ともいう。仏教で「邪見」というのはこれをさす。

❷仏教は一切のものは縁起によって成り立っているということをその世界観の基本とする。だから、神が作ったものでもないし、偶然にできたものでもない、また運命的にそうなっているのでもない、ということになる。これらを仏教では「尊祐論《そんゆうろん》」「無因無縁論」「宿命造論《しゅくみょうぞうろん》」として否定し、自らの立場を「業論」「行為論」「精進論」という。幸せになりたかったら、幸せになる原因を作るように努力しなさいということであって、運命論・偶然論に異義をとなえたものである。

日本の浄土教の思想に大きな影響を与えた源信*（九四二〜一〇一七）の『往生要集*』大文1には、「母殺し父殺しなどの五逆罪を造り、因果を撥無し、大乗を誹謗し、虚しく信施を食う者は無間地獄に堕ちる」とまで言われ、因果の道理はかくも重いものとされている。

飲気呑声《いんきどんしょう》

❶気を飲み、声を呑んで、何も言えなくなること。あっけにとられたり、がっくりしたり、感嘆したりするような情景を表す。

❷禅の語録である『碧巌録*』にはしばしば使われている。第二則にある「この僧またしてもこの老漢（老大家）をいかんともすることができず、ただ**飲気呑声**を得るのみ」というのは「あっけにとられた」ということであろう。第一〇則の「若《も》し向上に転じ去らば、直に得たり、釈迦・弥勒・文殊・普賢・千聖万聖・天下宗師、普く皆な**飲気呑声**」や、第九五則の「万が中にひとりもなし。ただ**飲気呑声**を得たり」は、感嘆のあ

まり声にもならないということであろうか。

有縁無縁《うえんむえん》

❶「有縁」「無縁」は、一般的には自分と他人との関係の有り無しをいうが、仏教的には仏・菩薩*などとの因縁が深く、その教えを聞く機縁をもっているか、いないかを意味する。したがって「縁なき衆生は度しがたし」という言葉は、仏・菩薩などとの因縁がないものは救われない、ということを意味する。

❷『平家物語*』2康頼祝言に、「然れば則ち、結ぶ早玉の両所権現（熊野速玉神社の本宮第二殿は相殿になっている）、各の機に随いて、有縁の衆生を導き、無縁の群類を救わんがために、七宝荘厳の栖《すみか》を捨て丶、八万四千の光を和らげ、六道*（地獄・餓鬼・畜生・修羅・人・天）三有*（欲界・色界・無色界）の塵に同じ給えり」という文章がある。

胡喝乱喝《うかつろんかつ》

❶「喝」は叱咤激励のために発する叫声のことで、「喝を入れる」などと使われる。「胡」はでたらめ、「乱」は秩序がないことを意味する。そこで**胡喝乱喝**は、力量のない禅者が乱用する内実の伴わない喝のことをいう。

❷禅宗では、「且《しばらく》**胡喝乱喝**するなかれ」とか「只管《ひたすら》に**胡喝乱喝**してなにかせん」というように使われている。

有情世間《うじょうせけん》

❶「有情」は心を持つものの意。人間はもちろん犬・猫などの哺乳類や鳥・魚・昆虫などすべての動物を含む呼称。これら「有情」によって構成される世界を**有情世間**といい、「世間の荒波」とか「渡る世間」というときの「世間」がこれに当たる。これに対して「有

情」が住む容器としての山河や地球などを「器世間《きせけん》」という。「有情」はサンスクリット語 sattva の訳語で、「衆生」とも訳されるので**衆生世間**《しゅじょうせけん》ともいう。
❷「地獄*」という言葉は、地獄という地下にある世界を意味するとともに、そこに住む「有情」をも意味する。このように仏教では、その世界の呼び名がそのまままそこに住んでいる「有情」を意味することが多い。これは私たちの行為が私たちの幸・不幸を左右するように、私たちがなした行為が積み重なって私たちの住む世界も作っていると考えるからである。このように私たちが共有する世界を作る行為を「共業《ぐうごう》」といい、私たち個人が責任を負うべき行為を「不共業《ふぐうごう》」という。私たちは行ないをなすことによって、私たちが何に生れるかという将来を決めるとともに、将来の私たちの生れる世界をも作っていることになる。

胡説乱道《うせつらんどう》《こせつろんどう》

❶「胡」はでたらめを意味する。でたらめを説き、仏道を惑乱することをいう。
❷日本曹洞宗の祖である道元*（一二〇〇〜五三）の主著『正*法眼蔵』には、「唐代より今日にいたるまで、説心説性の仏道なることをあきらめず、教行証の説心説性にくらくして、**胡説乱道**する憐愍すべき者おおし」（説心説性）とか、「憑拠《ひょうこ》すべきところなき（よるべき確たるものがない）ゆえに、みだりにかくのごとく**胡説乱道**するなり」（仏経）というように用いられている。

有名無実《うみょうむじつ》

❶名称のみあって実体の伴わないことをいう。
❷仏教では、名称のみがあって実体のないことがさまざまなレベルで語られる。例えば日常的なレベルでは、「兎角」「亀毛」「石女子」などが**有名無実**なものとされる。兎には耳はあるけれども角はないからであり、亀には海草がついているけれども毛はないからであり、石女（子供のできない女性）は女であるけれども子供はないからである。またすべては因縁によって成り立っ

ているから固定的実体はないということを説明しようとするときには、柱や棟や窓が集まって家といい、根茎枝葉が和合して樹木というように、家や樹木は**有名無実**であるとされる。

　さらに大乗の『*大般涅槃経（曇無讖訳）』13では、世俗諦を**有名無実**と説明し、第一義諦（勝義諦）を**有名**《うみょう》**有実**《うじつ》と説明している。世俗諦というのは日常的な次元での真実であり、第一義諦というのは宗教的な次元での真実を意味する。そして「有名無実」なものは熱時の炎（陽炎）・乾闥婆城《けんだつばじょう》（天界に住むガンダルバという妖精の城のことで、蜃気楼のようなもの）・亀毛・兎角・旋火輪（火を回すと輪に見える）とし、**有名有実**なものは苦集滅道という仏教の教えとする。

有耶無耶　うやむや

❶有るか無いか、そのどちらであるとも明白にさせないこと。曖昧でおぼろげなさま。

❷釈迦牟尼仏は、この宇宙が空間的に無辺か有辺か、時間的に無限か有限かという質問には、黙して答えないという答え方をされた。これを無記《むき》という。このような形而上的な問題を追及することは、私たちの修行には役に立たないからであって、したがって仏教では「うやむや」にすることは決して否定的な意味をもたない。

　大乗の『*大般涅槃経（曇無讖訳）』39には次のような問答が記されている。もし私のなかに私のことなら何でも自由自在にできる私というものを成り立たせている主体としての「我（これをインドのことばでアートマンという）」があるならば、どうして私たちは苦しまなければならないのであろうか。好きこのんで苦しむものはいないであろう。しかしもしこの苦しみは私が原因を作ったのではないとすれば、一体どうして私に苦しみがあるのであろうか。このように「我」が**有耶無耶**と思い煩うのは無駄なことである、と。

雲騰致雨　うんとうちう

❶雲がわき上り雨が降ること。春から夏にかけての草木が繁茂する生成の時節をいう。反対に、秋から冬にかけて冬枯れに向かう衰退の時節を**露結為霜**《ろけついそう》という。
❷『従容録』*六六則では、**雲騰致雨**は仏道における向上（絶対平等の境地に向かうこと）を、また**露結為霜**は向下（相対差別の境地に向うこと）を意味するものとして使われている。

雲兄水弟《うんぴんすいてい》

❶**行雲流水**《こううんりゅうすい》（⇧）のごとくして一処に止まることなく、各地の善知識（指導者）を尋ね歩いて修行する禅の修行僧を「雲水《うんすい》」といい、この雲水たちが兄弟のごとくあい親しみ、互いに修行にはげむさまを表したもの。
❷瑩山紹瑾《けいざんじょうきん》（一二六八〜一三二五）による曹洞宗の根本聖典『伝光録』下に「**雲兄水弟**、飢寒をしのび、古風を学びて、万難をかえりみず、昼夜参徹す」という文章がある。

雲遊萍寄《うんゆうひょうき》

❶雲が風に吹かれてあちらこちらへと動き、萍（うきくさ）が吹き寄せられたところに留まるように、何ものにもこだわらずに行脚《あんぎゃ》すること。理想的な雲水のあり方をいう。
❷「弁道話」は『正法眼蔵』*の巻頭に置かれ、道元*（一二〇〇〜五三）禅の基本的立場を表明するようなものとなっている。この中で道元は、今は仏法を弘め、衆生を救済しようとする心を放下《ほうげ》して（うっちゃっておいて）、「しばらく**雲遊萍寄**して、まさに先哲の風をきこえむと」し、「**雲遊萍寄**をこととす」としている。

廻因向果《えいんこうか》

❶「因果」は自分のなした善の果実を自分が得ることであるが、**廻因向果**は、自分のなした善を他に振り向けることをいう。浄土教ではこれを善根功徳の「因」

を浄土に往生するという「果」にふり向けるという意味にも使っている。

❷*釈迦仏教の基本的な教えは**自業自得**《じごうじとく》(⇧)であって、あくまでも自分が幸せになりたかったら自分で努力しなさい、ということにある。しかし*大乗仏教になると、多くの人々を救いとるために自分の善や功徳を他に振り向けなさいと教えられるようになった。これが「廻向」である。大乗経典の一つである『*華厳経（仏駄跋陀羅訳）』15金剛幢菩薩十廻向品は、「*菩薩は善根功徳の力をして一切の処に至らしむ」という。転じて死者の葬送儀礼を「廻向」というのは、参列した者の功徳を死者に振り向けるという行為であるからである。

浄土教では『*無量寿経』下が、「その名号を聞いて*信心歓喜乃至一念し、至心に廻向して極楽浄土に生まれたいと願えばすなわち往生することができる」とするように、善根功徳を極楽往生に振り向けるという意味に使っている。

回光(迴光・廻光)返照　えこうへんしょう(へんじょう)

❶智慧の光を自分自身にあてて、自己を反省し、本来の自己に目覚めること。

❷本来の自己に目覚めるということは、私たち自身が仏であることを知れということである。有名な禅語録の一つである『*臨済録』示衆には、「自ら**回光返照**して、更に別に求めず、身心と祖仏と別ならざるを知って、当下に無事なるを方《まさ》に得法と名づく」とし、禅の歴史を書いた『*景徳伝灯録』26には、「即心是仏なり、**廻光返照**して身心は是れ何物ぞと見よ」とされている。

なお『*圜悟仏果禅師語録』5は「人人《にんにん》みなこの用を稟《う》け、各各《かくかく》ことごとくこの心を稟けて、もしよく**返照廻光**せば便ち是れ毘盧（遮那仏）の正体なり」というように、**返照廻光**とも表現される。**廻光内照**、**廻光返本**、**廻光反照**とする場合もあるが用例は省略する。すべて意味は同じである。また**照顧脚下**《しょうこきゃっか》(⇧)も同様の意味をあらわす。

会者定離《えしゃじょうり》

❶会う者は必ず別れる運命にあるということ。**生者必滅**《しょうじゃひつめつ》（⇧）、**盛者必衰**《じょうしゃひっすい》（⇧）とともに、この世がはかなく無常であることをいう。❷*『平家物語』10「維盛入水」に、「生者必滅**会者定離**は、浮世の習にて候うなり。末の露本《もと》の雫のためしあれば、たとい遅速の不同はありと云うとも、後れ先だつ御別れ、終にはなくてしもや候うべき」といい、慈円（一一五五〜一二二五）が著した歴史書である『愚管抄』3には、「月の光はかけては満ち、満ちてはかくることにて侍るなり。（中略）**盛者必衰会者定離**という理《ことわ》りはこれにて侍るなり」とする。

廻心向大《えしんこうだい》

❶小乗の心を捨て、大乗の心を起こすことをいう。小乗は自分一人の小さな悟りを目指す教えで、大乗はわれひととともに悟りを目指す大きな教え。*声聞乗・*縁覚乗の二乗を小乗といい、仏・*菩薩乗を大乗という。ただしこの区分は大乗を自称する者たちが勝手に作り上げたもので、小乗という仏教が存在するわけではない。**廻小向大**《えしょうこうだい》と同義。❷*大乗仏教経典の一つで、密教における即身成仏を説く『理趣経』8には、「菩薩は大慈心を起こして、よく二乗（の教えを奉じる者）をして**廻心向大**せしむ」といい、*三論宗の嘉祥大師*吉蔵（五四九〜六二三）の著した教義綱要書である『三論玄義』は、「今昔の大乗小乗の両教は、直往（直ちに悟りへと向かう）の菩薩および**廻小向大**の人をして、ふたつながらに仏慧に悟入せしめんがためなり」としている。

依詮談旨《えせんだんし》

❶言語や文字を用いて（依詮）、仏教の真理を説くこと（談旨）。言語や文字などでは真理は表現できないとする**廃詮談旨**《はいせんだんし》（⇧）に対することば。

❷鎌倉時代の華厳*宗の凝然《ぎょうねん》（一二四〇～一三二一）が著した『八*宗綱要』の「法相宗」の項に、「後得智《ごとくち》の中には衆生普く化す、**依詮談旨**には三性三無《さんしょうさんむ》、鏡を懸け、**廃詮談旨**には四句百非　慮《おもんばかり》を息《や》む」という文章がある。仏は一切の真実を如実に知見する平等智と、衆生を救いとるための一人ひとりの個性をよく知るための差別智を持っている。平等智を根本智といい、差別智を後得智という。根本智は**言語道断**《ごんごどうだん》（⇧）・**不立文字**《ふりゅうもんじ》（⇧）の言語・文字を超えた世界を知る智であるが、後得智はそれを衆生に言語や文字をもって説法教化することを具えた智である。そこで**依詮談旨**は後得智の境涯であり、**廃詮談旨**が慮りを超えた境涯であるとされるのである。なおこの文章は八宗のうちの法相宗を説いた部分であって、三性三無性はその根本教理である。

依草附木　えそうふぼく

❶中国では、人が死んで次に何者かに生まれ変わるまでの中有《ちゅうう》（中陰）の間は、精霊として木あるいは草葉の陰に寄りついていると考えられた。これに喩えて、文字言語に拘泥して真の悟りに到達しえない、中途半端な修行者をいう。

❷禅の語録として有名な『碧*巌録』に、「もし是れ未了底（未だ悟らない）の人ならば、**扶籬模壁**《ふりもへき》（暗がりで手探りで歩くさま）・**依草附木**するのみ」（二一則）とか、「もし一絲毫の解路（一筋の見解理路）あって、なお言詮に滞り（ことばに拘泥し）、なお機境にとらわるれば（心や動作にとらわれる）、ことごとく是れ**依草附木**なり」（五一則）という。

　なお同じような意味を表すことばとして**依草附葉**《えそうふよう》がある。同じく禅語録の『臨*済録』示衆では、中途半端な修行者が**依草附葉**、「竹木の精霊」「野孤の精魅」と表現されている。

廻入（回入・迴入）生死　えにゅうしょうじ

❶浄土に往生した者が、衆生を救済するために再びこの生死の世界に戻ってくること。これを**還相廻向**《げんそうえこう》とい

う。

❷浄土教において使われることばで、世親菩薩*（ヴァスバンドゥ、三二〇～四〇〇頃）の『浄土論』中に、「大慈悲*をもって一切の苦悩の衆生を観察して、応化身を示して、生死の園・煩悩の林の中に迴入す。本願力迴向をもっての故に」とある。

　また「還相」については、中国浄土教の開祖である*曇鸞《どんらん》（四七六～五四二）が上記の『浄土論』を註釈した『往生論註』（別名『浄土論註』）下に、「還相とは、彼の土（極楽浄土）に生じ已りて、（中略）方便力を成就して、生死の稠林《ちゅうりん》（密林）に迴入して、一切衆生を教化して共に仏道に向わしむ。若しくは往き、若しくは還るは、皆な衆生の苦しみを抜き生死の海を渡らしめんがためなり」としている。

　なお**還相迴向**は**往相迴向**《おうそうえこう》に対することばで、これは自分の積んだ功徳を共に極楽浄土に往生しようと、一切衆生に迴向（迴し向ける）することをいう。

依報正報　えほうしょうほう（しょうぼう）

❶私たちは前世になした業の報いとして、地獄*・餓鬼・畜生・阿修羅・人間・天の六道のいずれかに生まれ変わる。それぞれの生存にはそれぞれの住む環境世界があり、これも業の報いとしてつくられたものである。例えば地獄の衆生として生まれることを「正報」といい、その衆生が住む地獄という世界を「依報」という。

❷私たちが住むこの世界は神が造ったものでもなく、運命的に造られているのでもなく、また偶然に造られたものでもない、私たちが造ったのであって、これも業の果報だとするのが、仏教の世界観である。このような私たちが共有すべき世界を造るのは、私たちの共同責任であって、これを「共業《ぐうごう》」という。世界の環境がよくなるのも悪くなるのも、われわれ衆生の行為の結果であるというわけである。これに対して私が地獄に生まれたり、人間に生まれたりするのは私個人の責

任であって、これを「不共業《ふぐうごう》」という。**依報正報**は、**依果正果**《えかしょうか》、**依正二報**《えしょうにほう》、**二果二報**《にかにほう》などということもある。

壊本絶本　えぼんぜっぽん

❶一切法は空《くう》であり、空であることもまた空であるということ。

❷*大乗仏教はすべてのものが「空」「無所有《むしょう》」であると主張する。『*般若心経』の**色即是空**《しきそくぜくう》（⇧）の「空」であって、空・無所有というのは固定的で不変なる実体がないということを意味する。すなわち煩悩も空・無所有であり、悟りも空・無所有であって、両者ともに固定的実体がないから、煩悩がそのまま悟りになりうる。すなわち「煩悩即菩提」「娑婆即寂光土」という命題が成り立つわけである。大乗仏教が「一即多」「平等即差別」となどと相反する概念を「即」すなわちイコールで結びつけるのも、自分のなした善を他人に廻向できるというのも、一切が「空」であって、何物も固定的実体を持たないという世界観を根底としているからである。

しかしこの「空」が絶対的な真理としてとらえられると、これが固定的実体になる。そこでこの「空」もまた「空」と観察されなければならない。薬は病気を治療する力があるが、もし病気が治ったならば薬をやめなければならない。しかしいつまでも薬に頼らなければならないことになれば、これこそ治療しがたい病気となる。このように私たちのもっている「我執」という病気を治療するためには「空」が薬になるが、「空」に執着してしまうと治療しがたい病気となるから、「空」も「空」と観察されなければならないとされる。これが**壊本絶本**である。

大乗仏教経典の一つである『般舟三昧経』中は、「無所有（空）のなかに著せず。本を壊し本を絶す。これを無所有著となす」としている。また日本浄土教の祖である*源信（九四二～一〇一七）が著した『*往生要集』大文6にも、「智慧は索《もとむ》るに得べからず、自ら我を索めてついに得べからざればなり。また所見もなし。一切の法は本より所有なく、本を壊《え》し本を絶す」としている。

厭穢欣浄　えんえごんじょう（えんね）

❶「厭穢」とは**厭離穢土**《えんりえど》、「欣浄」とは**欣求浄土**《ごんぐじょうど》の略。この汚れた苦しみの現世を厭《いと》い離れて、安楽な浄土の世界に往生することを願い求めるという意。**忻浄厭穢**ともいわれる。

❷これは浄土教で使われることばであるが、苦しみを解決して幸せを求めることは、宗教の基本的な構造であるということができる。

中国隋時代の吉蔵*（五四九～六二三）の『観無量寿経義疏』に、「厭穢は閻浮提《えんぶだい》（私たちの住んでいるこの世界）の下にあるを楽《ねが》わず、欣浄は往生するを願い欲するを明かす」とする。また日本の後鳳妙瑞（一六九六～一七六四）は『西山復古篇』のなかで、「然るに我門の僧徒多くは道心なく、無常をしらず、**厭穢欣浄**の思いもなく、**専修念仏***を事とせず」と嘆いている。**厭穢欣浄**の思いが**専**《せん》**修**《じゅ》**念仏**の土台にあることが分かる。浄土真宗の祖である親鸞*（一一七三～一二六二）の主著である『教行信証*』信巻では、「大信*心とは、則ち是れ長生不死の神方（不思議な道術）、**忻浄厭穢**の妙術なり」と、**忻浄厭穢**という熟語が使われている。

宛転盤礴　えんてんばんぱく

❶のびやかに、広大で、妨げるもののない自在なさま。

❷「宛転」はゆるやかに舞うさま、「盤礴」は広大なさまを表す。

禅語として使われ、『碧巌録*』七〇則に「雪竇*《せっちょう》（九八〇～一〇五二）の語、風措《おもむき》を帯びて**宛轉盤礴**す」という用例がある。

厭離穢土　えんりえど（おんり）

❶汚れた苦しみの現世（穢土）を厭い離れるということ。**欣求浄土**《ごんぐじょうど》と対にして使われる。浄土教における用語。

❷浄土教の信仰は**厭離穢土**と**欣求浄土**という二本の柱から成り立っている。現世が苦しく穢《けが》らわしいと感じられれば感じられるほど、浄土は美しいものと映る。また、浄土の美しさ楽しさを思えば思うほど、さらにこの世の苦しさ穢らわしさが増幅される。そこで、いよいよ**厭離穢土**の思いはつのり、**欣求浄土**の願いは高まる、ということになる。

　日本の浄土教の祖である源信*（九四二〜一〇一七）は、その主著『往生要集*』の大文第一として**厭離穢土**を立て、大文第二として**欣求浄土**を立てるのも、こういう構造を下敷きにしたものである。なおこの大文第一には、地獄*・餓鬼・畜生・阿修羅・人・天の六道を描いている。この六道が「穢土」と受け取られているわけである。

　また時宗の開祖である一遍上人（一二三九〜八九）の語録『一遍上人語録*』消息法語には、「**厭離穢土欣求浄土**のこゝろざしあらん人は、わが機の信不信、浄不浄、有罪無罪を論ぜず」としている。**厭離穢土欣求浄土**のこゝろざしさえあれば、他に必要なものは何もない、という意である。

　なお**厭離穢土**と**欣求浄土**を一つにした言葉に**欣浄**《ごんじょう》**厭穢**《えんえ》がある。

黄巻赤軸　おうがんしゃくじく　こうかんせきじく

❶巻物に仕立てた仏教の経典のこと。**黄紙**《おうし》**朱軸**《しゅじく》ともいう。これに類した言葉に**紺紙**《こんし》**金泥**《こんでい》がある。

❷仏典を書写するときに、黄色の紙もしくは絹に書写し、これを赤色の軸で巻物にしたことに由来する。唐の貞観年中に初めて黄紙に政府の勅を写し、これが後に制度となったという。白紙では虫に食われることが多かったからとされる。明曠によって八世紀に成立した『梵網経』の注釈書『天台菩薩戒疏』上に「髪を剃り衣を染めるを僧宝となし、黄巻赤軸を法宝となし、泥木素像を仏宝となす」という文章が見られる。仏教徒であることの最低の条件は、仏と法と僧の三宝に帰依することであり、「仏」は仏教の教主、「法」はその教え、「僧」はその教えを受けて修行を完成させた

人々を意味するが、私たちが日常住持すべき三宝は、お坊さんと経巻と仏像であるというのである。
なお**紺紙金泥**は、紺地の紙に金泥を用いて経文などを書いたからであって、経文では『中尊寺経』『荒川経』『神護寺経』などの一切経が、また仏画では『法華経金字宝塔曼荼羅図』が有名である。

応機接物　おうきせつもつ

❶「応接」は相手に応じた指導を行うこと、「機物」はその指導の対象となる衆生や修行者をいう。修行者の性格や能力に応じて適切な指導を行うことをいう。
❷禅宗の歴史を書いた『景徳伝灯録*』28は、馬祖道一(七〇九～七八八)の「平常心これ道なり。(中略)ただ今の**行**《ぎょう》**住坐臥**《じゅうざが》(⇧)・**応機接物**はことごとくこれ道なり」という言葉を紹介している。

横説竪説　おうせつじゅせつ

❶縦横自在に議論し説法すること。禅の語録では、しかしそれでも真理を伝えることはできない、というニュアンスで使われることが多い。
❷『宏智《わんし》禅師広録*』5に、「天下の老和尚、**横説竪説**して説くも著(執着)せず。唯だこれ自己に深く証して始めて得。人の水を飲みて**冷暖自知**《れいだんじち》(⇧)するがごとし」という。また『雲門匡真禅師広録*』中にも、「ほしいままに爾《なんじ》**横説竪説**するも、未だこれ宗門の苗裔《びょうえい》(子孫)にあらず」とする。

応病与薬　おうびょうよやく

❶病に応じて薬を与えること。仏や菩薩*が衆生の機根に応じて法を説くことに喩える。**随機**《ずいき》**説法**《せっぽう》、**対機**《たいき》**説法**《せっぽう》(⇧)と同義。
❷用例には、『大乗本生心地観経*』1に「よく衆生の諸根の利鈍を観察して、**応病与薬**して疑惑することを無からしむ」、『大宝積経*』8に「菩薩は皆な深きも浅きも、厚きも薄きも、度し難きも化し易きも知りて、

応病与薬して為に説法す」などがある。

そもそも仏は心の病を治す医師のようなものであって、そこで仏は「医王」とか「薬師」とも呼ばれる。初期仏教の代表的な教えは四つの真実という意味の*四《し》諦《たい》である。これは「私たちは苦しみの存在であるという真実」「苦しみには原因があって、それは煩悩であるという真実」「苦しみの原因である煩悩が滅すれば苦しみも滅し、それが覚りであるという真実」「覚りのために正しい生活方法があるという真実」であって、それが医師が病気をあるがままに知り、その原因を探って、治療の結果がどうなるかを知って、良薬を処置することに喩えられる。このように**応病与薬**は仏教の働きそのものということができる。

なおこの語には、**応病授薬**《おうびようじゆやく》、**応病投薬**《おうびようとうやく》、**応病処薬**《おうびようしよやく》、**随病与薬**《ずいびようよやく》といったヴァリエーションが見られる。

王法為本《おうぼういほん》

❶親鸞*（一一七三〜一二六二）の開いた浄土真宗で使われることばで、宗教的には念仏*によって極楽往生することを第一義とするが、日常生活においては王法（国家の法律秩序）を守ることを第一義とする、ということ。**仁《じん》義為本**《ぎいほん》あるいは**仁義為先**《じんぎいせん》と並べて用いられることが多い。

❷浄土真宗は宗祖の親鸞聖人自ら妻帯し、**非僧非俗**《ひそうひぞく》（⇧）を標榜したように、純粋な出家仏教ではない。そこで世俗の生活も大切にするが、その生活規範が**王法為本**であり**仁義為本**である。

浄土真宗中興の祖と尊ばれる本願寺第八祖蓮如*（一四一五〜九九）によって力説されるようになったもので、門徒たちを諭すために送った手紙（『御文《おふみ》』あるいは『*御《ご》文章《ぶんしよう》』という）には、「王法をもておもてとし、内心には他力の信心*をふかくたくわえて世間の仁義をもてほんとすべし。これすなわち当流にさだむるところのおきてのおもむきなりと心得べきものなり」としている。

抑止摂取《おくしせっしゅ》

❶未だ起こしていない悪を起こさないように制し（抑止）、すでになした悪についてはそれを受け入れる（摂取）こと。仏はこの二面をもって衆生を救済するとされる。
❷浄土教の根本聖典は浄土三部経と呼ばれる『*無量寿経』『*観無量寿経』『*阿弥陀経』である。このうちの『無量寿経』上には「法を謗《そし》り、（母を殺し、父を殺すような）五逆の罪を犯す者（謗法五逆者）」は極楽に往生できないと説かれているが、『観無量寿経』には、「五逆十悪」をなした者も往生できると説かれる。この矛盾を日本の浄土教に多大の影響を与えた中国の*善導（六一三〜六八一）は、その著『*観無量寿経疏』正宗分散善義4において、「謗法五逆者」が往生できないと説くのは、未だ悪をなしていない者（未造業）に対して悪を抑え止める（抑止）ための教えであり、「五逆十悪」をなした者も往生できると説くのは、既に悪をなした者も阿弥陀仏の大悲によっておさめとられる（摂取）からであると解釈した。
　前者を「抑止門《おくしもん》」といい、後者を「摂取門《せっしゅもん》」といい、この二つを**抑摂二門**《おくせつにもん》という。

怨親平等　おんしんびょうどう

❶*大慈悲心をもって敵も味方もなく平等に、仏教の恩恵を施すこと。
❷『*大乗本生心地観経』7には、「諸々の衆生のために、**怨親平等**に微妙の法を説き、仏智に入らしむ」とする。また大乗思想に基づいた仏伝『方広大荘厳経』8では、「**怨親平等**なること須弥山の安住不動なるが如し」とされている。敵も味方もなく愛するということはなかなか難しいが、仏・*菩薩は地球の真ん中にどっしりと坐る須弥山《しゅみせん》のように揺るがない、というのである。

遠塵離垢　おんじんりく

❶煩悩を遠ざかり離れた覚りの境地をいう。
❷*釈迦仏教経典の一つで、テーマ別に短い経が集録さ

れている『*雑《ぞう》阿含経』15のなかに、「八万の諸天は**遠塵離垢**して、法眼浄を得」という文章が見られる。「法眼浄」というのは、真理を見る目が清らかになったということを意味するが、仏教ではこれを初めて聖者の列に加わった位（預流という）と見、最終的な覚りとは見ない。「遠ざかり離れた」だけではまた生じる可能性があり、煩悩を断じ尽していないからである。原始仏典の『*大般涅槃経（法顕訳）』上の中に**遠塵離苦**という用語も見られるが、「**遠塵離苦**して法眼浄を得」という文章であるから、同様の意をあらわす。

穏密全真《おんみつぜんしん》

❶「穏密」は「安穏親密」「平穏綿密」ということで、事物が区別され相対立しているこの現象世界を離れた静寂な境地を意味し、このような境地に達すれば世界・宇宙が真如（あるがままの真実）そのものとなるということ。

❷禅の語録である『*碧巌録』五五則に、「**穏密全真**して、当頭に（即座に）証を取り、**渉流転物**《しょうるてんもつ》（一切の事物に随順）して、直下に承当す（法をうけ、これにかなう）」という。禅の覚りに達して、瞬時に世界全体が明らかになった心境を表現したものである。

か　行

恢廓曠蕩　かいかくこうとう

❶「恢廓」も「曠蕩」も広々として大きいさまをいう。覚りや極楽浄土のありさまを表す。

❷『金剛三昧経』無相法品には、「その時人々は、心に大いに喜び、自我に固執する心を離れて、空無相に入り、**恢廓曠蕩**して皆な覚りを得た」とされている。また、極楽浄土を説く『無量寿経*』上は「浄土は金銀・琉璃・珊瑚などの七宝から成って、**恢廓曠蕩**であり、極まるところがない」としている。

開権顕実　かいごんけんじつ

❶「権」は「仮の」「方便の」という意。方便として説かれた仮の教えを通して、真実を明らかにするということ。

❷何を「権」とし、何を「実」とするかは、立場によって異なるが、このことばをもっともよく使うのは天台宗*で、これによれば「権」とは『華厳経*』『阿含経』『維摩経』『般若経』など『法華経*』以外の教えで、「実」は『法華経』の教えを表す。

また『法華文句《もんぐ》*』1上では、『法華経』自身を迹門《しゃくもん》、本門に分けて、迹門を序品から第14安楽行品まで、本門を第15従地踊出品から最後までとし、それぞれ「迹」と「本」に約して**開権顕実**していると解釈している。「本門」は久遠の昔に仏になった釈迦牟尼仏が主になっている部分、「迹門」はこの本仏が衆生を教化するためにこの世に現れた釈迦牟尼仏が主になっている部分をさす。もちろん『法華経』の本意は本門にあり、これを**開迹顕本**《かいしゃくけんぽん》とか、**開近顕遠**《かいごんけんおん》ともいう。「近」とは衆生に近いということを表し、「遠」とは衆生から遠い真実を表す。

開三顕一《かいさんけんいち》

❶声聞*・縁覚*・菩薩*の三乗*の教えを立てるのは、衆生をして仏となるための絶対真実の一乗*に向かわせるためであって、仏の真意はこの一乗の教えを顕《あきら》かにすることにあるということ。

❷『法華経*』の教えの解釈で、これを表すものとして、譬喩品の「**三車火宅**《さんしゃかたく》の喩《ゆ》」が有名である。

ある長者の家が突然火事になった。ところが子供たちは遊びに夢中で注意してもこれを知ろうともしない。そこで長者は一計を案じて、羊の車、鹿の車、牛の車が門の外にあって、これに遊び道具がいっぱい積んであるから出てきなさいと誘う。やっと出てきた子供たちに、長者は羊の車・鹿の車・牛の車よりももっと素晴らしい大白牛車《だいびゃくごしゃ》を与えた、という。火宅は現実の苦しみに充ちた世界を、子供たちはそれをあるがままに知ろうとしない衆生を、羊の車、鹿の車、牛の車は苦しみを解決する道としての声聞乗・縁覚乗・菩薩乗の三乗を、大白牛車は一仏乗を喩えたものである。**会三**《えさん》**帰一**《きいち》ともいう。

開示悟入《かいじごにゅう》

❶仏がこの世に生まれてきたそもそもの目的は、仏の得た悟りの境界を開き、示し、悟らしめ、その道に入らしめることであるということを、要約して示したもの。

❷『法華経*』方便品にある言葉で、「諸々の仏・世尊はただ一大事の因縁をもっての故に（ただこの事のために）のみ世に出現したもう。諸々の仏・世尊は衆生をして仏の知見を開かしめ、清浄なることを得せしめんと欲するがゆえに、衆生に仏の知見を示さんと欲するがゆえに、衆生をして仏の知見を悟らしめんと欲するがゆえに、衆生をして仏の知見の道に入らしめんと欲するがゆえに、世に出現したもう」とされている。

回生回死　かいしょう ういしょう／かいし ういし

❶**輪廻《りんね》転生《てんしょう》**の中で、何度も何度も生まれ変わり死にかわりすること。
❷日本曹洞宗の祖である*道元（一二〇〇～五三）はその主著*『正法眼蔵』行持上の中で、「百千万*劫という長い長い間、**回生回死**してきたなかで、行持《ぎょうじ》（参禅修学）ある一日は、*『法華経』の中で説かれる転輪聖王が誰にも与えなかった髻《もとどり》の中の明珠のようなもので、**同生同死《どうしょうどうし》**の古鏡（仏祖と一体となって現れた仏性）である。喜ぶべき一日である」としている。
　また中国の『*圜悟《えんご》仏果禅師語録』6では、「何度回生し、何度回死しようとも、道に通達した人は悠々として定まり留まるところがない。いったん悟ってしまったならば再び生まれるということがないからである」としている。

開麁顕妙　かいそけんみょう

❶「麁」は粗く精細でないこと、「妙」はこまかく美しいことを意味するが、ここでは宗教的な教理に関して言われたもの。**破麁顕妙《はそけんみょう》**に対する言葉で、破麁顕妙は完全ではない教えを打ち破って、正しい教えを明らかにすることを意味するが、**開麁顕妙**は完全でない教えも廃することなく止揚して、正しい完全なる教えを明らかにすることを意味する。
❷*天台宗で使われる言葉で、**開麁顕妙**は「絶対妙《ぜつだいみょう》」（絶対的絶対）の立場を表すし、**破麁顕妙**は「相待妙《そうだいみょう》」（相対的絶対）の立場を表すとされる（*『法華玄義』2上・4上）。「相待妙」は『法華経』のみを絶対として、その他の経を認めない相対的絶対の立場であるが、「絶対妙」は*『法華経』を絶対としつつもこの中に他の経の教えも包含されているとみる絶対的絶対の立場である。

灰頭土面《かいとうどめん》

❶頭は灰だらけ、顔は泥だらけであること。覚りを得て清らかになった者が、大慈大悲の心をもって汚濁にまみれて人々を救済すること。

❷禅語録として有名な『*碧巌録』四三則には、「**灰頭土面**はすなわちこれ垂手辺の事なり」としている。「**灰頭土面**は大慈大悲の手を差し伸べて衆生を救うことを意味する」という意である。

また『*続伝灯録』1には、神鼎洪諲禅師（生没年不詳、宋代）は「清浄法身とは何か」という質問に、**灰頭土面**と答えたという話を伝えている。

なお**土面灰頭**《どめんかいとう》とされる場合もある。また**塗灰抹土**《とかいまつど》あるいは**抹土塗灰**《まつどとかい》というも同じ意である。

覚行窮満《かくぎょうぐうまん》

❶自ら迷いを断ちきって悟りを開き、他をして覚りを得さしめ、すべてのなすべきことをなし遂げたということ。

❷中国の大仏教学者である浄影寺《じょうようじ》の慧遠《えおん》（五二三～五九二）が著した仏教教理辞典ともいうべき『*大乗義章』20末には、**覚行窮満**は「自覚」と「覚他」にならぶ「三覚」の一つとされる。一般的には「自覚」は自分が悟りを得ること、「覚他」は他をして覚らしめることであるが、ここでは通常の意味とは違って、「自覚」は仏が凡夫とは異なることを明かし、「覚他」は仏が*声聞・*縁覚といういわゆる*小乗仏教の覚者と異なることを明かし、**覚行窮満**は仏が*菩薩と異なることを明かす、としている。すなわち声聞や縁覚や菩薩ですら得られない覚りの境地を表すわけである。

なお**覚行円満**《かくぎょうえんまん》、**覚道満足**《かくどうまんぞく》も同じ意味である。

廓然大悟《かくねんたいご》

❶「廓然」は大きくて広々しているさまをあらわし、そのような大いなる覚りを開いたということ。

❷仏教の開祖である釈迦牟尼仏が六年間の苦行の後にブッダガヤーの菩提樹のもとで成道して仏になったことが、**廓然大悟**（『摩訶僧祇律』23、『伝法正宗記』1―宋の契嵩《かいすう》による禅宗に関する列伝体の史書）、「廓然而大悟」（『別訳雑阿含経』15―テーマ別に短い経が集録されている原始仏教聖典『雑阿含経』の一つ）と表現されている。

しかしながら必ずしも釈迦牟尼仏の成道の際に使われるのみではなく、覚り一般にも用いられることは「**廓然大悟**して無生忍を得る」（『*観無量寿経疏』玄義分1）いう用例に示されている。「無生忍」はくわしくは「無生法忍」といい、不生不滅の真理を知る智慧のことをいう。

なお**廓然開悟**《かくねんかいご》（『伝法正宗記』5）とも表現される。

廓然無聖《かくねんむしょう》

❶「廓然」は広々として遮るもののないさまを表し、「無聖」は聖諦とか聖者というものはないということを表す。すなわち、相対の世界を超えた覚りの世界では、聖とか俗とか、覚りとか迷いという区別がないということを意味する。

❷禅における代表的な公案の一つで、梁の武帝（四六四〜五四九）の「如何なるか、これ聖諦第一義」との問いに、中国に禅を伝えた*達磨大師（五三〇年頃、中国に渡る）は**廓然無聖**と答えたとされている（『*碧巌録』一則、『*景徳伝灯録』3、『*正法眼蔵』行持下）。

「聖諦第一義」は「俗諦」に対することばで、仏教の真理そのものをさし、「俗諦」はこの真理が現実世界の中に現れたものをいう。般若空思想の根幹を説く『*般若心経』のことばとして有名な**色即是空**《しきそくぜくう》（⇧）は、色すなわち物質や、その他の「受（精神的な感受作用）」「想（イメージ作用）」「行（意思作用）」「識（認識作用）」など一切のものは、永遠不変なる固定的実体を持ったものではないということを意味するが、しかし「空なるもの」が存在するわけではなく、現実には「色」「受」「想」「行」「色」として現れているのであって、それが**空即是色**《くうそくぜしき》と表される。**色即是空**が聖諦第一義、**空即是色**が俗諦にあたるわけである。したがって俗諦では聖とか俗とか、覚りとか迷いという区別があることになるが、聖諦第一義では聖も俗もなく、覚りも迷いもないことになる。煩悩即菩提、娑婆即寂光土はこのような聖諦第一義の立場からこそいえるのであって、われわれの日常的な立場で、「だから私たちはそのままで仏なのだ」とはいえない。

各留半座《かくるはんざ》

❶極楽に往生した者が蓮華座の半分を残しておき、次に来る者を待つこと。

❷日本の浄土教に多大の影響を与えた中国浄土教の大成者・*善導（六一三～六八一）が著した『般舟讃《はんじゅさん》』に、「各々半座を留めて来る人に与えん」という。

「半座を分かつ」という行為は、『*法華経』見宝塔品の中で多宝如来が釈迦牟尼仏からその教えを聞こうとして、宝塔の中の自分が座っていた座の半分を分け与えたというエピソードによってよく知られている。これは二仏並坐《にぶつびょうざ》（↑）ともいわれる。半座を分かって、これを分かつ者と分かたれる者が等しいということを表す伝統はインドに古くからあって、例えばインドラ神（仏教の帝釈天）から転輪聖王であるマンダートリやニミが半座を与えられる話は多くの説話文学に残されているし、大叙事詩『マハーバーラタ』の英雄アルジュナもまたインドラから半座を分かたれている。

このような伝統の中で初期仏教でも、頭陀行者《ずだぎょうじゃ》（乞食修行者）であった*摩訶迦葉《まかかしょう》が汚らしい格好で現れたのを軽視した弟子たちに、釈迦牟尼仏は半座を分かって自分と等しい者であるということを示したとされている。

日本では「半座を分く」は、浄土で同じ蓮の台《うてな》に二人一緒に坐ることを意味する場合が多い。「人間に帰らば、再び夫婦の契を結び、浄土に生れば、同蓮の台に半座を分て待つべし」（『*太平記』1頼員回忠事）もこの例である。

瓦解氷消《がげひょうしょう》

❶あたかも瓦が砕け、氷が解けて消えてしまうように、今まで抱いていた疑問や煩悩などがあとかたもなく解消することをいう。

❷＊洞山良价《とうざんりょうかい》（八〇七〜八六九）の語録『洞山録』の一つ、『筠州洞山悟本禅師語録』に、「はじめて洞山（良价）脳後（頭の後ろ）に一錐（きり）を被りて直ちに**瓦解氷消**するを得たり」と表現されている。また『盧山蓮宗宝鑑』10には「朝に思い、夕べに想念して西方に生まれんことを念願し、かくのごとくしてすなわち**塵労業識**《じんろうごうしき》当下に**瓦解氷消す**」とされている。前者は疑問が、後者は煩悩が氷解したことを意味する。

なお順序を逆にして**氷消瓦解**と表現される場合もある。

花紅柳緑 かこうりゅうりょく

❶「花は紅、柳は緑」と読むことが多い。桜の花は赤く、柳の葉は青々としているのはふつうの光景であるが、このような私たちの身のまわりの「あるがまま」の姿が仏教のいうところの真実であるということを表したもの。類似のことばに**眼横鼻直**《がんおうびちょく》がある。

❷**柳緑花紅**《りゅうりょくかこう》ともいい、李遵勗（？〜一〇三八）による禅宗史の一つ、『天聖広灯録』30の「如何がこれ一味法界なるや。師いわく、**花紅柳緑**」や、『釈子稽古略』4の「秋至れば山寒く水冷え、春来れば**柳緑花紅**」というように表現される。

この句は北宋の詩人・蘇東坡《そとうば》（蘇軾《そしょく》、一〇三六〜一一〇一）の「到得帰来無別事（到り得て帰り来れば別事なし）／盧山烟雨浙江潮（盧山の烟雨、浙江の潮）」という詩が下敷きにあるとされる。中国の名勝地として知られる盧山《ろざん》や浙江《せっこう》に、はるばると訪ね来るまでは、あれやこれやとさまざまな想像を膨らませたものであるが、来てみればどうということもない、ただ盧山は霧雨にけむり、浙江には満々と水が湛えられているのみ、という意味である。このように**花紅柳緑**は、覚りに至る前には、覚りの世界は迷いの世界とは全く別物で、それを得ることは大変な難事業であると思っていたのに、いったん覚ってみると「何だこんなものか。身の周りにある、ありふれた何の変哲もないことをあるがままに気づくことであったのか」と判るということを表わす。

「真理」は仏教語では「如実」とか「真実」と呼ばれる。これらのもとのインド語（梵語）は「ある」「存在」するという動詞や、「それ」とか「これ」という指示代名詞から作られたものである。要するに私たちの身の周りにある、「それ」とか「これ」と指し示すことのできる「あるがまま」の姿が「如実」とか「真実」とされるのであって、仏教のいう「真理」とは、現実の裏側にあって、われわれの目には見えない、特別の神秘的な体験によらなければ知りえないような、そのようなものではない、身近にある「花は紅、柳は緑」がそれにあたるということになる。

呵仏罵祖《かぶつばそ》

❶仏を呵《しか》りつけ、祖師を罵《のの》しること。いかなる権威も否定した修行者の自由闊達な心境を表す。類義語に殺《せっ》仏殺祖《ぶっせっそ》（⇧）がある。

❷禅の語録である『碧巌録*』の四則に次のような話がある。徳山（宣鑑、七八〇～八六五）はもともと豪毅な気質のある禅者であったが、あるとき潙仰《いぎょう》派の祖である潙山*《いさん》（七七一～八五三）を訪ねた。法堂に勝手にずかずかと入り込んでそこらじゅうを見回して、「潙山らしき和尚はいないではないか」と帰ろうとしたが、せっかくここまで来たのだから会って帰らないほうはないかと思い返して、今度は手続きを踏んで会見に及んだ。徳山は「和尚」と言うと、潙山は傍らに置いてあった払子《ほっす》を取ろうとした。そのとき徳山は「かーっ」と大喝一声して出ていってしまった。その晩になって潙山は弟子に「そうそう、あの男はどうした」と尋ねた。すでに行ってしまったことを知ると、徳山を「あの男は将来は何人も寄りつけない境界に立って一家をなし、**呵仏罵祖**して思う存分孤危《こき》嶮峻《けんしゅん》の宗風を揮《ふる》うであろう」と評した、という。

函蓋乾坤《かんがいけんこん》

❶「函蓋」とは「はこ」と「ふた」、「乾坤」とは天と地、陽と陰、日と月、男と女等をいう。師と弟子の問答がぴたりと適合することをいう。

❷修行者を導くために用いる手段を三つに分けた雲門《うんもん》三句《さんく》の一つで、他の二つは**目機銖両**《もくきしゅりょう》、**不渉万縁**《ふしょうばんえん》である。

目機銖両とは、目分量でわずかな目方を区別すること。また、一目でものごとを見抜くことをいう。「目機」は目の働きを、「銖両」は少しばかりの目方をいう。『碧巌録』*一則にも「一を挙げれば三を明察し、目機銖両すること、これらは禅僧の日常茶飯事である」という用例がある。**目銖機鍄**《もくしゅきりょう》とも表現される。

不渉万縁とは、「万縁に渉らず個々人が本来具有する仏性を体現すること」をいう。人間は生きて行く上であらゆる縁に関わるが、それゆえに煩悩を生じさせてしまう。もし、こうしたことがなければ、個々人が本来具有する「仏性」は図らずとも具現されることになるという意である。**不渉世縁**《ふしょうせえん》とも表現される。

なお、雲門*（八六四〜九四九）が示した三句は、後に徳山（縁密、生没年不詳、五代宋初）によって「函蓋乾坤句・截断衆流句・随波逐浪句」として整理しなおされた（『雲門*匡真禅師広録』下、『人天眼目』2―一二世紀に晦巌智昭によって中国禅宗五家の宗旨がまとめられたもの）。このうち、**截断衆流**《せつだんしゅる》とは、修行者の雑念・妄念を断ち切ることをいう。また、**随波逐浪**《ずいはちくろう》とは、指導者が修行者の能力に応じて、柔軟に指導をしていくことをいう。「波に随い、浪を逐《お》う」と訓読する。**逐浪随波**という表現もある。

函蓋相称　かんがいそうしょう

❶函《はこ》と蓋《ふた》のように、二つのものがぴったりと一致すること。**函蓋相応**《かんがいそうおう》ともいう。

❷**函蓋相称**、**函蓋相応**はさまざまな場面において使われている。

例えば、諸派仏教の中のもっとも有力な一派であった説一切有部の教義を整理した、釈迦*仏教の百科事典ともいうべき『大毘婆沙論』50では、不善（悪）なる心の作用として無慚《むざん》（自らの罪を自ら反省しないこと）

と無愧《むき》（自らの罪を他に対して恥じる気持ちのないこと）の二つのみを上げるのは、他の煩悩がそうでないにかかわらず、無慚と無愧が不善心とぴったりと一致する（**函蓋相称**）がゆえであると解説されている。

また浄土教の祖師の一人としてあがめられる中国の曇鸞*（四七六〜五四二）の『往生論註』（別名『浄土論註』）上では、仏の説いた経典（仏経）とその教え（仏教）が相応することを「たとえば**函蓋相称**するが如し」としている。

亘古亘今　かんこかんこん

❶「古に亘《わた》り、今に亘《わた》る」と訓読する。「亘る」は「つらなる」を意味し、昔も今もひとつながりで永遠であるということを表す。**亘今亘古**ともいう。

❷盧山《ろざん》の慧遠《えおん》（三三四〜四一六）より始まった中国浄土教の教義大綱書である『盧山蓮宗宝鑑』10には、「阿弥陀仏の法性は、不生不滅にして亘古亘今」という文章が、『景徳伝統録』*25には、「禅宗の示要は法爾として常規（変わらない法則）がある。円明にして顕露し、**亘古亘今**。達磨*（五三〇年頃、中国に渡る）の西来するに至れるは、ただ諸人のために証明するのみ。また法の人に与えるを得べきものなし」という文章が見られる。

感応道交　かんのうどうこう

❶「感」は衆生が仏・菩薩*を求める心、「応」は仏・菩薩がこの衆生の心に応じることをいい、この「感」と「応」は不思議な力であい交わることを意味する。**道交感応**ともいう。

❷曹洞宗の祖である道元*（一二〇〇〜五三）の主著『正法眼蔵』*帰依仏法僧宝に、「仏教の祖である釈迦牟尼仏から正しく伝わってきたところは、仏法僧の三宝を恭敬することである。恭敬するということは帰依することである。この仏法僧を帰依する功徳は、**感応道交**するとき成就する」としている。

願力廻向《がんりきえこう》

❶「願力」とは、一切の生きとし生けるものを極楽浄土に生まれさせたいという阿弥陀如来の誓い（これを本願という）の力ということで、「廻向」はこのような力を私たちに振り向けてくださっていることをいう。私たち衆生はほんらい善をなすような力を持っていない愚かなものであるから、このような者が極楽往生するには、この本願力を信じるしかないというのが浄土教の核心をなす教えである。

❷**他力廻向**《たりきえこう》ともいう。浄土真宗の祖である親鸞*（一一七三〜一二六二）は、その主著である『教行信証*』信巻で、「横超《おうちょう》とは**願力廻向**を信じることである」としている。常識的に考えれば、自分自らが修行してこそ、その結果として自分が悟りを得ることができる。これは河が上流から下流に流れるようなものであって、これを「自力」といい、「竪超《じゅちょう》」という。浄土教は如来から「廻向」されている「本願力」を信じることによって、河の流れを横ざまに超えるようなものであるから「他力」といい、「横超」という。

帰依三宝《きえさんぼう》

❶宝にたとえられる仏と法と僧に帰信すること。これが仏教徒であることの基本条件である。**三宝帰依**ともいう。

❷「仏」は釈迦牟尼仏や阿弥陀仏・薬師仏などの仏を、「法」は仏を仏たらしめている仏教の理法あるいはこれらの仏の教えを、「僧」はこれらの教えによって聖者と称される境地に達した出家の比丘・比丘尼の集団（サンガ）を意味する。この三つは汚れがなく威徳があって、世の宝のようであるところから宝と称する。

歴史的には、ゴータマ・シッダッタ（パーリ語、Gotama Siddhattha）が六年間の修行ののちに、菩提樹下で釈迦牟尼仏になったときに「仏宝」が成立し、仏がベナレス近郊の鹿野苑で最初の説法を行ったときに（これを**初転法輪**《しょてんぽうりん》（⇧）という）「法宝」が成立し、これによって五人の比丘たちが弟子となり、阿羅漢*と呼ばれる聖者になったときに「僧宝」が成立したことになる。釈迦牟尼仏はその後弟子たちを各地に布教に出し、出先で弟子たちがそれぞれ自分の弟子を取ることを許したが、その時の出家が許される条件が**帰依三宝**であった。

このの ち仏教教団が整備され、出家者たちの生活方法や教団運営のための細かな規則（これを律という）が定められてからは、出家は会議の議決によって許されることになったので、**帰依三宝**は在家信者になるときや、見習いの出家者になるときの条件となった。

以上のように通常は仏・法・僧を三つに分けてとらえ、これを**別相三宝**《べっそうさんぼう》というが、三者とも根底には仏教の理法があるので、本質的には一つであるととらえるのを**一体三宝**《いったいさんぼう》といい、仏・法・僧をそれぞれ、仏像と経巻と出家の僧ととらえるのを**住持三宝**《じゅうじさんぼう》という。

道元*（一二〇〇〜五三）は主著『正法眼蔵*』帰依仏法僧で、「たとえ悪友に誑《たぶら》かされ、障害に遭い、あるいは善根が尽きて悟りを得る可能性がほとんどなくなっても、（三宝に帰依することによって）善根は継続し、その功徳は増長するのであるから、**帰依三宝**の功徳は不朽である」と述べている。また、真理を悟ることが「仏宝」、清浄を保って汚れないことが「法宝」、真理と自己が和合して不離一体であることが「僧宝」である、とも述べている。

類義語に**南無三宝**《なむさんぼう》（⇧）がある。

帰家穏坐　きかおんざ

❶さまよい歩いていた者が、自分の家に帰ってきて心安らぐこと。見失っているが、本来有している仏性に立ち返ることをいう。

❷中国・元時代の智徹（一三二〇〜？）が著した『禅宗決疑集』懈怠勉勤門のなかに、「万法は一に帰し、一は何の処に帰するや。一肩に荷をにない、力を奮って前に進み、さらに回顧することなかれ。直ちに**帰家穏坐**に至る、まさにこれ安楽底の時節なり」としている。

類義語として**還源返本**《げんげんへんぽん》（⇧）がある。

機関木人《きかんぼくじん》

❶「機関」はからくり、「木人」は木で作った人形のことで、「あやつり人形」を意味する。私たちは「あやつり人形」のようなもので、肉体はあり、動きはするけれども、霊魂のようなものはない、すなわち「無我」であるということを表すときに用いられる。

❷**木人機関**とも表現される。*大乗仏教の百科事典ともいうべき『*大智度論』14には、「*菩薩は久遠よりこのかた、因縁和合して仮に名づけて人となし、実には人《にん》（我）の法なきを知る。是の中にただ骨・血・皮・肉のみあり。例えば**木人機関**の動作して去るあり、来るあるが如し」とされている。

機先句後《きせんくご》

❶「機」は事が起こるきざし、「句」はくぎりの意で、活動の起こる始めと活動の終わった後を意味する。

❷『*正法眼蔵』仏経に、「*菩薩も仏もすべて、経巻と知識（師）によって仏教に志し、修行し、覚りを得たのであって、**機先句後**も同じく経巻と知識と共にあり、**機中句裏**もまた経巻と知識と共にある」と表現されている。**機先句後**と**機中句裏**《きちゅうくり》によって、仏道に入る前も、入ってから修行を続けている間も、覚りを得た後もずっと終始一貫して、ということを表しているわけである。

機法一体《きほういったい》

❶「機」とは衆生あるいは衆生が阿弥陀仏をたのむ*信心、「法」は阿弥陀仏あるいは阿弥陀仏が衆生を救うはたらきをいい、「機」と「法」が「南無阿弥陀仏」と念仏するときの名号において一体となっていることをいう。浄土教が「南無阿弥陀仏」と念仏することによって極楽往生できるとするのは、ここに理論的根拠があるわけである。

❷**機法一体**という言葉は、浄土宗西山《せいざん》派の証空（一一七七

〜一二四七）の著書である『安心抄』が、「南無阿弥陀仏の南無というのは私たちが仏をたのむ心、阿弥陀仏というのはこの心をおさめとる他力不思議のはたらきであって、**機法一体**になれば名号の外に求めるべき往生はない」とするに始まる。

時宗の開祖である一遍（一二三九〜八九）も、『*一遍上人語録』門人伝説で「念々不捨というのは、南無阿弥陀仏の**機法一体**の功能《くのう》なり」と述べ、「そのゆえは、**機法不二**の名号なれば、南無阿弥陀仏の外に能帰（帰依するもの）もなく、また所帰（帰依されるもの）もなき故なり」とし、浄土真宗の中興の祖と謳われる*蓮如（一四一五〜九九）も、「南無と帰命する機と、阿弥陀仏のたすけましますす法とが一体となるところをさして、**機法一体**の南無阿弥陀仏とはもうすなり」という（『*蓮如上人御文』3）。

このように浄土教においては**機法一体**は念仏往生の根源であって、そこで「妙好人《みょうこうにん》」と呼ばれる市井の浄土教信者として有名な浅原才一（一八五〇〜一九三二）も、乏しい言葉とたどたどしい文字で次のようにうたっている。

さいちゃりょげ（領解）をだ（太に濁点）いて（出して）みよ／へへだ（太に濁点）しま正（ましょう）だ（太に濁点）しま正／あさましやあさましや／なむあみだ（太に濁点）ぶつなむあみだ（太に濁点）ぶつ／それでわさいちは。わからんで／ないかへへわかりますとも／わかりますともさいちが／りょげ（領解）わきほをい太い（機法一体）／なむあみだ（太に濁点）ぶが／さいちがりょげであります／さいちやりょて（両手）仁（に）はな（花）よ／とられ太りもろを（貰う）太り

亀毛兎角　きもうとかく

❶亀に毛があるように見えるのは海藻であり、兎に角があるように見えるのは耳であって、亀には毛はなく、兎には角はない。**亀毛兎角**は名のみあって実在しないもの、実体のないことを喩えていうことば。

❷このように実体がないものを喩えるものには他に、火のついた灯明を回すとできる旋火輪（あるいは単に

火輪)、眼を患う人が空中に見る虚空華、子供のできない女子である石女子、鳥の飛んだ足跡ともいうべき空中の鳥跡、鏡中の像、水に映った月、陽炎、第二頭、第三手などがある。

撃関破節 きゃくかんはせつ

❶「関」は関所や難関、「節」は境や区切り、節くれ立った難所の意であって、これらを撃ち破って自由自在の悟りを得ることをいう。

❷『*正法眼蔵』礼拝得随に、「志閑禅師の末山尼了然を礼拝求法する、志気の勝躅なり、晩学の慣節なり。**撃関破節**というべし」という用例がある。志閑禅師(?~八九五)が修行において男女にとらわれずに末山尼了然(生没年不詳、唐代)に師事したことは、まことに素晴らしく、真の求道者であって、正に自由自在というべきである、という意である。

逆順縦横 ぎゃくじゅんじゅうおう

❶「逆順」は時間の流れを遡ることと順ずること、「縦横」は空間的な縦と横の意であって、「逆順」「縦横」無尽の自由自在な覚りの境地を表す。

❷『*碧巌録』一則に「衆流を截断するに至っては、東涌西没(東にわき出で西に没す)、**逆順縦横**、与奪自在なり」とし、『*圜悟仏果禅師語録』11には「若《も》し大円覚底を得ば、便ち能く**逆順縦横・殺活自在**なり」とする。

休心息念 きゅうしんそくねん

❶「休」も「息」もやめることを意味する。さまざまな感情や思いにとらわれることのない、心安らかな状態をいう。

❷中国・明時代の如巹《にょきん》(一四二五~?)が編集した『緇門《しもん》警訓』7に「世の煩いを厭い離れて、生死を脱するを

求め、**休心息念**に世間のしがらみを断絶するがゆえに出家と名づく」としている。

休息万事《きゅうそくばんじ》

❶さまざまな執着にとらわれた心の営みを留め、解放することをいう。「万事を休息す」と訓読する。

❷禅の歴史を書いた『*景徳伝灯録』6には、次のような*百丈懐海《えかい》（七二〇〜八一四）とある僧との問答を伝えている。僧が尋ねて言った。「何が大乗頓悟（いっぺんにぽんと悟る）の法門ですか」と。百丈は答えた。「汝らまず諸縁をやめて**休息万事**せよ。善と不善と、世と出世間の一切の諸法は記憶することなく、身心を放捨し、それをして自在ならしめよ。心地もし空ならば、智慧は自ら生ぜん」と。

究理弁道《きゅうりべんどう》

❶仏法の理を究め、全力を挙げて仏道の実践修行に励み、成就すること。

❷『*正法眼蔵』重雲堂式に、「堂のうちにて、たとひ禅冊（禅に関する書物）なりとも文字をみるべからず。堂にしては**究理弁道**すべし。明窓下にむこうては**古教**《こきょう》**照心**《しょうしん》(⇧)すべし。寸陰すつることなかれ。専一に功夫《くふう》すべし」と説かれている。したがって**究理弁道**は書物をひもとき、理論的にものごとを追及することではないことが分かる。

軽財知足《きょうざいちそく》

❶財物を軽んじて、足るを知ること。財物を重んじることなく、満足して生きること。意味するところは**少**《しょう》**欲**《よく》**知足**《ちそく》(⇧)に同じ。

❷*大乗仏教の「中《ちゅう》」思想に基づいて瑜伽行派《ゆがぎょうは》の教理を構築した『中辺分別論』下に、「**軽財知足**して、法のごとく量のごとく行ぜよ」という用例がある。

行持道環《ぎょうじどうかん》

❶「行持」は仏道修行を久しく持続して怠ることのないこと、「道環」は仏道修行が無始無終の円環のごとく連綿として断絶のないことをいう。
❷『正法眼蔵』*行持の巻は、諸仏諸祖の行持があったからこそ、仏法が今日まで数千年のあいだ連綿として伝えられたという功徳を説いたものであるが、その冒頭に「仏祖の大道、かならず無上の行持あり。道環して断絶せず。発心・修行・菩提・涅槃*しばらくの間隙あらず。**行持道環なり**」と書かれている。しかしまたわれわれの行持があってこそ、諸仏の行持も完成し、道環もまた完成するという。

行住坐臥《ぎょうじゅうざが》

❶歩くこと（行）、とどまること（住）、坐ること（坐）、寝ること（臥）といった四つの日常的な起居動作（四威儀）をいう。
❷常にいかなるときにも仏教の教えを真剣に行じる姿勢がなければならないというニュアンスを表す場合と、日常の何気ない行いのすべてが仏道を行じる場であるというニュアンスを表す場合とがある。
原始仏教聖典の一つである『長阿含経』*に「**行住坐臥**。**覚寤語黙**《かくごごもく》。**摂心不乱**《せっしんふらん》」という。「歩くとき、とどまるとき、坐るとき、臥せっているとき、目覚めているとき、語っているとき、黙っているとき、いつでも心を整えて乱れてはならない」というのであって、これは前者の例である。

『源平盛衰記』*39重衡請法然房事には、「**行住坐臥**を嫌わなければ念仏*するのも煩わしくないし、時所諸縁を論じなければ、心が散乱している者にも念仏して救われる可能性が十分にある」とする。これは後者の例である。

境照不二《きょうしょうふに》

❶「境」は認識の対象、「照」はそれを認識する智慧の働きを意味し、これらは二であって、しかも不二であるという意。同趣意の言葉に**境智倶**《きょうちく》**融**《ゆう》（⇩）がある。
❷知礼（九六〇〜一〇二八）による『金光明経文句』の注釈である『金光明経文句記』5下は、「境と智は名は別なれども其の体殊ならず。是の故に能（智をさす）と所（境をさす）は二にして不二なり。境は境を照らし、境は智を照らし、智は智を照らし、智は境を照らす」としている。見るものと見られるものを分別するのは迷いの境地であって、悟りは無分別の智を得ることである。

挟善趣求《きょうぜんしゅぐ》

❶「挟」は所持する、たのむの意。極楽浄土に往生するために善根を積むこと。
❷隋の浄影寺慧遠《じょうようじえおん》（五二三〜五九二）の『観無量寿経義疏』末に見られる用語で、『*観無量寿経』に説かれる「廻向発願心」を解説して、「**直爾**《じきに》**趣求**《しゅぐ》これを説いて願と為し、**挟善趣求**を説いて廻向と為す」としている。すなわち**極楽往生**を願う心が**直爾趣求**であって、これを原動力として、あらゆる生活を極楽浄土に生まれるための善行に集中させることが**挟善趣求**ということになる。

境智倶融《きょうちくゆう》

❶認識の対象である「境」と、これを観照する「智」とが共に融合し、両者が一体となること。
❷法蔵（六四三〜七一二）の『*探玄記』5は、『*華厳経（仏駄跋陀羅訳）』7の「菩薩雲集妙勝殿上説偈品」中の「よく如来を見るが故に彼に清浄眼あり。見る無くしてすなわちよく一切真実法を見る。法において見られる所有りて、彼すなわち見られる所なし」という偈《げ》の文章を、**境智倶融**と解説している。

このような趣意を表す語には、他に**境智一如**、**境智互融**、**境智不二**、**境智冥合**《みょうごう》、**境照不二**（⇧）などがある。

教頓機漸　きょうとんきぜん

❶「教」は称名念仏の教えであって、この教えは本来は、阿弥陀如来の本願力（これを他力という）によるものであるから、いっぺんにポンと往生できるはずであるが（これを「頓」という）、それを受けとるわれわれの機根が阿弥陀仏の本願力を信じきれないために、*念仏を善行として修しようとする心が混じる。そうするとポンと往生はできなくなって、徐々に浄土に近づくという結果になってしまうということ。

❷*親鸞（一一七三〜一二六二）を宗祖とする浄土真宗では、浄土の教えを「真実」と「方便」の二つに分類する。このうちの「真実」は、『*無量寿経』上に説かれる、たとえ一度でも念仏する者を極楽浄土に生れさせずにはおかないという第十八願による絶対他力の念仏往生である。「方便」には「要門」「真門」の二つがあって、「要門」は念仏以外の諸々の功徳を行じて浄土往生をしようという教えであり（これを第十九願による往生という）、「真門」は念仏ではあるけれどもこれを自力の行として繰り返し繰り返し修することによって浄土往生をしようという教えである（これを第二十願による往生という）。**教頓機漸**はこのうちの「方便真門」の過失を示したものである。

教理行果　きょうりぎょうか

❶「教」は仏の説いた教え、「理」はその教えの中に含まれる道理、「行」はその道理に則った修行、「果」はその修行によって得られた証果（悟り）を意味する。これらは仏・法・僧の三宝の中の法宝の内容として示されたもので「四法宝」ともいわれる。

❷『*大乗本生心地観経』2には、「法宝中において四種有り。一は教法、二は理法、三は行法。四は果法なり。一切無漏は能く無明・煩悩の業障を破するにおい

て、声・名・句・文を名けて教法となし、有・無の諸法を名けて理法となし、戒・定・慧の行を名けて行法となし、有為・無為の果を名けて果法となす。かくのごとき四種を名けて法宝となす」としている。

玉石朱紫《ぎょくせきしゅし》

❶「玉」はすぐれたもの、「石」はつまらないものを表す。「朱紫」も同じような意味で、「朱」は正色であるから本物を、「紫」は赤と青の中間色であるから偽物を表す。**玉石混交**と同じように、よいものと悪いものが入り混って、その区別がつかないことを意味する。

❷唐代初期随一の学僧である道宣（五九六〜六六七）の一切経目録『大唐内典録』10に、「正しい道は遠くして希《こいねが》うこと難し。邪なる径は捷《ちか》くして明らめること易し。夫れ真経の体趣は融然として深遠なり。仮託の文詞の意は浅雑なり。**玉石朱紫**にして迷者之を混ず」というような文章がある。

金鎖玄関《きんさげんかん》

❶「金鎖」は「鉄鎖」に対する言葉で、「鉄鎖」は私たちを迷いの世界に縛りつけるものを意味するが、「金鎖」は覚りの世界に入ってこれに停滞させるものを意味する。「玄関」は仏の世界への関門のこと。すなわち、覚りを得たとしてもこれに停滞してはならず、この関門を突き破らなければならないということを表す。

❷『*碧巌録』八八則に「**当機敲点**《とうきこうてん》（⇧）（相手の機根に相応して問うたり答えたりして）、**金鎖玄関**を撃砕す」という言葉が見られる。「金屑《きんせつ》貴しと雖も眼に落ちて翳《えい》と成る」（『*臨済録』勘弁）という言葉も、同様の意味を表す。

錦上鋪花《きんじょうほか》

❶五色の糸で美しい模様を織り出した綾織りの上に、

さらに花を敷くということで、美しいものの上にさらに美しいものを添えて、美の極をつくすことを意味する。

❷『＊碧巌録』二一則に、「法幢を建て、宗旨を立す。**錦上鋪花**。籠頭を脱し角駄を卸す太平の時節」という言葉がある。籠頭は轡のことで面懸《おもがい》という馬具、角駄は馬の荷物で、私たちの自由を縛りつける煩悩などを意味し、「脱」「卸」はこれを逃れ制御すること。仏法が盛んになり、さまざまな問題が解決された太平の時節であるということを**錦上鋪花**という言葉で表したものである。

また、虚堂智愚《きどうちぐ》（一一八五〜一二六九）の語録『虚堂和尚語録』9には、ある僧が「世尊が説法されたときに、大梵天王が金色のパラーサの花を奉献した。この意は如何」と質問したとき、虚堂和尚は「**錦上鋪花**又一重」と答えた、とされている。

銀盌盛雪《ぎんわんせいせつ》

❶銀は白色を表す。白い椀に白い雪を盛ることで、白いということでは見分けがつかないが、しかしそれぞれ異なったものであるということから、平等即差別、差別即平等の意を表す。白い月の中の白い鷺《さぎ》という意である**明月蔵鷺**《めいげつぞうろ》という言葉と対句として用いられる。

❷＊洞山良价（八〇七〜八六九）の語録『洞山録』の一つ、『筠州洞山悟本禅師語録』宝鏡三昧歌に「**銀盌盛雪、明月蔵鷺**、類するも之れ斉しからず」とされている。

銀盌盛雪が単独に用いられる場合は、「銀碗裏盛雪」と表現される。『＊碧巌録』一三則に次のような用例がある。ある僧が巴陵顥鑑《はりょうこうかん》（宋初の人、雪門の嗣）に尋ねた、「提婆宗とはどういうものか」と。提婆宗というのは、＊龍樹（ナーガールジュナ、一五〇〜二五〇頃）の法嗣・迦那提婆《かなだいば》（アーリアデーヴァ、聖提婆聖天、一七〇〜二七〇頃）の系統をいい、言葉による論破・論駁をその宗風とした。巴陵の答えは「銀碗裏盛雪」であった。

空空寂寂《くうくうじゃくじゃく》

❶「空寂」は、一切のものには実体がなく無自性空で

あって、それが普遍の真理であるということを表す。**空空寂寂**は言葉を重ねてこれを強調したものである。❷大慧宗杲《だいえそうこう》（一〇八九－一一六三）の語録『大慧普覚禅師語録』29に「**黙照無言空空寂寂**《もくしょうむごん》」という。「黙」は「寂黙」、「照」は「照了」の義であって、智慧の光が言葉を用いることなく、真実を明らかにすることをいう。

空手還郷《くうしゅげんきょう》

❶手に何も持たずに故郷へ還ること。何ものにもとらわれのない、自己本来のすがたに立ちかえることを意味する。❷曹洞宗の祖である道元*（一二〇〇～五三）は、五年間の修行を終えて中国（宋）から帰国した際に、自らの参禅の成果を「ただこれ等閑《なおざり》に天童先師（如浄、一一六三～一二二八）に見《まみ》えて、当下に**眼横鼻直**《がんおうびちょく》なることを認得して人に瞞《まん》ぜられず（あざむかれず）、すなわち空手にして郷に還る」（『永平広録』巻頭の上堂）と語ったという。宋での修行の成果は目は横ざまについており、鼻は縦についているということを知ったということのみで、空手で帰ってきたというのである。これは**花紅柳緑**《かこうりゅうろく》（⇧）と同様に、真実というものは身の回りに転がっている「あるがまま」ということであって、この「あるがまま」を「あるがままに」知ることが覚りにほかならないということを表す。それが本来の自己に立ち返ることになるわけである。

空腹高心《くうふくこうしん》

❶腹はできていないのに、心だけは高ぶること。内実は何にもないのに、さも悟ったような高慢な態度をいう。❷中国の明時代の如巹《にょきん》（一四二五～？）が編集した『緇門《しもん》警訓』9に「**空腹高心**、啞羊《あよう》に似る」という。「啞羊」は口のきけない羊のことで、大馬鹿者に喩えたものである。

空亦復空《くうやくぶくう》

❶*大乗仏教の教えの中心は、**色即是空**《しきそくぜくう》（⇧）といわれるように、一切のものがさまざまな関係の上に成り立っていて、一つとして独立自存するものはないから「空」であるということである。したがって絶対で永遠なるものはないということになる。しかしこの「空」が度を越して主張されすぎると、これ自体が一種の固定的見解に陥ってしまい、「空」という教えに反することになる。そこで「空」もさらに「空」であると観じられなければならないということを意味する。
❷『般若経』は空を説く経として有名であって、**色即是空**もその一節であるが、この注釈書である、大乗仏教の百科事典ともいうべき『*大智度論』34という書物には、「*菩薩は般若波羅蜜を行じる時、普く諸法は皆な空にして、**空亦復空**と観ず」とされている。

倶会一処《くえいっしょ》

❶往生を願って*念仏すれば、皆な共に極楽浄土で再会することができるということ。
❷「衆生にして（極楽浄土のすばらしいことを）聞かん者はまさに発願して彼の国（極楽浄土）に生ぜんと願ずべし。所以はいかん。かくの如きもろもろの上善人と倶《とも》に一処に会することを得ればなり」という『*阿弥陀経』のことばに基づくもので、日本の浄土教の基礎を作った*源信（九四二〜一〇一七）の『*往生要集』には、「第七に**聖衆倶会**の楽とは、経に云うが如し。（中略）倶に一処に会することを得ればなり」（大文2）といい、浄土真宗の祖である*親鸞（一一七三〜一二六二）は「かくねんぼうの、おおせられて候よう、すこしも愚老にかわらずおわしまし候えば、かならず〱一ところへまいりあうべく候」と書簡に書いている（高田の入道殿に与えた書簡）。
　浄土宗や真宗の僧侶は葬儀の時に、亡くなった人が

お浄土で先に亡くなったお父さんやお母さんと会っていることでしょう、といった趣旨の法話をすることが多いが、それはこのような信仰に基づいたものである。

苦海朝宗《くかいちょうしゅう》

❶「苦海」は苦しみが満ちている海という意で、「朝宗」は諸侯がこぞって天子に謁見《えっけん》し帰服すること。人生は苦しみばかりで、それはすべての河が大海に流れ込み、諸侯が天子のところに集まるようなものということを表したもの。

❷『*往生要集』大文4には、「しかる*所以は、今この娑婆世界はもろもろの留難多し。甘露いまだ沾《うるおわ》ざるに**苦海朝宗**す」とされている。

究竟参徹《くきょうさんてつ》

❶「究竟」はものごとの究極に達すること、「参徹」は禅に参じて、自己ならびに真理を徹底的に究めることをいう。

❷『*正法眼蔵』遍参に、「仏祖の大道は**究竟参徹**なり」という。類義語に**究竟映徹**《くきょうようてつ》、**究竟明徹**などがある。

句句超宗《くくちょうしゅう》

❶仏典の一つ一つの言葉には無限の意味が含まれており、仏教の本旨としているところをさえ超えるものを持っているということ。

❷「**文文見諦**《もんもんけんたい》（⇧）・**句句超宗**」の成語で用いられることが多い。*道元（一二〇〇～五三）の語録『永平広録』5に、「**文文見諦**、**句句超宗**、法として円ならずということ無く、機として被らずということ無し」とされている。「どんな文章にも真実を見出し、句句に仏法の本旨を感得し、法として完全でないということはなく、すべてが役に立つ」という意味である。

禅では**不立文字**《ふりゅうもんじ》（⇧）、**教外別伝**《きょうげべつでん》などという言葉も尊重されるが、一語一語を大切にするという側面もあるわけである。

口決面授　口訣面授　くけつめんじゅ

❶奥深い仏教の教えの真髄を、師が弟子に対して口伝えにし、対面して授けることをいう。
❷懐奘《えじょう》（一一九八〜一二八〇）の*『正法眼蔵随聞記』2に「当家の**口決面授**にも、西来相伝の戒を学人に授く」とある。禅宗では師が弟子に奥深い仏教の教えの真髄を伝える際にも、*達磨大師（五三〇年頃、中国に渡る）がインドから親しく伝えた戒を仏道修行者に授けている、ということである。**面授口決**ともいい、浄土真宗の本願寺第三世・*覚如（一二七〇〜一三五一）が書いた真宗の信仰に反する思想を糾弾する『改邪鈔』のなかに、「ねんごろに一流を**面授口決**し奉る御門弟達」という文章がある。

九思一言　くし（きゅうし）いちげん

❶よく考え十分思慮をめぐらせた上で一言を発すること。熟慮して行動せよということ。
❷『論語』季氏の「孔子曰、君子有九思」をふまえたもので、*日蓮（一二二二〜八二）の『撰時抄』に、「よくよく思慮のあるべかりけるか。孔子は**九思一言**、周公旦は沐には三にぎり、食には三はかれけり」とされている。周公旦は中国周時代の政治家で聖人として尊ばれている人物であるが、「沐には三にぎり、食には三はかれけり」は**握髪吐《あくはっと》哺《ほ》**のことをさす。周公が洗髪の途中でも髪を手に握ったまま、もしくは食事の途中でも食べたものを吐いて、賢者に会おうとした故事に因んだもの。

救世度人　くぜどにん

❶世間の人々（衆生）の苦悩を救い、悟りへと導くこと。
❷唐代初期随一の学僧であった道宣（五九六〜六六七）が著し、仏教関係の文書が集められている『広弘明集』13に、「**救世度人**は**極慈《ごくじ》極愛《ごくあい》**なり」とする。**極慈極愛**は究極的な慈愛という意味である。

九年面壁《くねんめんぺき》

❶インドから中国に禅を伝え、中国禅宗の始祖とされる*達磨大師（五三〇年、中国に渡る）が嵩山の少林寺（河南省）で九年間壁に面して坐禅を修したと伝えられる故事をいう。物事を根気よく続けることを表す場合に用いられる。

❷曹洞宗の祖である*道元（一二〇〇〜五三）の『*正法眼蔵』弁道話に、「はじめ*達磨大師、嵩山の少林寺にして**九年面壁**のあいだ、道俗いまだ仏の正法をしらず、坐禅を宗とする婆羅門となづけき」とされている。

面壁九年ともいい、一四世紀に念常が書いた編年体中国仏教史、『仏祖歴代通載』22には「菩提達磨はすなわち東土の初祖なり。（中略）航海して来たり、少林山中に至って**面壁九年**」とする。

功夫弁道《くふうべんどう》

❶「功夫」は「工夫」とも書き、力をつくして勤め励むことを意味する。「弁道」も全力を挙げて仏道に励むこと。同意語を二つ重ねて、仏道に全身全霊をつくして邁進すべきことを表したもの。

❷『*正法眼蔵』法性に、「たとい生知《しょうち》なりとも、かならず尋師訪道すべし。たとい無《む》生知《しょうち》なりともかならず**功夫弁道すべし**」という。たとえ智慧を得て悟りを得たとしても、師を尋ね道を訪ねるべきであり、それ以上のもはや学ぶべき何ものもない境地に達しても**功夫弁道**すべきであるというのである。

供養雲海《くよううんかい》

❶雲の海にも喩えられるような広大かつ荘厳な供養をいう。

❷「供養」とは仏・法・僧の三宝や死者の霊に対して、飲食・衣服・華・香などの供物をささげることを意味するが、後代には、父母・師長に対して、尊敬の念をもって奉仕・礼拝するといったことも含められるよう

になった。「十千種の大供養の雲」などというように、供養はしばしば「雲」に喩えられる。雲がモクモクと湧き上がる盛んなさまがイメージされたものであろう。

また**雲海供養**ともいわれ、不空（七〇五〜七七四）による『毘盧遮那五字真言修習儀軌』には「聖衆は集会して普遍《あまねく》香花等を**雲海供養**す」とされている。

煢煢忪忪　けいげいしゅじゅ

❶「煢煢」は独りぼっちで頼るところのないさまをいい、「忪忪」は驚き慌てるさまをいう。

❷『無量寿経』*下のなかに、殺生・盗み・邪淫・妄語・飲酒の五悪を犯した者が、その罪の程度によってそれぞれ地獄*・餓鬼・畜生などの三悪道に堕ちることは、天網恢々疎《てんもうかいかいそ》にして漏らさずで、「**煢煢忪忪**として、まさにその中に入るべし」とされている。

谿声山色　けいせいさんしき

❶「谿声」は谷川の水の流れの音、「山色」は山の姿をいう。森羅万象すべては仏の説法であり、仏が顕現したものであることを表したもの。

❷中国宋代の文人、蘇東坡《そとうば》居士（蘇軾《そしょく》、一〇三六〜一一〇一）が作った、「谿声は便《すなわ》ち是れ広長舌。山色は清浄身に非ざること無し。夜来八万四千の偈。他日如何が人に挙似せん」という詩に基づいたもの。

曹洞宗の祖である道元*（一二〇〇〜五三）の主著『正法眼蔵*』の第二五「谿声山色」はこの句を材料としたもので、「正修行のとき、谿声谿色、山色山声、ともに夜来八万四千偈をおしまざるなり。（中略）たとい**谿声山色**八万四千偈を現成せしめ、現成せしめざることは、夜来なりとも、谿山の谿山を挙似する尽力未便ならんは、たれかなんじを**谿声山色**と見聞せん」という文章で閉じている。修行者にとっては谷川の声は仏の声であり、山の姿は仏の姿である。もし**谿声山色**が八万四千偈を現前に現わしていようといまいと、自然そのものに万法を語る力が具わっていなかったとしたら、私たちは悟る力を持たない、という趣旨を述べたものである。八万四千偈は仏のたくさんの教えのこと。

髻中明珠　けいちゅうみょうしゅ

❶髻《もとどり》の中に隠されて見えない明珠（宝石）をいう。明珠はもっとも優れた教えに喩えたもの。
❷いにしえのインド人は髪の毛を切ることがタブーとされ、伸びた髪の毛を頭の上でぐるぐると巻き貝のようにまとめていた。仏像の頭上にはこぶのようなものがあるが、これもこの習慣が象徴的に表されたものである。
「髻中明珠」は『法華経*』に説かれる**法華七喩**《ほっけしちゆ》と呼ばれる七つの比喩のなかの一つである「髻珠喩《けいしゅゆ》」の中に使われる言葉である。転輪聖王《てんりんじょうおう》（インドの説話に現れる理想的な王）は諸国を平定するにあたって功のあった武将に土地や財物などを与えるが、自分の髻の中に隠した珠のみはめったなことでは与えなかった。しかし今は機が熟したので、今までは成仏の道を閉ざされていた声聞*・縁覚*という二乗（小乗）の教えを信じていた者も、例外なく仏になることができる『法華経』という一乗*の教えを説くのだ、ということを表したものである。

下救沈淪　げぐちんりん

❶一切衆生が迷妄の世界に沈んでいるのを救い上げること。
❷鎌倉時代の東大寺の凝然《ぎょうねん》（一二四〇～一三二一）の『八宗綱要*』の「三論宗*」の項に、「破邪は則ち**下救沈淪**、顕正は則ち**上弘大法**」という。『中論』『十二門論』『百論』という三つの論を拠り所とする三論宗の宗義を、誤った見解を破る「破邪」と、正しい教えを顕す「顕正」の二つに分け、前者を**下救沈淪**、後者を**上弘大法**《じょうぐだいほう》すなわち正しい教えを広めることととらえたものである。ちなみに『中論』『十二門論』は龍樹*（ナーガールジュナ、一五〇～二五〇頃）の著作、『百論』は龍樹の弟子の提婆《だいば》（アーリヤデーヴァ、聖天、一七〇～二七〇頃）の著作で、いずれも「空」思想に基づいて大乗*仏教を体系づけた

ものである。

下化衆生《げけしゅじょう》

❶すべての生きとし生けるもの（衆生）を教化し救済すること。**上求菩提**《じょうぐぼだい》（⇧）の対句として用いられる。❷*大乗仏教は、自分だけが悟りを得ればよいという小*乗仏教の阿羅漢果という小さな悟りを求めるのではなく、われひとともに仏という大きな悟りを得ることを理想とする。この理想を実現しようと努力する者が菩*薩であって、菩薩は仏道に初発心するときに、自らは仏となろうという自利の誓願と、すべての衆生を救済しようという利他の誓願を起こすとされる。「衆生無辺誓願度、煩悩無尽誓願断、法門無量誓願学、仏道無上誓願成」という**四弘誓願**《しぐぜいがん》（⇧）はこれを具体的に表したものである。*『往生要集』大文4に、「初に、形相とは、惣じてこれを謂わば仏に作らんと願う心なり。また、上は菩提を求め、下は衆生を化《すく》う心とも名づく。別してこれを謂わば**四弘誓願**なり」というごとくである。これに対して、阿弥陀如来（法蔵菩薩）の四十八願や、薬師仏の十二願、釈迦仏の五百大願は別願と呼ばれる。

袈裟功徳《けさくどく》

❶中国の唐時代に作られた『念仏鏡』末という書物には、「猟師が袈裟を着ると象も起き上って恭敬する。袈裟の功徳を敬うからだ」とされている。このように「袈裟」を身に着けることによって得られる功徳を**袈裟功徳**という。❷袈裟はサンスクリット語の kāṣāya の音写語で、「赤褐色」を意味する。古代インドの修行者はこの色の衣を着ていたので、仏教もこれを取り入れたものである。また僧院に住むことを避けて林間に住する、頭《ず》陀行《だぎょう》と称される苦行的な修行をする修行者の着る衣は「糞掃衣《ふんぞうえ》」と呼ばれる。墓地などに捨てられている布の断片を縫いあわせて作った塵のかたまりのような衣という意味である。

修行者には腰巻きのようなものと、全身を覆うもの、それに外套のようなもので坐禅をするときの敷物にもなるようなものの「三衣《さんね》」を持つことが許されている。わが国では三衣を基本としながらも、僧服のうち身に着けるものを「衣《ころも》」と呼び、肩にかけるものを「袈裟」として区別している。

灰身滅智　けしんめっち

❶身を灰にし（灰身）、精神活動を滅する（滅智）こと。説一切有部などの釈迦仏教*の悟りはすべての煩悩を滅しつくすことにあるとされるが、しかし生きている限りは肉体が残り、精神活動が残って、本能的な欲求までもなくすことはできない。完全なる悟りはこのすべてを滅しつくすことであるとされ、これを**無余涅槃**《むよねはん》という。**灰身滅智**はこの境地を表したものである。

❷「煩悩即涅槃*」「煩悩を断ぜずして涅槃を得」と主張する大乗仏教*は、この考え方に賛成しない。隋の吉蔵*（五四九〜六二三）の『二諦義』下には次のように論じられている。「小乗仏教*は**灰身滅智**して**無余涅槃**を得ると明かし、これをもって妙極とする。智は雑毒であって、身体は手かせ足かせであり、智は身体を疲れさせ、身体は智を骨折らせる。だから身を滅して無に帰し、智を絶して虚に沈ませなければならないというが、これは断無の病（虚無主義）である」と。

繋属一生　けぞくいっしょう

❶菩薩*は三阿僧祇劫《あそうぎこう》百劫*という天文学的な長い期間の六波羅蜜等の仏道修行の結果、仏になるとされる。弥勒菩薩が五六億七千万年後に弥勒仏になるというのもこうした考えをもとにしたものである。**繋属一生**は、この長い修行の結果、今度人間世界に生まれてきたときには仏になるということが約束されているが、その一生だけは迷いの世界に縛られるということ。**一生補**《いちしょうふ》**処**《しょ》に同じ。これは次に生まれる一生の間に仏処を補うべき者という意である。

❷『大宝積経*』52に、「一切の菩薩は初発心よりこの

かた広く諸行を修して不退転となり**繫屬一生**を得る」とされている。

化俗結縁《けぞくけちえん》

❶世俗の人々を教化して、仏法に縁を結ばせること。❷「結縁」は、仏法に縁のない衆生は救われることができないので、仏道を修行するなどの悟りを得るための直接的な行為をすることができなくとも、死んだ後にでも苦しみの世界から逃れることができるようにと、仏法に縁を結ぶということ。そのために覆面して花を投げさせ、花の落ちたところに描かれた仏がその人に有縁の仏であるから、その尊号を唱えさせるという**結《けち》縁灌頂《えんかんじょう》**や、結縁のために『*法華経』などの経を書写させて供養する**結縁供養**などの仏事が行われる。

解脱深坑《げだつじんきょう》

❶自分一人の解脱にとらわれることを、深い坑《あな》に落ちてそこから出られないことに喩えた語。❷『大集経』13に「たとえばある人が深い穴に落ちたとしよう。この人は自分を救うことも他人を救うこともできない。ちょうど自分ひとりの悟りにこだわる声聞や縁覚のようなものである。このように解脱の穴に落ちた人は自分も他人も救うことができない」と説かれている。われひととともに仏になることを目標とする*大乗仏教の立場からは、煩悩を断じてひとり平安な境地（*声聞や*縁覚）を求めるような仏教を*小乗仏教とさげすむ所以である。

解脱大海《げだつたいかい》

❶覚りの世界が広大無比なることを大海に喩えたもの。❷大乗の『*大般涅槃経（曇無讖訳）』5に、「大海は広大でその水は無量であり、量ろうとしても量れないように、解脱もまた量ることができない」とされている。この場合の解脱は「真解脱」とされており、如来のことであると定義されている。

血脈不断《けちみゃくふだん》

❶仏祖および古人の精神が断絶せず脈々と相続されていくことを、身体の血管が繋がって途切れないことに喩えたもの。あるいは血筋が子々孫々とつながっていくことをいう。

❷『*続伝灯録』17に、「霊鷲山上で仏弟子である*迦葉《かしょう》が釈迦牟尼仏から親しく法を聞いてから、今に至るまで累《つな》がって児孫に及ぶこと**血脈不断**」と表現されている。

懸崖撒手《けんがいさっしゅ》

❶「懸崖に手を撒《さっ》す」と読む。「撒」は「放つ」「なげうつ」という意で、断崖絶壁につかまっていた手を離し身を躍らせるように、今まで執着していたすべてのものを放棄することを意味する。**絶後《ぜつご》再甦《さいせい》**と対句として用いられるように、そうすれば今までになかった本来の自己、すなわち仏性をよみがえらせることができるということを表す。

❷『*圜悟仏果禅師語録』11には「ただちにすべからく**懸崖撒手**し、自ら肯《うべの》うて承当す（うけかなう）べし。絶後に再び甦れば、君を欺くことを得ず」とされている。**撒手懸崖**ともいう。

還源返本《げんげんへんぽん》

❶「源に還《かえ》り本に返る」と訓読する。本来清浄なる自己に立ち戻ることを意味する。

❷唐時代に書かれた道宣（五九六〜六六七）の『続高僧伝』16の荊州玉泉山釈法懍《ほうりん》の伝記に次のようなエピソードが伝えられている。むかし法懍は旅の途中で県令（県の長官）に会い、僧侶としての身分証明書（公験）の提出を求められた。彼はいつも『*法華経』を携えていたので、この函の中に証明書（行文）があると答えた。県令が調べてもそれらしきものがないので、嘘をつくなと怒った。彼は「この経文は諸仏の行跡で、私もふ

み行っています。源に還り本に返ることが、私の証明書です」と答えた、という。

また、同じく道宣が著した、仏教関係の文書が集められている『広弘明集』12には、「戒律を制して悪を禁じ以て罪を懲するは、みな妄を息《や》め真に帰り**還源返本**せしめんがためなり」としている。

なお語順を逆にして**返本還源**ということもある。修行者の心境の高まりを分かりやすく一〇段階に分けて説明した「十牛図」の第九は**返本還源**と呼ばれる。これには美しい水の流れと紅い花が描かれるが、自己の本来清浄なることを表したものである。ちなみに完成を表す第一〇図は、**衆生済度**のために*慈悲の手を垂れて市井のなかに入る図柄が描かれる（**入鄽垂手**《にゅってんすいしゅ》（⇧））。

見色明心　けんしきみょうしん

❶眼に森羅万象（色）を見て、自己本来の心（仏心）を明かにすること。耳に外界の音を聞いて道を悟る**聞**《もん》**声悟道**《しょうごどう》と対句として用いられる。

❷満開の桃の花を見て悟った霊雲志勤《れいうんしごん》（生没年不詳）と、石ころが竹に当った音を聞いて悟った香厳智閑《きょうげんちかん》（?〜八四〇）の故事に因んだもの。『*碧巌録』七八則には、古人は**聞声悟道、見色明心**した。もしひとりがこのように悟りを得るということは、これによって多くの人が悟りを得る。**同修同証**《どうしゅどうしょう》、**同悟同解**《どうごどうげ》するものであるからだ、としている。*道元（一二〇〇〜五三）の『*正法眼蔵』弁道話には「古今に**見色明心**、**聞声悟道**せし当人、ともに弁道に擬議量なく、直下に第二人なきことをしるべし」という。「擬議量なく」というのは、かれこれ思案することなくという意であり、「第二人なし」とは、純一無雑に修行を完成したということを表す。

顕彰隠密　顕彰隠蜜　けんしょうおんみつ

❶*親鸞（一一七三〜一二六二）を開祖とする浄土真宗は、『*無量寿経』『*観無量寿経』『*阿弥陀経』のいわゆる浄土三部経を所依《しょえ》（よりどころ）の経とするが、この三経には表面に現れた文意には若干の相違があるけれども、そ

の裏面に隠されたものからすると、すべて絶対他力の*信心を一貫して勧めたものであるということを証明しようとしたもの。「顕」とはその表面上に現れたもの、「彰」は裏面の表面には現れない隠密の意を明らかにすることを意味する。

❷「大経」と略称される『無量寿経』は四十八願の中の第十八願が中心であって、これは他力の*念仏往生を説くものと解釈されている。しかし「小経」と略称される『阿弥陀経』は自力の念仏往生を説き、「観経」と略称される『観無量寿経』はもろもろの善行を修して極楽往生を願う諸行往生を説くように見えるが、実はこの二つの経も本当はすべて他力往生を説いたものであると解釈する。

親鸞は、「三経の大綱、**顕彰隠蜜**の義ありといえども、信心を彰として能入とす。かるがゆえに経の始めに如是と称す。如是の義は、則ちよく信ずる相なり。いま三経を按ずるに、みな以て金剛の真心を最要とせり、真心は即ちこれ大信心なり」（『*教行信証』化身土巻）としている。

以上を雲龍の絵に喩えて次のように解説する。描かれる雲は「顕説」であり、その裏に隠された龍の身体は「隠密」、雲の間からかいま見える龍の首尾は「彰」である、と。

見性成仏《けんしょうじょうぶつ》

❶「見成公案」は「げんじょうこうあん」と読み、「現成公案」とも書く。このように「見」は「現」の意であって、もともと私たちが持っている仏性を現わして仏となる、ということを意味する。

❷「**不立文字**《ふりゅうもんじ》（⇧）、**教外別伝**《きょうげべつでん》、**直指人心**《じきしにんしん》（⇧）、**見性成仏**」という句は、禅宗の宗義をもっとも簡潔に示したものとして有名であり、その開祖とされる*達磨大師（五三〇年頃、中国に渡る）のことばと伝えられる。禅の宗旨は経論の中にはなく、また言葉では伝えられない。ただ私たち自身の心を見よ、この心を現わせば仏となれる、という意である。臨済宗夢窓派の祖、夢窓疎石《むそうそせき》（一二七五～一三五一）の法語を集録した『夢中問答集』下には、

「成仏と申すも今始めて仏になりて、相好を具し光明を放つべきにはあらず。たとえば酒に酔うて本心を失える人の、時節到来して酔狂忽ちにさめて本心になるがごとし。日来の迷倒忽ちに休歇して、直下に本分に契当するを**見性成仏**と名けたり」と説かれている。また梁の宝亮（四四四～五〇九）らによる『大般涅槃経（南本）』の注釈の集成『大般涅槃経集解』33には、「**見性成仏**。即ち性は仏なり。如来は即ち法なり」という言葉が見いだされる。

見性明心《けんしょうみょうしん》

❶私たちが本来有する仏性を表し、その心性を明らかにするということ。
❷子璿《しせん》（?～一〇三八）による『大仏頂首楞厳経』の注釈書、『首楞厳義疏注経』1之2には、「既に道眼を開かば**見性明心**」という。
また**明心見性**ともいい、『*圜悟《えんご》仏果禅師語録』18には「生死の根源を明らめ、一切の人をして**明心見性**ならしむ」とされている。

巻舒斉唱《けんじょせいしょう》

❶巻は「巻く」こと、舒は「巻いてあるものをのばし拡げる」こと。修行者のあり方を否定して追いつめ苦しめることと、修行者のあり方をしばらくは肯定して放任することを意味し、禅匠がこの二つの方法手段を共に用いて指導する（斉唱）ことをいう。
❷『*碧巌録』五則に「**照用同時**《しょうゆうどうじ》、巻舒斉しく唱え、**理事不二**（⇧）、権実並べ行ず」という。**照用同時**は修行者の力量を量り、その機根に応じて指導することが同時に行われること、「理事不二」は道理と現実をともに活用することで、いずれも師が弟子を指導する機微を表したものである。
同義の熟語に**出没巻舒**《しゅつもつけんじょ》がある。現わしたり、隠したり、巻いたり、のばしたりすることである。

言前薦得《げんぜんせんとく》

❶「薦」は薦《むしろ》。「薦得」はばくち打ちがむしろの上で賭け事をして、勝った者がその上のすべてを自分のものとするように、すべてを我がものとすること。**言前薦得**はまだものを言わない前にすべてを会得し、悟ってしまうことを意味する。

❷これに対して言葉によって悟ることを**随言薦得**《ずいごんせんとく》という。

玄中又玄《げんちゅうゆうげん》

❶奥深く深遠なる境地のこと。

❷洞山良价*（八〇七～八六九）の語録『洞山録』の一つ『筠州洞山悟本禅師語録』で、洞山は「**玄中又玄**とは何か」との問いに「死人の舌の如し」であると答えている。また、**妙中又妙**《みょうちゅうゆうみょう》と対句として用いられることが多い。『老子道徳経』上篇1の「**玄之又玄**、衆妙之門」をもとにして、仏教がこれを採用したものである。

還来穢国《げんらいえこく》

❶「穢国」は私たちが住む穢《けが》れて苦しみに満ちたこの世界をさし、「還来」は極楽浄土に往生した人が衆生を救い、悟りの世界に導くために戻ってくることを意味する。

❷善導*（六一三～六八一）の『法事讃』下に「誓いて弥陀の安養界に到り、穢国に還来して人天を度さん」というように用いられている。

しかし、一般的な「還来」の意味は、この輪廻の世界に戻ってくる、この輪廻の世界を脱することができない、ということを表す。親鸞*（一一七三～一二六二）の書いた『正信偈』のなかの「還来生死輪転家」はこの意味である。

互為主伴《ごいしゅばん》

❶互いに主となり、伴（客）となること。

❷『*華厳経』は法界縁起《ほっかいえんぎ》(⇧)を説く。帝釈天の住む宮殿に架かっている網には、その一つ一つの結び目に珠玉がつけられていて、その一つの珠玉は他の一切の珠玉を映すと同時に、その珠玉は他の一切の珠玉に映されているように、すべてのものは重々無尽《じゅうじゅうむじん》(⇧)に関連しあっているという世界観を説いたものである。このような世界観に立てば、アメリカが主であれば日本は客となり、日本が主となればアメリカは客となるような関係となり、あるいは机の脚は天板があるために立っていられるが、天板も脚があるから安定することができるということになる。このようなことが、法蔵（六四三〜七一二）による*華厳教学の概説書『華厳五教章（華厳一乗教義分斉章）』4には、「因果は倶時にして相い容れ相い即して、各の一切を摂して互いに主伴と為る」と表現されている。類義語に主伴具足《しゅばんぐそく》（主伴無尽とも）があり、『華厳五教章』1に十十無尽主伴具足、あるいは主伴具足円通自在といった表現が見られる。同様に、一即一切《いちそくいっさい》、事《じ》事無礙《じむげ》(⇧)、相即相入《そうそくそうにゅう》(⇧)も類義語である。

挙一全収《こいちぜんしゅう》

❶『*華厳経』の説く世界観を表したもので、現象世界の一つひとつのものの中に他のすべてが含まれているということを意味する。

❷『華厳経』は、この世界のすべては毘《び》盧《る》遮那《しゃな》仏《ぶつ》の悟りの世界そのもので、一心から現れたものだとする。だからすべてのものが重々無尽《じゅうじゅうむじん》(⇧)に関係しあっており、それは網の結び目の一つ一つに結びつけられた宝石の一つひとつが他の宝石に映っていると同時に、その一つひとつの宝石は他のすべての宝石を映しだしている帝釈天の宮殿に架けられた帝釈網（因陀羅《いんだら》網）のようなものだと喩えられる。そこで唐の澄観（七三八〜八三九）の『*華厳随疏演義鈔』29には、「主観と客観、

覚る主体と覚られる客体といった主・客の対立といったものは本来なく、すべてのものの本質は平等であるが故に（皆性融故）、**挙一全収**である」と説かれている。

挙一蔽諸　こいちへいしょ

❶一つのものを挙げることで、すべてを蔽《おお》うこと。

❷唐の*湛然《たんねん》（七一一～七八二）による『摩訶止観《まかしかん》』の注釈書『止観輔行伝弘決』2之2に、「随自意三昧」という三昧は、常坐三昧・常行三昧・半行半坐三昧とは違って、行住坐臥の形に関係なく自らの「意」にしたがって諸境を観察する三昧であるが、ここに「意」が取り上げられるのは、心の働き（心所）にはたくさんあるけれども、そのすべてを挙げるわけにはいかないので、「意」を代表させて、**挙一蔽諸**するのだという。

挙一例諸《こいちれいしょ》ともいわれ、一つのものを挙げて他の三つを代表させるような場合には、**挙一明三**《こいちみょうさん》という。『論語』述而にある、「挙一隅而示之、不以三隅反、則吾不復也」（一隅を挙げて之を示し、三隅を以て反らざれば、則ち復せざるなり。教える側が四角いものの一つの隅をとりあげて示せば、教わる側があとの三つの隅で答えるほどでなければ、二度と教えない、教わる側の問題意識が旺盛でなければ、指導の効果は上らないことをいう）に基づいたものと考えられる。

行雲流水　こううんりゅうすい

❶行く雲と流れる水のように、何のわだかまりもない心境や生活態度のこと。略して「雲水」といい、行く雲や流れる水のように、処々に師を求めて参禅し、道を問うてまわる僧を意味する。

❷『宋史』の「蘇軾《そしょく》伝」にある「嘗自謂、作文如**行雲流水**、初無定質、但常行於所当行、止於所不可不止。（嘗《こころみ》に自ら謂う、文を作るは、行雲流水の如く、初め定質なく、ただ常にまさに行くべきところに行き、止まらざるべからざる所に止まる、心の赴くところにしたがって作文すれば、自ずととどまるべきところに落ち着くという趣旨のこと）」から来たものとされている。蘇軾《そしょく》（一〇三六～一一〇一）は北

宋の政治家にして文人で、『赤壁賦《せきへきのふ》』はじめ詩文の秀作が多い。また、彼は東坡《とうば》居士とも号し、照覚禅師（東林常聡《とうりんじょうそう》、一〇二五～九一）に参じて禅を修している。

敲関撃節　扣関撃節　こうかんげきせつ

❶「関を敲《たた》く」は碁の手、「節を撃つ」は音楽の拍子をさし、ともに問題のポイントをおさえることを意味する。

❷『碧巌録*』一二則に、「雪竇《せっちょう》*（九八〇～一〇五二）軽々に**敲関撃節**の処に去って、略些子（少しばかりの）教を露わして爾《なんじ》をして見せしむ」という用例が見られる。**破関撃節**も同じ意である。

光境倶忘　こうきょうくぼう

❶「光」は照らすものすなわち認識の主体をさし、「境」は照らされるものすなわち認識の対象をさす。「倶忘」とはこれらの対立が超越されることをいい、悟りの境地を表したものである。

❷『碧巌録*』八六則に、「心月は孤円にして、光は万象を呑む。光は境を照らすに非ず、境も亦た存するに非ず。**光境倶忘**、復た是れ何物ぞ」という。

向外求仏　こうげぐぶつ

❶一切衆生は仏性を有しているのであるから、自分自らが仏に成るのであるが、愚かにも仏を外に求めようとすること。

❷『景徳伝灯録*』9に、「今の学道人は此の心体を悟らずして、便ち心上において心を生ぜんとし、**向外求仏**して相に著して修行す。皆な是れ悪法にして菩提道に非ず」とする。

曠劫多生　こうごうたしょう

❶「曠」は遠い、久しいを意味する。「劫《こう》*」は天文学的な長さの時間の単位。私たちは久遠のむかしから生

まれ変わり死に変わりして、輪廻を繰り返してきたという、仏教の世界観を表す。

❷「劫」はインドにおける最長の時間の単位で、原始仏教聖典の一つである『*雑阿含経《ぞうあごん》』34という経典では、この長さを次のように説明している。まず「芥子《けし》劫」と呼ばれるものは、一辺一由旬《ゆじゅん》（約六・五キロメートル）の立方体の鉄の城があって、この中に芥子粒を満たし、百年に一度一粒の芥子を取り去るとして、このすべての芥子を取り去ったとしてもまだ劫は終わらない、という。「盤石劫」と呼ばれるものは、一片が一由旬の大きな岩があり、これを柔らかな白氈で百年に一度払って、その石が摩滅してなくなっても劫は終わらない、という。

*釈迦仏教の思想体系をもっとも正確に著した*世親《せしん》の『*倶舎論《くしゃろん》』によれば、地球が生まれて破壊するまでを一大劫というが、これを試みに計算してみると、おおよそ一二億八千万年ほどになる。しかもこれは時間の長さを表す単位に過ぎない。これに冠するのは「曠」という悠久を表す形容詞であるから、その時間はまさに天文学的なものとなる。この長い長い間私たちは**輪**《りん》**廻転生**《ねてんしょう》を繰り返してきた、いまこの人間に生まれている間にこれを解脱しなければならない、というのが仏教の世界観であって、この辺の消息が仏典では次のように表現されている。「**曠劫多生**の間、幾回か徒《いたずら》に生じ、徒に死せん」（『*正法眼蔵随聞記』3）、「**曠劫多生**の間には父母にあらざる者もなし」（『*一遍上人語録』百利口語）、「然るを**流転**《るてん》**輪廻**の凡夫、**曠劫多生**の群生《ぐんじょう》、清浄の廻向心なし」（*親鸞『浄土文類聚鈔』）。

なお、**多生曠劫**《たしょうこうごう》という場合もあり、また**多劫多生**という言葉もある。

光明遍照《こうみょうへんじょう》

❶太陽の光が、何ものをも差別することなく、世界の隅々まであまねく照らしだすさまを、仏に喩えたもの。

❷仏は太陽の光りのイメージとしてとらえられることが多く、阿弥陀仏は「無量の光」を意味するアミターバ（amitābha）の音写語であり、大日如来は太陽を意

味するヴァイローチャナ（vairocana）の訳語であり、これを音写したものが毘盧遮那仏《びるしゃなぶつ》である。

　太陽の光には明るさと暖かさがあり、明るさの面は仏の智慧、暖かさの面は仏の慈悲*を示し、ともに仏の衆生を救済する力を象徴的に表したものである。『観*無量寿経』には「一一の光明は十方世界を遍照し、念*仏の衆生を摂取して捨てず」とされている。

広略相入《こうりゃくそうにゅう》

❶ひとつの事柄を、丁寧に細かく描写する場合と、略して簡単に描写する場合があるけれども、両者ともに同じことを述べている、ということ。
❷天親*菩薩（ヴァスバンドゥ。三二〇～四〇〇頃）の『浄土論（無量寿経優婆提舎願生偈）』下に、極楽浄土の荘厳功徳を一七種掲げて説き、阿弥陀如来の荘厳功徳を八種、菩薩*の荘厳功徳を四種掲げて説いた後に、「略して説けば一法句に入る。それは真実智慧の法身（仏を仏たらしめているもの）なり」と書かれている。宋の知礼（九六〇～一〇二八）による『観音玄義』の注釈書である『観音玄義記』3はこれを説明して、金で作った獅子の像はその材質からいえば「金」であるが、その姿形からいえば頭・尾・耳・目・四足等があるようなものと喩えている。

五蘊皆空《ごうんかいくう》

❶私たちの身心を構成する色・受・想・行・識の五つの要素（五蘊）すべてには実体がないということ。
❷「色」は肉体、「受」は苦楽の感受作用、「想」はイメージ作用、「行」は意思作用、「識」は認識作用であって、「空」とはこれらはさまざまな原因や条件によって形成されたものであり、原因や条件が変われば変化するものであるから、固定的な実体はないということを意味する。
　般若空思想の根幹を説く『般若心経*』には次のように説かれている。「観自在菩薩が深遠な智慧を完成しつつあったときに、**五蘊皆空**であるとあるがままに知

って、一切の苦しみ災厄を解決した。色は空に異ならず、空は色に異ならず、**色即是空**《しきそくぜくう》（⇧）・**空即是色**《くうそくぜしき》であって、受想行識もまたまたその通りであるということである」と。

互換縦横《ごかんじゅうおう》

❶主と客が縦横自在にその立場を入れ替えて、活発に禅の問答を交わすさまをいう。

❷*『碧巌録』二〇則に、「**一言一句**、乱りに施為せず。前後相照して、権あり実あり、照あり用あり。**賓主歴**《ひんじゅれき》**然**《ねん》（⇧）、**互換縦横**」という。文中の権は仮のすがた、実は真実なるすがた、照は修行者の機根、用はそれに応じた働きをいう。虚も実も使い、互いの力量に応じて、丁々発止と修行者同士が問答するありさまを表したものである。

顧鑑頻申《こかんひんしん》

❶「顧鑑」は振り返って見ること、「頻申」は「頻呻」とも書き、顔をしかめてうなること。禅の師家《しけ》（指導者）が、無言で振り返って見たり、象や獅子のようにうなってみたりして、さまざまな態度方法で修行者を指導すること。

❷*『従容録《しょうようろく》』一則に、「**閉門打睡**《へいもんたすい》して上上の機に接し、**顧鑑頻申**して曲げて中下のためにす」という。閉門したり、居眠りしたりするのは上々の機根の修行者のためにする接し方であり、顧鑑・頻申するのは中下の機根の修行者を指導する方法であるというのである。

古教照心《こきょうしょうしん》

❶経典や祖録などの古教を読み学んで、自らの心を顧みること。

❷禅門における読書に対する態度が、道元*（一二〇〇〜五三）の九五巻本*『正法眼蔵』の「重雲堂式」の次の文章によく現れている。「堂のうちにて、たとひ禅冊（禅に関する書物）なりとも文字をみるべからず。堂にして

は究理弁道《きゅうりべんどう》(⇧)すべし。明窓下にむこうては古教照心すべし。寸陰すつることなかれ。専一に功夫《くふう》すべし」。なお、僧肇《そうじょう》(三八四～四一四)が老荘思想によって仏教哲理を明かした『宝蔵論』広照空有品に古鏡照精《こきょうしょうせい》という言葉があり、「古鏡照精して其の精自ら形あらわれ、古教照心して其の心自ら明らかなり」というように、この語の対語として使われている。古人の行いを鏡として自分の精神を形作る、という意である。

箇箇円成　ここえんじょう

❶悟りを得て仏となる素質(仏性)は、それぞれ誰にでも生まれながらにして(箇箇)、欠けることなく完全に具わっている(円成)ということ。人人具足《にんにんぐそく》も同じ意味であって、同時に用いられることが多い。
❷朝鮮の禅宗史上に傑出した知訥《ちとつ》(一一五八～一二一〇)の語録、『真心直説《しんじんじきせつ》』真心正信に「只だ要らず自己の本来は是れ仏なりと信ずべし。天真の自性は人人具足し、*涅槃の妙体は箇箇円成す」という。

五姓各別　ごしょうかくべつ

❶有情《うじょう》(生きもの)には、仏になる性質を有している「*菩薩定姓」と、独覚(縁覚あるいは辟支仏ともいう)になる性質を有している「独覚定姓」と、*阿羅漢になる性質を有している「*声聞定姓」と、以上の三つが確定していない「三乗不定姓」と、決して悟りを得ることができない性質を有している「無姓有情」の五種があるということ。
❷『楞伽経《りょうがきょう》』や『解《げ》深《じん》密経』に基づいて法相宗《ほっそうしゅう》が主張したもので、一切の有情は仏性を持っており、すべては成仏できると主張する*天台宗と鋭く対立した。この二つが客観的な真理を述べたものであるとすれば、少なくともどちらかが間違っていることになるが、前者は現実的な立場から有情を見て反省を促したもの、後者は理想的な立場から有情を見て希望を持たせ、発奮させようとしたものと理解すべきである。

五障三従《ごしょうさんしょう》

❶女性がもっている五種の障害と、三種の忍従をいう。「五障」は梵天・帝釈天・魔王・転輪聖王《てんりんじょうおう》・仏になることができないということ、「三従」は家にあっては父に従い、嫁しては夫に従い、老いては子に従うことをいう。転輪聖王は理想の聖王であり、仏と等しいが、世俗にある人をいう。

❷「五障」は、原始仏典の一つである『中阿含経』やパーリ語で書かれた『サンユッタ・ニカーヤ（相応部）』などの初期経典や、『*法華経』などの大乗経典などにひろく見られる。「三従」はヒンドゥー教の『マヌ法典』や儒教の『礼記』などにも見られるから、これは仏教のみに留まらない女性観ということができる。

しかし釈尊は女性が仏道を悟ることにおいて男性に劣るとは考えていなかった。仏教において最初の比丘《びく》尼《に》（女性の出家者）となったのは、釈尊の幼年時代の育て親である摩訶波闍波提《まかはじゃはだい》であるが、この出家を許した理由は、女性も男性と同様の悟りを得ることができるということであった。その証拠にパーリ語で書かれた女性の出家者たちの詩を集めた『テーリー・ガーター（長老尼偈）』には、男性の出家者たちの詩を集めた『テーラ・ガーター（長老偈）』と同じ悟りを得たことがうたわれている。

しかしここで述べられている悟りは阿羅漢果という初期仏教がめざす最高の悟りであって「仏」ではない。釈迦牟尼仏も「*阿羅漢」と呼ばれるが、しかし阿羅漢がすべて「仏」と呼ばれるかというとそうではないから、阿羅漢と仏には差異があることになる。釈尊は男性として仏になったが、女性も仏になりうると考えていたかどうかは、今となっては確認できない。

後世には、女性は男性に生まれ変わらないと成仏できないという考え方が定着した。これを**変成男子**《へんじょうなんし》（⇧）という。しかし、これは極めて不合理な考え方であるから、さらに後にはしきりに**女人成仏**《にょにんじょうぶつ》（⇧）が主張されるようになった。

なお、比丘尼教団は比丘教団から独立して存在することはできなかった。要するに比丘尼は比丘に従属すべきものとされた。また女性には男性よりもきびしい戒律が課された。これは釈尊時代のインドの男性優位の社会体制が反映したものとも考えられるが、一面ではそれは、家を離れて無防備な状態となった女性の出家者を保護するという意味があったものとも考えられる。

後念即生《ごねんそくしょう》

❶仏教では、心は一刹那《せつな》ごとに生じそして滅するとする。刹那とはもっとも短い時間の単位であって、七五分の一秒ほどに相当する。この場合の「念」はこの刹那を意味する。**後念即生**は**前念命終**《ぜんねんみょうじゅう》と対句として用いられ、前の瞬間に命終わって、次の瞬間に**極楽往生**する、という意である。

❷浄土真宗の祖である親鸞*（一一七三～一二六二）は、真宗の教義を要領よく説いた『愚禿鈔《ぐとくしょう》』上において、「本願を信受するは**前念命終**なり。**即得往生**は**後念即生**なり」としている。「念仏*すれば阿弥陀如来が私たちを極楽浄土に往生させて下さるという、その本願を信受した瞬間に、生まれ変わり死に変わりする業のきずなが切れるのでそれが命終である。その次の瞬間に極楽往生することが確定するので、それが生まれるということである」という意である。この場合の「即生」は「正定聚の数に入る」と註されているので、死んで極楽世界に生まれることを意味するのではない。

また本願寺第三世覚如*（一二七〇～一三五一）は『報恩講式』のなかで親鸞を偲んで、弘長二年（一二六二）の一一月二八日に「**前念命終**の業成を彰して、**後念即生**の素懐を遂げた」と書いている。この場合の前念はこの生涯の最後の一念で、次の一念に極楽往生したということになる。

五百結集《ごひゃくけつじゅう》

❶五百人の比丘たちが集まって釈迦牟尼仏の遺教を編集したことをいう。

❷釈迦牟尼仏が八十歳で入滅されたとき、「自分の死後は、説き教えた法と律があなたたちの師である」と遺言された。これに基づいてその年に、釈迦牟尼仏の弟子たちの代表五百人がマガダ国の首都であった王舎城に集まって、釈迦牟尼仏の遺教を確認しあった。この時には文字に記されたのではなく、声に出しあって唱えたので「結集」は「合誦《ごうじゅ》」とも訳される。
　これが第一回目の結集であったので**第一結集**ともよばれるが、このの ち釈迦牟尼仏の教えである法と律に重大な疑義が生じると、その度に結集が行われた。ちなみに第二回目の結集は釈迦牟尼仏没後百年に行われ、この時には七百人の比丘が集まったので**七百結集**とか**第二結集**とよばれる。

五篇七聚《ごひんしちじゅ》（ごへん）

❶律蔵に規定された仏教の出家修行者が犯した過ちに課せられる罰則を、五種あるいは七種に分けたもの。
❷「五篇」とは、サンガ（saṃgha：僧伽、仏教教団）から追放される波羅夷《はらい》、六日間の謹慎処分を命じられる僧残《そうざん》、サンガ（四人以上の集団）あるいは二、三人の衆、あるいは長老の前で告白しなければならない波逸提《はいつだい》、一人の比丘の前で告白しなければならない波羅提提舎尼《はらだいだいしゃに》、心の中で反省すればよい突吉羅《ときら》であって、「七聚」は、これに波羅夷・僧残の未遂の罰則としての偸蘭遮《ちゅうらんじゃ》を加え、突吉羅を身体的行為に関するものと口に関するもの、すなわち悪作と悪説に分けたもの。

孤峰頂上《こほうちょうじょう》

❶一つだけ高くそびえている峰の頂きのこと。一切の差別を超絶した絶対平等の境地をいう。
❷かつて『金剛経』の学者だった徳山（宣鑑、七八〇〜八六五）が*潙山《いさん》（七七一〜八五三）のもとで悟りを開いた、その徳山の悟境を潙山が評した語（『*碧巌録』四則、『*無門関』久響龍潭）。
　また、この言葉は、『*臨済録』上堂で「一人は孤峰頂上に在って、出身の路無く、一人は十字街頭に在っ

て、また向背無し」として、**十字街頭**《じゅうじがいとう》と併せて用いられている。**十字街頭**とは、「繁華街の四つ辻」という意味から転じて、相対差別の世界をいう。絶対平等の世界（**孤峰頂上**）にいながら、そのまま相対差別の世界（**十字街頭**）で活動することをいう。あるいは**孤峰頂上**は智慧を、**十字街頭**は慈悲*をさすとも考えられている。

語黙作作　ごもくささ

❶話をしているときも、黙っているときも、何をしているときもという意味で、日常生活の**行住坐臥**《ぎょうじゅうざが》（⇧）一切をいう。

❷『往生要集*』大文4には、「もし極楽浄土に生まれたいと願うならば、**行住坐臥**、**語黙作々**に、往生の想を胸中に在らしめ、飢えて食を念ずるがごとく、渇して水を追うがごとくせよ」とされている。同趣意の言葉に**語黙動静**《ごもくどうじょう》（⇧）がある。

語黙動静　ごもくどうじょう

❶話をしているときも、黙っているときも、動いているときも、動いていないときもという意で、日常生活の一切をいう。

❷宋の宗暁（一一五一～一二一四）によって浄土往生に関する経論等が収録された『楽邦文類』3の「広平夫人往生記」の中に、広平夫人すなわち承宣使思恭の妻は、専ら西方の浄観を仏事として、行くもまた西方、坐するもまた西方、**起居食息**《ききょじきそく》もまた西方、**語黙動静**もまた西方、酌水献華もまた西方、翻経行道もまた西方であった、とされている。

同趣旨の言葉に**語黙作作**《ごもくささ》（⇧）、**起居食息**がある。

金口所説　こんくしょせつ

❶「金口」は仏の口のこと。仏の身体は金色をしているというところから来たもので、**金口所説**は仏が直説

した正真正銘の教えを意味する。

❷『楽邦遺稿』上に、浄土の教えを信じるものは死んだときに、仏が金台にのって来迎してくれるなどというのは、悪魔の説だという非難に、「これはみな*観無量寿経に書かれていること、**金口所説**であって、どうして悪魔の説などであるものか」といった趣旨のことが書かれている。「仏説」とされる経典のすべては、釈迦牟尼仏の直説であると信じられていたわけであるが、実際には仏自らが書き下した経文も、仏の説法をそのまま筆記した経文も存在せず、もっとも早くに成立した経でも、仏の入滅後少なくとも三〇〇年以上たってから文章にされた。

金剛不壊《こんごうふえ》

❶金剛とはダイヤモンドのこと。最高の硬度をもった物質として、何物にも破壊されないという意味。**不壊金剛**というも同じである。

❷金剛が不壊であって何物にも破壊されないということが仏身や仏教の教え、経典、持戒、あるいは発菩提心に喩えられ、逆に一切のものを破壊するということが煩悩を破壊する智慧や三昧に喩えられる。

言語道断《ごんごどうだん》

❶日常語としては、言葉では言い表せないほどの不合理なことを意味するが、仏教語としての本来の意味は、仏教の真理は言葉では言い表せない、言葉の道が絶えているということを表す。

❷*大乗仏教の経典を代表する『*大般若経』478は、「真理というものは、無分別であって、あれこれと議論することはできない。**言語道断**である」という。

仏教にはこれに類する**意路不到**《いろふとう》(⇧)、**教外別伝**《きょうげべつでん》、**言詮不及**《ごんせんふぎゅう》、**言忘慮絶**《ごんもうりょぜつ》(⇧)、**不立文字**《ふりゅうもんじ》(⇧)といった多くの言葉がある。すべて仏教の真理は言葉では伝えられないという意であって、これは『ヨハネ伝』が「初めに言《ことば》があった。言は神と共にあった。言は神であった。この言は、初めに神と共にあった。万物は言葉によって成った。成ったもので、言によらずに成ったものは何一つなかった」というキリスト教の立場とは大きく異なる。確かに、「神は言われた。光あれ。こうして光があった」わけであり、イエス・キリストは神の預言者として、福音を伝える者であった。キリスト教では言葉は、何にもまして重要なものである。

しかし仏教では、言葉というものは文化を共有する一定の社会での約束事にすぎず、それはむしろ排斥すべき固定観念や先入見のかたまりと見る。日本では「よい天気」というのは、晴れ渡って空気の澄んだ天気のことであるが、砂漠の国ではこれは決してよい天気ではない。しかし日本では、「よい天気ですね」が雨降りをさすようでは、共通の言語としては成り立たない。言葉というのはこのような性格をもつものであって、だから言葉をもって物事を判断すると、真実を見失う恐れがある。「色が白い」といえば美人と思い、「背が低い」というと見映えのしない男を想像するが、人間それぞれがもつそれぞれのよさが、このようなことで判断されうるはずはない。言葉はこのような固定観念・先入見をもとにして成り立っているのであるから、真理は言葉では語れないとされるのである。

魂神精識　こんじんしょうしき

❶「魂」「神」「精」「識」はすべて、肉体に宿る霊魂とか霊妙な働き、あるいは私たちのアイデンティティと考えられるようなこころ・認識知覚能力を意味し、先の世からこの世に生まれ、この世から次の世に生まれる主体となるようなものを列挙したもの。

❷『無量寿経』*下には、「私たちは姿形を変え、地獄*や餓鬼などの六道に輪廻して、長い寿命や短い寿命を受けたりするのは、すべて**魂神精識**が自然に趣くのだ」とされている。

無我を説く立場では、**輪廻転生**《りんねてんしょう》を説く仏教は一方では「無我」を説く。無我を説く立場では、このように素朴に「霊魂」のようなものを認めるということはせず、私たちの肉体と精神を構成している要素が仮に集まり、それが死後にも続くと説明する。

言忘慮絶　言亡慮絶　ごんもうりょぜつ

❶言葉を超え（言忘）、通常の認識判断を超えている（慮絶）こと。菩提、真如、諸法実相《しょほうじっそう》（⇧）など、悟りの境地や真理は言葉では表せず、日常的な分別では理解できないという意。

❷*三論宗の教学を大成した中国の*吉蔵（五四九～六二三）が多用している。「菩提之道は**言忘慮絶**」（『維摩経義疏』5）、「真如の体は**言忘慮絶**」（『法華論疏』上）、「諸法実相は**言忘慮絶**」（『三論玄義』教義綱要書）、「**言忘慮絶**は方に是れ真諦なり」（『大乗玄論』1）、「**言忘慮絶**を妙となす」（同3）などである。

また**言忘慮寂**《ごんもうりょじゃく》ともいい、『中論』の注釈書である『中観論疏』5末に「寂滅は即ち**言忘慮寂**なり」という用例がある。

言語道断《ごんごどうだん》（⇧）、**不立文字**《ふりゅうもんじ》（⇧）なども同じ意を表す。

さ　行

罪悪深重　ざいあくじんじゅう

❶生まれ変わり死に変わりしてきた輪廻の中で、数知れない罪悪を犯してきたことを痛切に自省する言葉。

❷浄土教の教えは、このような痛切な自己省察の上になりたっており、だから自分の力では極楽往生できない、阿弥陀如来に助けてもらわなければならないということになる。他力教といわれる所以である。浄土宗の開祖である*法然（一一三三～一二一二）の『*黒谷上人語灯録12』（和語灯2）には次のような文章がある。

「わが身は女人なれとおもう事なく、わが身は煩悩悪業の身なればという事なかれ。もとより阿弥陀仏は**罪悪深重**の衆生の、三世の諸仏も十方の如来もすてさせ給いたるわれらをむかえんとちかい給いける願にあいたてまつれり。往生うたがいなしとふかくおもいいれて、南無阿弥陀仏南無阿弥陀仏と申せば善人も悪人も、男子も女人も十人は十人ながら百人は百人ながら、みな往生をとぐる也」。

罪根深重《ざいこんじんじゅう》という言葉もあるが、これは罪の根が深いということを意味する。『*大乗本生心地観経』2に、「諸々の衆生は悪業をなしても慚愧《ざんき》の心を起こそうともせず、仏法僧に親近しようともしない。たいへん**罪根深重**であるというべきであるが、このような衆生でも、すこしでも仏・法・僧に好意を持つなら、この人の罪障はすべて消えて善根が生じ、仏を見ることができて、生死を離れて菩提を証することができる」とする。

罪過弥天《ざいかみてん》

❶「弥」はあまねくいきわたるという意で、罪や過失が空一面に広がるほど大きく甚だしいことを意味する。

❷『法演禅師語録』上に、「**罪過弥天**なりといえども新たに赦《ゆる》し、咸《みな》放つ」としている。解脱すれば、過去に犯した天一杯に拡がるほどの罪も消えてしまうというのである。

斉同不退《さいどうふたい》

❶「退」というのは、悟りの境地や一定程度に達した心境から後戻りすること。「不退」は「不退転」であって、後戻りしないということ。政治家が「不退転の覚悟で事を行う」と言うように用いられる。「斉同」は共に等しくという意であって、浄土に往生する者はみなともに二度と再び迷いの世界にもどることはないということ。

❷*親鸞（一一七三〜一二六二）の主著である『*教行信証』信巻に、「かしこに到りては殊《こと》なることなし、**斉同不退**なり」とされている。他の悟りは退転することもありうるが、極楽浄土に往生すれば、一人の例外もなく退転してこの世に戻るようなことはないという意である。

罪福無主《ざいふくむしゅ》

❶善悪の行いの報いとしての災い（罪）と幸せ（福）には、本来は誰がなし、だから誰が受けるべきだという主体はないということ。❷*釈迦仏教の「業」の教えでは**自業自得**《じごうじとく》（⇧）が原則であって、私がなした悪の報いとしての罪は自分が引き受けなければならないし、もし善をなしたとすれば幸福になるのは私ということになる。

しかし*大乗仏教になると一切は「空」であって、したがって**自他不二**《じたふに》、**自他平等**《じたびょうどう》という考え方が生じることになった。だから私のなした善を他に振り向けることもできるのであって、それが「廻向」である。葬儀を「廻向」というのは、生きている人々の善を亡くなった人に振り向ける行為である。『観普賢菩薩行法経』に「何者かこれ罪なるや。何者か是れ福なるや。我心は自ら空にして、**罪福無主**なり」とされている。

作善得福《さぜんとくふく》

❶善を行えばよいことがあるということ。逆に、悪を行えば災いに見舞われるということが、**作悪得殃**《さあくとくおう》、**為悪受殃**《いあくじゅおう》などと表現される。「殃」は「わざわい」の意である。❷唐初期随一の学僧であった道宣（五九六～六六七）が編んだ、仏教関係の文書が集められている『広弘明集』12に、「案経所明業果不謬。**作善得福為悪受殃**（経の明かすところをよくよく検討してみると、業の果は誤らない。**作善得福**、**為悪受殃**である）」とされている。

坐脱立亡《ざだつりゅうもう》

❶禅僧が坐禅を組んだまま、あるいは立ったまま死ぬこと。禅定（瞑想）の力によって生死をコントロールしたありさまを表す。❷中国明時代の如卺《にょきん》（一四二五～?）が編集した『緇門《しもん》警

訓』1に、「静かなところで心を修すれば須弥山のごとく安住不動となる。このように凡を超え聖を越えるのは環境を借りるのであって、**坐脱立亡**はすべて定《じょう》の力による」とされている。

三界一心　さんがいいっしん

❶「三界」はこの宇宙とその中に住んでいる一切の衆生のすべてを意味し、これが「心」によって作られているのであって、他に実在するものはない、ということ。**三界唯心**《さんがいゆいしん》ともいう。

❷『華厳経』*（仏駄跋陀羅訳25第六地）の「三界は虚妄にして（**三界虚妄**《さんがいこもう》）、但だこれ心の作《さ》なり」という言葉による。

三界は欲望に渦巻く「欲界《よくかい》」と、性欲・食欲などの欲望が薄くなったものの、まだ物質がある「色界《しきかい》」と、ただ精神のみの「無色界《むしきかい》」をさす。五道に当てはめると、地獄*・餓鬼・畜生・人と四天王や帝釈天などの欲界天が「欲界」に住み、大梵天などの色界天が「色界」に住み、空無辺処天などが「無色界」に住む。地獄の世界は地球に相当する須弥山《しゅみせん》世界の地下にあり、天界は空中にある。太陽や月は須弥山という高い山の周りを回っている。衆生は業にしたがってこの三界を輪廻するのであって、この世界から解脱し再生しなくなるのが悟りである。

釈迦*仏教ではこの三界は実在すると考えるが、大乗*仏教はこの世界も衆生もすべてのものに実体はなく**一切皆空**《いっさいかいくう》であるとする。このような考え方の中で『華厳経』は**三界一心**を主張したわけである。このように考えると、「**三界一心**と知りぬれば、地獄天宮外になし」（『源平盛衰記』*9宰相申預丹波少将事）、「釈迦大師のいわれるには、三界唯一心にして、心外に別法なし、心と仏および衆生、この三差別なし」（『正法眼蔵』*三界唯心）ということになる。

仏教学的には、それではこの「一心」とは何かということが問題となる。日本の法相宗（インドでは瑜伽行《ゆがぎょう》派という）は、これは*阿頼耶識《あらやしき》であると主張する。阿頼耶識とは私たちの心の深層にある根源的な認識作用であって、これが全世界を作りだしている。だから私たちの認識の対象となる外界のすべては、実は私たちの阿頼耶識が作りだしているものに過ぎないと主張する。

　中国の華厳*宗ではこの「一心」は如来蔵自性清浄心であると主張する。この世界は仏の悟りが太陽の光が全世界にあまねく照らすように現われたものであって、私たちすべては本来この仏の悟りと同じ性質をもっている。それが「如来蔵自性清浄心」であって、だから仏も衆生も世界もすべてはこの一心から作りだされたものであるというのである。

　三界唯心には次のような用例がある。「いわゆる仏道に心をならうには、万法即ち心なり、**三界唯心**なり」（『正法眼蔵*』別本心不可得）。

三界火宅　さんがいかたく

❶「三界*」は、人間や地獄*・天など一切の衆生が住んでいる世界のすべてを意味し（詳しくは、**三界一心**（㊀）を参照）、それを火に燃える家に喩えたもの。この世界は苦しみの世界であって、その中に私たちはいる。それが今にも焼け落ちそうになっていることに気づいて、一刻も早く逃れださなければならない、ということを教えたもの。

❷大乗*仏教を代表する『法華経*』譬喩品の中に説かれる「火宅の喩」が有名である。ここでは「**三界火宅**に楽住するなかれ。煩悩に耽るなかれ。煩悩に耽れば火に焼かれる。仏になる教えに従えば、速やかに三界を脱出することができる」といった趣意のことが説かれている。

懺悔滅罪　さんげめつざい

❶懺悔は自分の犯した罪過を心の底から反省し、二度と犯さないと誓うことで、そうすればその罪過は消滅するということ。

❷『源平盛衰記*』39重衡請法然房事に、「而《しか》るをいま悪逆を犯して悪心を翻《ひるがえ》し、善根無くして善心に住して

御座さば、三世の諸仏争《いかでか》随喜し給わざらん、先非を悔て後世を恐る〻、是を**懺悔滅罪**の功徳と名く」と記されている。悪逆を犯しても悪心を翻し、善根がないにもかかわらず善心に住するならば、過去・現在・未来の諸仏が競って讃嘆しないことがあろうか。このように、過去の非を悔いて、来世の業報を恐れることを**懺悔滅罪**の功徳と名づける、というわけである。

　*釈迦仏教の「業」の考え方によれば、自分のなした善悪の行為はそれが結果を結ぶまでは消失しない。**自**《じ》**業自**《ごうじ》**得**《とく》（⇧）、**善因楽果**《ぜんいんらくか》、**悪因苦果**《あくいんくか》の原則はいわば客観的な真理であるとされた。今の不幸はあなた自身の責任であるから、もし幸せになりたかったらもっと努力しなさいというのが基本的な立場であった。犯した罪が懺悔することで簡単に消えてしまうようでは、こうした道徳は崩壊する。

　しかし*大乗仏教では、善や悪にしたところで実体があるわけではない、何が楽で何が苦しみかということも簡単には決められない、すべては「空《くう》」であって、何事にもとらわれてはならないという立場に立つ。そこで自分のなした善を他に振り向けるという「廻向」や**懺悔滅罪**という考え方も生じた。

　しかし「懺悔」は決して軽々しい行為ではない。犯した罪が帳消しになるというのは、不可思議な世界の領域で、それこそ仏神の加護がなければならない。*『往生礼讃偈』には懺悔を三種に分類して、「身体の毛孔と目から血を出すのが上品の懺悔、毛孔から熱汗、目から血を出すのが中品の懺悔、全身が微熱して目から涙を出すのが下品の懺悔」とされている。

三障四魔　さんしょうしま

❶「三障」とは、悟りを得る上で妨げとなる三つの障害、すなわち煩悩障《ぼんのうしょう》（貪《とん》・瞋《じん》・癡《ち》などの煩悩）・業障（五逆・十悪などの行為）・報障（異熟障すなわち*地獄、餓鬼、畜生の苦報など）をいう。「四魔」とは人々を悩ませ死に至らしめる四つのもの、陰魔《おんま》（私たちの身心を構成している要素で種々の苦しみを生ずるもととなる）・煩悩魔（煩悩）・死魔（死そのもの）・天魔（死を克服しようとする

ものを妨げるもの、他化自在天子魔）をいう。
❷智顗《ちぎ》*（五三八〜五九七）によって説かれ、灌頂《かんじょう》（五六一〜六三二）によって記された天台*宗の根本聖典『摩訶止観《まかしかん》』5上に、「仏教の教理を勉強し、修行に勤めると、**三障四魔**が紛然として競い起ってくる。これに随い、これを畏れてはならない。これに随えば人を悪道に向かわせるし、これを畏れると正法を修すことを妨げる」としている。

三身即一　さんしんそくいち

❶「三身*」とは仏の三つのあり方をいう。真理を体現したダルマ（法）そのものとしての法身《ほっしん》と、菩薩*としての長い修行をした結果として仏となった報身《ほうじん》と、衆生を救済するために現実世界に現れた応化身《おうけしん》である。**三身即一**とは、この三身が実はそのまま同体であるということを意味する。
　これが**一月三身**《いちげつさんしん》（⇧）という比喩をもって説明されることがある。月は丸いという形（体）と、太陽に照らされて発している光と、影の三つの要素からなっているけれども、しかし月は一つであるからである。なお法身は法性身とか真身、報身は受用身、応化身は応身とも呼ばれる。
❷『法華文句*』9下に次のような文章がある。自由に姿を変えたり、他人の心や過去の生涯を知ることができる力を意味する「神通力」を通して、「一身即三身」「三身即一身」を説明したものである。「一身即三身を名けて秘となす。三身即一身を名けて密となす。神通の力は三身の用なり。『神』は是れ天然不動の理にして即ち法性身なり。『通』は是れ無壅《むよう》（ふさがるもののない）の不思議の慧にして即ち報身なり。『力』は是れ幹用自在にして即ち応身なり。仏は三世において等しく三身あり」。

三世実有　さんぜじちう（じつう）

❶過去・現在・未来の三世にわたって、ものの世界、精神の世界を構成する要素が存在するということ。

❷「*小乗仏教」を代表する説一切有部の思想であって、「*大乗仏教」の『般若経』は「空《くう》」を主張した。

先に要素といったのは、「**色即是空**（⇧）、**空即是色**、受想行識亦復如是」というときの色・受・想・行・識をさす。「色」は肉体、「受」は苦しい楽しいという感覚、「想」はどのように苦しいかというイメージ、「行」は意志、「識」は見る・聞く・嗅ぐ・味わう・考えるなどの認識などの精神作用を意味する。

説一切有部はこれら要素が実在し、それが未来から現在に現れ、私たちの存在を形作って、一瞬の後に過去に過ぎ去っていくのであるから、私たちの中に永遠普遍の「我」という実体があるわけではなく（無我）、また刻一刻と変化しているから無常であると主張した。

しかし『般若経』はこれら要素さえも実体がないとして「空」と反論した。柱や梁や棟木という要素がより集まって家が構成される。だから柱や梁や棟木は実在するが、「家」という実体はないというのが説一切有部の考え方である。しかし、もし家にたとえるなら蜃気楼の城のようなもので、柱や梁や棟木という実体もないというのが『般若経』の考え方である。要するに説一切有部は、私たちは色・受・想・行・識という要素が縁となって構成されているというに対し、大乗仏教はこれら要素もまた縁によって成り立っている、だからすべてのものに執着心を起こしてはならない、というのである。

類義語に**法体恒有**《ほったいごうう》（⇧）がある。

三諦円融　さんたいえんにゅう

❶空・仮・中の三つの真理（三諦）が渾然一体となって完全に融け合っていること。

❷中国*天台宗の開祖である*智顗《ちぎ》（五三八〜五九七）によって創唱された語。世の中の森羅万象、すなわち「あるがまま」の真実は、縁起によって成り立っているから、本来は固定的実体をもたない。これを「空」という。しかし現象としてかりそめに現れて存在していることもまた事実であり、これを「仮」という。そしてこのどちらかに偏ることは真実から離れることになるから、

本当の真実はこの二つが同時に満足されるものでなければならない。これを「中」という。すなわち「空諦」は**色即是空**《しきそくぜくう》(⇨)、「仮諦」は**空即是色**《くうそくぜしき》に相当し、「中諦」は**色即是空**、**空即是色**に相当する。

天台教学では、これら三つの真理が渾然一体となっている様を観法によって体得することが強調される（*『法華玄義』1上、2下）。**円融三諦**、**三諦相即**《さんたいそうそく》、**三諦即是**《さんたいそくぜ》ともいわれる。

斬釘截鉄　ざんていせってつ

❶硬い釘や刃物さえ斬り、截《た》つこと。修行者の凝《こ》り固まった間違った見解や根が深い煩悩などを、一刀のもとに切り捨てて悟りを得ること、あるいは得させること。

❷*『景徳伝灯録』17には「仏法を学ぶ底の人は**斬釘截鉄**の如くして始めて得る」とされ、*『碧巌録』一七則には「**斬釘截鉄**して、始めて本分の宗師たるべし」とされている。

三衣一鉢　さんねいっぱつ

❶三種類の衣《ころも》と一つの鉢。出家修行者の私有が許される持ち物で、出家者はこのように**少欲知足**《しょうよくちそく》(⇨)でなければならないというようなニュアンスで使われる。

❷三衣というのは、腰巻きのように下半身を覆う「下衣《げえ》」と、ワンピースのように身体全身を覆う「上衣《じょうえ》」と、普段は肩にかけているが寒いときや坐禅の敷物などに使う、いわば外套に相当する「大衣《だいえ》」（外衣・重衣ともいう）であって、鉢は托鉢《たくはつ》（乞食《こつじき》）のときに使う食物を入れる容器のことである。これらは私有が許される最大限度の持ち物であるが、同時に最小限度の持ち物でもあった。出家修行者はこれらを持っていることを義務づけられているからである。

その他に所有が認められているのは、帯・剃刀・針と糸・水漉《こ》しであって、**三衣一鉢**とあわせて「八資具」という。仏教の出家修行者には必ずしも苦行は推奨されず、むしろ贅沢にならない範囲での合理的な生活が課せられていたから、雨期には雨浴衣、日常生活のための敷布・覆布（坐臥具）や拭面布、病気のときなどのための覆瘡衣、このような持ち物を入れるための嚢（袋）などの所有も認められていた。

そのほか寺院の土地や建造物などの固定資産やベッド・痰壺などの備品は、一つの寺院で共同生活する比丘・比丘尼によって管理されていたが、全国を遍歴して歩く出家修行者たちにも開放され、いつでも自由に泊まり、利用できる権利を有していた。

日蓮*（一二二二〜八二）が『撰時抄』で、「大族王の五天の堂舎を焼払い、十六大国の僧尼を殺し、漢土の武宗皇帝の九国の寺塔四千六百余所を消滅せしめ、僧尼二十六万五百人を還俗せし等のごとくなる悪人等は、釈迦の仏法をば失うべからず。三衣を身にまとい、一鉢を頸にかけ、八万法蔵を胸にうかべ、十二部経を口にすうせん僧侶が彼の仏法を失うべし」というのは、仏教が形骸化するとかえって仏教をだめにすることを警告したものである。

三輪開悟　さんりんかいご

❶「三輪」にはいくつかの意味があるが、ここでは仏の身《しん》・口《く》・意《い》の三つをいう。「輪」は転輪聖王が「輪宝」などを使って武力に頼らずに法の力で世界を統治することを、仏の身・口・意の三業に喩えたもの。**三輪開悟**はこの三を働かせて衆生を導き悟らせる（開悟）ことをいう。

❷この言葉は、善導*（六一三〜六八一）の『観無量寿経疏*』の正宗分定善義3の「阿弥陀如来は教化すべき衆生の機根を見て、一念のうちに身心等しく赴いて、三輪開悟して、おのおの益すること不同なり」という文章から来ている。阿弥陀如来は救済すべき衆生があればいかなるところにでも瞬時に身も心も赴いて、身・口・意の三輪を働かせて衆生を導き、衆生それぞれの欲するところの利益を与える、という意である。

三輪清浄　さんりんしょうじょう

❶「三輪」とは、布施の三つの要素すなわち施者と受者と施物をいい、これらは「空《くう》」であると見て、執着されてはならない、清浄でなければならない、ということ。三輪体空《さんりんたいくう》、三輪空寂《さんりんくうじゃく》ともいう。

❷誰が布施し、誰が受け、どんなものを布施したかということは、布施そのものの価値には関係がなく、むしろそれにこだわることは、報酬を目当てにして善をなすようなもので、布施そのものの価値を貶《おとし》める。だから誰が、誰に、どんなものを布施したかには関係なく、布施する心そのものが尊いということ。

『*大般若経』は「施者受者施物を見ず、**三輪清浄**にして布施を行ず」(48)、「*菩薩・摩訶薩の布施を行じる時は**三輪清浄**なり。一は我れが施者たりと執せず。二は彼が受者たりと執せず。三は施および施果に著せず。是を菩薩摩訶薩の布施を行ずる時、**三輪清浄**なりとなす」(75)とし、永明延寿(九〇四〜九七五)によって教禅一致が説かれている『宗鏡録』30は「大菩薩の施等を行じる時、よく**三輪体空**と観ず。是れを真施と称す」という。

止悪修善　しあくしゅぜん

❶悪をとどめて、善を修すること。何の変哲もないことであるが、「七仏通誡偈《しちぶつつうかいげ》」(**諸仏通誡偈**ともいう)に「**諸悪莫作《しょあくまくさ》　衆善奉行《しゅぜんぶぎょう》　自浄其《じじょうご》意《い》　是《ぜ》諸仏教《しょぶっきょう》**(諸々の悪をなさず、多くの善をおこない、自らの心を清らかにすること、これが諸々の仏の教えである)」といわれるように、これが仏教の基本である。

❷「七仏通誡偈」あるいは「諸仏通誡偈」というのは、諸々の仏はそれぞれ人間の踏み行うべき道をさまざまに説かれたが、共通して説かれたのは上記の句であるという意味である。これを「戒」というが、悪を止めるのみではなく、善を修することも含まれることを忘れてはならない。

ところで釈迦牟尼仏の説かれた「止悪」の具体的な

内容は五戒や十戒であり、「修善」の内容は*八正道や*六波羅蜜ということができる。

一遍（一二三九～八九）の法語を集めた『播州法語集』に、「ただ罪をつくれば重苦を受け、功徳をつくらば善所に生ずるゆえに、**止悪修善**を教るばかりなり」という。なお、語順を逆にして**修善止悪**といわれる場合もある。

志意和雅《しいわげ》

❶心持ちが素直で柔和なこと。

❷『*大智度論』1に「仏法の大海には*信を能入となし（**信為能入**《しんいのうにゅう》）、智を能度となす」という言葉がある。心が素直で清らかでないと、そもそも仏教の世界には入れないからであり、智の働きが必要なのはその後ということができる。そこで『*法華経』提婆達多品には「**志意和雅**なるは能く菩提に至る」とされている。

持戒持律《じかいじりつ》

❶戒と律を堅持すること。

❷「戒」は仏教聖典が書かれているサンスクリット語ではsīla（シーラ）、「律」はvinaya（ヴィナヤ）であって、サンスクリット語ではこの二つを合した「戒律」という熟語は存在しない。もともとシーラは倫理道徳的規範を意味し、ヴィナヤは法律を意味して、別の概念であったからである。「戒」に相当するシーラは自主的・精神的な規範であり、「律」に相当するヴィナヤは犯せば罰則に処せられる他律的・現実的な出家修行者のサンガの中の法律である。

しかし中国・日本ではこの区別が曖昧になった。たとえば「経」に説かれるのは「戒」であり、「律」は文字通り「律」と称され、それぞれ「経蔵」「律蔵」に収蔵されるべきであるが、中国では大乗の*菩薩戒を説く『梵網経《ぼんもう》』や『菩薩善戒経』などの「経」が「律蔵」に含められるようになった。

また日本の仏教では出家僧侶が堅持するべき「律」を『梵網経』に置き換えられた。最澄が比叡山につくった大乗戒壇がこれである。インド・中国では出家修行者は「律」によって清らかな**少欲知足**《しょうよくちそく》(⇧)の生活を保つように強制されていたが、「戒」は自発的に守るべきもので罰則による強制力をもたないし、そもそも『梵網経』は出家・在家に共通する倫理道徳を説いたものであるから、そこで日本仏教の僧侶は一般人と異ならないものとなった。

自覚覚他　じかくかくた

❶自ら覚り（自覚）、他をも覚らせること（覚他）。

❷『*大乗義章』20に「能く自ら覚り、復た能く他をして覚らしむ。**覚行窮満**《かくぎょうぐうまん》(⇧)するが故に名けて仏となす」というように、自ら覚ることはもちろん、他をも覚らしめるがゆえに仏といわれる。そこで*菩薩は発心するときに、**四弘誓願**《しぐぜいがん》(⇧)という誓いを立てるのであって、これも要約すれば**自覚覚他**ということになる。

菩薩は仏となるために三阿僧祇劫《あそうぎこう》百劫*という途方もない期間の修行をするとされるが、それは思い通りに他をして覚らしめる仏にしか備わらない力を具えるためのものとされる。

只管打坐　しかんたざ

❶「只管」は「祗管」とも書き、ただひたすらという意。「打坐」の「打」は助字で、坐禅をすること。ただひたすら坐禅をするという意。過去の禅者の修行と悟りのあり方を公案として用いて、修行の境地を高めようとする臨済宗の禅風に対して、*道元（一二〇〇～五三）すなわち曹洞宗の禅風をもっともよく表す言葉である。

❷道元は、「先師古仏云く、参禅は身心脱落なり、**祗管打坐**して始めて得」（『*正法眼蔵』三昧王三昧）、「其の教に順ずる実《まこと》の行と云うは、即今の叢林の宗とする**只管打坐**なり」（『*正法眼蔵随聞記』2）、「**只管打坐**して大事を明め、心理を明めなば、後には一字を知らずとも他に開示せんに、用い尽すべからず」（『正法眼蔵随聞

記』3）という。

　これは、「心を放下し、知識・見解・解釈・会得（**知見解会**《ちけんげえ》）などを捨てるとき得道する。（中略）だから心の**念慮知見**を一向に捨てて、**只管打坐**すれば、少しは道がわかってくる。だから道は心によって得られるのではなく、身をもって得るのである。よって坐を専らにすべし」（『正法眼蔵随聞記』3）という理由による。

直指単伝　じきしたんでん

❶「直指」は真理を言葉などの手段によらずに直接に示すこと、「単伝」は教えを師から弟子に純粋にまっすぐ伝えること。
❷『*続伝灯録』24には「*達磨祖師（五二〇年ころ中国に渡る）一乗法を以て**直指単伝**し、**面壁九年**《めんぺきくねん》して文字を立てず」とし、*道元（一二〇〇～五三）が書き記した仏教の実践修行の規範書である『学道用心集』には、「仏祖以来、**直指単伝**、西乾四七（インドの二八祖）、東地六世（中国の六祖）、絲毫を添えず（蚕の吐き出した細い糸ほどのものも付け足さず）、一塵を破ること莫《な》し（塵ほどの小さなものも破ることはない）」とする。
　なお**単伝直指**《たんでんじきし》とされる場合もある。『*正法眼蔵』袈裟功徳に、「**単伝直指**の袈裟をうけたてまつりぬべきを、むなしくすごさん、かなしむべし」とあり、釈尊から*摩訶迦葉《まかかしょう》へと伝えられた袈裟を受け奉ることができる身を空しく過ごすことは、悲しむべきことである、とされている。

直指人心　じきしにんしん

❶言葉や教説によらず、私たちの心は本来仏であることをじかに示すこと。
❷***直指人心**、**見性成仏**《けんしょうじょうぶつ》（⇧）と、対句として用いられることが多い。例えば臨済宗の栄西（一一四一～一二一五）の主著である『興禅護国論』7では、「若《も》し人、仏禅に文字言語ありと言わば、実に是れ仏を謗じ、法を謗じ、僧を謗ず。故に祖師は文字を立てずして、**直指人心**し

て、**見性成仏**せしむ。これ謂うところの禅門なり。名字を取るは即ち法に迷い、相貌を取るは亦た是れ顚倒なり。本来不動にして物として得る可きなし。是れ仏法と謂う」とする。言葉や形にとらわれることなく、私たちの心をじかに指し示して、仏性を現わして私たちが仏となること、これこそが禅の教えであり、仏教なのだというのである。

　このようにして、言葉や形にとらわれずに、じかに仏性を現わして覚ることを**直証菩提**《じきしょうぼだい》という。「いま**直証菩提**の修行をすすむるに、***仏祖単伝**の妙道をしめして、真実の道人とならしめんとなり」（『*正法眼蔵』弁道話）という用例がある。

直途直行　じきずじきぎょう

❶まっすぐな道をまっすぐに進むこと。

❷真言宗の慈雲（一七一八〜一八〇四）による超宗派的な内容の仮名法語である『慈雲短編法語』骨相大意には、「一切衆生こゝろつねに邪曲なれば、三昧の筒を設て**直途直行**を教えたまう」という。衆生の邪《よこし》まに曲がった心が、仏の教えによってまっすぐになるように矯《た》められるということである。

時機相応　じきそうおう

❶教えがその時代と衆生の能力（機根）にあいかなっているということ。**時機純熟**《じきじゅんじゅく》はその教えにとって、時・機が十分に熟したという意味である。

❷仏教には正法《しょうぼう》・像法《ぞうほう》・末法《まっぽう》という歴史観がある。「正法」は仏の教え・これを実践する人・これによってさとる人がある時代、「像法」は仏の教え・実践する人はあるが、さとる人がなくなる時代、さらに「末法」は教えだけは残るが、修行する人もさとる人もなくなる時代である。そして、この後に「法滅」の時代が来て、ついには教えさえもなくなってしまうとされている。正法は釈尊滅後から千年、像法は正法後千年とされ、日本では永承七年（一〇五二）から末法に入ったという説が信じられた。平安中期以降の社会不安が深

刻になったころで、一般民衆にもそれがリアルなものとして受けとられたのである。

そこで仏教もこの時代と民衆の機根に相応したものでなければならないとして、いわゆる鎌倉新仏教と称される諸宗派が誕生した。法然*（一一三三〜一二一二）・親鸞*（一一七三〜一二六二）の浄土教信仰や、日蓮（一二二二〜八二）の『法*華経』信仰はこのような背景を持って生まれた。

親鸞は末法の世の悲しみを歎じた『正像末和讃』で、「釈迦の教法ましませど　修すべき有情のなきゆえに　さとりうるもの末法に　一人もあらじとときたまう」とうたっている。だからこそ、自力ではない他力の浄土教が**時機相応**の教えになるわけである。

また日蓮はその教え・衆生の機根・時代・教えの行われるべき国・教えの流布される順序などから見ても、蒙古襲来など大変な国難を迎え、衆生の機根も劣っているその時代の日本には、『法華経』がもっともふさわしい教えであると主張した。これを五綱判《ごこうはん》という。

色即是空　しきそくぜくう

❶『般若心経*』の中の有名な句で、「**空即是色**《くうそくぜしき》、受想行識亦復如是」と続く。仏教では古くから、私たちを構成している肉体的・精神的な要素を、肉体を表す「色」、苦楽の感受作用を表す「受」、イメージ作用を表す「想」、意思作用を表す「行」、認識作用を表す「識」に分類し、これらを実体があるものと認めてきたが、これらもすべて縁起によって成り立ったもので、原因や条件が変れば、変化するものであるからこれらにも実体はない、ということを表したもの。

❷釈迦*仏教の教えの根幹は三法印、四法印にまとめられる。**諸行無常**《しょぎょうむじょう》（☞）、**諸法無我**《しょほうむが》（☞）、**涅槃寂静**《ねはんじゃくじょう》の三句が三法印、これに**一切皆苦**《いっさいかいく》（☞）が加わったものが四法印である。この中の諸行とか諸法、一切はもともとは色・受・想・行・識をさし、これが諸行とか諸法、一切と総称されたものである。この無常・苦・無我は「**色即是空、空即是色**」と同じような構文で、「色は無

常であり、無常であるものは即ち苦であり、苦であるものは即ち無我である」と示されていたから、『般若心経』はこの構文に基づきながら、実は色・受・想・行・識などの要素には釈迦仏教が考えているように実体があるものではないのだと、従来の定説に異を唱えたのである。『般若心経』はこの後も続けて、釈迦仏教の中心的な教えである十二縁起や四諦説などについても、これらにこだわってはならないと力説している。

　ちなみに**空即是色**は、色・受・想・行・識は空であって実体はないが、しかし私たちに肉体や精神作用があるのも現実的な事実であって、**色即是空**ばかりにこだわってはならないということを示したものである。

自行化他　じぎょうけた

❶自ら仏道修行に勤《いそ》しみつつ、他をも教化すること。**自利利他**《じりりた》(⇧)、**自覚覚他**《じかくかくた》(⇧)も同じ意。
❷『*大般若経』569に「菩薩は是の如く**自行化他**して、未だ嘗て休廃せず」とする。

世の親は自分たちの子供が不幸せであれば、自分たちも決して幸せにはなれない。*菩薩は、世界のすべてが幸せにならないかぎり、自らの幸せはないような人であって、他の悲しみを自分の悲しみとし、他の喜びを自分の喜びとする。したがって自行と化他は二つであって、しかも決して別ではない、ということである。

示教利喜　じきょうりき

❶説法にそなわるべき四つの要素で、善悪に喩えを取れば、「示」はこれが善これが悪などと示すこと、「教」は悪を捨て、善を修するようにさせること、「利」はそれによって利益を得せしめること、「喜」は喜ばせること、である。
❷『*大智度論』54に次のように解説されている。「示とは、人に好醜・善不善・行ずべきか行ずべからざるかを示し、生死を醜となし、*涅槃《ねはん》安穏を好となし、*三乗を分別し、*六波羅蜜を分別する。これを示と名づく。教とは、教えて汝は悪を捨て善を行ぜよと言う。これ

を教と名づく。利とは、未だ善の法味を得ざるが故に心すなわち退没せんとするを、ために法を説き引導して出さしめ、汝因時において果を求めるなかれ、汝今勤苦なるといえども果報出ずるとき大いに利益を得ると、その心をして利せしむ。これを利と名づく。喜とは、その所行に随いてこれを讃歎してその心をして喜ばしむ。もし布施を願い布施を讃すればすなわち喜ぶが故に喜と名づく。この四事を以て説法を荘厳す」と。

四弘誓願《しぐぜいがん》

❶すべての仏は*菩薩として発菩提心《ほつぼだいしん》（正しい目覚めに向かう心をおこすこと。発心《ほっしん》）するときに、誓い（これを願とか、誓願・本願などという）を立てる。有名なものには阿弥陀如来が法蔵菩薩のときに立てた四十八願があるが、その他に薬師如来の十二願、普賢菩薩の十願などがあり、これらはそれぞれの仏・菩薩特有の誓いであるから「別願」と呼ばれる。しかしすべての仏・菩薩に共通するものはここにいう**四弘誓願**であって、これを「総願」という。**四弘誓願**とは、「①衆生無辺誓願度（数限りない衆生を救い取りたい）、②煩悩無尽誓願断（無数の煩悩を断じつくしたい）、③法門無量誓願学（すべての量り知れない法門を学びつくしたい）、④仏道無上誓願成（この上ない仏道を完成させたい）」の四つである。

❷四弘誓願にはさまざまなバリエーションがあり、②の**煩悩無尽**《ぼんのうむじん》が**煩悩無数**、**煩悩無量**、**煩悩無辺**と、③の**法門無量**が**法門無尽**、**法門無辺**と、「誓願学」が「誓願知」と、④の「誓願成」が「誓願証」とされることがある。また真言宗では、「煩悩無尽誓願断」の代わりに、「福智無辺誓願集」「如来無辺誓願事」を加えて五大願とする。

四苦八苦《しくはっく》

❶一般的な日本語として使われるが、もともとは仏教用語。生・老・病・死の苦しみを「四苦」といい、憎い者と会う苦しみ（**怨憎会苦**《おんぞうえく》）、愛する者と別れる苦

しみ（**愛別離苦**《あいべつりく》（⇧））、求めても得られない苦しみ（**求**《ぐ》**不得苦**《ふとくく》）、迷っている私たち人間は苦しみの存在であるという苦しみ（**五盛陰苦**《ごじょうおんく》、もしくは**五陰盛苦**《ごおんじょうく》ともいう）の四つの苦しみを加えて「八苦」とする。
❷釈迦*仏教の教えは、私たちが抱えている最大の問題は生老病死などの苦しみであるという人生観のもとに、その解決の方法を教えたものである。その教えが「*四《し》諦《たい》」説としてまとめられている。「四諦」というのは四つの真実という意味で、それは、
①苦諦《くたい》：私たちは苦しみの存在であるという真実
②集諦《じったい》：苦しみの根底には原因があって、それは煩悩であるという真実
③滅諦《めったい》：苦しみの原因である煩悩が滅すれば苦しみも滅し、それが覚りであるという真実
④道諦《どうたい》：覚りのために正しい生活方法があるという真実
である。「四苦八苦」はこの中の「苦諦」の説明として使われたものである。

しかし大乗*仏教では生死即涅槃《しょうじそくねはん》と説き、この生き死にする苦しみの世界がそのまま覚りの世界であるとする。生死は「空」であって実体はなく、涅槃*も「空」であって実体はないから、生死がそのまま涅槃であるとするのである。これは生き死にすることや覚りにこだわってはならない、とらわれてはならない、虚心坦懐に淡々と生きよという人生観に基づいたものである。

類義語に**生死無常**《しょうじむじょう》（⇧）がある。

自業自得《じごうじとく》

❶「業」は行為を意味し、自らがなした行いの結果は、自らに返ってくるのであるから、その責任は自分がとらなければならないということ。**自作自受**《じさじじゅ》ともいう。
❷仏教の基本的な考え方であって、幸福になりたければ努力しなさい、もし今が不幸であったとしたら、それは誰のせいでもない自分のせいなのだと考えなさい、ということになる。そこで、「逆風の中に塵を投げれば、自らに返ってくるように、自分の中に悪の心が起きると、自分自身に返ってくる」と説かれる。

自然環境や社会環境なども同じであって、公害に悩み、地球温暖化に苦しむのは、われわれ人間のなした業の結果が、われわれ自身に戻ってきていることになる。これは「共業《ぐうごう》」と呼ばれる。

自讃毀他　じさんきた

❶自分を褒めて、他人をそしること。❷*大乗仏教徒が守るべき戒律は『梵網経《ぼんもうきょう》』に説かれる「梵網戒」とされるが、そのもっとも重い十の罪の一つに**自讃毀他**戒がある。大乗の*菩薩たる者は、他人が犯した悪事を自分がかぶり、好事は他人に与え、一切の衆生に代わって恥辱を受けるべきであって、自分の徳を誇り、他人の好事を隠し、他人をそしるのは、教団を追放され、**無《む》間《げん》地《じ》獄《ごく》**にも堕ちる罪であるとされている。**毀他自讃**ともいう。

師資相見　しししょうけん

❶「師資」は師匠と弟子のこと。師と弟子とが互いに相見《あいまみ》え、肝胆を相照らすこと。師と弟子との間で悟りの境地が一致することをいう。❷*道元（一二〇〇〜五三）は『*正法眼蔵』面授において、釈迦牟尼仏から*迦葉《かしょう》尊者、迦葉尊者から阿難尊者、阿難尊者から商那和修《しょうなわしゅ》と弟子は師に見《まみ》え、師は弟子を見ることによって面授してきた。一祖一師一弟として面授しないのは**仏《ぶつ》仏《ぶつ》祖《そ》祖《そ》**（⇧）ではない。いずれの仏祖も**師資相見**しないのに法を嗣《つ》ぐということはありえない、と述べている。

また**師資雷同《ししらいどう》**ということばもあり、これは雷が鳴るとあらゆるものがそれに応じて響くように、師匠と弟子が寸分違わず同調することをいう。

死此生彼　しししょうひ

❶「ここに死に、かしこに生れる」と訓読する。私たちは解脱《げだつ》（煩悩を滅し尽くす）しない限り、生まれ変わり死に変わりして**輪廻転生**をするということを表した

もの。

❷この言葉は特に、如来は自らに具わっている「天眼」によって、有情（衆生）が**死此生彼**するありさまを見ることができるというようなときに用いられる。「清浄の天眼は人を超過し、諸の有情の**死此生彼**を観ず」（『*大宝積経』38）などと使われている。**生彼死此**《しょうひしし》という表現も見られる。

師資相承《ししそうじょう》

❶仏の教えが師から弟子へと正しく伝えられていくこと。

❷「師資」は師匠と弟子をいい、「相承」は教えや悟りの内容を受け継ぐことをいう。『*正法眼蔵』仏経には「まさしく**師資相承**の古経なり」、また、浄土宗の根本聖典『選択本願念仏集』には「聖道家の諸宗、おのおの**師資相承**あり」などと使われている。同義語として**師資相伝**《ししそうでん》、類義語として**一味瀉瓶**《いちみしゃびょう》（⇧）がある。

師子奮迅《ししふんじん》

❶百獣の王であるライオン（獅子）が何ものをも恐れず、奮い立って事に当たるさま。

❷ライオンは「獅子」と書き表すべきであるが、仏にたとえるときには、「けもの偏」を取って「師子」と表記される。仏の説法を「師子吼《ししく》」、仏の座処を「師子座」、仏が右脇を下にして両足を揃えて横たわることを「師子臥《が》」というのも、仏をライオンにたとえたものである。『*法華経』従地踊出品に、釈迦牟尼仏が弥勒菩薩に「諸仏は**師子奮迅**の力を顕示すべきである」と告げたと説かれている。

事事無礙《じじむげ》

❶諸の事物・現象は相互に関係しあって本来何のさまたげもないということ。

❷*華厳宗の教えで、**理事**《りじ》**（事理）無礙**《むげ》に対する。諸々

の現象の底にはそれを成り立たせている法則があり、したがって現象と法則は一体であるということを**理事無礙**という。仏教ではこの法則が「縁起」であって、すべてのものは独立自存するものはなく、他との依存関係によってはじめて成り立ちうるということを表す。したがってすべての現象は**重々無尽**《じゅうじゅうむじん》(⇧)に関係しあっていることになるから、このことを**事事無礙**という。
類義語として**瓦為主伴**《ごいしゅばん》(⇧)がある。

師主知識　ししゅちしき

❶「知識」は友人、特に立派な修行仲間をさす場合が多い。「善知識」という場合は仏道修行上の指導者をいう。「師主」は解説を必要としないであろう。
❷浄土真宗の祖である*親鸞（一一七三〜一二六二）は、末法の世の悲しみを歎じた『正像末浄土和讃』に、「如来大悲の恩徳は　身を粉にしても報ずべし　**師主知識**の恩徳も　ほねをくだきても謝すべし」と詠んでおり、浄土真宗の信徒は日常的にこれをとなえている。この場合の**師主知識**は浄土教における七人の高僧（*龍樹、天親＝*世親、*曇鸞《どんらん》、*道綽《どうしゃく》、*善導、*源信、*法然）を指す。師恩は骨を砕いても感謝すべきものと認識されているわけである。

自受法楽　じじゅほうらく

❶仏が覚りを得て、その境界の楽しみを享受すること。
❷仏教の開祖であるガウタマ・シッダールタは、二九歳の時に生まれ故郷のカピラヴァストゥを出家して、六年におよぶ修行の後に、ブッダガヤーの尼蓮禅河の川岸にあった菩提樹の下で坐禅をして釈迦牟尼仏になったとされる。釈迦牟尼とは釈迦族出身の聖者という意味である。この後七週間のあいだ自らの覚りの境地を楽しんで過ごした。教化活動に入ったのはそれ以降のことである。このように成道した仏がその法楽を自ら受けるのを「自受用《じじゅゆう》」といい、これを衆生一般におし広めることを「他受用《たじゅゆう》」という。

師勝資強《ししょうしきょう》（しごう）

❶「資」は弟子の意。師も勝れ、弟子もまた優れていて、修行のあり方も覚りのあり方も等しいということ。
❷『*正法眼蔵』行仏威儀に、師の*六祖慧《え》能《のう》（六三八～七一三、曹谿）が弟子の南岳大慧（六七七～七四四）に「汚されることのない者は諸仏に守護される。汝もまた是の如し。吾もまた是の如し。インドの諸祖もまた是の如し」と語った言葉を紹介し、「吾もまた」のゆえに師勝なり、「汝もまた」のゆえに資強なり、**師勝資強**であって、悟りを証する智慧と修行が具わっているということである、と解説している。

自障障他　自鄣鄣他《じしょうしょうた》

❶自分自身や他人の修行や悟りを妨げること。
❷中国浄土教の*善導（六一三～六八一）の著した『*往生礼讃偈』には、仏の勧めによって*念仏さえすれば、十人が十人とも、百人が百人とも極楽往生できるのに、念仏以外のさまざまな雑行になれ親しむがゆえに、自分のみならず、他人の往生の妨げをもしている、と述べている。

辞親尋師《じしんじんし》

❶親を捨てて（辞親）、師を尋ねる（尋師）こと。出家して、師のもとに入門することをいう。
❷『*正法眼蔵』三七品菩提分法には、「たとい破戒無戒の比丘であり、無法無慧であるとしても、在家の有智持戒よりすぐれている。在家と出家が一等（同等）であるという証拠や道理は、五千巻の書物をひもといても、二千余年の仏教の歴史においても見出されない」としたうえで、だから「曹谿古仏（*六祖慧能）たちまちに**辞親尋師**す。これ正業なり」としている。

自心是仏《じしんぜぶつ》

❶自分の心がそのままで仏の心であること。すべての人々が仏性を具えていることをいう。❷中唐時代の在俗の仏教学者であった李通玄（六三五～七三〇）による『*華厳経（実叉難陀訳）』の注釈書である『新華厳経論』13に、「私たちの持っている分別智も、一切諸仏の不動智と異なるところはなく、凡夫も聖人もこの智を共有するのであるから、**自心是仏**と信じるべきである」と説かれている。また、中国の禅宗の歴史が書かれた『*景徳伝灯録』6では、「各々**自心是仏**と信じなさい、この心すなわちこれ仏心である」と述べられている。**即心是《そくしんぜ》仏《ぶつ》**（⇧）ともいう。

四諦現観　したいげんかん

❶苦諦《くたい》・集諦《じったい》・滅諦《めったい》・道諦《どうたい》の四つの真理を智慧をもって知ること。❷苦諦は**生老病死《しょうろうびょうし》**や**怨憎会苦《おんぞうえく》**・**愛別離苦《あいべつりく》**（⇧）・**求不得《ぐふとく》苦**・**五陰盛苦《ごおんじょうく》**の**四苦《しく》八苦《はっく》**（⇧）をいい、集諦はこれら苦しみの原因となっている煩悩、滅諦はこれら原因を断じて苦しみが滅すること、道諦はそのための正しい生活方法をいう。

「諦」は現代語で「真理」と訳されるが、このサンスクリット語は「ある」という、英語ではbe動詞に当たることばの現在分詞であるsatyaである。したがって「真理」というよりは「真実」あるいは「事実」と訳するほうが実態に合っており、私たちが生まれたら死ななければならないことや、**生死輪廻《しょうじりんね》**をつづけなければならない原因となっている煩悩を「諦」とよぶ理由も理解されよう。要するに四諦は迷っている私たちと、それを解決した悟りの境地の「あるがまま」を説明したものである。

*釈迦仏教にとっての「仏の教え」はこの四諦であって、四諦は「諸々の仏が説いた最もすぐれた教え」とされる。だから仏弟子たちはこの教えを「あるがまま」に知ることが求められ、それを得ることが悟りとされた。

自他平等《じたびょうどう》

❶自分と他人を等しいものとして、区別しないこと。

❷端的に言えば、「人の喜びをわが喜びとし、人の悲しみをわが悲しみとする」こと。*菩薩の実践が述べられている無著《むじゃく》（アサンガ、三一〇〜三九〇頃）の『大乗荘厳経論』12には、「菩薩は自と他を区別せずに平等に見なす心（自他平等心）をすでに得ているから、一切衆生を救済しようという心が生まれ、他を利することが自を利することになるとして、倦《う》むことがない」としている。

なお、類義語として**自他不二**《じたふに》がある。*吉蔵（五四九〜六二三）による『中論』の注釈書、『中観論疏』2末に「菩薩の修める大悲とは、自らも利益し、また他人をも利益するがゆえに、**自他不二**である」と記されている。

自他法界《じたほっかい》

❶通常は「自他の法界」と読む。「法界」にはいろいろな意味があるが、この場合は全世界・全宇宙を意味する。自他共に包む全世界のこと。

❷*大乗仏教においては、*菩薩が衆生を利益し、自らの功徳を他者に廻向する上で、何らの差別があってはならず、平等になされなければならない。したがって、利益する対象は「自」はもちろん、「他」をも包摂したこの宇宙全体ということになる。『*往生要集』大文4に「**自他法界**同じく利益し、共に極楽に生れて仏道を成ぜん」とある。

質直無偽《しちじきむぎ》

❶性質が素直で、自他を偽ることがないこと。

❷『*華厳経（実叉難陀訳）』54離世間品に、「仏の教えを聴いた者は、自ずと心が清浄となって、おごりや高ぶりがなく、**質直無偽**となる」と説かれている。**志念**《しねん》**堅固**《けんご》（⇧）と共に併記されることも多く、『*法華経』譬喩品に「善く一切諸法之門を知れば**質直無偽**、**志念堅**

固なり」とされている。

七穿八穴　しちせんはっけつ

❶「穿」は穴をあけること。**七穿八穴**とは、いたるところを突き破り、穴だらけにすることをいう。禅者の**自由自在**（⇧）で縦横無尽な心境をいう。
❷『*圜悟《えんご》仏果禅師語録』9に、「一切諸仏祖師**七穿八穴**」と記され、『*碧巌録』七三則では、「もし、穴を突き抜けた人であるならばすなわち**七穿八穴**にして、大自在を得る」と記されている。
　類義語に**七通八達**《しちつうはったつ》があり、『圜悟仏果禅師語録』7に、禅者が百重千重に守りを固めて隙がなく、縦横無尽に活躍するさまを**百匝千重**《ひゃくそうせんじゅう》、**七通八達**と表現している。

自調自度　じちょうじど

❶自ら戒を持して（自調）、自ら悟ること（自度）。
❷*大乗仏教の立場からすると、衆生救済を目指さず、自らの悟りで満足するという意味から、「二乗（*声聞・*縁覚すなわち*小乗仏教）則ち**自調自度**なり」とされている（『法華義記』3―梁の法雲による『*法華経』の注釈書）。
　『*大智度論』61では、「自調」「自度」に「自浄」を加えて、「三自」としている。それによると、「自調」とは「持戒」のことで、「*八正道」の中の「正語・正業・正命」に、また、「自浄」とは「修禅」のことで、「正念・正定」に、さらに、「自度」とは「智慧」のことで、「正見・正思・正精進」に相当すると説かれている。

実際理地　じっさいりち

❶「実際」は真実を究めた絶対の境地をいい、「理地」はものの筋道を窮めた究極の境地をいう。
❷『*圜悟《えんご》仏果禅師語録』1に、「**一即一切**《いちそくいっさい》にして**実際理地**。**一切即一**《いっさいそくいち》（⇧）にして**本来無物**《ほんらいむもつ》」という。一がす

なわち一切であり、一切がすなわち一であるという、絶対平等を悟った境地を**実際理地**というわけである。

　宋の宗暁（一一五一〜一二一四）によって浄土往生に関する経論等が収録された『楽邦文類』3には「念じて無念、生じて無生なるは第一義諦（究極の道理）なり。是を以て**実際理地**となし、一塵をも受けず」とされている。

実相無相　じっそうむそう

❶この現実世界の真実のあり方を「実相」といい、さまざまな原因（因）や条件（縁）によって形成されたもので実体はないから「無相」という。すなわち現実世界の真実は固定的実体がないということを表したものである。
❷*大乗仏教はこの現実世界のすべては「空」であると主張し、これが「諸法の実相」であると説く。*釈迦仏教は**諸行無常**《しょぎょうむじょう》（⇧）、**諸法無我**《しょほうむが》（⇧）、***涅槃寂静**《ねはんじゃくじょう》を「三法印」と呼び、これが釈迦仏教の旗印であるとするが、大乗仏教は**諸法実相**《しょほうじっそう》（⇧）を大乗仏教の旗印として**一実**《いちじつ》**相印**《そういん》という。

十方坐断　じっぽうざだん

❶「十方」は一切の煩悩を意味する。この一切の煩悩を瞬時に断ち切ること。
❷夢窓疎石《むそうそせき》の法嗣で臨済宗の義堂周信（一三二五〜八八）の語録である『義堂和尚語録』3には、「**十方坐断**して千眼が瞬時に開き、虚空のうちを走馬するがごとし」と表現され、*『禅関策進』天目高峯妙禅師示衆には「天下太平にして一念にして無為となり、**十方坐断す**」と表現されている。悟りを得るとその瞬間に自由自在の境地となって、虚空を十方に飛翔するような心境になることを表したものである。

師伝口業　しでんくごう

❶師の口から教えが伝えられること。
❷本願寺第三世である*覚如（一二七〇〜一三五一）の『改邪鈔』

（親鸞思想からの逸脱を指摘した書物）に、「聖道門と浄土門の二門について、生死の迷いを離れるための勘所を得るためには、経・論・章疏などの書物による明証はあるけれども、独りよがりになりやすいから、**師伝口業**をもって最とす」とされている。本願寺第八世の蓮*如（一四一五〜九九）およびその弟子たちの言行を記した『蓮如上人御一代記聞書』には、「聖教は句面のごとくこころうべし。その上にて**師伝口業**はあるべきなり」とされている。

志念堅固《しねんけんご》

❶信念の固いこと。
❷志が固ければ艱難辛苦にも耐えうるから、「**志念堅固**にして大忍辱《にんにく》力（耐え忍ぶ力）あり」（『*法華経』従地踊出品）とか、「忍辱にして瞋《いかり》なく**志念堅固**なり」（『法華経』分別功徳品）などと表現される。

自然法爾《じねんほうに》

❶人為を借りずに、おのずからにそうなっていること。
❷自力を廃して、如来が私たちを救おうとしてたててくださった本願の力（他力）を信じるべきであると主張した浄土真宗の祖である親鸞*（一一七三〜一二六二）のことばとして有名で、その親鸞の書簡が収録された『末灯抄』本には次のように書かれている。「自然というは、自はおのずからという。行者のはからいにあらず、しからしむるということばなり。然というはしからしむということば、行者のはからいにあらず、如来のちかいにてあるがゆえに。法爾というは、この如来のおんちかいなるがゆえに、しからしむるを法爾という。法爾はこのおんちかいなりけるゆえに、すべて行者のはからいのなきをもって、この法のとくのゆえにしからしむというなり。すべて、人のはじめてはからわざるなり。このゆえに、他力には義なきを義とすとしるべしとなり」と。

慈悲護念《じひごねん》

❶一切の衆生は仏・菩薩の慈悲*によって守護されているということ。

❷『大般若経』*501には、「一心に般若波羅蜜多を念誦すれば、**慈悲護念**されているから、刀杖によって傷つき殺されるということはない」と説かれている。

慈悲仁譲《じひにんじょう》

❶慈悲*深く、謙遜であること。

❷「仁譲」は人に情け深く、自らはへりくだること。『法華文句』*10下に、菩薩たる者の資質として、人は先に自分は後という態度（**先人後己**《せんじんこうこ》）と、**慈悲仁譲**たることが求められている。

指方立相《しほうりっそう》

❶東西南北の方向、具体的な姿・形を立てて説明すること。浄土教の教えでは特に、西方十万億土に極楽浄土という理想的な世界があることを描き出すことを意味する。

❷『観無量寿経疏』*正宗分定善義3には、素質や能力の劣った末法の凡夫（末代罪濁凡夫）には観念的な教えを説いても分からないので、西方に浄土が実在すると具体的に説くことを**指方立相**というとしている。また、『一遍上人語録』*門人伝説には、西方極楽浄土の実在を説く教えは、さらに高次の悟りに向けての手だてである（**法已応捨**《ほういおうしゃ》（⇧）の分）としている。

四門出遊《しもんしゅつゆう》

❶釈尊の父親である浄飯王《じょうぼんのう》は、釈尊が王位を捨てて宗教生活に入るのではないかと恐れて、汚らわしいもの、醜いものを見せないように用心していたので、園遊に行こうと東・南・西・北の四つの門を出た釈尊に、帝釈天が老人、病人、死人に化して人生の苦しみを自覚

させ、最後に沙門に会わせて、出家を決意させるに至ったとする伝説をいう。

❷釈尊の出家は二九歳（母親の胎内に入ってから）のときであったと考えられている。この伝説は、釈尊の出家の動機が老・病・死の苦しみを解決するために、従来のインドの宗教であったバラモン教ではなく、新しく起こりつつあった沙門と呼ばれる宗教者の一人となって修行することであったことを物語ろうとするものである。

こうして悟られたのが仏教であるから、釈尊の教えはすべてが生・老・病・死の四苦の解決を直接の目的とするものとなっている。代表的な*釈迦仏教の教えとしての*四諦、*三法印・四法印、**十二縁起**（⇧）などすべてがそうである。

遊出四門《ゆうしゅつしもん》、**四門遊観**、**遊看四**《ゆうかんし》**門**《もん》などとも呼ばれる。

捨穢忻浄《しゃえごんじょう》

❶「穢」は「穢土《えど》」すなわち私たちの住んでいる「汚れた世界」のことで、「浄」はめざすべき「理想の世界」をいう。苦しみに満ちあふれたこの**娑婆**《しゃば》**世**《せ》**界**《かい》（⇧）を捨てて、「極楽浄土」を願い求めることをいう。

❷**厭離**《えんり》**穢**《え》**土**《ど》（⇧）、**欣求**《ごんぐ》**浄土**《じょうど》を縮めたもので、浄土教の教えを端的にまとめたものであるが、苦しみを厭《いと》い離れ、悟りの境地を願い求めるというのは、仏教の教えの基本的な構造を物語っているということもできる。私たちの人間性を真摯に反省すればするほど、このままではいけないという気持ちが湧き上がってきて、よりよき生き方を求めるようになるからであり、またよりよきあり方を求める気持ちが強ければ強いほど、今の生き方が反省されてくるはずであるからである。

捨穢入浄、**厭穢欣浄**《えんえごんじょう》（⇧）、**捨穢求浄**《しゃえぐじょう》、**捨穢取浄**とも表現される。

借事明機《しゃくじみょうき》

❶卑近な日常の事柄を借りて、修行僧の能力や心境を明らかにすること。

❷『碧巌録』*一六則に次のような文章がある。洞山*（八〇七～八六九）門下では、雛鳥が卵の内側からこれから生まれるぞと鳴けば、親鳥は外側から同時に卵をつついて割るように、弟子と師の呼吸がぴったりと合うという意味で**啐啄同時**《そったくどうじ》ということが尊重されている。あるとき修行僧が訪ねてきて、「学人啐す。請う、師啄せよ」と問うたのは**借事明機**である、と。

赤心片片　しゃくしんへんへん

❶「赤心」は偽りのないありのままの心、真心をいう。「片片」は軽やかに翻《ひるがえ》るさまを表す。真心が躍動していること。

❷『正法眼蔵』*身心学道では、「たとい未だ真実の菩提心おこらずというとも、先に菩提心をおこせし仏祖の法をならうべし。これ発菩提心《ほつぼだいしん》なり。**赤心片片**なり。古仏心なり。平常心なり。**三界一心**《さんがいいっしん》（⇨）なり」としている。仏道を学ぶ上でまず必要なものは、仏祖の法をならおうとする真心であるというのである。

捨聖帰浄　しゃしょうきじょう

❶「聖」とは聖道門《しょうどうもん》のことで、浄土門からいう自力で厳しい修行を積んだ後に悟りを得るという天台宗*・華厳宗*・禅宗などの教えをさす。「浄」は浄土門のことで、阿弥陀如来の他力を頼んで念仏*をすることによって浄土に生まれることができるという教えをいう。この聖道門を捨てて、浄土門に帰依すること。

❷法然*（一一三三～一二一二）の主著である『選択本願念仏集』の第一章は、「道綽《どうしゃく》*禅師、聖道・浄土の二門を立てて、しかも聖道を捨てて正《まさ》しく浄土に帰するの文」であるが、浄土宗の修学過程を説いた『蓮門学則』（大玄〈一六八〇～一七五六〉著）はこれを「**捨聖帰浄**の篇」と呼んでいる。ここで言われているように、仏教の教えを聖道門と浄土門の二門に分けて整理することは道綽（五六二～六四五）に始まる。

積功累徳　しゃっくるいとく

❶「積功」は仏道修行の功を積むこと、「累徳」は徳を重ねること。悟りを得て仏になるために、善根を積んで功徳を修めること。
❷諸々の仏・菩薩*は、私たち一切の衆生を救いとるために、何億何千万年（無量劫*）にもわたって善根功徳を積み重ねて仏になられたということを意味する。例えば『法華経*』提婆達多品には「釈迦如来は無量劫において難行苦行、**積功累徳**して菩提の道を求めたまえり」とし、存覚（一二九〇～一三七三）によって浄土真宗の立場から念仏*の要点が記された『浄土真要鈔』本には「（阿弥陀如来は）正覚いまだなりたまわざりしいにしえ、法蔵比丘として難行苦行・**積功累徳**したまいしとき、未来の衆生を浄土に往生すべき種《たね》をば、ことごとく成就したまいき」とされている。このように**難行苦**《なんぎょうく》**行**《ぎょう》と対句として用いられることが多い。**積累徳本**《しゃくるいとくほん》ともいう。

蛇入竹筒　じゃにゅうちくとう

❶蛇が竹筒に入った状態をいい、進退が窮まって、物事が行き詰まるさまに喩える場合と、邪《よこしま》であった心が端正にして真直ぐになることに喩える場合がある。
❷前者の例として、中国の禅宗は**教外別伝・不立文字**（⇧）を重視する祖師禅と、教えと禅は一つとする如来禅に分かれたが、虚《き》堂智《どうち》愚《ぐ》（一一八五～一二六九）の語録『虚堂和尚語録』2はこのうちの祖師禅を**蛇入竹筒**に譬えて、批判している。
後者の例としては、一一世紀に成立、仏典中の故実等を注釈した『釈氏要覧』下に、「是の心は無始より已来、常に曲って端《ただ》しからず。是の正心の行処を得ば心は則ち端直にして、**蛇入竹筒**の如し」がある。

娑婆世界《しゃばせかい》

❶諸々の煩悩にとらわれている衆生が、苦しみながらも生きている世界。「現世」「俗世界」「娑婆界」などともいう。

❷「娑婆」とは、サンスクリット語 sahā の音写で、その語源は「忍耐」を意味し、衆生もしくは凡夫の住むこの世界のことをいい、漢訳して「忍土」「堪忍土」「忍界」などという。西方の極楽世界には阿弥陀仏が住するように、それぞれの世界にはそれぞれ別の仏が住するのであるが、この娑婆世界を教化する役目を担うのが釈迦如来である（『法華経*』如来寿量品、『大智度論*』46）。また、楽の報いが少なく、苦の報いが多いのも「娑婆世界」の特徴である（『安楽集』下、道綽《どうしゃく》*による末法時代の念仏法門を確立した書）。

捨閉閣抛《しゃへいかくほう》

❶「捨てる」「閉じる」「閣《さしお》く」「抛《なげう》つ」という何ものかを否定する言葉を列記したもの。

❷法然*（一一三三～一二一二）の主著である『選択本願念仏集』では、天台*・華厳*・禅といった教えを、聖道門・難行道・雑行として否定して、浄土門・易行道・正行としての念仏*の教えを選び取るという文脈の中に、これらの言葉が用いられている。**捨閉閣抛**は日蓮（一二二二～八二）が重視する『法華経*』の教えに背くものであるとして、『立正安国論』（『法華経』による諸教の統一を説いたもの）に法然の主張を批判する文章の中で用いられたもの。

修因感果《しゅいんかんか》

❶善悪の行為が原因（因）となり、それを感じて何らかの結果（果報）が生じること。

❷業《ごう》の思想の基本構造は**自業自得**《じごうじとく》（⇧）であって、善なる原因を作れば楽なる果報を得ることができ（**善因楽果**《ぜんいんらくか》）、悪なる原因を作れば苦なる果報を得なければならない（**悪因苦果**《あくいんくか》）とされる。仏・菩薩*たるものも同

様であって、たとえば、法然*（一一三三～一二一二）は法蔵菩薩が誓いを立てて修行を積み、その結果、阿弥陀仏となりえたのは、「**修因感果**の功徳なり」（『黒谷上人語灯録』*7〈漢語灯7〉）としている。同義語として**修因得果**がある。

自由自在《じゆうじざい》

❶何事も意のまま、思いのままになすことができるという悟りの境地をあらわす。

❷**自由自在**は仏や菩薩*に具わっている能力であって、私たち凡夫が、おのれの心の欲するまま気の向くままに、行動することを意味するものではない。

原始仏教聖典の一つである『中阿含経』55には、「もし人が愚かでなく、無知でなく、誤ったものの見方をしなければ、自らの本心に住して**自由自在**である（「自住本心**自由自在**」）」と説かれている。

また『碧巌録』*第四則には禅の語録独特の言い回しで、「人を殺すのにまばたきもしないほどの心境になって初めてたちどころに成仏するのであり、たちどころに成仏するほどの人の、自然に人を殺してまばたきもしない境地になってはじめて**自由自在**の分があるのである」としている。

重重無尽《じゅうじゅうむじん》

❶あらゆる存在が幾重にも無限に関係しあっていること。

❷『華厳経』*の思想を表すもっとも代表的な言葉で、隋の杜順（五五七～六四〇）が著した『華厳五教止観』華厳三昧門には、帝釈天の住む天宮には、網目の一つ一つに珠玉がつけられている網が架かっており、その一つ一つの珠玉には、他のすべての珠玉が映っていると同時に、その珠玉もまた他のすべての珠玉に映されていて、その関係は無限であるという比喩（**帝網天珠重重無尽之境界**）を用いて、世界のありさまを説明している。このように、この世界の一切のものが仏と直接につながり、個と個が互いに幾重にも無限に関係しあっていることを「重重無尽縁起」とよぶ。なお、**十十無**

尽と表記する場合もあり（『*探玄記』8）、帝網重重《たいもうじゅうじゅう》（『探玄記』1）と表現されることもある。
類義語として**事事無礙**《じじむげ》（⇧）がある。

十二縁起《じゅうにえんぎ》

❶一二の項目からなる縁起という意で、人は生まれては老い、死んでいく存在であることの因果関係を一二の項目を立てて説明したもの。**十二因縁**《じゅうにいんねん》ともいう。
❷一二の項目は、①無明《むみょう》 ②行《ぎょう》 ③識 ④名色《みょうしき》 ⑤六入 ⑥触《そく》 ⑦受 ⑧愛 ⑨取 ⑩有《う》 ⑪生《しょう》 ⑫老死、愁悲苦憂悩である。これらは「～によって」とか「～を縁として」という言葉で結びつけられ、「無明によって行あり」とか「無明を縁として行あり」というように表現されるのが普通である。
　これらは次のような内容を持つ。《無明》とは、明すなわち智慧のないことである。智慧とは「あるがまま」を「あるがまま」に知る智慧＝無分別智であるから、これは要するに「あるがまま」を「あるがまま」に知らないことであり、逆に言えば、さまざまな先入見や偏見という分別に迷わされていることである。《行》は行為のモチーフ、すなわち意思であって、この意思は無明によって根拠づけられている。そこで、この意思から生じる精神作用には、すべて分別という相対的認識を伴うことになる。このような潜在的な認識能力を《識》と言う。

　認識は視覚に相当する「眼識」と、聴覚に相当する「耳識」、嗅覚に相当する「鼻識」、味覚に相当する「舌識」、触覚に相当する「身識」、知覚に相当する「意識」の六識に分けられるから、その対象も視覚で見る色と形を持った「色」と、聴覚で聞かれる音すなわち「声」と、嗅覚でかがれる「香」と、味覚で味われる「味」と、触覚で感じられる「触」と、知覚で認識される抽象概念があることになる。《名色》は最後の抽象概念を「名」といい、はじめの五つをひっくるめて「色」と呼んだものである。

　もちろん「眼識」で「色」を見るためには、感覚器官としての「眼」がなければならない。だから感覚器官には「眼」「耳」「鼻」「舌」「身」「意」の「六根」が立てられる。これを《六入》という。このような認識の潜在能力と認識の対象と感覚器官の三者が互いに関係し合ってはじめて、具体的な精神作用を起こすことになる。この三者が関係し合い、触れ合うことを《触》と言う。

　こうして実際の認識が生じることになるが、これらは《無明》によって動機づけられている、言葉を換えて言えば、本当の智慧ではない分別智によって起こされた精神作用であるから、感覚としては苦しいとか楽しい、暑いとか寒いといった相対的なものとして現われる。「人生苦もありゃ楽もある」という次元の苦楽、寒暑である。このような感覚を《受》という。これらに対し、私たちは楽しいものは手に入れ、苦しいものからは遠ざかりたいという欲望を抱く。これが《愛》であるが、いったん手に入れたいと思ったものは何が何でも手に入れたいというのが人情であり、嫌になったものは「坊主憎けりゃ袈裟まで憎い」となるのも、また人情である。このように、欲望に執着することが《取》である。

　こうして分別智に惑わされて生存を続ける私たちは、真実の智慧がないために煩悩に翻弄されることとなり、このような煩悩がある限り、**輪廻転生**《りんねてんしょう》する迷いの生存を繰り返さざるを得ない。こうした生存原理を《有》といい、この生存原理によって生まれ変わり、死に変わりを続けることになる。それが《生》や《老死》である。それらは愁い・悲しみ・苦しみ・憂い・悩みにほかならないから、老死につづけて、これらの言葉が付される。

　しかし、「あるがまま」を「あるがまま」に知るという本当の智慧が得られれば、これをもとにして起こる意思も認識も、先入見や偏見にまどわされない無分別なものとなるから、たとえ対象や感覚器官と接触して感覚が生じたとしても、それは苦や楽、暑いとか寒いというような相対的に分別されるものではなく、**諸行無常**(⇧)や**一切皆苦**(⇧)や**諸法無我**(⇧)の教えが説くように、一切は苦として、あるいは無常・無我として顕わになる。だから、これらから厭《いと》い離れようとする気持ちが生じ、これを貪《むさぼ》るということもない（離貪）。したがって生存の原理そのものも解決され、生や老死からも解脱する。そこで再びこの在り方には戻ってくることもない。これが縁起の滅であり、さとりである。これを「縁起の滅」といい、「無明滅するがゆえに行滅す」「行滅するがゆえに色滅す」などとして、最後に「生滅するがゆえに老死滅し、愁い・悲しみ・苦しみ・憂い・悩み滅する」と表現される。

以上はもっとも基本的な解釈であるが、後にはこれを前世から今世に、そして来世へと続く**輪廻転生**《りんねてんしょう》を説明したものと理解するなど、さまざまな解釈が生じた。**連縛縁起**《れんばくえんぎ》（⇧）の項を参照されたい。

宿習開発　しゅくしゅうかいほつ（しくしゅう、しゅくじゅう）

❶過去世で身についた「因」が、今世および後世で「果」としてもたらされること。主に善因が善果として現れる場合をいう。

❷「宿習」とは、過去世ならびに前世で身についたものの余力をいう。

同義語として**宿執開発**《しゅくしゅうかいほつ》と**宿善開発**がある。このうち、**宿執開発**には、吉田兼好（一二八三頃～一三五二以後）の『徒然草』144段に「あなとうとや。**宿執開発**の人かな」という用例が見られる。また、**宿善開発**には、たとえば、*智顗《ちぎ》（五三八～五九七）が説いたものを*湛然《たんねん》（七一一～七八二）が略説した『維摩経略疏』1に、「甘露法雨が降り注いで、薬草としての**三草二木**が成長して、やがて薬として用いられるように、そのように仏の教えに出遭うことで、**宿善開発する**」という用例がある。また、『*蓮如上人御文』2には、「**宿善開発**して善知識（指導者のこと）にあわずば往生はかなうべからざるなり」と記されている。**開発宿善**といった表現も見られる。

粥足飯足　しゅくそくはんそく　しゅくたりはんたる

❶粥《かゆ》も飯も十分に食べて満ち足りた気持になること。修行を積んで円熟した境地に達したことをいう。

❷*道元（一二〇〇～五三）は『*正法眼蔵』発無上心で、仏心

とはなにか特別のものではなく、「**粥足飯足**、**草足水足**《そうそくすいそく》なり」としている。**草足水足**は「牛が草を食み、水を飲んで満ち足りていること」であって、同様の意である。

授手引接　じゅしゅいんじょう

❶仏・*菩薩が手を差し伸べて衆生を導くこと。
❷「授手」は手を差し伸べること、「引接」は**引導接**《いんどうせつ》（摂）**取**《しゅ》の略語で、衆生を導くことをいう。とりわけ浄土教では、人の命が尽きるときに阿弥陀仏や菩薩が現れて衆生を浄土に導いて摂《おさ》め取ることをいう。『*往生要集』大文2に「大勢至菩薩は無量の聖衆とともに、同時に讃歎して**授手引接**したまう。この時、行者、目のあたり自らこれを見て心中に歓喜し、身心安楽なること禅定に入るが如し」と説かれている。
　これを**授手迎接**《じゅしゅごうしょう》ともいう。「迎接」とは、**来迎引接**《らいごういんじょう》（⇧）の略で、浄土に生れんことを願う*念仏者の臨終に阿弥陀如来が諸菩薩と来迎して、浄土に導き摂め取ることをいう。『*観無量寿経』に、「阿弥陀仏より大光明が放たれて、行者の身を照らし、諸の菩薩とともに**授手迎接する**」と説かれている。

出草入草　しゅっそうにゅっそう

❶「草」は「草むら」のことで、無明《むみょう》、煩悩、世俗などに喩えたもの。「出草」は悟りを求めて修行に専念すること（向上）、「入草」は修行で得られた成果を人々に説いて教導すること（向下《こうげ》）をいう。
❷凡俗を出ては、凡俗に入る禅僧の生き方を表したもので、『*碧巌録』三四則には、*潙山《いさん》（七七一〜八五三）と仰山（八〇七〜八八三）、馬祖（七〇九〜七八八）と*百丈（七二〇〜八一四）の問答を下敷きにして、「**出草入草**誰解尋討」（出草入草の奥義は誰も尋ねきわめることができない）と説かれている。

主伴同会　しゅばんどうえ

❶主人（主）と客（伴）が等しく同じ席に会すること。

❷諸仏（主）や諸*菩薩（伴）が一堂に会することをいい、本来すべてが平等無差別であることを表す。『*碧巌録』九二則に「霊山（霊鷲山）の八万の大衆は皆な是れ列聖にして、文殊・普賢乃至弥勒**主伴同会**するなり」とある。

　これがさらに徹底されると「半座を分かつ」（**各留**《かくる》**半座**《はんざ》（⇨））ということになる。初期仏教聖典には釈尊の十大弟子の一人であった頭陀《ずだ》行者として知られる*摩《ま》訶《か》迦葉《かしょう》が、髪を伸ばし放題に伸ばしぼろぼろの衣服を着て現れたので比丘たちが蔑んだところ、釈尊は半座を分かってここに坐れと促し、摩訶迦葉の自分と等しいことを示されたという伝承が残されている。また『*法華経』見宝塔品には、多宝仏が宝塔の中で半座を釈迦牟尼仏に分かつ情景が描かれる（**二仏並坐**《にぶつびょうざ》（⇨））。これは古代インドにおいて、互いに等しい者が同等の権限や地位を共有することを象徴的に表す伝承を踏襲したものである。

春蘭秋菊　しゅんらんしゅうきく

❶春の蘭と秋の菊は、共に風趣があって優劣がつけがたいように、双方ともすぐれており、甲乙がつけ難いことをいう。

❷後晋の劉昫《りゅうく》らによって編まれた紀伝体による史書『旧唐書《くとうじょ》』裴子余伝が初出とされている。仏典では、念仏による三昧の理論と実践を明かし一四世紀に成立した『宝王三昧念仏直指』下に、*念仏と禅はともにすぐれた仏教の実践であって、甲乙つけ難い（「浄業与禅正如**春蘭秋菊**」）とか、『*従容録』六三則には、三聖慧然（生没年不詳、唐代）と雪峰義存（八二二～九〇八）がともにすぐれた禅者であって、優劣がつけにくい（「三聖雪峰。**春蘭秋菊**」）などと表現されている。

諸悪莫作　しょあくまくさ

❶もろもろの悪をなしてはならないということ。**七仏**《しちぶつ》

通誡偈《つうかいげ》（**諸仏通誡偈**ともいう）の冒頭の句。

❷「**七仏通誡偈**」とは、過去の七仏（釈尊以前に現れた六人の仏と釈尊を合していう）にはそれぞれの教えがあるが、この教えのみは共通して説かれたとされる句。**諸悪莫作**、**諸善奉行**《しよぜんぶぎよう》（あるいは**衆善奉行**《しゆぜんぶぎよう》）、**自浄其意**《じじようごい》、**是諸仏教**《ぜしよぶつきよう》の四句からなり、教訓的な偈頌とその注釈的な説話から成る『出曜経』25など多くの仏典に説かれている。

　これによると、**諸悪莫作**は悪に汚されないことで、これによって人は道に至り得ると説明され、**諸善奉行**（**衆善奉行**）は「修行者がもろもろの善を行って、もろもろの徳を具えること」であり、善とは「止観（精神集中と観察）の妙薬によって、乱れた想いを焼き尽くすことである」と説かれている。

　自浄其意は「自己の心を浄化すること、浄化すべきであること」であり、煩悩（「百八重根」）が心に宿るうちは「病者」にして、その心は「不浄」なものであるが、自らの心を練って、乱れた想いが起こらなくなれば、それが**自浄其意**であると説かれている。

是諸仏教は「これが諸仏の教えである」という意味で、過去より今日に至るまで、多くの仏道修行者たちが、もろもろの悪をなさず（「禁誡不可不修」）、もろもろの善を行うという（「恵施不可不行」）、この教えに則って仏となりえた、これが諸仏の教え（**是諸仏教**）である、という意とされている。

　なお、禅の第六祖慧能*（六三八〜七一三）の行実と説法が収録されている『六祖壇経（宗宝本）』頓漸では、**諸悪莫作**が三学の中の「戒」に、**諸善奉行**が「慧」に、**自浄其意**が「定」に該当すると述べられている。

正按傍提《しょうあんぼうてい》

❶「按」は押さえつける、「提」は引き起こすの意。真正面から押さえつけたり、側面から引き起こしたりして指導すること。

❷禅の修行において、修行者を導く手立ての一つ。修行者をあるときは肯定し、あるときは否定したりして、指導することをいう。*『圜悟《えんご》仏果禅師語録』4に「**正**

按傍提は須《すべか》らく老練な師家の手段である」とされている。この他、『*碧巌録』六六則には、「問題の核心をずばりと突いたり、虎を落とし穴に落としたりするように、正按傍提がぴったりとあう」と表現されている。

小因大果《しょういんたいか》

❶小さな「因」によって大きな「果」を得ること。
❷『*大智度論』7には、「仏に帰依します」という偈を一回称えるだけで、あるいは香を一つまみ献じるだけで、必ず仏となることができるように、小さな因縁で大きな果報を得ることができる（「小因大果、小縁《しょうえん》大報《だいほう》」）と説いている。しかし日本の*道元（一二〇〇〜五三）は『*正法眼蔵随聞記』3で、このようなことがあるけれども、出家者としての僧が小因大果を期することは、仏法を興隆する上で相応しくない（「小因大果を感ずることあれども、僧徒の此事を営《いとなむ》は、仏法興隆に非る也」）としている。

情有理無《じょううりむ》

❶迷いにとらわれている凡夫の目には（情）、一見存在すると見えるものも（有）、真実としては（理）存在してはいない（無）、という意。
❷*大乗仏教の「*唯識《ゆいしき》思想」では、ものの見方によって一切の存在は三種に見えると説かれる。一つは「遍計《へんげ》所執性《しょしゅうしょう》」、二つは「依他起性《えたきしょう》」、三つは「円成実性《えんじょうじっしょう》」であって、次のような比喩をもって解説される。すなわち、「遍計所執性」は暗やみの中で「縄」を見て「蛇」と見間違えるようなものの見え方、依他起性は「縄」と見るものの見え方、円成実性は「縄」は麻からなっていると見るものの見え方である。すなわち「遍計所執性」は因縁によって成り立った現象を実在と見るものの見方であり、依他起性はすべてのものは因縁によって成り立っていると見るものの見方であり、円成実性は執着を取り去って一切のものは無相であると見るものの見方ということになる。

言い方を変えれば、「遍計所執性」は迷いの心においては「ある」と執されているが、真理に照らしてみれば実体の全くない**情有理無**なる姿であり、依他起性は因縁によって成り立っているものであるから、幻のように仮に現れた**仮有実無**《けうじつむ》なる姿であり、**円成実性**は我空・法空を観じることによって現しだされた、すべての現象の底に潜む**真空妙有**《しんくうみょうう》(⇧)なる真実であって、**依他起性**と**円成実性**は、迷いの心によっては知られないから、**理有情無**《りうじょうむ》なるあり方とされる。

定慧円明　じょうええんみょう

❶禅定と智慧の双方がともに完全にそなわっているさまをいう。
❷仏道修行の根幹は、「戒」と「定」と「慧」の「三学」とされる。「戒」とは日常生活を調えるための生活の仕方であり、「定」は調えられた日常生活の上で精神集中することであり、「慧」はこれによって得られる悟りの智慧をいう。

特に禅宗の南宗では、「定」と「慧」は不可分の関係にあって、ともに欠けるところがあってはならないと主張される。永嘉《ようが》玄覚（六六五～七一三）が禅の要訣を詩によって述べた『永嘉証道歌』には、「定と慧のはたらきは完全であって、空の理に滞ることはない（**定慧円明不滞空**）」あるいは「たとえ、鉄の輪が頭の上で旋回していても、定と慧のはたらきは完全であり、終に損なわれることはない（**定慧円明**終不失）」、と記されている。類義語として**定慧一体**、**定慧不二**がある。

上求菩提　じょうぐぼだい

❶*菩薩が自ら仏の悟りを得ることを求めること。**下化**《げけ》**衆生**《しゅじょう》(⇧)の対句。
❷菩薩は初発心のときに、自らは仏となろうという自利の誓願と、すべての衆生を救済しようという利他の誓願を起こすとされる。前者の誓願を表すものが**上求菩提**、後者の誓願を表すものが**下化衆生**である。その機微が「それ春の花の樹頭に上《のぼ》るは**上求菩提**の機を勧

め、秋の月の水底に下るは**下化衆生**の相をあらわす」（『群書類従』311物語部5、秋の夜の長物語）と表されている。

照顧脚下《しょうこきゃっか》

❶足元を省察し顧慮せよの意。外に向かって悟りを求めず、自己を徹見して悟りを得よということを表す。
❷「照顧」は注意する、要心する、といった意味。日本では、履物をきちんと揃えるという意として用いられることが多い。禅院の玄関にこの句を記した張り紙がしてあるのは、この両様の意味を含ませたものであろう。**脚下照顧**ともいい、**回光返照**《えこうへんしょう》（⇧）も同意。

生死事大《しょうじじだい》

❶生死は人間にとって一大事であるということ。
❷仏教では生まれ変わり、死に変わりすることは「苦しみ」に外ならないから、この**輪廻転生**する迷いのあり方から解脱《げだつ》しなければならないと説く。中国で最初に翻訳された経典と見なされている『四十二章経』では、「もし弟子が**生死事大**を憂えて、堅く戒行を持せば必ず得道することができる」と説き、*念仏による三昧の理論と実践を明かし一四世紀に成立した『宝王三昧念仏直指』下は、「行者が**生死事大**となせば、どうして怠け、睡眠を恣《ほしいまま》にすることができようか」と説いている。なお、**無常迅速**《むじょうじんそく》（⇧）と並べて**生死事大無常迅速**と用いられることがある。

生死長夜《しょうじじょうや》

❶衆生が際限なく輪廻《りんね》して、生まれ変わり死に変わりして苦しみ続けることを、眠られぬ長夜に喩えたもの。
❷*釈迦仏教の代表的な経典である『ダンマパダ』の第六〇偈《げ》に、「眠れぬ人には夜は長く、疲れた人には一里は遠く、正しい真理を知らない愚か者には生死の道のりは長い」という句がある。注釈書によれば、これは次のようなシチュエーションのもとに語られたとさ

れる。

コーサラ国の波斯匿王《はしのく》（プラセーナジット）が人妻に横恋慕して、その夫を罪に落として妻を奪おうと、その日のうちに一由旬《ゆじゅん》（約一三キロメートル）先にある河に咲いている蓮華を取ってこいと命じて、自分は城門を閉ざして寝ようとした。ところが寝つけないまま、夢かうつつか、妙なうめき声がするのでふと見ると、大きな鉄の釜に湯が沸き立っており、底から男が現れて奇妙な声を発してすぐに沈んでしまった。それは人妻と不倫をした男が**無間地獄**《むげんじごく》に落ちて苦しんでいる姿であると知った波斯匿王は後悔して「夜は長い」となげき、男は「一里（一由旬）は遠い」と言った。そこで釈尊は「愚か者には生死の道のりは長い」の句を説かれたとされている。解脱しない限り、**生死輪廻**の苦しみは永遠に続くというのである。

生死涅槃《しょうじねはん》

❶迷い苦しみである「生死」と、悟りの境地である「涅槃*」は、一つのものであって異ならないという意。

❷本来「生死」と「涅槃」はまったく相反するものである。しかしながら大乗*仏教ではすべてが空であって実体がないものであるから、「生死」を「生死」として忌み嫌い、「涅槃」を「涅槃」として絶対的な価値のあるものとして執着してはならないと教える。こういう立場で説かれたものが**生死涅槃**である。そこでたとえば『大乗本生心地観経*』7では、「**生死涅槃本平等**」とし、菩薩*の実践が述べられている無著《むじゃく》（アサンガ、三一〇～三九〇頃）の『大乗荘厳経論』1では「**生死涅槃体是一味**」とする。

しかしながら一方では「生死」がそのまま「涅槃」であるはずはない。もし「生死」がそのまま「涅槃」であるとすれば、苦しい仏道修行はまったく意味のないものとなる。したがってこれはあくまでも悟りの境地から見ればということであって、これを菩薩と仏の問答体で説かれている『円覚経』では、「衆生は本来成仏すれば**生死涅槃**であって、なお昨夜の夢のごとし」と表現する。『禅源諸詮集都序*』上之2でも「**生死涅槃平等如幻**」という。

生死無常《しょうじむじょう》

❶不老不死を願っても、人間は生まれれば必ず死ななければならないということ。人生のはかなさを表したもの。
❷**四苦八苦**《しくはっく》(⇧)は本来仏教語であって、生・老・病・死を「四苦」といい、憎い者と会う苦しみ（**怨憎会苦**《おんぞうえく》）、愛する者と別れる苦しみ（**愛別離苦**《あいべつりく》(⇧)）、求めても得られない苦しみ（**求不得苦**《ぐふとくく》）、迷っている私たち人間は苦しみの存在であるという苦しみ（**五盛陰苦**《ごじょうおんく》、もしくは**五陰盛苦**《ごおんじょうく》とも言う）の四つの苦しみを加えて「八苦」という。
　*釈迦仏教の教えは、この苦しみを「あるがまま」に知って、これを克服せよというものであって、**諸行無常**《しょぎょうむじょう》(⇧)、**一切皆苦**《いっさいかいく》(⇧)、**諸法無我**《しょほうむが》(⇧)というのもこれを表したものに外ならない。すなわちこれらは、生死は無常であり、それは苦しみに外ならず、覚りを得ないかぎりそれを自由自在にコントロールできないということを意味し、これを克服した境地が*涅槃寂静《ねはんじゃくじょう》と表される。

将錯就錯《しょうしゃくしゅしゃく》（しゅうしゃく、じゅしゃく）

❶「錯」は誤りの意。「錯をもって錯につく」と訓読する。誤りの上にさらに誤りを重ねることであるが、文脈によってさまざまな意味となる。
❷まず、誤りの上に誤りを重ねてしまうという意味の例としては、*『正法眼蔵』大修行にある「因果に落ちないという論（**不落因果**《ふらくいんが》）も誤りならば、因果を昧《くら》まさないという論（**不昧因果**《ふまいいんが》(⇧)）も誤りである。このように誤りの上に誤りを重ねると言うけれども（「**将錯就錯**すといえども」）、野狐身に堕落する場合もあり、野狐身を解脱する場合もある」が挙げられる。
　次に、誤りを誤りとして、そのまま押し通して、自分の間違いを逆手に利用する、という意味の例として、*『碧巌録』二八則の「*百丈は間違ったまま通して（「百丈便**将錯就錯**」）、続けざまに、人に説かなかった法と

はどのようなものか、と言った」が挙げられる。

さらに、誤りを誤りとして認識すべきであるのに、認識しないという文脈のなかで用いられる例があり、例えば、『正法眼蔵』*即心是仏は「修行者、学者の多くは誤っているがゆえに、**将錯就錯**しない。**将錯就錯**しないがゆえに、多くの者は外道に落ちる」と記す。

盛者必衰　じょうしゃ(せいしゃ、しょうじゃ、しょうしゃ)ひっすい

❶たとえ勢いの盛んな者であろうとも、必ず衰えるということ。世の無常なることをいう。
❷『平家物語』*冒頭の「祇園精舎の鐘の声、**諸行無常**《しょぎょうむじょう》(⇧)の響あり。娑羅双樹の花の色、**盛者必衰**のことわりをあらわす」という文章はよく知られる。
仏典にも多くの用例があり、『六度集経』4には、「**盛者必衰**であって、実体があると思われるものも実は空虚なものであり、衆生が蠢《うごめ》いているのもすべて幻である」とされ、『蓮如上人御文』*2には、「**盛者必衰**　**会者定離**《えしゃじょうり》(⇧)のならいなれば、ひさしくたもつべきにあらず」とされている。

生者必滅　しょうじゃひつめつ

❶すべては無常であるから、生じたものは必ず滅するということ。
❷仏教はこの世界を神が作ったものでもなく、偶然に作られたものでもなく、何らかの定めによって決定しているのでもなく、すべては因果によって作られていると説く。「因」には直接的なものと間接的なものがあって、例えば稲が実る直接的な原因は種もみであるが、しかし栄養のある土壌や水や太陽がなければ豊かな実りを得ることができない。これらが間接的な原因である。このようにすべてのものはさまざまな直接的原因や間接的原因がからみあって成り立っているのであるから、永遠で絶対というものはない、生じたものは必ず滅するという。
そこで例えば『涅槃経宗要』には、「因によって生じたものは**生者必滅**であって、刹那の間もとどまらな

い」と説かれている。*『平家物語』10維盛入水には、「**生者必滅会者定離**《えしゃじょうり》(⇧)は、浮世の習いにて候なり。末の露本の雫のためしあれば、たとい遅速の不同はありとも、後れ先だつ御別れ、終に無てしもや候べき」と表されているが、この場合の**生者必滅**は人間の生死を意味する。

証誠護念《しょうじょうごねん》

❶「証誠」はあることが真実であることを証明することをいい、「護念」は仏や*菩薩などが行者を念じ護ることをいう。

❷諸仏が、阿弥陀仏の一切の衆生を救いとって極楽浄土に生まれさせるという誓願（本願）が真実であることを証し、かつ*念仏の行者のために念じて護ることを表したもの。*親鸞（一一七三〜一二六二）の阿弥陀仏等を讃仰した『浄土和讃』に、「十方の無数の諸仏は（十方恒沙の諸仏は）、末法の時代の乱れた世のために、阿弥陀仏の誓願が真実であることを証されて、念仏の行者を念じ護られる」と謳われている。

昭昭霊霊《しょうしょうれいれい》

❶「昭昭」は、より明らかなさま、より輝くさま、「霊霊」は、より神々しくすぐれているさまをいう。

❷*『臨済録』示衆には、「是爾目前**昭昭霊霊**」という文章がある。本来の自己としての「真人」が各人の目前で、明らかにかつ霊妙（**昭昭霊霊**）にはたらいている、という意味である。

生死流転《しょうじるてん》

❶生まれかわり、死にかわりして、生と死が果てしなく繰り返されること。輪廻《りんね》を意味する。

❷生と死が果てしなく続き、いつまでも苦しまなければならないのは、真実の智慧を得て（悟りを得て）、解《げ》脱《だつ》しないからである。そこで原始仏教聖典の一つである『*雑《ぞう》阿含経』6には、「衆生が根源的な煩悩である

無明《むみょう》に覆われ、愛欲に首根っこをつかまえられていると、いつまでもいつまでも追い立てられるように**生死輪廻**、**生死流転**はつきない」と説かれている。

性相如如《しょうそうにょにょ》

❶「性」はものの本質、「相」は外面に現れたすがた、「如」は真如（真理）の意。ものの本質も外面に現れたすがたも真如そのものであるということ。

❷『*大乗本生心地観経』3には、「**性相如如**にしてともに不動なり。**真如妙理**《しんにょみょうり》は名言を絶し（言葉の世界を越えたもので）、ただ聖智あってよく通達するのみ」と説かれている。

理事無礙《りじむげ》、**理事不二**《りじふに》（⇨）も同様の趣旨を表す。

聖胎長養《しょうたいちょうよう》

❶「胎」は母胎のことで、仏になる種子《しゅじ》すなわち仏性を宿す身体を意味する。この身体を慈しみ養って、仏道に励むことをいう。

❷道元*（一二〇〇〜五三）は修行僧の食事を掌る典座《てんぞ》の役割について述べた『典座教訓』で、「自ら**聖胎長養**之業と成らん」として、雲水の食事を司る典坐の仕事に打ち込むことが自ずと仏になる種子を育てる修行となる、と述べている。

また、**長養聖胎**《ちょうようしょうたい》ともいい、『*圜悟《えんご》仏果禅師語録』14に、「時に随い、運に任せて、飯を喰い服を着て**長養聖胎**す（随時任運喫飯著衣長養聖胎）」と記されている。

唱拍相随《しょうはくそうずい》

❶「しょうはくあいしたごう」と訓読する。「唱」は歌うこと、「拍」は手拍子を打つこと。歌と手拍子の調子がぴたりと合って調和することを意味する。**拳踢**《けんてき》**相応**《そうおう》と併記して用いられることが多い。これは「けんてきあいおうず」と訓じ、「拳」は手で打つこと、「踢」は足で蹴ることで、この「拳」と「踢」が（拳

法の名人のように）瞬時に相応することを意味する。二つの言葉とも二人の禅者の心機がピタリと合致することを表す。
❷『*圜悟《えんご》仏果禅師語録』3には、乾峯（生没年不詳、唐末）と*雲門（八六四～九四九）という二人の禅者の問答のありさまを、仏果禅師が「**唱拍相随、拳踢相応**」と評している。

正法眼蔵《しょうぼうげんぞう》

❶「正法」は釈尊の説いた正しい教え。「眼蔵」は悟りの眼によって得られたこの正しい教えのすべて、という意。
❷宋の契嵩《かいすう》（一〇〇七～七二）による禅宗に関する列伝体の史書『伝法正宗記』6は、無上微妙真実なる**正法眼蔵**は釈尊がこれを仏の十大弟子の一人である*摩訶迦葉《まかかしょう》に伝え、その後二八人の祖師たちを経て*達磨大師（五三〇年ころ中国に渡る）に至った、としている。
また『*無門関』世尊拈花には、釈尊が霊鷲山《りょうじゅせん》において一本の花を取り上げて示されたときただ摩訶迦葉のみがにっこりと微笑んだ（この故事を**拈華微笑**《ねんげみしょう》（⇧）という）、そこで世尊は、「吾に**正法眼蔵、*涅槃妙心**《ねはんみょうしん》（⇧）（説くに説けないさとりの心）、**実相無相**《じっそうむそう》（⇧）（真実のあり方は空であること）、微妙の法門あり。**不立文字**《ふりゅうもんじ》（⇧）、**教外別伝**《きょうげべつでん》、摩訶迦葉に付嘱す（これらを言葉ではなく、教えとしてではなく、別の伝え方で摩訶迦葉に伝えよう）」と説かれたとしている。

　曹洞宗の祖である*道元（一二〇〇～五三）は、この語を自著の書名として用いたが、弁道話という冒頭の章のなかで、「坐禅は仏教の教えのなかの一つではないか。なぜこのなかに如来の正法を集めたものというのか」と問いを出して、「如来一大事の**正法眼蔵**、無上の大法を禅宗というのだ」と答えている。

　なお、**大法眼蔵**《だいほうげんぞう》ともいい、『*正法眼蔵』仏性に「*龍樹（ナーガールジュナ、一五〇～二五〇頃）が仏教の師となってからは、提婆（アーリヤデーヴァ、一七〇～二七〇頃）一人を継承者として仏法を正しく伝えた（大法眼蔵を正伝す）。この上なく尊い仏道が師から弟子に直々に伝えられたのである」と述べられている。

少欲知足《しょうよくちそく》

❶欲するところを少なくして、わずかばかりもので満足すること。

❷欲望は際限のないものであって、これを追及するかぎり、どこまでいっても満足は得られない。欲するところにしたがって行動すれば、おのずから「見えざる手」が働いて、規律ができ上がるという自由主義の経済体制下で、われわれが日常的に痛感しているところである。これに対して**少欲知足**は仏教の教える最も基本的な生活態度であって、欲望を小さくすれば満足度も高くなるということである。また仏教ではこれがもとになって、生き物を殺さない、盗みをしない、邪《よこしま》な性行為をしない、嘘をいわない、飲酒しない、などのもっとも基本的な戒律も保たれうるとされる。

釈尊の遺言の形をとる『仏垂般涅槃略説教誡経（遺教経）』は次のように説く。「多欲の人は多くの利益を求めるがゆえに苦悩が多く、少欲の人は求めるところ少ないがゆえに患いがない。少欲を生活習慣とすれば嘘をついて人の意を求めることもなく、心平安であって、憂いや恐れがない。だから悟りを得ることに繋がる。また知足の人は地上に臥しても満足し、貧しくとも富み、人を憐れむ心が生じる。だから富楽安穏である」と。

類義語として**軽財知足**《きょうざいちそく》（⇧）がある。

諸行無常《しょぎょうむじょう》

❶この世に存在するすべてのものは常に変化して、止むことがない、ということ。

❷「無常」は、もともとは私たち衆生が生まれてくればいつかは病気をし、老い、そして死んでいかなければならないという苦しみと同意語の言葉であった。「無常の賊」「無常の軍」「無常の刀」「無常の殺鬼」「無常の狼」「無常の虎」などのように恐ろしいものに喩えられるのはそのためである。*『平家物語』は「祇

園精舎の鐘の声、諸行無常の響あり、沙羅双樹の花の色、**盛者必衰**（⇧）の理をあらわす」の冒頭の句で有名であるが、このなかの「無常」は世の中の移り変わりの激しさ、空しさを表したものである。「この世に存在するすべてのものは常に変化して、止むことがない」という理解は、「無常」が哲学的に普遍的な原理としてとらえられたものである。
　類義語として**生死無常**《しょうじむじょう》（⇧）、**生死流転**《しょうじるてん》（⇧）、**無常迅速**《むじょうじんそく》（⇧）がある。

処処全真　しょしょぜんしん

❶いかなるところであってもすべてが真実そのものであること。
❷*『碧巌録』三六則の「また落果を逐うて回る」という頌《じゅ》に、圜悟《えんご》（一〇六三〜一一三五）は**処処全真**と評している。
　仏教経典が書かれている梵語では、「真実」を表す言葉は「これ」とか「それ」という指示代名詞や、「ある」「存在する」という英語でいうとbe動詞に当たるものから作られている。「如来」は真実から来た人という意味であるが、この原語はtathāgataであり、これもtadという指示代名詞から作られたものである。真諦《しんたい》とか*四諦《したい》は正真正銘の真実とか四つの真実という意味であるが、この中の「諦」はasというbe動詞から作られたものである。

　このように仏教のいう真実は、それこれと指し示すことのできる、どこにでもある「あるがまま」ということであるから、この世の一切のものが真実ということになる。**諸法実相**《しょほうじっそう》（⇧）も同じ意であり、**花紅柳緑**《かこうりゅうろく》（⇧）、**眼横鼻直**《がんおうびちょく》も同様の趣旨を表す。

初転法輪　しょてんぼうりん

❶教えを説くことを「転法輪」といい、釈尊が成道後に説いた最初の説法をいう。
❷釈尊は六年間の苦行の後、三五歳でブッダガヤーの菩提樹下で覚りを開いた。これを成道という。その後、ベナレス近郊の鹿野苑・仙人堕処に赴いて、かつて共

に修行をした五人の比丘たちに初めて法を説いた。この時をもって仏教（仏の教え）が始まったと見なすことができる。この時の教えの内容は*四諦《したい》で、これをもってしても仏の教えの代表は四諦であることがわかる。したがって釈尊の教えを奉じる*釈迦仏教では仏教の教えといえば四諦をさす。

四諦とは四つの真実ということで、私たちは苦しみの存在であるという真実（苦諦）、苦しみの根底には原因があって、それは煩悩であるという真実（集諦《じったい》）、苦しみの原因である煩悩が滅すれば苦しみも滅し、それが悟りであるという真実（滅諦）、悟りのためには正しい生活方法があるという真実（道諦）であり、苦諦を知り、集諦を断じ、滅諦を証し、道諦を修しなければならないとされる。

諸法実相《しょほうじっそう》

❶森羅万象のすべては、そのままが真理であるということ。

❷仏教では一切の現象は因（直接原因）と縁（間接原因）が関係しあって成り立っているとする。これが世界を成り立たせている法則という意味での真理であるが、この法則によって成り立った世界も真理であるとされる。「法」は世界を成立させる法則を意味するが、これによって成り立ったものも「法」というのであって、**諸法実相**の「法」は後者の意味である。

また「実相」の「実」は真実という意味であって、その指し示す内容は「空《くう》」である。さまざまな因縁によって成り立ったものは、因が変わり、縁が変化すれば、その結果と生まれるものも変化するから、固定的な実体は認められないからである。

類義語として**実相無相**《じっそうむそう》（⇧）がある。

諸法無我《しょほうむが》

❶物質的なもの、精神的なものすべて（諸法）が因縁によって生じたものであり、したがって、それらの存在を成り立たしめている不変の実体（我：アートマン

ātman）といったものはない（無我：アナートマン anātman、ニラートマン nirātman）ということ。

❷原始仏教経典では、私たちのような煩悩に影響されて迷っている衆生は、無常であるから苦しみであり、無常・苦しみであるから無我であるとされている。私たちは生まれれば老い、病気をし、死んでいかなければならない（無常・苦）が、私たちはこれをコントロールできない（無我）ということを表したものである。

しかし仏教が発展すると、他の宗教・哲学とも対抗せざるを得ないようになり、より普遍化してこれを哲学的に解釈するようになった。それが❶に示したような意味である。

なおこの句は**諸行無常**（⇧）、***涅槃寂静**《ねはんじゃくじょう》とならんで三*法印と呼ばれ、これに**一切皆苦**《いっさいかいく》（⇧）を加えて四*法印と呼ばれる。「法印」とは仏教であることのしるしという意味である。

自利利他　じりりた

❶自ら積んだ修行の功徳を自分の利益のために向けることと、その功徳を他の利益のためにふり向けること。

❷仏教ではこの自利の面と、利他の面がともに備わっていることを理想とする。**上求菩提**《じょうぐぼだい》（⇧）、**下化衆生**《げけしゅじょう》（⇧）の二つが円満でなければならないということである。

『*大乗本生心地観経』4には、「若《も》し三*界の苦を超過せんと欲して、まさに梵行を修して沙門となれば、三味神通を得ること現前にして、**自利利他**悉く円満す」と説かれ、『*大般若経』355には「**自利利他**道はこれ諸の*菩薩・摩訶薩の道なり」とされている。

しかしながら他力を説く浄土教では、われわれ凡夫にはこのような力はなく、*親鸞（一一七三〜一二六二）が往《おう》相《そう》・還相《げんそう》の二つの廻向を明らかにした『如来二種廻向文類』には、「他力の廻向なれば、**自利利他**ともに行者の願楽にあらず、法蔵菩薩の誓願なり」とされている。自利も利他もともに法蔵菩薩が誓願を立てて、これが実現された結果の阿弥陀如来の本願力（他力）によるものに外ならないというのである。

心月円明 しんがつ（しんげつ）えんみょう

❶人間の心の本性はまんまるの澄みきった月のごときものである、ということ。

❷本嵩によって一一世紀に書かれた『華厳七字経題法界観三十門頌』上には、「秋の夜の月はどこからどこまでも明らかで、その清らかな光が至らないところはない。たとえ月が迷いの雲に覆われたとしても、月の明るさそのもの（心の本性）は損なわれることはない（円明心月全彰也）」と説かれている。

また、唐の不可思議という人による『大日経』の注釈書である『大毘盧遮那経供養次第法疏』下では、「心月円明のところとは、仏を念ずる行者が見るとされる本尊（大日如来）の中心（心臓）である」と述べられている。

信楽開発 しんぎょうかいほつ

❶阿弥陀如来の本願力によって、真実の信*心が芽生えること。

❷「信楽」とは、教えを聞いて信じ喜ぶことをいう。浄土教では「南無阿弥陀仏」の名号を信じることをいう。浄土真宗の祖である*親鸞（一一七三～一二六二）は、その主著である『*教行信証』信巻に、「真実の信楽とは、信心が自ずと湧き起こってくる最初の瞬間（一念）を顕したものであって、それは我々凡夫が広大で計り知れない阿弥陀如来の智慧をいただいた慶びの心をあらわしている」と述べている。

心行処滅 しんぎょうしょめつ

❶「心行」とは心の分別作用を意味し、その作用が及ばない領域をいう。*大乗仏教は諸法実相《しょほうじっそう》（⇨）という言葉で真実を表すが、この真実とは「空」のことであり、これを示すときに用いられる。「分別作用」の及ばない領域というのは、言葉を離れた世界のことであるから、以下の例文に見られるように言語道断《ごんごどうだん》（⇨）と並べ

て用いられることが多い。
❷『大品般若経』は大乗初期の代表的な経典であって「空」を説くが、その注釈書である『*大智度論』2および54は、「空は**心行処滅**、**言語道断**」とし、中国で作られた仏教百科事典ともいうべき『*大乗義章』2は、「**諸法実相**(⇧)は語言の道を過ぎ、**心行処滅**にして遍く所依《しょえ》なし」という。

真空妙有　しんくうみょうう

❶諸法は「空《くう》」であるが、しかし現象としては存在している。「空」にこだわることなく、しかし「有《う》」にもこだわってはならない。これを逆説的に「真空」は実は「妙有」であると表したもの。
❷一切の現象はさまざまな原因や条件(因縁)によって成り立っているのであるから、原因や条件が変化すればその結果も変化する。したがって現象それ自体に固定的実体というものはない。これが「空」である。しかし現象そのものは幻のようなものではあるけれども確かに存在しているから「有」である。要するに**色《しき》即是空《そくぜくう》**(⇧)であるとともに**空即是色《くうそくぜしき》**であるわけである。
「空」の教えはそもそもは一切のものに執着してはならないという教えであるが、往々にして「空」を強調するあまり「空」にこだわりが生じる。これは「空病」と称され、この病気を治す薬はないとされる。したがって**色即是空**とともに**空即是色**も忘れられてはならないわけで、これが仏教のいう中道である。**真空妙有**はこのような機微を表したものである。

『*華厳随疏演義鈔』75に、「空にして常有なり。必ず互いに交徹す。まさにこれ**真空妙有**なるが故に」と説かれている。なお、**妙有真空**とも表現される。

心光摂護　しんこうしょうご

❶阿弥陀如来の無量の光が、*信心の定まった人を摂《おさ》め取り護ってくださっていること。
❷阿弥陀という語は、梵語のアミターユス(amitāyus 無量寿)とともに無量光を意味するアミターバ

(amitābha) の音写語であって、太陽の光がすべてのものに平等に降り注いで、明るさと暖かさを与えてくれているとイメージされたものである。「心光」はこの阿弥陀如来の衆生利益の力を象徴的に示したもので、この句はこの光が愚かな私たちを守り育んで下さっているという感覚を表したものである。

　浄土真宗の祖である*親鸞（一一七三〜一二六二）の主著である『*教行信証』信巻の冒頭には、如来より与えられる信心とは、「**心光摂護之一心**」（如来の光明に摂め取って護られた信心である）とされている。また、同じく親鸞の『*浄土高僧和讃』善導に、「金剛堅固の信心のさだまるときをまちえてぞ　弥陀の**心光摂護**して　ながく生死をへだてけれ」とうたわれている。

真実信心　しんじつしんじん

❶まことの*信心のこと。多く浄土教において用いられることばで、阿弥陀仏の本願を信ずることを意味する。
❷『*往生礼讃偈』には、「深心とは**真実信心**のことである。自身は煩悩にまみれた凡夫であって、善根が少ないので自らの力ではこの苦しみを解決することができない。したがって阿弥陀如来がそのような私たちを救おうと誓いを立てて下さった本願を信じて、南無阿弥陀仏と*念仏すれば必ず極楽浄土に往生することができると信じてまったく疑う心のないことである」としている。

　また浄土真宗の祖である*親鸞（一一七三〜一二六二）は、その主著である『*教行信証』証巻で、「大慶喜心はすなわちこれ**真実信心**。**真実信心**はすなわちこれ金剛心」といい、中興の祖とされる*蓮如（一四一五〜九九）は『*御文《おふみ》』2において、「弥陀如来の他力**真実信心**というは、もろもろの雑行をすてて**専修専念**《せんじゅせんねん》、**一向一心**《いっこういっしん》に弥陀に帰命するをもて本願を信楽する体とす」としている。

真実人体　しんじつにんたい（にんてい）

❶人間本来のありかた、真実の姿をいう。
❷『*圜悟《えんご》仏果禅師語録』12や『*景徳伝灯録』21など禅

の典籍で使われる言葉で、「尽十方世界是**真実人体**」というように使われている。無量無辺の世界そのものが人間本来のあり方であるというのである。また曹洞宗の祖である道元*（一二〇〇～五三）の主著『正法眼蔵*』諸《しょ》悪莫作《あくまくさ》では、「死に去り生れ来ることこそが**真実人体**であり、この真実体をあきらかにすることが一大事である」としている。

身心一如《しんじんいちにょ》

❶身体と心は二つに分けられず、一つであるということ。

❷フランスの哲学者デカルト（一五九六～一六五〇）は物心二元論、すなわち思惟《しい》を本性とする精神と延長を本性とする物質とを区別し、精神から独立した客観的自然の存在を認めた。これが近代ヨーロッパ哲学の二元論の始まりである。しかし仏教は、身体と心を二元的に見ないということであって、この思想とは対極にあるということができる。

原始仏教では人間の心身は、色・受・想・行・識の五つの要素から形成されているとする。色は肉体、受は苦楽を感じる感覚作用、想はどのように苦しいか楽しいかなどをイメージする作用、行は意思作用、識は認識作用であって、受以下は精神的な作用である。しかし肉体と精神を二元的に捉えるのではなく、互いに関係しあって私たちを構成すると考えた。船は舵手によって海を渡り、舵手は船によって海を渡るように、身体と心は互いに助け合ってこそ存在しうるということである。

このような考え方は禅宗において強調され、「**身心一如物我同体**《もつがどうたい》」（『*宏智《わんし》禅師広録』4）、「**身心一如**身外無余」（『碧巌録*』六〇則）、「**身心一如動静無間**《どうじょうむけん》」（『勅修百丈清規』5—百丈懐海*が制定した禅林の生活規範）などと語られる。また道元*（一二〇〇～五三）の『正法眼蔵*』弁道話には次のように述べられている。「しるべし仏法にはもとより**身心一如**にして、**性相不二**《しょうそうふに》なりと談ずる。……身と心をわく（分ける）ことなし。寂滅を談ずる門には諸法みな寂滅なり。性と相とわくことなし」と。

なお物心一如《ぶっしんいちにょ》とも表現される。

信心為本《しんじんいほん》

❶浄土真宗中興の祖とされる蓮如*（一四一五〜九九）の『蓮*如上人御文』5の中に「（親鸞）聖人一流の御勧化のおもむきは信心をもて本とせられ候」という文章があり、これに始まるとされる。極楽浄土に生まれるのは阿弥陀如来の本願力を信ずる「信心*」にあるとする立場をいう。

❷日本浄土教の祖とされる源信*（九四二〜一〇一七）の『往生*要集』大文5の中にある、「往生之業念仏為本《ねんぶついほん》」という文章に対するものである。これは本願力を信じたうえで、口に南無阿弥陀仏を称名念仏*することが極楽往生の正因であるとするものである。親鸞*（一一七三〜一二六二）や蓮如はもちろんこの教えの流れの上に立って、より信心を強調した。蓮如はさらにいう。「されば当流には信心のかたをもてさきとせられたる、そのゆえをよくしらずばいたずらごとなり。（中略）口にただ称名ばかりをとなえたらば、極楽に往生すべきやうにおもえり、それはおおきにおぼつかなき次第なり」（『蓮*如上人御文』5）と。

塵塵三昧《じんじんざんまい》

❶「塵」とは微塵のことで、ものの大きさの単位。原子に相当するような極めて微細な大きさをいう。**塵塵三《さん》昧《まい》**はそのひとつひとつに宇宙の一切を摂り入れる三昧（禅定の境地）をいう。

❷『華厳経*』（仏駄跋陀羅訳）6賢首菩薩品にある偈にもとづくとされる（「入微塵数諸三昧」）。その三昧においては、「一塵」の中に仏を見るという。また、『碧巌*録』五〇則では、この「塵塵三昧」とは何かという問いに、「鉢の中の飯、桶の中の水」と答えられている。

身心脱落《しんじんだつらく》

❶身体からも心からも一切のとらわれを離脱して、自

在の境地にいたること。

❷道元*禅師（一二〇〇〜五三）の『正法眼蔵*』弁道話に、「すぐれた師の教えを受ける初めから（参見知識のはじめより）、焼香・礼拝・念仏*・修懺《しゅさん》（罪を懺悔すること）・看経《かんきん》（経を黙読すること）を用いず、ひたすら坐禅して**身心脱落**することをえよ」と説かれている。

また脱落身心《だつらくしんじん》という言葉もある。『天童如浄禅師続語録跋』には、ある修行者が「**身心脱落**してただ睡るのみ」という言葉を聞いて悟ったというに対し、天童如浄（一一六三〜一二二八）は「**身心脱落、脱落身心**」と答えたという話が伝えられている。悟りの境地にとどまることは禅の本旨ではないと見なされるから、**身心脱落**に安住せず、それをさらに**脱落身心**に徹底しなければならないということである。

信心不二　しんじんふに

❶信じる心と信じられる心は別のものではなく、一つであるということ。

❷私たちの心は本来清らかなものであって、仏になりうるという可能性を有している。この清らかな心であるがゆえに私たちは仏になりうることを信じられるのであって、したがって信じる心と信じられる心は別のものではなく一つであるということになる。

僧璨《さん》（?〜六〇六）が韻文によって禅の極致を説く『信心銘』に「**信心不二　不二信心**《ふにしんじん》　**言語道断**《ごんごどうだん》（⇧）去来今（過去・現在・未来）にあらず」とされ、また、臨済宗の宗峰妙超（一二八二〜一三三七）の語録『大灯国師語録』上ならびに、その語録に白隠慧鶴（一六八五〜一七六八）によって評が付された『槐安国語』2には「**頭頭物物**《ずずもつもつ》**現信心不二之全体**」として、あれもこれも、あのものもこのものも、この**信心不二**という営み全体の現れに過ぎない、とされている。

真俗一貫　しんぞくいっかん

❶「真」は出家、「俗」は在家を意味する。出家と在家の区別なく一貫していること。

❷日本天台宗*の祖である最澄（七六六／七六七〜八二二）は比叡山に大乗*仏教の戒壇を建立することを悲願とした。奈良時代の僧侶は大乗仏教を奉じるにかかわらず、すべて『四分律《しぶんりつ》』などの小乗戒を受戒して比丘となっていたからである。そこで最澄は天台宗の修行規則を明らかにした『山家学生式《さんげがくしょうしき》』を書いて朝廷にその許可を求めたが、**真俗一貫**はその中に使われた句である。すなわち「国の宝であり、国に利益をもたらすものは、菩*薩でなくて誰であろうか。仏道では菩薩と称し、俗道では君子と号する。この大乗戒は広く大きく、出家と在家を一貫する戒律である」という。『四分律』などの「律」は出家修行者のための戒律であるが、大乗仏教の戒は『法華経*』や仏が波斯匿王《はしのくおう》のために護国の法を説く『仁王護国般若波羅蜜多経』などの「経」であって、これは出家者も在家者もともに守るべきものであるからである。

心頭滅却《しんとうめっきゃく》

❶「頭」も「却」も助字であって、「心頭」はこころのなかのすべての精神作用、特に分別妄想を意味し、これを滅し尽くすこと。

❷『碧巌録*』四三則に次のような話がある。中国曹洞宗の祖である洞山良价*《とうざんりょうかい》（八〇七〜八六九）は、寒さ暑さをどのようにしのげばよいかと問われたとき、「寒いときには寒さに徹し、暑いときには暑さに徹することだ」と答えた。黄龍派の死心悟新（一〇四三〜一一一四）はこれに対して、「心安らかに坐禅を行うためには必ずしも山や川を必要としない。心の中の分別妄想を滅し尽くせば、火すらも涼しく感じられる（**滅却心頭**火自涼）」とコメントした。

なお、この「**滅却心頭**火自涼」という表現は、中国晩唐の詩人杜荀鶴《とじゅんかく》（八四六〜九〇四）の七言絶句「夏日題悟空上人院」の「三伏門を閉ざして一衲（袈裟）を披《き》る／兼ねて松竹の房廊を蔭《おお》う無し／安禅は必ずしも山水を須《もち》いず／**滅却心頭**火亦涼」に由来するといわれる。

また、戦国時代末期の甲斐恵林寺の快川《かいせん》和尚（？〜一五八二）は、戦乱の炎に焼かれたとき、この句を唱えて泰然として亡くなったという話は有名である。

甚難希有《じんなんけう》

❶甚だしく困難であって、極めて稀なこと。
❷浄土三部経の一つである『阿弥陀経』*では、釈迦牟尼仏がこの経を説いたことを、諸仏が「**甚難希有**な事をなした」とほめたたえたとしている。

心仏無別《しんぶつむべつ》

❶私たちの心と仏とは、別のものではないということ。
❷中国唐時代の法蔵（六四三～七一二）が著した『華厳経』*の評釈書である『探玄記』*6に、我々の心が仏となるのであるから、したがって我々の心と仏とは分かつことのできない関係にあり（**心仏無別**）、同様に、我々の心が凡夫となるのであるから、我々の心と凡夫もまた分かつことのできない関係にある（**心凡無別**《しんぼんむべつ》）、と説かれている。

随縁化物《ずいえんけもつ》

❶さまざまな条件（縁）に応じて衆生（物）を教化すること。
❷懐感（?～七世紀末）が問答体で浄土往生に関する疑義に答えた『（釈）浄土群疑論』5には、「人々の性格・能力はさまざまであって、深い者もあれば浅い者もあり、大なる者もあれば小なる者もあり、有を批判して空をほめたたえる者も、空を批判して有をほめたたえる者も、小乗を捨てて大乗を学ぶ者も、先に小乗を学んで後に大乗を学ぶ者もあって、とにかく一様ではない。そこで仏は八万もの教えを説いて、**随縁化物**されたのである」としている。
類義語に**応病与薬**《おうびょうよやく》（⇧）がある。

随縁治病《ずいえんじびょう》

❶衆生を救済するために、さまざまな条件に応じて仏

が臨機応変の処置を施すことを病気の治療に喩えたもの。**応病与薬**《おうびょうよやく》(⇧)に同じ。

❷『*一遍上人語録』別願和讃に「厳しい修行を積んで我々衆生の前に現れた釈尊（**断悪修善**《だんあくしゅぜん》の応身）は、衆生のさまざまな条件に応じて臨機応変に教えを垂れる仏（**随縁治病の仏**）である」と記されている。

随縁真如　ずいえんしんにょ

❶**不変真如**《ふへんしんにょ》(⇧)の対語。ほんらい不変である真如（真理）が縁（条件）によって現象として現れたことをいい、これも真如であるということ。

❷本来、海水は静かであるが、風によって波となるように、**不変真如**は縁に従って**随縁真如**となると喩えられる（『胎蔵金剛菩提心義略問答鈔』5—安然による天台密教の教理を判じたもの）。

仏教では現象の底に通底する真理のみを真理とするのではなく、これによって現しだされた現象も真理とする。一般には前者を勝義諦（真諦、第一義諦ともいう）、後者を世俗諦（俗諦、世諦ともいう）と称し、**不変真如・随縁真如**の語が用いられる法蔵（六四三〜七一二）による『大乗起心論』の注釈書である『大乗起心論義記』中では、前者を「真如門」、後者を「生滅門」という。

したがって仏教は、真なるものは善であり、美であり、聖であるとは考えない。*釈迦仏教において苦しみであるという真実を「苦諦《くたい》（私たち衆生は生まれたら老い死んでいかなければならない苦しみの存在であるという真実）」、その原因である煩悩を「集諦《じったい》（苦しみには原因があるという真実）」というのもこの現れである。

浄土真宗では宗教的生活の面を真諦といい、信仰にもとづく日常生活を俗諦というのも、このような考え方にもとづいたものである。

類義語に**法性随縁**《ほっしょうずいえん》(⇧)がある。

随喜功徳　ずいきくどく

❶仏の教えを聞いて喜ぶ功徳。また、他人が善行を積むことを見て喜ぶ功徳。

❷『*法華経』随喜功徳品には、『法華経』の教えを聞いて喜ぶ功徳の方が、数かぎりない人々に布施するよりも勝れていると説かれている。また『*大智度論』61は、他人が仏を供養するなどして善行を積むことを喜ぶ功徳は、自ら善行を積む功徳よりも大きいとしている。そこで仏教の儀式に参列することが「随喜」と称される。

随処作主《ずいしょさしゅ》

❶いかなる境遇におかれても、自らの主体性を確立して自在なこと。「随処に主となる」と訓読する。
❷『*無門関』兜率三関に、中国宋代の禅僧である無門（一一八三～一二六〇）の言として、「もしこの三つの関門（黄龍慧南が入門しようとする者を試験するために用いた三つの問い）に言葉で応えるとするならば、ただちにいかなる境遇におかれようが主体的に生きることができ（**随処作主**）、しかもどのような縁に遇っても仏法にかなっている（**遇縁即宗**《ぐうえんそくしゅう》）」と説かれている。また、この語は**立処皆真**《りっしょかいしん》（⇧）と併記されて、「いかなる境遇におかれても、自らの主体性を確立していれば（**随処作主**）、どこにいようが自分のいるところが真実となる（**立処皆真**）」という意味で用いられる。『*臨済録』示衆には、「**随処作主・立処皆真**ならば、どんな境遇もその真実に取って代わることはできない（境来回換不得）」とも、「大器の人は、まず人に惑わされまいとする（如大器者直要不受人惑）、すなわち**随処作主・立処皆真**となる」と述べられている。

随処入作《ずいしょにっさ》

❶いたるところで（修行上の糧となるものを貪欲に）取り込んでは力量を発揮すること。
❷*雲門（八六四～九四九）の弟子、香林《きょうりん》（九〇八～九八七）は一八年もの間、侍者（＝遠侍者）を務めた。その間、雲門が道場で振るった弁舌の内容は、悟りの遅かった香林によって、その大部分が吸収され、彼の内部で血肉と化していた。こうしたエピソードが『*碧巌録』一七則に

記されている。

水到渠成　すいとうきょせい

❶水が流れて自ずと渠《みぞ》ができるように、何事も然るべきときに自ずと成就する、ということ。❷**風行草偃**《ふうこうそうえん》（⇧）と併記される場合が多く、『碧巌録*』六則には、「根本さえ正しければ、風が吹くと草がなびき（**風行草偃**）、水が流れると渠ができるように、そのように自ずと物事が成就する（**水到渠成**）」とされている。また転じて、学問を究めれば自ずと道理を体得する、という意にも用いられる。

随犯随懺　ずいぼんずいさん

❶罪を犯せばそのたびに、直ちに懺悔すること。❷宋の宗暁（一一五一〜一二一四）によって浄土往生に関する経論等が収録された『楽邦文類』3には、「もし貪《とん》（むさぼり）・瞋《しん》（いかり）・癡《ち》（無知）が生じた時は、**随犯随懺**して一瞬も隔てず、日を隔てず、時を隔てないようにして、常に清浄ならしめることを無間修（間を隔てない修行）と名づける」としている。しかしこれは難しいことであって、良忠（一一九九〜一二八七）による『観無量寿経疏*』の注釈書『観経疏伝通記』13では、「**随犯随懺**は凡夫の修行にあらず」としている。

随犯随制　ずいぼんずいせい

❶罪が犯されたそのときどきにしたがって、戒律が制定されたということ。❷仏教の出家修行者には、その罪の軽重に応じた五種類の罰則が伴う、比丘には二五〇戒、比丘尼には三五〇戒もの規則があって、これを「律」という。これらは今の刑法のように最初から体系的に構成されていたのではなく、罪が犯されるそのたびに制定されて、今日のようになった。**随縁制戒**《ずいえんせいかい》ともいう。

頭正尾正《ずしんびしん》

❶首尾一貫して正しいこと。❷『碧巌録*』五六則に「命令には、有始有終、**頭正尾正**」といい、『従容録*《しょうようろく》』八七則に「潙山*《いさん》（七七一〜八五三）の宗風は**頭正尾正**というべし」といい、『正法眼蔵*』見仏に「発菩提心は見仏の**頭正尾正**なり」という。

頭頭是道《ずずぜどう》

❶悟りの境地から見ると、それぞれがそのままで真実であり、あらゆる機会が悟りへと至る道となりうることをいう。❷「頭頭《ずず》」とは、「一つ一つ、それぞれ、一切」の意。『圜悟*《えんご》仏果禅師語録』5には「**処処《しょしょ》是《ぜ》仏《ぶつ》頭頭是道**」とあり、一旦悟りを得たならば、世界のすべては仏が顕現したものであり、すべてが修行道でないものはない、と説かれている。同様に、『碧巌録*』二則にも、「**頭頭是道**。**物物全真《もつもつぜんしん》**」とあり、悟りを得たならば、何もかもが悟りへ至る道であり、どれもこれも真実の姿を呈していることがわかる、と述べられている。さらに、竺仙梵僊《じくせんぼんせん》（一二九二〜一三四八）の語録『竺仙和尚語録』下之上には、「もし修行者が仏道を体得したならば、この世の万事が**頭頭是道**である」と記されている。

頭北面西《ずほくめんせい》

❶頭を北に、顔を西に向け、右脇を下にして横臥《おうが》する（横たわる）こと。涅槃に入った釈尊の姿をいう。❷ライオンが横臥する姿とされ、師子臥と呼ばれる。小乗の『大般涅槃経*』に相当する『仏般泥洹経』下には、仏はクシナガラの沙羅双樹のもとで、「頭を北にして手を枕とし、右脇を下にして膝を屈し足を重ねて横臥して涅槃*された」とされている。

法然*（一一三三〜一二一二）の記した『黒谷上人語灯録*』11（和語灯*1）は、この時の様子を、「跋提河のほとり、沙羅林のもとにして、八十の春の天、二月十五の夜半に、**頭北面西**にして滅度に入給いき」としている。親鸞*（一一七三～一二六二）の『浄土高僧和讃*』源空は、「光明が紫雲のごとくたなびき、妙なる音楽が響き、異香がただよい、道俗男女が集まる中で、**頭北面西**右脇にて、如来涅槃の儀を守って亡くなった」として、法然自身の死を描いている。

青山白雲《せいざんはくうん》

❶山々が雲を生みだすことから、「青山」はものの本体、「白雲」はその作用を意味する。

❷『従容録*』一九則には、「青山は白雲の父であり、白雲は青山の児であって、白雲は青山に一日中寄り添っているが、青山は知らん顔」と述べられている。

制聴二教《せいちょうにきょう》

❶「制」とは守らなければならないということ、「聴」は「ゆるす」の意であって、行ってよいということ。

❷仏教の出家修行者が守らなければならない法律文書としての「律蔵」の規程には、大きく分けて止持戒《しじかい》と作持戒《さじかい》の二種がある。止持戒はなしてはならないと禁止されている事項であり、作持戒はなさなければならないものである。一般的に言えば**諸悪莫作**《しょあくまくさ》（⇨）は前者であり、**衆善奉行**《しゅぜんぶぎょう》は後者であって、具体的にいえば盗みや殺人などは前者であり、仏教教団として行うべき「布薩《ふさつ》」や「自恣《じし》」などの行事は後者である。この止持戒にあたるものを「制」、作持戒にあたるものを「聴」といったものである。

なお「布薩」というのは満月と新月の月に二回行わなければならない戒律確認の会であり、「自恣」は雨期の三ヶ月間の最後に行わなければならない反省会である。これは陰暦の七月一五日に行われ、これがお盆の風習に結びついた。

青天白日《せいてんはくじつ》

❶一片の雲もない晴れ渡った青空のこと。煩悩や妄

想・分別のない悟りの境地に喩えたもの。

❷『碧巌録*』四則に「**青天白日**。さらに東を指し、西を画すべからず」という。晴れ晴れとして雲一つさえないのに、さらに西とか東とかと分別してはならない、というのである。また、『無門関*』即心即仏では、「**青天白日**下で、さらに尋ね回るような愚かなことは厳に慎むべきである」という。

なお**晴天白日**は後ろ暗いところのまったくないことを意味する言葉としても使われるが、これは仏教的用法ではない。

世縁妄執　せえんもうしゅう

❶俗世間と関わり、さまざまな執着を断ち切ることができないこと。

❷「世縁」とは俗世間との関わり合い、世の中とのしがらみをいう。『正法眼蔵随聞記*』1には、凡夫が何度も生死を繰り返すのはこの**世縁妄執**が原因である、と述べられている。

石火電光　せきか（せっか）でんこう

❶極めて短い時間、非常に機敏な動作などを、火打ち石を打つときに出る火花、稲光に喩えたもの。

❷『碧巌録*』三〇則に、「法則や古今の事績を知って黒白を弁じるようでは一人前ではない。**石火電光**の瞬間に、鵠《くぐい》は白く烏は黒いと弁別してはじめて一人前だ」と記されている。また『臨済録*』示衆には、「修行者には絶倫の見地を備えた者があって、このような修行者が全力を発揮した場には、風も通らず、**石火電光**も及ばないくらいの間に全能力が発揮されるので、それに対応できなければ凧の糸が切れたようにふっとそれてしまう」と説かれている。**電光石火**と表現される場合もある。

なお「石火」「電光」は瞬く間に過ぎ去るということから、無常を喩えるときにも用いられる。

石壁無礙　せきへきむげ

❶石の壁であろうとも、さまたげられることがなく通り抜けること。仏・*菩薩の神通力を表したもの。

❷神通力は仏・菩薩などが具える超能力的な力で、ふつう神足通《じんそくつう》、天眼通《てんげんつう》（衆生が死んでどのようなものに生まれるかを知る力）、天耳通《てんにつう》（遠くでも一切の音を聴きわけられる力）、他心通《たしんつう》（他人の心を知る力）、宿命通《しゅくみょうつう》（自分や他人の過去の生存がどのようなものであったかを知る力）の五種が数えられる。**石壁無礙**は第一の神足通によって得られる力のひとつで、このほかに空を飛行したり、姿を思うものに変えられたり、物を思い通りにする力などがあるとされる（『*大智度論』40）。

是生滅法　ぜしょうめっぽう

❶存在するあらゆるものは、生じては滅びるものであって、一つとして常住不変なものはない、ということ。

❷「**諸行無常**《しょぎょうむじょう》（⇧）　**是生滅法**　**生滅滅已**《しょうめつめつい》　**寂滅為楽**《じゃくめついらく》」よりなる「諸行無常偈《げ》」とよばれる詩の中に含まれる句。「すべてのものは無常であって、生じては滅びていく性質のものであるから、生じたら滅する。このような生滅の繰り返しが解決され静まることが本当の安楽である」という意味である。

この偈の内容を詠んだものが、「色は匂（にほ）へど散りぬるを（**諸行無常**）、我（わ）が世たれぞ常ならむ（**是生滅法**）、有為（うゐ）の奥山今日（けふ）越えて（**生滅滅已**）、浅き夢見じ酔（ゑ）ひもせず（**寂滅為楽**）」という「いろは歌」であって、弘法大師空海（七七四〜八三五）の作であると伝えられている。

この偈はまた「雪山偈」ともよばれる。昔のことであるが帝釈天が恐ろしい姿形をもつ羅刹《らせつ》（鬼神）に姿を変えて雪山（ヒマラヤ山）に住んでいた。この羅刹が「**諸行無常　是生滅法**」とこの偈の前半分をうたった。これを聞いた童子は羅刹に残りの半分を教えてほしいと懇願した。しかし羅刹は自分は飢えていて、もうたえない、しかも自分の食べるものは人間の生肉と熱血であるという。童子は自分の身体を与えることを約束して、残りの「**生滅滅已　寂滅為楽**」という句を聞き、喜んで一本の木に登って自ら身を投げた。帝釈天はもとの姿に返って、途中でこれを受け止めたという。こういう話が残されているからである（『*大般涅槃経（曇無讖訳）』14）。

是心是仏　ぜしんぜぶつ

❶私たちの心がそのままで仏であるということ。
❷**見性成仏**《けんしょうじょうぶつ》（⇧）という言葉が物語るように、私たちは誰でも仏になる種を持っており、その私たちが修行をしてその本性たる仏を現すことが成仏であるから、成仏したその時には私たちの心がそのまま仏であるということになる。『*景徳伝灯録』9には、「心に仏を見れば、**是心是仏**であり、**是心作仏**《ぜしんさぶつ》である」という。
　このように**是心作仏**も同趣意であり、*曇鸞《どんらん》（四七六～五四二）による*世親の『浄土論』に対する注釈書である『浄土論註』（別名『往生論註』）上には、「**是心作仏**というのは心が仏になることであり、**是心是仏**とは心の外には仏は無いということをいう」としている。また『*正法眼蔵』弁道話には、「**即心是仏**《そくしんぜぶつ》（⇧）、**是心作仏**というて、数えきれないほどの期間の修行を必要とすることなく、一座に仏になりうるのが仏法である」としている。
　なお浄土三部経の一つである『*観無量寿経』は、「衆生が*念仏するとき、仏を仏としている真理そのもの（法界身）が私たちの心中に入ってきて、その心が仏になる。すなわち**是心作仏**、**是心是仏**である」と説かれ、浄土教らしい修正がほどこされる。

是心是法　ぜしんぜほう

❶私たちの心そのものが仏法であるということ。
❷宋の契嵩《かいすう》（一〇〇七～七二）による禅宗に関する列伝体の史書である『伝法正宗記』6に、「何が仏であり、何が法であるか」と問われたとき、慧可《えか》禅師は「**是心是仏**（⇧）、**是心是法**、**法仏無二**《ほうぶつむに》」と答えたとされている。

私たちの心そのままが仏であり、仏と法は異ならないのであるから、心はすなわち法であるということになるわけである。

世世生生　せせしょうしょう

❶限りのない昔から、生まれ変わり死に変わりしてきた私たちの生存のありようをいう。**生生世世**ともいう。

❷『歎異抄』*に次のような文章がある。「親鸞*（一一七三〜一二六二）は父母の追善供養のためにいっぺんも念仏*をもうしたことはない。それは一切の生きとし生けるものはみな**世世生生**の兄弟であるから、まず急いで仏になってまず縁のある一切の者を救うべきであって、念仏は父母の追善のために用いられるべきではないからである」と。

大乗仏教*になって肉食が嫌われるようになったのも、一切の生きとし生けるものはいずれかの生において父母兄弟であったかもしれないという感覚によるものである（『雑宝蔵経』9、『法苑珠林』62など）。

絶学無為　ぜつがくむい

❶もはや学ぶものも無く、何ものにもとらわれない、作為分別を離れた境地をいう。

❷「閑道人《かんどうにん》」（自在な境地の人）という言葉と関連して使われることが多く、『伝心法要』*には、「古人は心さとく、わずかに一言を聞いて直ちに学ぶことを絶った。だから**絶学無為**の閑道人と呼ばれる」とあり、また、永嘉玄覚（六六五〜七一三）が禅の要訣（奥義）を詩によって述べた『永嘉証道歌』では、「君は見ないのか、**絶学無為**の閑道人を。彼はもはや迷いを取り除こうともせず、ことさら悟りを求めようともしない」と記される。類義語に**絶観忘守**《ぜっかんぼうしゅ》がある。

絶観忘守　ぜっかんぼうしゅ

❶さまざまな観想の修行や、戒律の徳目を遵守するといった作為的な構えを捨てること。

❷『景徳伝灯録*』30に「悟りは本来各人に具わっているものでとりたてて守る必要などないものであり、煩悩は本来無いもので敢えて除く必要などないものである。各人に具わる霊妙なる智慧の働きで自らを照らせば、あらゆる存在はあるがままのすがたをあらわすことがわかる。（それゆえに修行者たるものは）何ものにも依ることなく、何ものにも執せず、**絶観忘守**せよ」と説かれている。

摂化随縁《せっけずいえん》

❶仏や菩薩*が衆生を救済（済度）するにあたって、衆生のさまざまな機縁に従うこと。

❷浄土真宗の祖である親鸞*（一一七三～一二六二）の阿弥陀仏等を讃仰した『浄土和讃』には、曇鸞《どんらん》*（四七六～五四二）の『讃阿弥陀仏偈』を下敷きにして、「十方（東西南北等）三世（過去・現在・未来）の諸仏は同じく一如に乗じて、二つの智慧（平等と差別を見る智慧）を兼ね備え、平等なる道によって、**摂化随縁**するのは不思議である」とうたわれている。**随縁摂化**ともいう。

摂化利生《せっけりしょう》

❶仏・菩薩*が衆生をおさめ取り、教え導き、覚りへ向かわせること。

❷中唐時代の在家の仏教学者であった李通玄（六三五～七三〇）による『華厳経*（実叉難陀訳）』の概論である『華厳経決疑論』1之上には、「仏が修行を積み重ねて得た境涯は、その智慧の働く範囲も無限であるがゆえに、衆生への働きかけ（**摂化利生**）もまた無限である」と説かれている。

絶言絶慮《ぜつごんぜつりょ》

❶仏教のめざすべき真理やさとりは言語と思慮を超絶したものであるということ。

❷僧璨《さん》（?～六〇六）が韻文によって禅の極致を説いた『信心銘*』では、「多言多語は仏法に相応しない。**絶言**

絶慮してはじめて真の自在が得られる」とする。また、臨済宗の塩山抜隊（一三二七～八七）の語録である『塩山抜隊和尚語録』3には、「**絶言絶慮**の時に真理そのものが赤裸々な姿をあらわして、ここもかしこもすべてが真理となる」と記されている。なお、**絶言絶思**（『法*華文句』3下）という同意の表現もあり、類義語として**言語道断**《ごんごどうだん》（⇧）、**言忘慮絶**《ごんもうりよぜつ》（⇧）が挙げられる。

摂取不捨　せっしゅふしゃ

❶仏が一切の衆生をおさめ取って捨てず、一人も残さず救済すること。

❷特に阿弥陀如来による救済をいい、浄土三部経の一つである『観*無量寿経』には、「阿弥陀如来より発する光明は遍く世界の隅々まで照らし、念*仏する衆生を**摂取不捨**する」と説かれている。また浄土真宗の祖である親*鸞（一一七三～一二六二）は『教*行信証』行巻で、「どんな人であろうとすべて、念仏の行と信にすべてを託する者を仏は**摂取不捨**する。それゆえに阿弥陀仏と名づけ、他力というのである」としている。その親鸞のことばを弟子の唯円（生没年不詳）が記録した『歎*異抄』では、「それなのに他力を信ぜず、念仏もしないで命終わってしまっては、阿弥陀如来が立てて下さった**摂取不捨**の誓願が空しくなってしまうではないか」という。

舌頭無骨　ぜっとうむこつ

❶舌に骨がないことで、弁舌が自由自在であること。

❷『*宏智《わんし》禅師広録』3に、石頭希遷《せきとうきせん》（七〇〇～七九〇）を評して「石頭**舌頭無骨**」といわれている。これに対して雲*門（八六四～九四九）は**眼裡有筋**《がんりうきん》と評されている。石頭希遷が弁舌爽やかであるに対して、雲門は目に物を言わせるということである。また、『無*門関』州勘庵主にも*趙州従諗《じょうしゅうじゅうしん》（七七八～八九七）が弁舌に長けていたことを「便見趙州**舌頭無骨**」と記している。

舌頭落地《ぜっとうらくち》

❶舌が抜け落ちること。「頭」は接頭辞で意味はない。いたずらに言語を弄することや、本来説明できないもの（真理）を説こうとすることを戒めたもの。

❷『景徳伝灯録』*11では、弟子が言葉を弄して才気煥発に問いをたたみかけているところを、師は「舌が抜け落ちるぞ」と戒めている。また、『碧巌録』*一〇〇則では、「南斉の巴陵王は武器を用いないで、四海五湖（天下）の多くの人は**舌頭落地**した。雲門*（八六四～九四九）の人を接する（指導する）のもまさにかくの如しだ」としている。

殺仏殺祖《せつぶつせっそ》

❶仏に逢えば仏を殺し、祖師に逢えば祖師を殺すこと。仏や祖師に対するとらわれすらも超えること。

❷『碧巌録』*六則に、ある僧が雲門*（八六四～九四九）に「父母を殺したならば仏の前で懺悔するが、仏と祖師を殺した場合（**殺仏殺祖**）はどうなるのか？」と尋ねたところ、雲門は「露《あらわ》になるだけだ」と答えたという。

この**殺仏殺祖**は、**逢仏殺仏**《ほうぶつさつぶつ》、**逢祖殺祖**《ほうそさっそ》をつづめたもので、『無門関』*趙州狗子には「三国志に登場する豪傑の関羽が大刀を奪い、手にしたような勢いで、仏に逢えば仏を殺し、祖師に逢えば祖師を殺して、生死のまっただ中で大自在を得て、この六道輪廻の中に遊ぶような境地になる」と表現されている。

接物利生《せつもつりしょう》

❶「物」は「万物」、「生」は「衆生」を意味し、これらのすべてに相対して教え導き、救済すること。

❷『*圜悟《えんご》仏果禅師語録』9には、「他のもろもろの聖者と手に手をとりあって修行し（**把手共行**《はしゅきょうこう》）、仏がまします世界ではお互いが師となり弟子となって**接物利生**する」と述べられている。

絶慮忘縁　ぜつりょぼうえん

❶「忘縁」の「縁」は認識の対象をいう。相対的な思慮分別の世界を断絶することを意味する。
❷*『圜悟《えんご》仏果禅師語録』18に、「禅の修行は**絶慮忘縁**の一言に尽きるのであって、言葉でたくみに説くことよりも、心から心へと伝えることが肝要である」と説かれている。ただし*『正法眼蔵』他心通においては、「神通を証したかどうかで悟りの深さを測ってはならないし、**絶慮忘縁**の境地であるかどうかを取り上げて議論すべきではない」という。なお**忘縁絶慮**とも表現される（*『従容録』六六則）。

善悪不二　ぜんあくふに（ぜんまく、ぜんなく）

❶覚りの立場からすれば、善と悪などの相対的な区別はない、そういうものに拘泥すべきではないということ。
❷もちろん普通の次元では善は勧められ、悪は懲らしめられるべきであるが、*大乗仏教の空《くう》の思想からすれば、善も悪も本来実体のないものであるから、かたくなに善は求められ、悪は捨てられるべきものと執着すべきではないとされる。「煩悩即菩提」ともいわれる所以である。空海（七七四〜八三五）は真言密教の根本教義を説いた『即身成仏義』異本3において、「蓮華はきよらかであるとはいいながら泥から離れない。すなわち**善悪不二**なのであって、悪を制するその心が善となる」としている。

善悪報応　ぜんあくほうおう

❶善とか悪の行為をなすと、必ずその結果としての報いがあるということ。
❷仏教の基本的な倫理観は、私たちの行いにはすべて業報としての結果が伴うから、幸せになりたければ努力しなさい、不幸せになりなくなかったらそのような原因を作らないようにしなさいということである。こ

れを簡単にいうと、**善因楽果**《ぜんいんらくか》、**悪因苦果**《あくいんくか》ということになる。『*無量寿経』下には、「**善悪報応**と**禍福相承**《かふくそうじょう》（禍福を受け継ぐこと）は、その責任は行為者本人であって他人がとって代わることはできない」と説かれている。また、永嘉《ようか》玄覚（六六五〜七一三）が禅の要訣と心得を述べた『禅宗永嘉集』3には、「**善悪報応**は形に随う影の如し」であるという。**善悪業報**《ぜんあくごっぽう》ともいう。

先因後果　せんいんごか

❶先に原因があって、しかる後に結果が生じること。

❷仏教の因果には三本の葦が互いに支えあって立っているような同時的空間的な因果と、先になした悪が後に苦しみをもたらすような時間的な因果の両方があるとされるが、この言葉は後者の関係を述べたものである。『*大智度論』54はこの関係を、「春に果樹を植えて適切に灌漑すれば、華果繁茂するが如し」という喩えで説明している。

なお時間的な因果にも、**善因楽果**《ぜんいんらくか》・**悪因苦果**《あくいんくか》の関係だけではなく、**善因善果・悪因悪果**という関係も存する。前者は原因が善とか悪とかであるに対し、結果は楽とか苦であって、原因と結果の性格が異なるけれども、後者は原因と結果の性格が異ならないケースである。もし後者だけの関係であると、いったん悪を行うと、悪なる行為がそのまま永遠に続いてしまう恐れがあるが、前者の関係であれば、楽か苦は結果をもたらす力がないから、そこで善悪の行為が苦楽の結果を結ぶと消滅して、新たな自由意志による行為を行いうる可能性が生じることになる。厳密に言えば、この前者の因果関係を業と報という。

大乗の『*大般涅槃経（曇無讖訳）』37には、後者の関係が「紙婆果《にんばか》（インド栴檀《せんだん》。果実も葉もにがく、種子油は薬、樹皮は駆虫剤とする）の種子にがきがゆえに花果・茎葉のいっさいみなにがきが如し」という喩えで説明されている。

先因後果の用例としては、『*探玄記』8の「苦を離れしめ、楽を得せしめる因果もともに**先因後果**である」がある。

全機透脱　ぜんきとうだつ

❶「全機」は人格のすべて、「透脱」はつきぬけることで、悟りを意味する。全人的に悟りを得ること。
❷『碧巌録』*一五則には、「**全機透脱**した人は、大自在を得た人である」とされている。

全機独露　ぜんきどくろ

❶「全機」はまるごとの本来の自己、あるいはあらゆるもののはたらき。「独露」は全部がそのままに露わになること。
❷『圜悟《えんご》仏果禅師語録』*4に、「いかなる境遇におかれても、自らの主体性を確立して自在となり（**随処作《ずいしょさ》主**（⇧））、どのような縁に遇ってもそれを信念とした生き方をすれば、草がなびいて風が行き渡るように、**全機独露**する」と述べられている。また、『碧巌録』*五三則に、「全世界は隠されることなく（**遍界不蔵《へんかいふぞう》**）、**全機独露**する」という。さらに、『禅関策進』*天奇和尚示衆には、「修行が進んで心の散乱が鎮まるにつれ、今までのことを振り返ってみると、ただ虚幻だったことに気付き、本来の自分が形作られるにつれて、この世の森羅万象のすべてが**全機独露**するのがわかる」と記されている。

穿却鼻孔　せんきゃくびくう

❶鼻の穴に綱を通して、牛を御すること。師が弟子を巧みに教導するさまを表したもの。
❷「鼻孔」（鼻の穴）は顔の中心にありながらも、それを自ら見ることができないことから、仏道修行において求められるべき仏性あるいは本来の自己に喩えられることもある。『碧巌録《へきがんろく》』*一〇則に、「この老漢に鼻に穴をあけられ綱を通されてしまった（被這老漢**穿却鼻孔**来也）」と説かれている。**穿人鼻孔《せんにんびくう》**ともいう。

善巧応機
ぜんぎょうおうき

❶相手の素質や能力に応じて、適切な手段を用いて巧みに指導すること。
❷中国*華厳宗の第四祖である澄観（七三八～八三九）が著した『*華厳経（実叉難陀訳）』の注釈書『大方広仏華厳経疏』7に、「逆順を摂受折伏すること多端なるも、**善巧応機**なるが故に自在と名づく」ということばが見られる。仏教に好意を寄せる者にはこれをやさしく受け入れ、反感を持つ者には強く打ち砕くような態度で応じなければならない。相手によって自由自在にうまく処理する。これが**善巧応機**である。

千経万論
せんきょうまんろん（ばんろん）

❶多くの経と論。「経」は仏の説いた教えを集めたもの、「論」はこれを注釈研究したものである。
❷仏教には膨大な量の経論があり、例えば漢訳の大蔵《だいぞう》経《きょう》の代表的なもので、世界の仏教学者が用いる大正時代に編集された「大正新修大蔵経」は全八五巻である。しかし『*景徳伝灯録』28には、「心が真実に帰れば万象は一如であって、思慮分別を離れれば心そのものが真実となる。**千経万論**はただこの心を明かすにすぎない」という。また、臨済宗夢窓派の祖、夢窓疎石（一二七五～一三五一）の語録『夢窓国師語録』上は、「**千経万論**は一黙にしかず（黙することに及ばない）」という。

潜行密用
せんこうみつゆう（せんぎょう）（みつよう）

❶何気ない日々の生活において、淡々と仏の教えを実践すること。
❷一二世紀に晦巌智昭（生没年不詳）によって中国禅宗五家の宗旨がまとめられた『人天眼目』3では、「愚の如く魯の若くに**潜行密用**して相続すること、それこそが主中の主である」とし、さらに、永明延寿（九〇四～九七五）によって禅と浄土の双修が説かれる『*万善同帰集』中には、「世間三昧に入るとは、神通力を巧

みに現しては、世間の塵にまみれつつ、**潜行密用**することである」と記されている。

前後際断《ぜんごさいだん》

❶前際は過去、後際は未来を意味する。あらゆる存在は現在の一瞬一瞬に真実の姿を現しているのであって、過去や未来にとらわれてはならないということ。
❷「空」を説く大乗初期の基礎的経典である『大品般若経』15には、万物を構成する色・受・想・行・識の*五蘊《ごうん》も、仏の智慧も、一切のものも**前後際断**のあり方をしていると説かれている。また、道元*（一二〇〇～五三）は『正法眼蔵*』現成公案で、「灰は後、薪は先と見てはならない。薪は薪であって、先後・前後はあるけれども、**前後際断**しているのだ」という。

善根成熟《ぜんごんじょうじゅく》

❶「善根」はよい果報をもたらすよい行い。この行いの果報が実を結ぶ機が熟してきたということ。
❷初期大乗*仏教の代表的な経典である『大般若経*』300には、「もし善男子善女人が般若経を受持・読誦し、教えの通りに修行したとしたら、この善男子善女人は久しく大乗を学んで、**善根成熟**したということができる」とされている。また、理論と実践の両面から大乗仏教の思想が要約されている馬鳴《めみょう》（アシュヴァゴーシャ、五世紀？）の『大乗起信論（実叉難陀訳）』上は、「苦しみを脱したいという気持ちを起こして涅槃*（悟り）があると信じて善を修すれば、**善根成熟**するがゆえに、諸仏諸菩薩に会うことができ、教えを受けて涅槃の道に向かうことができる」としている。

選択本願《せんじゃくほんがん》（せんちゃく）

❶仏教のたくさんある教え・浄土の中から選び取られた阿弥陀如来の四十八願、特にその中の第十八願をいう。浄土宗では「せんちゃく」と読み、浄土真宗では「せんじゃく」と読む。

❷本願というのは、阿弥陀如来が法蔵菩薩として修行していた時に、一切の衆生をすくい取って、極楽浄土に生まれさせたいとして立てた四八の誓*願をいう。この誓願の中心は「南無阿弥陀仏」と念仏する者を極楽浄土に生まれさせずにおかないということであって、これが第十八番目の願である。この四十八願あるいは第十八願は、阿弥陀如来がたくさんある仏教の教えやたくさんある浄土の中から選び取った、劣った機根の者でも修しやすい勝れた修行方法であるから「選択」といわれる。

　法然*（一一三三～一二一二）の『選択本願念仏集』（浄土宗の根本聖典）は、「**選択本願**というのは念仏のことであって、これは法蔵比丘が二百一十億土中から選び取った極楽往生之行である」とし、また親鸞*（一一七三～一二六二）の末法の世の悲しみを歎じた『正像末和讃』には、「五濁悪世《ごじょくあくせ》の有情の　**選択本願**信ずれば　不可称不可説不可思議の　功徳は行者の身にみてり」とうたわれている。

先照高山 せんしょうこうざん

❶太陽が出るとまず高山を照らし、徐々に低いところに下りてくること。釈尊が悟りを得て最初に説いた教えが『華厳経*』であることを表したもの。

❷釈尊は菩提樹下で悟りをひらいたとき、その後の数週間を禅定に入りながら、悟りの境地を楽しんで過ごしたとされるが、『華厳経』はその最中に悟りの内容そのものを説いた経とされていることによる。

　『華厳経』はこのことにより、この経こそがもっとも優れた教えであると主張するのであって、「譬えば日が出て、先ず一切の諸大山王を照らし、次に一切の大山を照らし、次に金剛宝山を照らし、然る後に普く一切の大地を照らすごとく、先に菩*薩《ぼさつ》・摩訶薩《まかさつ》等の諸大山王を照らし、次に縁*覚を照らし、次に声*聞を照らし、次に決定善根の衆生を照らし、その後に一切衆生を照らす」（『華厳経（仏駄跋陀羅訳）』34宝王如来性起品）という。ここで用いられている菩薩摩訶薩はもっとも高い悟りの境地を目指す者であって、縁覚・声聞は順次により低次の覚りを目指す者を意味する（語句解説の「三乗」の項参照）。

専注奉行《せんちゅうぶぎょう》

❶心を一点に集中させて、ひたすらに修行すること。
❷『*観無量寿経』を解釈したものの一つで善導（六一三～六八一）によって著された『*観経疏』正宗分散善義4には、浄土に往生することを願う人は、ただ仏の言葉を深く信じ、その説かれた教えに専念し励行することが勧められている（「唯可深信仏語**専注奉行**」）。

千中無一《せんちゅうむいち》

❶*念仏以外の修行をする人は、千人に一人として極楽往生できる者はない、ということ。
❷*善導（六一三～六八一）の『*往生礼讃偈』に、「念仏を専らに勧める人は、十人が十人とも**極楽往生**することができるが、念仏以外の修行をして心を専一にしない者は**千中無一**」としている。また*親鸞（一一七三～一二六二）は『*浄土高僧和讃』善導で、「念仏修行する人も、死んで極楽往生することを願わず、現世の幸せを祈る人は、これも念仏を専修するのではなく雑修であって、**千中無一**と嫌われる」と述べている。
　この反対で、専ら念仏を称える人は、千人に一人の例外もなく極楽往生できるという。これを**千無一失**《せんむいっしつ》といい、懐感《えかん》（？～七世紀末）が問答体で著した『釈浄土群疑論』4に、「雑修の者は万に一人も生まれない。専修の人は**千無一失**」としている。

禅灯黙照《ぜんとうもくしょう》

❶坐禅を灯火に譬え、それによって生まれる智慧を灯火の照らす明るさに喩えたもの。坐禅をひたすら黙々と修することが智慧の働きを盛んにすることを表したもの。
❷*浄覚（六八三～七五〇？）による初期の中国禅宗史である『楞伽師資記』1に、「坐禅（宴坐）は山、精神を澄ま

すことは奥深い谷、徳は底深い海であって、坐禅を修し、精神を清らかにして、ひたすら独歩すれば、**禅灯黙照**して学者は皆な仏心を証するなり」としている。

千了百当　せんりょうひゃくとう

❶千事を了解し、百事を契当《かいとう》する（ぴったりとあてはまる）ことをいう。すべてを悟ることを意味する。

❷臨済宗・楊岐《ようぎ》派の大慧《だいえ》宗杲《そうこう》（一〇八九～一一六三）の語録の一つ『大慧普覚禅師書』26に、「庭前の柏樹子の話を聞いて、たちまち無明を打破して、一笑のうちに**千了百当**した」とか、「ひょっこり叢林に入って、一押しで転身して**千了百当**する人がたくさんいる。発心に先後はあるが、悟る時に先後はない。一句の教示でさとって**千了百当**するのである」いう用例がある。

　庭前柏樹子とは禅の公案の一つで、『*従容録《しょうようろく》』四七則の「ある僧が*趙州《じょうしゅう》（七七八～八九七）に尋ねた。*達磨大師（五二〇年頃、中国に渡る）がインドからやって来た意味は何か、と。趙州は庭前の柏樹子」と答えたというものである。

僧伽現前　そうぎゃげんぜん

❶比丘《びく》（男の修行者）・比丘尼《びくに》（女の修行者）によって形成される集団が成立しているということ。

❷「僧伽」はサンスクリット語のsaṃgha（サンガ）の音写語であって、略して「僧」という。もっとも厳密なsaṃghaの定義は、「羯磨《かつま》（会議）を行える状態にある比丘あるいは比丘尼の集団」であって、「羯磨を行える状態にある」というのは、その時点に一つの地域（界という。原語ではシーマー sīmā、縄張りを意味する）に住する羯磨に出席すべき比丘あるいは比丘尼の全員が出席していて、あるいはよんどころのない事情がある場合には楽欲《ぎょうよく》（委任状）が提出されていて、出席者が四人以上あることである。このように「羯磨を行える状態にある比丘あるいは比丘尼の集団」が成立していることを**僧伽現前**という。

　しかし一般的には僧伽は、一つの界に共同生活している四人以上の比丘・比丘尼の集団をさすと理解してよい。またより広い意味では、釈迦牟尼仏が指導しているる全国に散らばったすべての比丘・比丘尼から形成される教団も僧伽であるが、これは組織的なものではなく、理念的な意味が強い。

相即相入《そうそくそうにゅう》

❶この世界のすべてのものは、もののあり方としても、その働きとしても、相互に**重々無尽**《じゅうじゅうむじん》(⇧)に関係しあっており、密接不離であることをいう。このうち本体の面を「相即」といい、働きの面を「相入」と表現したもの。

❷大乗経典の一つである『*華厳経』の世界観を表したもの。*華厳宗の第三祖である法蔵（六四三〜七一二）が書いた『*華厳経探玄記』1には、**相即相入**とはインドラ神の網の目の如く、何層にも重なって、限りなく微細であり、互いに関係し合って、あるものが主となる場合は他のものは伴となって尽きることがないことをいう、と説かれている。この世界は帝釈天（インドラ神）の宮殿を覆う結び目の一つ一つに宝石がつけられた網のようなもので、その宝石の一つ一つは他の宝石に映されていると同時に、その一つの宝石には他のすべての宝石を映し出しているように、互いに関係しあって存在しているというのである。

　例えば、天板と四本の脚によって成り立ったものを「机」というが、この「机」は「天板」と「脚」をはなれてはありえないから、そのあり方において「全体」を表す「机」と、部分を表す「天板」と「脚」は離れたものではない。また「机」はものを載せる働きがあるから、そこでものを書き、花瓶を置いたりできるわけであるが、この「ものを載せる働き」と「ものを書ける働き」「花瓶を置ける働き」は別物ではない。このように部分は全体に現れ、全体は部分に現れるのであるから、これを**一切即一**《いっさいそくいち》(⇧)、**一即一切**《いちそくいっさい》という。

　なお、**相即相入**を略して「即入」という。

草賊大敗《そうぞくたいはい》

❶小利口者が大失敗をした、小賢しいやつが見事しくじった、というような意味。

❷「草賊」とは、元は地方の反乱者のことを指したが、これが転じて、小賢しいやつ、小利口者といった意味となった。*『臨済録』上堂に、ある僧が臨済（?～八六七）に「仏法の肝心要のところを伺いたい（如何是仏法大意）」と請うたところ、臨済は一喝《いっかつ》し、僧は礼拝した。臨済は「今の喝はいい喝だったと思うか」と尋ねたところ、その僧は「**草賊大敗**」と答えた。「どこに過ちがあったか」と尋ねる臨済に対して、「過ちは二度と許されない」と僧は答え、すかさず臨済が一喝した、という。

草木成仏《そうもくじょうぶつ》

❶草や木のような心を有しないものであっても、仏性を具《そな》えており、仏になれるということ。

❷インド仏教では草木を「一根の生命」という。動物には見たり、聞いたり、嗅いだり、味わったり、触ったり、考えたりする、眼・耳・鼻・舌・身・意の六根が備わっているが、草木には身根しかないからである。このように心のないものであるから、草木は成仏の対象になるとは考えられていなかった。

　しかし中国においてこういう考え方が生じ、中国・*三論宗の*吉蔵（五四九～六二三）の『大乗玄論』3（大乗経典の注釈書）にある、「草木にも仏性あり。草木すなわち成仏す」というあたりが始めであると考えられている。日本でもこれを継承し、*『太平記』24依山門嗷訴公卿僉議事にも「草も木も仏になると聞く時は、情け有る身のたのもしき哉。是れ則ち**草木成仏**の証歌なり」と語られている。これがさらに徹底されると、生物でない国土も成仏するという「草木国土悉皆《しっかい》成仏」という考えになる。小林一茶（一七六三～一八二七）による日記体で記された俳文集『おらが春』には、「長々の月日雪の下にしのびたる蕗《ふき》、蒲公《たんぽぽ》（英）のたぐひ、やをら春吹風の時を得て、雪間〱をうれしげに首さしのべて、此世の明り見るやいなや、ほつりとつみ切らるゝ草の身になりなば、鷹丸法師の親のごとくかなしまざらめや、草木国土悉皆成仏とかや、かれらも仏生得たるものになん」と書かれている。川のせせらぎ、山の音も仏法でないものはないという日本人の自然観がもたらしたものではないかと考えられる。

非情成仏、**無情成仏**ともいう。

即有即空　そくうそくくう

❶すべてのものが現象としてあることを「即有」といい、それらには実体がないことを「即空」という。

❷諸種の般若経典の終結をなすと伝えられる『仁王般若波羅蜜経』観空品には、「**即有即空**というのは、因縁によって生じたものであるから即有といい、自体は空であるから即空という」と解説されている。要するに「有」とは、般若空思想の根幹を説く『*般若心経』の**空即是《くうそくぜ》色《しき》**をさし、「空」とは**色即是《しきそくぜ》空《くう》**(⇨)をさす。

この両者に偏らない立場が正しい立場であって、これを中道という。このような考え方が体系化されたのが、*天台宗の**三諦円融《さんたいえんにゅう》**(⇨)説である。

類義語として**真空妙有《しんくうみょうう》**(⇨)がある。

即事而真　そくじにしん

❶「事」とは現象界のさまざまなものとして現れた具体的な事象のこと。いわば差別の世界であって、これがそのままで平等の真理であるということ。

❷仏教ではすべての現象は縁起によって成り立っているとする。その縁起の法則をダルマ（法）というが、この法則によって成り立っている現象もダルマという。**諸法無我《しょほうむが》**(⇨)の「諸法」は「すべてのもの」を意味し、現象としての「法」を意味する。要するに現象はそのままで真理を表しているわけである。『*法華玄義』2上には、「**即事而真**にして、一事として真にあらざるものなし。いかなるものを真にあらずとなすべきや」とされている。

なお、**触事而真**《そくじにしん》とも表現される。中国仏教哲学に大きな影響を与えた、後秦の僧肇《そうじょう》（三八四〜四一四？）による『肇論』不真空論には、「不動の真理は現れた諸法そのもの（諸法の立処）であって、真理と諸法は別のものではなく、諸法そのものが真理である。だから真理（道）は遠くない。**触事而真**であって、聖はどうして遠くにあるといえようか」としている。

類義語は**実際理地**《じっさいりち》（⇧）、**諸法実相**《しょほうじっそう》（⇧）、**不生実際**《ふしょうじっさい》（⇧）、**附物顕理**《ふもつけんり》（⇧）、**理事不二**《りじふに》（⇧）、**立処皆真**《りっしょかいしん》（⇧）、**立処即真**《りっしょそくしん》（⇧）と数多い。

即心是仏《そくしんぜぶつ》

❶衆生が有する心、その心がそのまま仏であること。

❷*『無門関』即心即仏には、馬祖道一《ばそどういつ》（七〇九〜七八八）が大梅《たいばい》（法常、七五二〜八三九）から「仏とはどういうものですか」と問われ、「**即心是仏**」と答えたとされる。また、*『伝心法要』には、「塵一つない一心こそが**即心是仏**である」と述べられている。さらに、*『正法眼蔵』即心是仏にも、**仏仏祖祖**《ぶつぶつそそ》（⇧）が伝えてきたものは、この**即心是仏**ということだけである、と説かれている。

即心即仏とも表現され、*『景徳伝灯録』6には、修行者の「**即心即仏**というが、何が一体仏なのか」の問いに、馬祖は「これでも仏でないと疑うのか、自分の指を出してそれを見よ」と答えたと記されている。

是心是仏、**自心是仏**（⇧）ともいう。

即心無心《そくしんむしん》

❶「心」を否定して「無心」となるのではなく、心のあり方が「無心」であるということ。

❷「無心」とは、何ものにも束縛されることのないより本源的な心のあり方をいい、「無念」「無想」と同義。宋の宗暁（一一五一〜一二一四）によって浄土往生に関する経論等が収録された『楽邦文類』1に、「正しく心をわきまえて、**即心無心**となればすなわち真如に入る。雑念を離れれば心が現れる」とし、永明延寿《ようめいえんじゅ》（九〇四〜九七五）が教禅一致を説いた『宗鏡録』97には、「**即心無心**が

仏道に通達するということであって、物に即して見を起こさないことを道に達するという。物に逢ってじかにその本源を知ることを智慧という」とされている。

即施即廃　そくせそくはい

❶衆生を教化するときその機根に応じて、ある者には何らかのものを施設《せせつ》（仮に設定すること）し、他の者にはそれを廃捨すること。

❷『一遍上人語録』*門人伝説には、「此うえは、上の三心は**即施即廃**して、独一の南無阿弥陀仏なり」とあり、自力にとらわれる心が捨てられない者に対しては三心（至誠心《しじょうしん》・深心・廻向心）を施設し（仮に設けておいて）、自力にとらわれる心がなくなって、他力の名号に帰命した者に対しては、これを廃捨して、ただ一つの南無阿弥陀仏となる、と説かれている。

即得往生　そくとくおうじょう

❶念仏*によって死後直ちに極楽浄土に往生すること。

❷『無量寿経』*下には、「無量寿仏（阿弥陀仏）の名号を聞いて、信心*歓喜して、たといひとたび念仏を申しただけであっても、きよらかな信に基づき、心から極楽浄土に生まれたいと願えば、**即得往生**することを得て、覚りの境地から退転しない位に達する」と説かれ、『阿弥陀経』*には、「一日ないし七日の間、一心不乱に念仏を申せば、臨終の時に阿弥陀如来が現れて、阿弥陀仏の極楽国土に**即得往生**することができる」と説かれている。

　このように**即得往生**は、死ぬとそのまま極楽浄土に生まれることを意味するが、浄土真宗では念仏往生の信心を得たそのときに、死んでから極楽浄土に往生することが確定すること、と解されている。『蓮如上人御文《おふみ》』*1に、「必ず往生することができると思い定まる位を、他力の信心を得たとも、平常時に往生するための因が完成したとも、**即得往生**して覚りの境地から退転しないともいう」とするとおりである。

触目菩提《そくもくぼだい》

❶眼に触れるすべてのものが菩提（悟り）の契機になるということ。

❷『雲門匡真禅師広録』*上に、「**触目菩提**とはどのようなものか」との僧の問いに、雲門*（八六四～九四九）は「自分と一緒に仏殿をうち棄ててしまおう（「与我拈却仏殿」）」と答えた、と記されている。眼に触れるすべてのものが悟りの契機となるとするならば、何も特別視するものがあってはならない、ということである。

息慮凝心《そくりょぎょうしん》

❶思慮することを止めて妄念妄想を制し、精神集中して平静・静寂に保つことをいう。すなわち禅定のことであって、**息慮凝寂**《そくりよぎようじやく》というも同じ。

❷中国浄土教の善導*（六一三～六八一）の著した『観無量寿経疏』*には、「定とはすなわち息慮してもって凝心するなり」（玄義分1）という。また浄土真宗の祖である親鸞*（一一七三～一二六二）は『教行信証』*化身土巻の中で、「常の凡愚には定心というのは修しがたい。**息慮凝心**しなければならないからである」という。

啐啄迅機《そったくじんき》

❶「啐」はひな鳥が卵から出ようとして鳴く声、「啄」は親鳥が外側からつつくことで、師と弟子との呼吸がピッタリとあうこと。「迅機」とは間髪をいれない機敏なはたらきをいう。

❷『正法眼蔵』*面授に、師と弟子が互いに対面して師から弟子に教えを授けることをしないのであれば、それは**仏仏祖祖**《ぶつぶつそそ》（⇧）とはいわない。面授の基本はやはり**啐啄迅機**にあるのでなければならない、と述べられている。**啐啄同時**という言葉もあり、『碧巌録』*一六則に、おおよそ修行者たるものは、すべからく**啐啄同時**の眼を具し、**啐啄同時**のはたらきを有してこそ、まさに禅僧と称することができる、と説かれている。

た行

対機説法《たいきせっぽう》

❶衆生の素質・能力を「機根」といい、これに合わせて法を説くこと。**随機説法**《ずいきせっぽう》ともいい、**応病与薬**《おうびょうよやく》（⇧）は同じ趣意を表す。

❷風邪に腹痛の薬を与えても効果があるはずはない。風邪を患う患者には風邪薬を与えなければならない。説法も同じであって、『金光明最勝王経』1には、「諸の衆生の上中下あり。かの機性に随ってために説法す。その器量に随い、よく機縁に応じて彼のために説法す」という。

大機大用《だいきだいゆう》

❶「機」も「用」もともに「はたらき」を意味する。人や物が持っている能力が最大限に発揮されることをいう。

❷一二世紀に晦巌智昭（生没年不詳）によって中国禅宗五家の宗旨がまとめられた『人天眼目』2には、臨済宗の教えは**大機大用**を持つとして、それが羅籠（網と籠）を脱し、窠臼（穴と落とし穴）を出、虎が走り龍が躍動し（**虎驟龍奔**《こしゅうりゅうほん》）、星が天翔け稲妻が天を激しく駆け巡る（**星馳電激**《せいちでんげき》）ようなものと表現されている。

また「大機」は宗旨を明らめたその境涯、「大用」は修行者を教化する技量をいうと解釈される場合もあり、『*従容録』八則には「*百丈（七二〇～八一四）は大機を得、黄檗（?～八五八）は大用を得た」とされている。

醍醐一実《だいごいちじつ》

❶「醍醐」は、乳製品の五味（乳・酪・生酥・熟酥・醍醐）のうちの醍醐をさす。「一実」は*一乗の教えのみが真実であるということ。『*法華経』が最高の教えであることを表す。

❷*天台宗は『法華経』が数多い仏教経典のなかの最高の教えであるとする。それを証明するために、この経典が釈尊の生涯の最後に説かれたとっておきの経典であるという視点から、**五時教判**《ごじきょうはん》というものをたてた。第一は華厳時、第二は鹿苑時、第三は方等時、第四は般若時、第五が法華涅槃時であって、これらを牛乳から次第に精練してつくる酪・生酥・熟酥・醍醐に喩えた。この醍醐に喩えられる『法華経』は、仏教には*声聞乗・*縁覚乗・*菩薩乗（仏乗）の三つの教え（*三乗）があるとされるが、声聞乗・縁覚乗は仏乗に入るための方便として説かれたものに過ぎない。本当の教えは一仏乗しかないと説く経であると理解されている。

大悟却迷《だいごきゃくめい》

❶「却」は「かえって」の意で、表面上の意味は大悟した上で迷うという意味。辞書的解説では、大悟にとらわれることなく、迷悟を超越した境地に達することを意味するとされている。
❷*道元（一二〇〇～五三）は『*正法眼蔵』の「大悟」の章で、**大悟却迷**を議論している。そして、「大悟無端なり、却迷無端なり」とする。「無端」というのはとらえどころがないということを意味する。

滞言滞句《たいごんたいく》

❶言葉や文句にとらわれること。
❷*道元（一二〇〇～五三）は「**滞言滞句**は解脱の道著にあらず」（『*正法眼蔵』山水経）として、言葉や文句にこだわることは、解脱（悟り）を得る上で資するものではないという。

大死一番《だいしいちばん》

❶死んだつもりになって奮起すること。今までとらわれてきたすべてを投げうって生まれ変わること。
❷『*碧巌録』四一則に、ほんとうに死んだつもりになってこそ、はじめて本来の自己を取り戻すことができ

るということが、「**大死一番**して、かえって活して始めて得べし」と表現されている。**懸崖撒手**《けんがいさっしゅ》(⇧)、**大死**《だいし》**大活**《だいかつ》、**絶後再甦**《ぜつごさいせい》も同意。

大慈大悲　だいじだいひ

❶「慈」は衆生に楽を与えること、「悲」は衆生の苦しみを抜くこと。つづめて**抜苦与楽**《ばっくよらく》(⇧)という。「大」は一切の衆生を分け隔てしない仏や菩薩*の慈悲を表したものである。

❷「慈」のサンスクリット語はマイトリー(maitrī)であって、友を意味するミトラ(mitra)から作られたもの。すべての人に分け隔てなくもつ友情を意味する。「悲」のサンスクリット語はカルナー(karuṇā)であって、嘆き悲しむことを原意とし、すべての人に分け隔てなくもつ同情を意味する。簡単に言えば、人の喜びをわが喜びとし、人の悲しみをわが悲しみとすることが「慈悲」である。『大智度論*』27には、「牢獄につながれた子に父親が手段をつくして苦しみを免れさせるようにするのが悲であり、苦しみを離れ終わった子に欲するものを与えるのが慈である」とされている。

『法華経*』譬喩品には「如来は方便と智慧の完成を具えて、衆生に対して大慈大悲の念と共に倦《う》むことなく、衆生を常に利益しようとしている」と説かれ、親鸞*(一一七三〜一二六二)の末法の世の悲しみを歎じた『正像末和讃』には、「仏の智慧を信じることなく(仏智不思議をうたがいて)、自らの善徳をよりどころとする人は、浄土のはずれに生まれるがゆえに、仏の**大慈大悲**は得られない」とうたわれている。

大道無門　たいどうむもん

❶仏法の大道に至るための特定の門というものはない、ということ。

❷『無門関*』禅宗無門関に「**大道無門千差有路**」とあり、仏法を学ぶ志さえあれば、あらゆることがその機縁となり、いたるところが修道の場となる、と説かれ

ている。また、『正法眼蔵』*遍参には、「**大道無門**は四五千條華柳巷二三万座管絃楼なり」とし、世俗にまみれた巷間（世間）すらも仏道に踏み入るための好機となりうるとしている。

大悲広慧　だいひこうえ

❶阿弥陀仏の大悲と広大な智慧をいう。

❷すべての仏・菩薩*は大いなる慈悲*を持っているのであるが、特に阿弥陀如来はこの苦しみに満ちた世界から、自分ではこれを解決できない機根の劣った衆生を救い出して、極楽浄土に往生させようという大悲の誓願を起こされた仏だとされている。浄土真宗の祖である親鸞*（一一七三〜一二六二）は、その主著である『教行信証』*信巻や、『教行信証』のエッセンスを略述した『浄土文類聚鈔』において、凡夫が浄らかな信を得て、正しい考えに基づいて心が揺るがないのは、阿弥陀仏の**大悲広慧**のはたらきによるとしている。

大悲闡提　だいひせんだい

❶「闡提」は「一闡提」の略であって、サンスクリット語のイッチャンティカ（icchantika）の音写。善根を断じて永久に救われる可能性のない者を意味する。「大悲闡提」はすべての衆生を成仏させようとする大いなる慈悲*の心をもって、自らはこの苦しみの世界にとどまっている菩薩*をいう。

❷地蔵菩薩がこれにあたり、辻々に六つの地蔵像（六地蔵）が立てられたのは、覚りを得ているにもかかわらずこの苦しみの世界にとどまって、地獄*・餓鬼・畜生・修羅・人・天の六道に迷う衆生を救済するとされるからである。

『楞伽経《りょうが》』（菩提留支訳）』2には、一闡提を二つに分類し、一切の善根を焼き（断じ）尽くしてしまった者と、一切の衆生を憐愍《れんびん》する（あわれむ）者とし、後者を**大悲闡提**というと説かれている。また、宥範《ゆうはん》（一二七〇〜一三五二）による『大日経疏』の注釈書である『大日経疏妙印鈔』7には、この**大悲闡提**は衆生全てを成仏させようとしているため、遂に自らは成仏することがないと記されている。

大悲無倦　だいひむけん

❶一切の衆生を救い取らないではおかないという、阿弥陀如来の倦《う》む（あきる）ことのない大いなる*慈悲をいう。

❷日本の浄土教の祖である*源信（九四二〜一〇一七）は『*往生要集』大文4のなかで、「阿弥陀如来は煩悩に妨げられて仏を見ることのできない私たちのために、**大悲無倦**に常に照らして下さっている」とし、浄土真宗の祖である*親鸞（一一七三〜一二六二）は『尊号真像銘文』末において、この**大悲無倦**を「**大慈大悲**（⇧）の御めぐみ、ものうきことましまさず」という意であると解説している。

類義語に**大悲**《だいひ》**広慧**《こうえ》（⇧）がある。

退歩返照　たいほへんしょう

❶「退歩」は基本に立ち戻ること、「返照」は内に深く省みること。

❷*道元（一二〇〇〜五三）が僧の食事を管掌する役職である典座《てんぞ》の心得を説いた『典座教訓』には、「猿や馬にも比せられる心というものを使いこなすには、**退歩返照**してひたすら坐禅にうち込むことである」と説かれている。「返照」は**回光返照**《えこうへんしょう》（⇧）という熟語でも用いられる。

退歩《たいほ》**翻身**《ほんしん》ともいい、同じく『典座教訓』に「**退歩翻身**が世の人々の心の安らぎを得る道である」と述べられている。

体露金風　たいろきんぷう

❶「体露」はまるごと現れること、「金風」は実りの季節の秋風（秋は五行説で「金」に相当する）をいう。

❷*『碧巌録』二七則で、ある僧が*雲門（八六四～九四九）に「樹が枯れて葉が落ちる（**樹凋葉落**《じゅちょうようらく》）時は如何」と問うたとき、雲門は「**体露金風**」と答えたとされている。禅の解説書によれば、**樹凋葉落**は煩悩が滅せられたことに、**体露金風**は悟りそのものが現れたことに喩えられたものとされる。

体露真常《たいろしんじょう》

❶真実にして永遠なるものがそのままに現れること。
❷一七世紀に成立した潙山霊祐《いさんれいゆう》（七七一～八五三）の語録『潙山霊祐禅師語録』に「もしずばりと悟りの境地に入ったならば、凡夫か聖人かといった分別もなくなって**体露真常**し、理と事が不可分の状態となって、本来の仏の姿そのものとなる」とあり、また、*『碧巌録』《へきがんろく》六二則に、「悟りの境地においては、霊光がひとり輝いて、相対的な世界を超絶しており、**体露真常**して文字や言語による制約を受けない」と記されている。さらに、臨済宗の大休宗休（一四六八～一五四九）の語録『見桃録』4には、「いたるところが悟りを得る道場（歩歩涅槃会場）となりうるのであり、青い山も緑間を流れる水も**体露真常**している」と述べられている。悟りの絶対平等の境地においては本来あるがままの姿、すなわち実相が露呈されるということを表したものである。

打成一片《たじょういっぺん》

❶一切を忘れて座禅に徹すること。主観と客観、自と他といった相対差別がなくなって一つになる悟りの境地。
❷*『碧巌録』《へきがんろく》六則に*雪竇《せっちょう》（九八〇～一〇五二）の言として、「上に諸仏、下に衆生を見てもいけないし、外に山河大地、内に**見聞覚知**《けんもんかくち》を見てもいけない。そうすることで一旦死んだ人が生き返るのに似て、長短好悪といった相対の世界が一つとなる（**打成一片**）」と記されている。また、*『無門関』趙州狗子に「修行が進むにつれ、それまでの**悪知悪覚**《あくちあっかく》が使い果たされて、時が経つにつれて純熟し、自ずと内と外の世界が一つになるさま（自

然**内外打成一片**）は、ちょうど啞者が夢を見るのと同じで、各人が自ら知るより他にない」とされている。また『*従容録《しょうようろく》』五一則には、「世間の法のうちにあって悟る人もいれば、仏法のうちにあって迷う人もいる。この世間の法と仏法が忽然として一つになったとしても（**打成一片**）、それでも人はまだ迷いや悟りに執着するのだろうか」という問題提起がなされている。

脱体現成《だったいげんじょう》

❶自分そのものがそのままに、迷いから悟りへと転換すること。
❷『*碧巌録』一則に、「もし**不立文字**《ふりゅうもんじ》（⇧）、**直指人心**《じきしにんしん》（⇧）、**見性成仏**《けんしょうじょうぶつ》（⇧）と理解したならば、自由自在な境地となって、いかなる言葉にもとらわれずに**脱体現成**す」と記されている。

拕泥帯水　拖泥滞水《たでいたいすい》

❶「拕」あるいは「拖」は「曳く」という意。泥をひき、水を帯びるということで、泥の中、水の中に入って、自らも泥まみれになり、水浸しとなって人を救うという意味。順を逆にして**滞水拕泥**とする場合もある。同趣意の言葉に**入鄽垂手**《にゅってんすいしゅ》（⇧）、**和泥合水**《わでいがっすい》（⇧）がある。
❷『*正法眼蔵』見仏に、「あらゆる功徳と称するは、**拕泥帯水**なり、**随波逐浪**なり」とする。**随波逐浪**《ずいはちくろう》は「波にしたがい、浪をおう」と読み、大きな波小さな浪に逆らわないように、人を導くという意味である。

多聞広学《たもんこうがく》

❶仏の教えを多く聴き、広く学んでいるということ。
❷一般的に言えば仏道を完成させるためには**多聞広学**であるべきであるが、素直に他力を信じることが尊ばれる浄土教では、少しく違ったニュアンスで受けとられる。例えば、*親鸞（一一七三～一二六二）が名号や先徳の肖像に付した讃などを自ら集めて注釈した『尊号真像銘文』末には、「たとえ優れた智慧や尊い努力が無くと

も*念仏は勤まりやすく、また**多聞広学**でなくとも、阿弥陀如来の本願を信ずるに何の不備があろうか」とされている。また、臨済宗の無住（一二二六〜一三一二）によって因果の道理が平易に述べられた仮名法語『妻鏡』には、「坐禅や念仏（此二行）を行ずる場合には、**多聞広学**である必要もなく、また、智慧の有無も関わりがない」と記されている。**多《た》聞広博《もんこうはく》**（『*大宝積経』77）、**多《た》聞強識《もんごうしき》**（『*法華経』譬喩品）といった表現もある。

他力往生　たりきおうじょう

❶自分の力ではなく、他の力によって極楽浄土に往生することであるが、他の力とは阿弥陀如来の本願力をさす。

❷阿弥陀仏の本願力とは、『*無量寿経』上に説かれる法蔵菩薩の四八の誓願、特にその第十八の「もし自分が仏になることができるとしても、諸々の衆生が真剣に心をいたして阿弥陀如来の極楽浄土に生まれたいと願って、南無阿弥陀仏と称えて、もし生まれることができないようなら、私は敢えて仏にはならない」という誓願をさす。浄土教の信仰は、この法蔵菩薩の誓願は完成されて、すでに阿弥陀仏という仏になっているのであるから、私たちはこの本願にうたわれているように、真剣に心をいたして南無阿弥陀仏と*念仏しさえすれば、極楽に往生することができるという構造になっている。このようにもし極楽浄土に生まれることができたとしても、それは本願の力であって自分の力ではないから、これを「他力」というわけである。

本願寺第三世である*覚如《かくにょ》（一二七〇〜一三五一）による親鸞の言行録『*口伝鈔』下に、「愚かであって、自分の力のなさを嘆き悲しむような人こそ、**他力往生**にふさわしい人である」といわれ、念仏の教えが**悪人正機《あくにんしょうき》**（⇨）といわれるのは、悪人と自覚し、自分の力のなさを嘆き悲しむような人こそ、このような本願の力を信じやすいからである。

類語に**本願他力**（⇨）、**他力本願**（⇨）がある。

他力信心《たりきしんじん》

❶阿弥陀仏の本願力によって極楽往生できると信じる心、すなわち「他力を信じる心」を意味する場合と、この*信心さえも阿弥陀仏の働きかけによって与えられたもの、すなわち「他力によって与えられた信心」を意味する場合がある。

❷特に浄土真宗では信心は凡夫《ぼんぷ》（ありふれた人間）が自分の力で起こしたものではなく、阿弥陀如来の方からのはたらきかけ（廻向）によって与えられた**他力信心**としてとらえられ、そのことは*親鸞（一一七三〜一二六二）によって強調される。聖覚の『唯信鈔』に親鸞独自の解釈を施した『唯信鈔文意』では次のように説かれている。「本願を信じる心というものは、摂《おさ》め取って捨てないぞという誓いによってであって、行人の計らいではない。この信心の起こることも釈迦牟尼仏の慈父、阿弥陀仏の悲母の方便によって起こるのである」と。

他力念仏《たりきねんぶつ》

❶経典を読誦したり坐禅を行うなどの、自ら行う修行によって悟りを得ようとする**自力諸行**《じりきしょぎょう》に対して、*念仏によって極楽浄土に往生しようとすることを**他力念仏**と呼ぶ場合と、自らの力で行う念仏を**自力念仏**というに対し、仏恩を感謝するときに自分の力ではなく自然に出てくるものであるとする念仏を**他力念仏**と呼ぶ場合があり、多くは後者の意に用いられる。

❷*法然（一一三三〜一二一二）は『*黒谷上人語灯録』12（和語灯2）において、称名念仏する人はすべて極楽浄土に往生できるのかという問いを設けて、「念仏には他力の念仏と自力の念仏がある。他力の念仏は往生できるけれども、自力の念仏は往生の志によって申す念仏ではないから、全く往生することはできない」と答えている。

他力本願　たりきほんがん

❶他力とはすなわち阿弥陀仏の本願であるということ。
❷浄土真宗中興の祖とされる*蓮如《れんによ》（一四一五〜九九）の『*御《お》文《ふみ》』（「御文章《ごぶんしょう》」ともいう）5には、「自力で悟る能力のない私たちは、一心一向に阿弥陀仏をふかく頼んで、後生を助けて下さいとお願いする人をすべて救い取ってくださると信じて、ゆめゆめ疑いの心があってはならない。これを阿弥陀如来がお誓い下さった**他力本願**というのである」としている。また念仏往生*に関する座談会の記録『後世語聞書』には、「凡夫たる者は自ら煩悩を断じることが難しく、妄念を留めることも難しい。だからこそ阿弥陀仏はこのような衆生のために、**他力本願**を立てて下さって、名号の力で衆生の罪を除いてやりたいと誓って下さったのである」としている。
　しかし通俗的には自分では努力せずに、もっぱら他人に頼ろうとすることの意に用いられるようになっている。また、この語は他力とはすなわち本願であるという意味であるから、「自力本願」なることばはありえない、ということになる。
　類義語に**本願他力**《ほんがんたりき》（⇧）がある。

端心正意　たんじんしょうい

❶心を正しくして邪念のないこと。
❷「端心」は心を端正に保つことを、「正意」は心に邪念がないことをいう。『大智度論』*7には、三昧《さんまい》（一心不乱の境地）に入るためには**端心正意**にして、心を目前の一ところに集中しなければならない（**繫念在前**《けねんざいぜん》）、と記されている。
　類義語として**端心正行**、**端身正行**、**端身正念**などがある。

単提独弄　たんだいどくろう（たんてい）

❶「ひとつひっさげ独り弄《もてあそ》ぶ」こと。他に方便を用いず、端的に真実を提示することをいう。

❷「単」も「独」も専らの意。『*碧巌録』四二則に「**単提独弄帯水拕泥**《たいすいたでい》」とあり、衆生を教化するために方便を用いるような迂路を経ず、端的に真実ありのままを示し、自らは水に浸かり泥にまみれることを厭わず、修行者を導くありさまが描かれている。また、臨済宗夢窓派の祖である夢窓疎石《むそうそせき》（一二七五〜一三五一）の語録『夢窓国師語録』上には、禅の教えとは**単提独弄**して、その本分を直に示す点にあって、経典に依拠する教えとは異なる、と述べられている。

湛湛無寄《たんたんむき》

❶あたかも水が深く湛《たた》えているように（湛湛）、真理は言葉に寄せて表現することが難しいということ（無寄）。
❷鎌倉時代の凝然《ぎょうねん》が八つの（実際には一〇の）宗派の略史とその教えの綱領を書いた『*八宗綱要』*三論宗に、真理とは「言語表現も超絶し、心に思い描くことすらもできず、水が深く湛えているがごとく言葉を寄せ付けない（**湛湛無寄**）」ものであって、これを説き明かすこと（顕正）は極めて困難であるとしている。

単刀直入《たんとうちょくにゅう》（じきにゅう）

❶一振りの刀でもって、敵陣に斬り入ること。迂路を経ず、ズバリと簡明・直截にものごとの本旨ならびに要諦に触れることをいう。
❷『*無門関』の冒頭に、「禅宗とは、人の本性はもともと清浄であるということを宗となし、無門をもって法門となす。ゴタゴタとことばを並べるのは風がないのに浪を起こし、きれいな肌にわざわざ傷をつけるようなもの。言句に滞ることは、棒を振るって月を落とそうとし、靴を隔ててかゆいところをかくようなもので何の役にも立たない。もし本気で禅に取り組もうとする者ならば、危険をかえりみることなく**単刀直入**するであろう」とされている。
　また**単刀趣入**《たんとうしゅにゅう》と表現されることもあり、『*景徳伝灯録』9では、潭州*潙山《いさん》の霊祐禅師（七七一〜八五三）がある

僧に「いっぺんにポンと悟った人にはその後の修行はあるのか」と尋ねられて、「悟ってしまえば修も不修もない。いま起こっている心をきよらかにすることが修であって、取り立ててならうべき法はない。**単刀趣入**すれば凡聖の情尽きて、その人全部が真理そのものとなり、理想も現実も区別されず、そのままで仏となる」と答えたとされている。

湛然常寂《たんねんじょうじゃく》

❶「湛然」は水を湛《たた》えて静かなさま、「常寂」は生滅を離れて静かなさまをいう。心が安定した境地を表したもの。

❷『景徳伝灯録』*5に、「もし心がどのようなものかを知りたいなら、善と悪などを思い量ってはならない。そうすれば自然に心が清らかになって、**湛然常寂**としてその働きはガンジス河の砂のごとくに無限となる」と記されている。

値遇結縁《ちぐうけちえん》

❶あらゆる機会を仏道に結びつける縁とすること。

❷「縁なき衆生は度しがたし」ということばが物語るように、仏の教えによって救われるためには、まず仏道と関係を持つことが大切であり、そこで「結縁《けちえん》」と称してさかんに写経とか法会が催された。鎌倉後期に成立したとされる、日本の念仏者の法語・文言を集録した『一言芳談《いちごんほうだん》』下には、「浄土の教えは名号念仏するより外には他の行を行じてはならないとされるが、自然となされるよい行いであれば、念仏*の障害にならない程度であるならば、**値遇結縁**すべきである」とされている。

築著磕著《ちくじゃくかいじゃく》（かつじゃく）

❶「築」はつき固めること、「磕」はコツコツと石の打ち合う音。「著」は強意の助辞。あちらこちらにつ

き当たることを意味するが、悟りを得た人はそういう境涯にあっても**自由自在**(⇧)であるということを表す。磕は「かい」と読むのが正しいが、「かつ」と読むことがある。

❷『従容録《*しょうようろく》』四二則には、**築著磕著**の境地が「鳥の空を行くこと」に喩えられている。また、大慧《だいえ》宗杲《そうこう》(一〇八九～一一六三)の語録の一つ、『大慧普覚禅師書』25には、「心を純一にし、心を一処に置いておけば、時節因縁が到来すると自然に**築著磕著す**」と説かれている。

知苦断集《ちくだんじゅう》

❶人生における苦の諸相を知り、その苦の原因(集)を断つこと。

❷釈迦*仏教では仏の教えというのは四諦《*したい》説のことで、これは**初転法輪**《しょてんぽうりん》(⇧)の内容が四諦であったことや、四諦は「諸仏が説かれた最勝の教え」といわれることから明らかである。四諦とは四つの真実という意味であって、苦諦・集諦《じったい》・滅諦・道諦からなる。**知苦断集**はこのうちの苦諦と道諦を述べたもので、滅諦と道諦を含めて、**知苦断集証滅修道**《しょうめつしゅどう》と表現される。苦しみを知り、その原因を断じ、それらが滅した悟りを証し、それにいたる道を修するというのが仏教の教えの基本ということである。説一切有部の教義を整理した、釈迦仏教の百科事典というべき『大毘婆沙論《だいびばしゃろん》』78では、**知苦断集**の順序をまず木の枝をはらってから、次に木の根を抜くことに喩えている。

知見解会《ちけんげえ》

❶「知見」とは知的な分別のはたらき、「解会」とは了解し会得すること。仏教を知的に理解しようとすることを意味する。

❷仏教ではこのような頭だけによる仏教理解は否定される。例えば、『正法眼蔵』*谿声山色では、今までの**知見解会**に囚われなくなると、長い間明かされなかった自己の本性が、直ちに現前して悟りを得ることとなる、と説かれている。また同書の「行仏威儀」にも、

仏に囚われるということは、悟りを悟りとして**知見解会**して、知的な分別と浅はかな理解に束縛されることである、としている。さらに「葛藤」ではこの語は碁の一手（一著子）に比せられ、あたかも碁の一手を打つが如き**知見解会**のみによって祖師の言葉を見聞すべきではない、と述べられている。

智目行足《ちもくぎょうそく》

❶智慧を「目」に、実践を「足」に喩えたもので、仏道修行には「智」と「行」の両面が具わらなければならないということ。
❷*『法華玄義』3上には、「**智目行足**してこそ清涼なる池に至ることができる。智がなければ前に進まないが、行がよく智を完成させるのである」とされている。

嫡嫡相承《ちゃくちゃくそうじょう》（てきてき）

❶師から弟子、師から弟子へと仏法が次々と正しく継承されること。
❷*『正法眼蔵』仏道に、「釈迦牟尼仏が、過去七仏の迦葉仏に参学されたように、師と弟子ともに仏法を継承して現在に至っている、このゆえに正伝の仏法（正法眼蔵）は、目の当たりに師から弟子へと正しく継承されてきた（**嫡嫡相承**しきたれり）」と記されている。また、『同』無情説法には、「たとえ千万年の間、連綿と仏の教えを習学してきたとしても、**嫡嫡相承**していないのであるならば、仏道の相続は困難である」と記されている。

中道実相《ちゅうどうじっそう》

❶「実相」とは真実を意味し、一切の事物には固定的実体がなく「空《くう》」であることを「実相」という。このようなものの見方に立って一切の執着を離れることが「中道」であるという意。
❷*『大智度論』15は、例えば神は唯一絶対で永遠であるから「有《う》」であり、いま存在するものはすべて無に

帰すから「無《む》」であるというように、「有」や「無」に固執するとすれば、私たちが幸せになるのも不幸せになるのも原因がないということになってしまうし、一切のものは夢の中に見るように空しいものとなってしまう。このような有無への執着を脱したところに**中道実相**が得られるとしている。

　このように、ここで説かれる「中道」は有・無にとらわれない空の立場をいうが、初期仏教では苦行と楽行に偏らない合理的な修行方法である*八正道を「中道」という場合や、私たちは縁起によって生死輪廻を繰り返すにもかかわらず、衆生の主体は永遠に存在すると考える常見と、死後には断滅して何も残らないとする断見を離れることを「中道」という場合などがある。中国の*天台宗では行き過ぎた「空」と現実の「仮《け》」のあり方に固執しないという意味の「中道」を主張したが、『*黒谷上人語灯録』11（和語灯1）が「天台の三観六即**中道実相**の観」というのはこれである。

超古超今　ちょうこちょうこん

❶古えを超え今を超えること。
❷「古今を超える」とは、「恒常的に」という意味にもなる。例えば、*道元（一二〇〇〜五三）の『*正法眼蔵』山水経には、「山は常にいつも（**超古超今**）すぐれた聖人たちの住まいである」といった用例が見られる。

兆載永劫　ちょうさいようこう（ようごう）

❶「載」はとし（歳）のこと。「*劫」（劫波とも表記）は梵語カルパ（kalpa）の音写であって、天文学的な極めて長い時間を意味する。*菩薩が仏になるための極めて長く久しい修行の期間を表したもの。
❷法蔵菩薩が阿弥陀仏となるために修行した時間の長さとして用いられることが多い。『*黒谷上人語灯録』7（漢語灯7）は「阿弥陀仏は世自在王仏のところで発心して四十八願をおこし、それ以来**兆載永劫**のあい

だ布施・持戒・忍辱・精進等の*六波羅蜜を修行して、その果報として仏になった」とし、『*教行信証』信巻は「如来は一切の衆生が苦しんでいるのを憐れんで、不可思議**兆載永劫**のあいだ菩薩行を行じた時、一念一刹那も清浄ならざることなく、真心でなかったことはない」としている。また、*道綽《どうしゃく》（五六二～六四五）による末法時代の*念仏法門を確立した書『安楽集』下は、**兆載永劫**を阿弥陀仏が世に住する寿命の長さとしている。

朝参暮請　ちょうさんぼしょう（ぼしん）

❶朝に夕に師のもとに至って教えを請うこと。

❷『*禅関策進』蒙山異禅師示衆に、禅を極める上では、正しい見識を持った師として相応しい人との出会いが肝要であり、その師のもとに**朝参暮請**して、日々修行に励む必要があると説かれている。また*道元（一二〇〇～一二五三）も『*正法眼蔵』重雲堂式で、「**朝参暮請**、いささかもおこたることなかれ」という。

釣絲絞水　ちょうしこうすい

❶無駄なこと、無意味なことを意味するが、二様の解釈が見られる。一つは「水の中にある釣糸を絞って水を採ること」、もう一つは「すぐに擦り切れるような釣糸を使った轆轤《ろくろ》で井戸の水を汲み上げること」である。いずれにせよ、労して功のないことをいう。

❷大慧《だいえ》宗杲《そうこう》（一〇八九～一一六三）の語録の一つである『大慧普覚禅師普説』15には、「*達磨大師（五三〇年ころに中国に禅を伝えた）がインドから持ってきたといわれる無文の印を、慈明和尚（九八六～一〇三九）は洛陽で得て、これを臨済の金剛王宝剣（般若の智慧にたとえたもの）で真っ二つにしてしまった。ただ**釣絲絞水**を用いたのみ」としている。

貼体分明　ちょうたい（てんたい）ふんみょう（ぶんみょう）

❶ぴったりあって明瞭なこと。「貼体」とは本体にぴ

ったり即していることをいう。
❷『*碧巌録《へきがんろく》』二四則に、「百頌《じゅ》ある頌の中で（二百頌中）、この頌が最も理路整然としていて、極妙というべきである。**貼体分明**としている」と表現されている。『碧巌録』は雪竇重顕《せっちょうじゅうけん》が選んだ百則の公案に自ら頌《じゅ》をつけた『雪竇頌古』を、圜悟克勤《えんごこくごん》が評したものである。雪竇はこの百則の頌をつくるとき、一則一則に香を焚き、礼拝して作ったといわれるが、圜悟はこの第二四則につけられた頌はそのなかでももっとも秀逸だというのである。

超仏越祖　ちょうぶつおっそ

❶仏や祖師すらも超越すること。仏や祖師の教えにとらわれずに、自己本来の面目を発揮すること。
❷『*正法眼蔵』行仏威儀に、「得道したということは、極めて大きなものが小さなものに、極めて小さなものが大きなものに等しいということがわかることであり、**超仏越祖**であることがわかることである」と述べられている。

朕兆已前　ちんちょういぜん

❶ものが生ずる以前のこと。相対差別化が図られる以前の絶対平等の状態をいう。
❷「朕兆」とは、兆候、きざしの意。この語は「天地未開以前」「父母**未生以前**《みしょういぜん》(⇧)」、**本来面目**《ほんらいめんもく》などと同義で、ものが生じて環境の影響を被る以前の、本来のありよう、相対化された世界が生ずる以前の絶対無差別なる世界をいう。『*正法眼蔵』夢中説夢に、「諸の仏・祖師が世に出た道理とは、ものが生じて世界が成り立つ以前から定まっていたことであって（**朕兆已前**）、後代の論者が説くところとは異なる」と説かれ、また、『同』三七品菩提分法にも、「未だ生じていない善を生じさせることとは、父母未生前の本来の面目を究め、ものが生ずる以前の絶対無差別の真実（**朕兆已前**）を明らかにすることである」と記されている。

逓相伝授　ていそう でんじゅ

❶師匠から弟子へと仏法が次から次へと相伝されること。

❷中国・禅宗の第六祖である*慧能《えのう》（六三八～七一八）の行実と説法が収録されている『六祖壇経（宗宝本）』付嘱では、「逓相伝授して、衆生を救ってきたもの、それを正法と名づける」と説かれている。また、中国の禅宗史伝の一つである『*続伝灯録』18には、「インドから中国に禅が逓相伝授したのは、印（はんこ）をもって心に印し、心が印（はんこ）をもって禅定に印するがごとくであった」としている。

滴水滴凍　てきすい てきとう

❶水がぽたりぽたりと一滴ずつ落ちてはすぐに凍るように、修行には間髪を入れずにその機会をとらえることが必要であることを表したもの。

❷『*碧巌録』九一則に「人の機根はさまざまで十人十色であるけれども、道理にこだわる人には、一日中、教えをじっくりと咀嚼させて、滴水滴凍ならしめて、悟りを求めさせることが肝要だ」と記されている。

点胸担板　てんきょう たんばん

❶「点胸」は自分で自分の胸をさし示してする自信たっぷりの仕草をいう。「担板」は板を担ぐと視野が限られることから、偏った見解を抱くことをいう。威張って自慢し偏見を抱くことをいう。

❷*『従容録《しょうようろく》』三二則に、「今時の人は万人に一人も仰《ぎょう》山《さん》（慧寂《えじゃく》、八〇七～八八三）の心境に到ることはない、もし到ったとしても点胸担板して、目的地へ辿り着くまでの楽しみを知らないから、終には目的地に到らない」と記されている。

転境転心　てんきょう てんしん

❶「境」とは、眼にとっての色や形、耳にとっての声や音などの認識の対象をいう。心がその対象に作用し、その対象が心を動かすこと。心とその対象の二つを別のものとしてとらえることをいう。

❷道元*（一二〇〇〜五三）は『正法眼蔵*』山水経で、「**転境転心**は大聖（仏）が戒められたところであり、**説心説性**は仏祖の認められないところであり、**見心見性**は外道の主張するところである」としている。**説心説性**《せつしんせっしょう》、**見**《けん》**心見性**《しんけんしょう》も、心と人間本来のあり方を別のものと見る二元的なとらえ方を指す。

塡溝塞壑　てんこうさいがく

❶「溝（みぞ）に塡（み）ち、壑（たに）に塞（み）つ」と訓読する。世界中に満ち充ちていること。よい意味にも悪い意味にも用いられる。

❷よい意味では、曹山本寂（八四〇〜九〇一）による語録『曹山録』の一つである『撫州曹山本寂禅師語録』上に、「仏法の大意（本質、真髄）とは何か」の問いに、曹山が「仏法はいたるところに満ち充ちている（**塡溝塞壑**）」と答えたとあり、あるいは『正法眼蔵*』大悟に、「大悟とは自己によるのでも、他己によるのでも、外部から来るものでもなく、いたるところに満ち溢れているものである（**塡溝塞壑**なり）」といった例などが挙げられる。また、悪い意味では、『碧巌録*』一六則に、「溝に塡ち壑を塞ぐほどの修行者がいても、悟る者がいない」という用例がある。

電光朝露　でんこうちょうろ

❶「電光」は稲光のこと。稲光も「朝露」も瞬く間に消えてしまうはかないものであることから、人生や世の中の「無常」であることを表したもの。

❷『蓮如上人御文*』1に「人間はただ**電光朝露**のゆめまぼろしの間のたのしみぞかし」とし、『源平盛衰記*』34東国兵馬汰並佐々木賜生□付象王太子事に「千世を栄うべき世中に非ず、思えば**電光朝露**の如くなり、いつ死なんも同じ事」とし、『平家物語*』11大臣殿被斬

に「大梵王宮の深禅定の楽しみ思えば程なし。況《いわ》んや**電光朝露**の下界の命に於てをや」としている。
水沫泡焔《すいまつほうえん》はうたかたに消える泡とかげろうをいい、同じ意をあらわしたものである。

転識得智　てんじきとくち

❶＊唯識《ゆいしき》思想において用いられる用語で、迷いの世界で働いている「識」を、悟りの世界に働く「智」に転換すること。

❷唯識とは、私たちの肉体や表層に現れた認識、あるいは外界にあるすべての迷いの世界は、私たち一人ひとりの心の深層にある＊阿頼耶識《あらやしき》という根源的な識から現し出されたもので、それ以外のものはすべて夢・幻のように存在しないとする思想をいう。このようにこの迷いの世界のおおもとは阿頼耶識であって、この世界は夢・幻のようなものに過ぎないと「あるがまま」に知り、この世界に執着することがなくなると、この「識」は「智」に転換するとされる。

ところで私たちが迷っている間は、阿頼耶識は視覚・聴覚・嗅覚・味覚・触覚に相当する眼耳鼻舌身の前五識や、第六番目の意識、そして第七番目の末那識《まなしき》も現わしだすのであるが、「識」が「智」に転換されると、第八番目の根本識である阿頼耶識は**大円鏡智**に、末那識は**平等性智**に、第六意識は**妙観察智**に、前五識は**成所作智**に転換するとされる。前五識というのは、眼識（視覚）・耳識（聴覚）・鼻識（嗅覚）・舌識（味覚）・身識（触覚）のことである。

智とはそれぞれ、**大円鏡智**《だいえんきょうち》は鏡に映るようにあらゆるものの姿を如実に映しだす智、**平等性智**《びょうどうしょうち》は自分本位のものの見方から我他彼此という相対を離れた平等のものの見方ができる智、**妙観察智**《みょうかんざっち》は一切を観察して疑いを断つ智、**成所作智**《じょうしょさち》は衆生を利益するための力を得る智、とされる。

展事投機　てんじとうき

❶「展事」は目の前にある事柄を明らかにすること、

「投機」は相手の性質・能力にぴったりと一致することである。師と弟子が互いに問答を応酬しながら、師が弟子の機根に応じて巧みに指導することをいう。
❷*『正法眼蔵』行仏威儀に、「この**展事投機**の力がうまく働けば修行の成果は絶大なものがある（威万法を掩うなり）」としている。また、*『碧巌録』一二則には、*洞山《とうざん》（良价《りょうかい》、八〇七〜八六九）に**展事投機**の面目があったと評している。

転成男子《てんじょうなんし》

❶女性のままでは仏になれないので、女性が男子に生まれ変わること。あるいは女性が浄土などで男性に生まれ変わることをいう。
❷かつては女性には五障があるとされた。五障とは、女性は梵天王・帝釈天・魔王・転輪聖王・仏にはなることができないということである。そこで*『法華経』などに龍女が男に生まれ変わって仏になるという物語が作られたり（**龍女成仏**《りゅうにょじょうぶつ》（⇨））、*『無量寿経』上には阿弥陀仏が女性を救うために**転女成男**《てんにょじょうなん》の願を立てたとされている。また、*菩薩や求道者の心得が説かれた『大迦葉問大宝積正法経』5には、もし父母のためにこの経を解説したならば、その人はこの世で命が尽きた後も*地獄・餓鬼・畜生などの悪趣に堕ちず、彼の母は（浄土で）男子に生まれ変わると説かれている。このように女性は直接仏になったり、浄土に往生できず、いったん男子になってからでなければならないとされていた。
しかし窺基《きき》（六三二〜六八二）による*『阿弥陀経』の注釈書『阿弥陀経通賛疏』下には、女性であっても*念仏をして、この世の命が尽きた後に**転成男子**を専ら願うのであれば直接浄土にも生まれることができると述べられている。このように後には、**女人往生**《にょにんおうじょう》、**女人成仏**《にょにんじょうぶつ》（⇨）も説かれるようになった。もちろん仏教そのものの思想には、このような女性に対する偏見はなく、それは釈尊が女性も男性と同じ覚りを得ることができるという理由で、女性の出家を認めたことに明らかである。

変成男子《へんじょうなんし》(⇨)ともいう。

転身自在　てんしんじざい

❶衆生教化のために神変通《じんぺんずう》を得て、姿形を**自由自在**(⇨)に変えること。

❷神変通は、遠近・苦楽・精粗などすべてを見通すことができる天眼通《てんげんつう》、遠くの小さい音でも聞き分けられる天耳通《てんにつう》、人々の心の中を知ることができる他心通《たしんつう》、自他の過去世の生存のあり方を知ることができる宿《しゅく》命通《みょうつう》、煩悩を断じて再び迷いの世界に戻らないことを知る漏尽通《ろじんずう》とならぶ六通の一つであって、*『大般若経』9には、「一つのものを多くしたり、多くのものを一つにしたり、現れたり隠れたり、山や壁を空気の中のように通り抜けたり、空を鳥のように飛んだり、水を出入りするように大地から出没したり、水の上を歩いたり、身体から煙や炎を出したり、身体から水を出したり、日月を遮って暗くしたり、浄居天《じょうごてん》（聖人の住む天界）に**転身自在**であったりするような、数々の不思議なことを行うことができる」とされている。

天真独朗　てんしんどくろう

❶私たちが生まれつき持っている本性が朗々と輝くこと。

❷最澄（七六六／七六七〜八二二）が入唐した際、彼に*天台宗の教えを授けた道邃《どうすい》から観心（自己の心の本性を観察する修行）の口訣として授けられた一語と伝えられる（『漢光類聚』1＝忠尋（一〇六五〜一一三八）による『天台伝南岳心要』の注解）。唐の*湛然《たんねん》（七一一〜七八二）による『摩訶止観《まかしかん》』の注釈書『止観輔行伝弘決』1之5によれば、「天真」とは我々の本性であって造作されたものではなく、また「独朗」とは悟りを得ればそれが完全円満になって活き活きと働くことと解説されている。また、永明延《ようめいえん》寿《じゅ》（九〇四〜九七五）によって教禅一致が説かれている『宗鏡録』89では、「人はまさに悟りを得れば、思念が尽きて心が澄み、**天真独朗**となる」と記されている。

天人五衰《てんにんごすい》

❶天界に住む天人が死ぬ際に現れる五つの兆候をいう。
❷『*倶舎《くしゃ》論』10によれば、**天人五衰**には「小の五衰」と「大の五衰」があるとされている。「小の五衰」が現れた場合には死ぬとは限らないが、「大の五衰」が現れた場合には必ず死ぬとされている。
「小の五衰」は（1）愛しい声が起こらない、（2）身体の輝きが急に衰える、（3）沐浴した時に水が身体に付着してしまう、（4）周囲の光景に執着してしまう、（5）瞬きをさかんにする、の五つをいい、「大の五衰」は（1）衣服が塵埃でよごれる、（2）頭上の華鬘が萎んでしまう、（3）両腋から汗が出る、（4）身体より臭気を発する、（5）自分の座席を楽しまない、の五つであるという。なお『*往生要集』大文1でも**天人五衰**に言及されているが（「臨命終時五衰相現」）、上記の『倶舎論』とは内容が異なる。

転凡入聖《てんぼんにっしょう》

❶凡夫《ぼんぷ》（迷える者）の状態を脱して、聖者の境地に入ること。
❷『四念処』4には、悟りの可能性を秘めた種子がやがて熟して、**転凡入聖**すると説かれている。また、『*正法眼蔵』諸法実相には、『*法華経』に説く十如是の教えに基づいて、「ものの実相そのものに本質的に宿る力によって**転凡入聖**する」とする。凡夫が聖者になるのは、無から有が生じるのではなく、本来もっているものが現れるということである。**捨凡入聖**《しゃぼんにっしょう》、**超凡**《ちょうぼん》**入聖**《にっしょう》、**出凡入聖**《しゅつぼんにっしょう》ともいい、あるいは**転迷開悟**《てんめいかいご》とも表現される。

当位即妙《とういそくみょう》

❶それぞれの境地に安んじて（そのままのありかたで）、妙なるはたらきをすること。

❷唐の*湛然《たんねん》（七一一〜七八二）によって著された智顗《ちぎ》の『*法華玄義』に対する注釈書である『法華玄義釈籤』4には、「煩悩はあるけれども、それが抑えられているならそれはそれでよいではないか。煩悩は断じられなければならないなどという必要はない。**当位即妙**であって、真理はあるがままの姿と異なりはないからである」と述べられている。また、宥快《ゆうかい》（一三四五〜一四一六）による『大日経住心品疏』の注釈書『大日経疏鈔』34では、「*天台には**当位即妙**を談じ、*華厳は**当相即道**《とうそうそくどう》と判ず」と述べ、**当位即妙**が天台教学を、**当相即道**は華厳教学を表すとしている。

当相即道は実際の姿がそのまま道理を表すという意味で、『*華厳随疏演義鈔』86には「**当相即道**とは仏道の本質でもあって、真理は一つであり、およそ仏法でない法といったものは一つとしてない」と説かれている。

なお一般語では、咄嗟に気転をきかして、その場に適応することを**当意即妙**という。

類義語として**即事而真**《そくじにしん》（⇧）がある。

同一鹹味　どういつかんみ

❶どのような河川も大海へ流れ込んで、塩からい味（鹹味）一つとなるということ。いかなる教えも一に帰して、本来絶対平等であることを表す。

❷『*大般若経』524では、「大きな流れも小さな流れも大海に流れこんで、等しく**同一鹹味**となるごとく、布施・持戒・忍辱・精進・禅定などの波羅蜜（覚りの修行）がすべて般若波羅蜜（真実の智慧を得る行）一つに収斂される」と述べられている。また、中国*華厳宗の第四祖である唐時代の澄観（七三八〜八三九）が著した『*華厳経（実叉難陀訳）』の注釈書である『大方広仏華厳経疏』2には、今までに説かれた仏の教えがすべて円教（華厳経）に包摂されることを、百川が大海に摂せられて**同一鹹味**となると表現している。

透関破節　とうかんはせつ

❶「関鎖《かんさ》を透《とお》り、節目を破る」の意。「関鎖」はかん

ぬきの鎖すなわち錠前、「節目」は竹の節のことで、それぞれ煩悩や偏見など修行の妨げになるものを意味する。それらを通り抜け、つき破るということ。
❷道元*（一二〇〇〜五三）の『正法眼蔵*』海印三昧に「従来の**透関破節**、もとより諸仏諸祖の面目なりといえども、これ海印三昧の朝宗なり」という文章がある。諸仏諸祖にはそれぞれの面目（本来のすがた）があるけれども、**透関破節**の悟りはすべて海印三昧によるとしたものである。海印三昧というのは、仏が『華厳経*』を説くときに入った瞑想の境地であって、世の中のすべてはこの一心から現われているとされる。

当機敲点　とうきこうてん

❶「当機」は相手に応じてという意、「敲点」はその核心をついて指摘するという意。相手の素質・能力に応じた導き方をすることを意味する。
❷『碧巌録*《へきがんろく》』八八則に、「入理の深談、また須《すべか》らく是れ**七穿八穴**し、**当機敲点**して、金鎖玄関を撃砕すべし」という。**七穿八穴**《しちせんはっけつ》（⇧）は至るところに穴を開けるという意で、縦横無尽に通達することを意味し、**金鎖**《きんさ》**玄関**《げんかん》（⇧）は覚りを得たとしてもこれに停滞してはならず、この関門を突き破らなければならないということを意味する。
また**当機覿面**《とうきてきめん》という言葉もある。「覿面」は「効果覿面」の覿面で、「まのあたり」という意。相手を見るや即座に対応することをいう。

韜光晦迹　韜光晦跡　とうこうまいせき

❶「韜光」は光を包み隠すこと、「晦迹」は迹（あと）を晦（くら）ますこと。自己の徳を包み隠して、その行跡を晦ますこと。
❷禅修行の超俗性を表した語で、『正法眼蔵*』重雲堂式に「昔の修行者たちが、遠き山、はるかなる林に住み、人間社会との接触が稀であるだけでなく、血縁をはじめ、あらゆる縁というものを捨てて**韜光晦跡**した、その心を倣《なら》うべきである」と記されている。**韜名晦迹**《とうみょうまいせき》、

韜光晦影《とうこうまいえい》とも表現される。

同死同生　どうしどうしょう

❶死生を共にするという意。一心同体となって親しく交わったり、心境がぴたりと一つになったりすることを意味する。**同生同死**というも同じ。

❷『碧*巌録』一五則にはこの心境が、「古人この三玄の境界に到って全機大用す（全てが働く）。生に遇うては爾《なんじ》と同生し、死に遇うては爾と同死し、虎口裏に向かえば身を横たえ、手脚を放得して、千里万里、爾が銜（行）き去るに随う」と表されている。三玄とは真実そのものを体得することをいう。

同心同意　どうしんどうい

❶心を同じくすること。

❷『碧*巌録』の六三則は、禅堂の修行者たちが一匹の猫をめぐって議論をしているのを見た南泉（七四八～八三四）が、何とか言えたら言ってみよ、言えれば斬らないでおいてやろうと言ったにもかかわらず、衆僧は何も答えられなかったので一刀両断にしてしまったという「南泉斬猫児」という有名な公案である。六四則はこれに続くもので、その時いなかった弟子の趙州*（七七八～八九七）が帰ってきたとき、南泉は「そなたならどうした？」と尋ねた。趙州ははいていた草履を脱いで、ちょこんと頭にのせて部屋を出ていったという公案である。『碧巌録』の著者はこれに「すべからく**同心同意**にして始めて得ることができる。同道の者はまさにこれを知る」との評語を付している。

同身同機　どうしんどうき

❶一切のものが同じ身体、同じ機根（素質・能力）を有して、一心同体であるということ。

❷有情《うじょう》（意識や感情を持つもの）はもちろん、山川草木のすべてのものに仏性が宿るとする**悉有仏性**《しつうぶっしょう》、草木国土悉皆成仏の思想を根底にしたことばで、道元*（一二〇〇

〜五三）は、『*正法眼蔵』発無上心で「四大*五蘊《うん》（心身を構成する四つの物質〈地・水・火・風〉と五つの要素〈色・受・想・行・識〉）からなる有情は誠心誠意に修行すれば得道することができるが、草木牆壁《しょくへき》（囲いの壁）のような無情も誠心誠意に修行すれば得道することができる。四大五蘊と草木牆壁は同参であり、同性であり、**同心同命《どうしんどうみょう》**であり、**同身同機**であるがゆえである」としている。

道前真如　どうぜんしんにょ

❶悟りを得る前の煩悩に覆われたままの真如（真理）、すなわち仏性のこと。

❷「道前」とは、悟りを得るプロセスを前・中・後の三つに分けた場合の、悟りを得る前の位をいう。新羅の遁倫による『瑜伽師地論』の注釈書『瑜伽論記』5之上は、「私たち衆生は悟りを得る前は煩悩に覆われてはいるが、その本性は清浄であって、これを**道前真如**という」としている。『*法華文句』8上は、「**道前真如**が悟りの正因であり、**道中真如《どうちゅうしんにょ》**が悟りの了因であり、**道後真如**が悟りの果である」とする。正因とは直接的な原因、了因とは間接的な原因をいう。

当体成仏　とうたいじょうぶつ

❶現在の肉身そのままで仏になること。

❷**即身成仏《そくしんじょうぶつ》**と同意。「当体」とは、本体、そのもの自体のこと。臨済宗の無住（一二二六〜一三一二）によって因果の道理が平易に述べられた仮名法語『妻鏡』には、「在家信者であっても*信心が堅く、過去世で積んだ善行の結果がこの世で開発される人は、**当体成仏**ということが実現される」と説かれている。

当体全是　とうたいぜんぜ

❶相対的な二つのものが、異なるように見えても、自体は別ではなく一つであること。

❷仏教で説かれる煩悩即菩提、**色即是空**（⇧）などの

「即」の解釈に、中国*天台宗の四明知礼（九六〇～一〇二八）が三種あるとしたものの一つ。すなわち、本来性質の異なる二つのもの同士が、離れずに関連しあっていると見る**二物相合**《にもつそうごう》と、本質面では同一でありながらも、現象面では二つに異なって現れていると見る**背面相翻**《はいめんそうほん》と、この**当体全是**である。天台教学では、**二物相合**は小乗の教えにも大乗の教えにも共通する「通教」、**背面相翻**は小乗には通じない大乗独自の教えである「別教」、**当体全是**は完全なる『*法華経』の教えである「円教」に該当し、この**当体全是**こそが正しいとする。

当体即空　とうたいそっくう

❶存在の本質的なあり方は「空《くう》」である、ということ。❷「体空」と略称する。例えば家というものは、柱、梁、棟木などの要素から構成されているから「空」であるというように、事物を構成要素に分析して、だからその事物は「空」であるとする「析空《しゃくくう》」に対する。一四世紀に成立した『楞伽《りょうが》経』の注釈書『楞伽阿跋多羅宝経註解』3上に、因縁によって法が生ずることを観察し、ものの存在自体がそのまま「空」であると観ずるならば解脱は自在である（→**当体即空解脱自在**）と説かれている。また、『*雲門匡真禅師広録』中に、凡夫は一切のものを「有」であるといい、二乗（*声聞・*縁覚）は析空観に基づいて「無」であるといい、このうち縁覚は「幻有」（幻のごとく仮に有ること）であるというが、*菩薩は**当体即空**であると見なす、と記されている。

同体大悲　どうたいだいひ

❶自分と衆生とを差別することのない*菩薩の大いなる*慈悲をさす場合と、どの仏にも等しく具わる大いなる慈悲をさす場合がある。❷『*大乗本生心地観経』4に、「菩薩にとって、衆生とは我が身のことであって、そこに自分と衆生の差別はない、これが菩薩の起こす**同体大悲**の無礙の願である」と説かれるのは前者の意で、『観経正宗分散善義』

4が、「**同体大悲**であるが故に、衆生を浄土に往生させようとの一人の仏の願いは他の諸仏の願いであり、また諸仏の願いは一人の仏の願いでもある」というのは後者の意である。

同聴異聞《どうちょういもん》

❶同じ教えを聞きながらも、聞き手によって異なった受け取り方をすること。

❷一三世紀に志磐の書いた仏教史である『仏祖統紀』3下は、「如来は一音の教なるがゆえに同聴といい、互いにあい知り、互いにあい知らざるがゆえに異聞という」としている。また『*八宗綱要』*天台宗には、「**同聴異聞**であって、大を聞いて小と解し、小を聞いて大と解すなど、てんでんばらばらに知るから不定教と名づく」としている。天台教学の化儀四教（頓教・漸教・不定教・秘密教）のうち、不定教と秘密教に関しては、同じ仏の教えを聴きながらも、聞き手によって異なった受け取り方をしてしまうとされている。

透頂透底《とうちょうとうてい》

❶てっぺんから底まで透き通ること。悟りの境地を表す。

❷「透脱」「解脱」などと同義。『*圜悟《えんご》仏果禅師語録』14に「**透頂透底**すれば、はたらきのすべてが働いて、日常生活を行う上で妨げとなるものもなくなる」と説かれている。また『*正法眼蔵』阿羅漢には、「**透頂透底**すれば、自己の真面目（本来のすがた）がすべて現れて、髪の毛一本の程のものも残るところがない」と述べられている。

蕩蕩無礙《とうとうむげ》

❶「蕩蕩」は心が広大なさま、泰然としているさまをいう。「無礙」は妨げとなるものが何もないことを意味する。**自由自在**（⇧）にして、何ものにも妨げられるところがない境地をいう。

❷大慧宗杲《だいえそうこう》（一〇八九～一一六三）の語録の一つである『大慧普覚禅師法語』21には、「(悟りの境地とは) **蕩蕩無礙**にして、虚空のごとく何の妨げもなく、水上に瓢箪を放つとそれをどうこうしようとしてもできないようなものである」と説かれている。また、念常によって一四世紀に書かれた編年体中国仏教史である『仏祖歴代通載』12には、「(仏の道は) **蕩蕩無礙**にして意のままに縦横自在であり、善もなさなければ悪もなさない」と述べられている。

道得八成《どうとくはちじょう》

❶「道得」は言い得ること。「八成」は八分目の意。ことばで言い表せることはせいぜい八割でしかないということ。

❷**不立文字**《ふりゅうもんじ》（⇧）、**教外別伝**《きょうげべつでん》を主たる教えとする禅では、しょせん言葉では真実は表現できないとされる。そこで『碧巌録*』八九則では「言うことはなかなかご立派だが、**道得八成**である」とか、『同』九一則では「なかなか言いとめているが**道得八成**である。完全に言いとめるつもりなら、禅床をひっくり返してやることだ」といっている。

刀風一至《とうふういっし》

❶「刀風」とは鋭利な刀の刃風のようなもので、人が亡くなる際にはこの「刀風」が身体の支節をばらばらにするとされる。息を引き取る瞬間のこと。

❷中国浄土教の開祖である曇鸞*《どんらん》（四七六～五四二）の『略論安楽浄土義』、道綽*《どうしゃく》（五六二～六四五）による末法時代の念仏法門を確立した書『安楽集』上、また源信（九四二～一〇一七）の『往生要集*』大文6などに「息を引き取る瞬間に刀風が一たび起こって（**刀風一至**）、あらゆる苦しみが身に集まる。そんな時には、前々から念仏*の習慣がないと、その場で念じようとしてもどうにもならない」と述べられている。

稲麻竹葦　とうまちくい

❶稲・麻・竹・葦が繁茂し群生しているさま。無数あるいは充満していることを表す時の比喩として用いられる。

❷『法*華経』方便品は、「菩薩が**稲麻竹葦**のように十方の国に充満して、十分に思量したとしても仏の智慧を知ることはできない」としている。また『太*平記』3赤坂城軍事には、「寄手十万余騎を分けて後の山へ指し向けて、残る二十万騎は**稲麻竹葦**の如く城を取巻きてぞ責めたりける」と使われている。

東涌西没　とうゆさいもつ（とうゆう）

❶東において地から姿を現わし、西において地の中に姿を消すこと。**南涌北没**《なんゆほくもつ》などとも対句になって用いられることが多い。（主に禅僧の）何ものにも拘束されない、**自由自在**（⇧）なはたらきぶりを表したもの。

❷『臨*済録』示衆には、「心に疑いが生じれば地が来往に障害となり、愛欲が生じれば溺れ、怒りが生じれば火に焼かれ、喜びが生じれば風に漂わされる。もしこのことを悟れば何ものにも拘束されず、**東涌西没**、**南涌北没**、**中涌辺没**《ちゅうゆへんもつ》、**辺涌中没**《へんゆちゅうもつ》して、水をふむこと地のごとく、地をふむこと水のごとし」とされている。

道力化功　どうりきけくう

❶修行によって具わった絶大なる教化の力をいう。

❷『正*法眼蔵』行持下には、*潙山《いさん》大円禅師（七七一～八五三）の功績を、「この潙山の行持の**道力化功**によりて、宇宙は動かず、世界は破れず、天人たちの宮殿は穏やかであり、人間の国土も保持されている」と述べられている。

毒天二鼓　どくてんにく

❶毒を塗った鼓（毒鼓）と忉利《とうり》天《てん》の鼓（天鼓）のこと。

❷『*大般涅槃経（曇無讖訳）』9に、「毒を塗った太鼓の音を打ち鳴らすと、これを聞く者は悉く死に到るけれども、ただ一人横死を免れる者がある。それは大乗の『大般涅槃経』の教えを聴く者であって、これを聞けば三毒の煩悩が悉く滅せられるからである」とすることにちなんで、天台*智顗《ちぎ》（五三八〜五九七）は『*法華玄義』6上において、「死を自覚させるものは毒鼓の力、善が生じるのは天鼓の力」と解説している。毒鼓・天鼓ともに、衆生を救済するための*慈悲と解釈したわけである。**毒鼓天鼓**《どくくてんく》とも表現される。

度脱一切《どだついっさい》

❶生きとし生けるもののすべてを解脱《げだつ》（迷いを離れる）させ、悟りに入らしめること。
❷*菩薩が目指すところは、一切の衆生を救済することと自らは仏になることである。それがすべての菩薩の共通の願いである**四弘誓願**《しぐせいがん》（⇧）の第一句である「衆生無辺誓願度」と、第四句の「仏道無上誓願成」に表されている。このことが、釈尊の所行を称讃する偈頌《げじゅ》からなる『仏本行経』7には、「自らは生死の海を渡り、また衆生を覚悟せしめん」と表現されている。また浄土教の根本聖典である『*無量寿経』上は、「衆生のために弘誓の鎧を着、功徳を積んで、**度脱一切**せんがために、諸々の仏国に遊んで菩薩行を修す」としている。

な 行

南無三宝《なむさんぼう》

❶本来の意味は仏・法・僧の三宝に帰依することであるが、転じて、驚いたり危機に瀕したときに発する間投詞として用いられることになった。

❷本来の意味の用例としては、仏の名を列記してその受持を勧める『仏名経』8に「**南無三宝**然灯仏」とか、光胤《こういん》（一三九六～一四六八）によって『成唯識論』に関する質疑応答が記された『唯識論聞書《ゆいしきろんききがき》』1に「**南無三宝**諸天」などと記される。

この三宝に帰依することが間投詞として用いられるようになったのは、人が危機に瀕して、仏・菩薩*に加護や救護を祈念したからであると考えられる。間投詞としての用例としては、近松門左衛門（一六五三～一七二四）の作による二大浄瑠璃『曾根崎心中』「お初天神記」の「**南無三宝**、二人の者が書き置きじゃ、もはや心中に出たものぞ」や、『心中天の網島』の「**南無三宝**と、格子の小陰に片身をすぼめ、隠れて聞くとも内にはしらず」などがある。

類義語に**帰依《きえ》三宝《さんぼう》**（⇧）がある。

難解難入《なんげなんにゅう》

❶仏の智慧は甚だ深く無量であるので、理解しがたく、悟りがたいということ。

❷『法華経*』方便品に、「諸仏の智慧は甚だ深くて無量であり、その智慧の門は**難解難入**である」と説かれている。鎌倉時代に成立（一三〇三年）した勅撰集『新後撰和歌集』9のなかで皇太后宮大夫俊成は、この方便品の心を「入り難く　悟り難しと　聞く門を　ひらけば花の　御法なりけり」と詠んでいる。また、吉蔵*（五四九～六二三）による『中論』の注釈書である『中観論疏』10は、「空」の意義を**難解難入**としている。

難値難見《なんちなんけん》

❶仏は衆生を救いとるためにこの世に現れて下さったものであるが、それははなはだ出会いがたく、かつ見《まみ》えがたいまれなる機会であるということ。
❷『無*量寿経』下にはそれが、「霊瑞華《れいずいけ》の時々に咲き出だすが如し」と譬えられている。霊瑞華はサンスクリット語でウドゥンバラ（udumbara）といい、優曇華と音写される華で、無量億劫*に一度花を咲かせるという花である。落語などでもあだ討ち取りが敵と出会う場面で、「ここで会うたは盲亀の浮木、優曇華の花待ち得たる今日の対面、いざ立ち上がって尋常に勝負勝負」などと使われている。出会うことがめったにないということを表したものである。

ちなみに「盲亀の浮木（**盲亀《もうき》浮《ふ》木《ぼく》**（⇧））」は、大海原を風に吹かれて漂う穴の空いた浮木に、一〇〇年に一度息をしに海上に首を出す盲目の亀が、偶然にその穴に首を突っ込むことで、これもめったにありえないことを表したものである。

二河白道《にがびゃくどう》

❶水の河と火の河に挟まれた幅四・五寸（十数センチ）の細い白い道をいう。煩悩にまみれた凡夫が西方極楽浄土に往生したいという心が生まれることを喩えたもの。**貪瞋《とんじん》二《に》河《が》**の比喩ともいう。
❷善*導（六一三～六八一）の『観*無量寿経疏《しょ》』正宗分散善義4に説かれる。群賊悪獣に追われた旅人が西に向かって逃げていくと、水と火の河に阻まれた。水の河は北に、火の河は南にあって、南北に無限に続き、底のない深さである。この二つの河の間には幅四・五寸の百歩ほどの白い道があるけれども水火がこもごも押し寄せている。しかも盗賊や獣が後ろから追ってきているので進退窮まっていると、東の岸に「心を決めてこの道を行け」という声がし、西の岸から「一心に念仏*してただちに来れ」という声がした。旅人はこの声を疑わずに白道を進んで幸せを得た。

水の河は貪愛を、火の河は怒り（瞋恚）を喩えたもので、白道は極楽往生を願うまことの心、東の声は釈迦牟尼仏の勧め、西の声は阿弥陀仏の招きを喩えたものであって、釈迦牟尼仏や阿弥陀仏の教えを疑わずに信じれば、極楽往生することができることを表したものである。

日用無生 にちゆうむしょう（にちよう）

❶悟りを得た者は日常生活の営みの中で心を働かせながら、しかもとらわれを生じないということ。
❷*『伝灯録』28の、悟りを得た者と迷っている者を対照させて説いている文章中の一部。「仏は心が作ったものであって、迷っている人は経文の中にこれを求めるが、悟った人は心に向かって覚る。迷っている人は因を修して果を待ち、悟った人は心を了して（動かさず）無相であり、悟った人は**日用無生**であるけれども、迷った人は仏の目の前にいながら仏から隔たっている（**見前隔仏**《けんぜんかくぶつ》）」としている。

日下孤灯 にっかことう

❶明るい日の光が射しているにもかかわらず、灯をかかげること。空しくて役に立たないことを表す。
❷中国・明時代の如卺《にょきん》（一四二五～？）が編集した『緇門《しもん》警訓』2に、「一文一芸に優れるのは空を飛ぶ蚊のようであり、一伎一能に秀でるのは日中にともす灯のようなものである（一伎一能**日下孤灯**）、賢《さか》しらにして才芸に富むことはかえって愚かにして道理に暗いこととなる」と説かれている。『論衡』「逢遇」にいう「夏《か》炉《ろ》冬扇《とうせん》」と同じ意であるが、仏教的には分別智による教えの理解を戒めたもの。
白日挑燈《はくじつちょうとう》という言葉もあり、同じ意を表す。臨済宗夢窓派の祖である夢《む》窓疎《そうそ》石《せき》（一二七五～一三五一）の語録『夢窓国師語録』下之1に、「各人が具えている妙なる仏性は円満にして明朗であり、名や姿形を離れている、したがって、白日の下で灯を掲げてのそぞろ歩き（分別による仏教理解）は切に忌むべきである（切忌**白日挑**

燈経行）」と記されている。

入室瀉瓶《にっしつしゃびょう》

❶師から弟子に教えがそのまま伝授されること。「入室」は弟子が一人で師の室に入って指導を受けること、「瀉瓶」は一つの器から他の器へ中身の水をそっくりそのまま移すように、師が弟子に教え（法、奥義）をそのまま伝えることをいう。

❷『正法眼蔵*』仏性に、「（龍樹*〈ナーガルジュナ、一五〇〜二五〇頃〉の）室内の教えがそのまま伝授される弟子（**入室瀉瓶**の衆）は多いといえども、提婆《だいば》（アーリヤデーヴァ・聖提婆、聖天、一七〇〜二七〇頃）に比肩しうる者は一人としていない」とされている。提婆は龍樹の弟子で、龍樹が説いた他の学派の理論的矛盾を徹底的に暴くことにより「空」を証明しようとする「帰謬論」を用いたために、外道《げどう》によって殺されたとされる。『百論』の作者であり、龍樹の『中論』『十二門論』を加えた三つの論を所依の論とする宗派が三論宗*である。三論宗の教義は嘉祥大師吉蔵*（五四九〜六二三）によって大成され、**破邪顕正**《はじゃけんしょう》（⇧）・**真俗二諦**・中道を説く。

類義語に**一味瀉瓶**《いちみしゃびょう》（⇧）、**師資相承**《ししそうじょう》（⇧）がある。

日深月久《にっしんげっきゅう》

❶日々の修行を深め、継続すること。

❷「日に深く、月に久し」と訓読する。『正法眼蔵*』無情説法に「この理道を参学功夫の**日深月久**とすべし」と説かれている。「参学」は**参禅学道**《さんぜんがくどう》の略で、「功《く》夫《ふう》」は工夫に同じ。

二仏並坐《にぶつびょうざ》

❶二人の仏が、座処を分けあって並んで坐ること。『法華経*』見宝塔品に説かれる、釈迦牟尼仏と多宝仏の二人の仏が宝塔の中で並んで坐ったことをいう。

❷『法華経』見宝塔品には、釈迦牟尼仏が法華経を説いているときに、突然地中から法華経の説示が真実で

あって永遠であることを証明する多宝仏の宝塔が現れ、「善哉善哉《ぜんざいぜんざい》」といいながら多宝仏は宝塔のなかの半座を分かって並坐することを勧め、釈迦牟尼仏はその半座に結跏趺坐《けっかふざ》した、とされている。

　半座を分かって並坐するというのは、半座を分かつ者と分かたれる者があらゆる意味において等しいということを表すインドの説話的表現であって、仏弟子である*摩訶迦葉《まかかしょう》が仏から半座を分かたれたという伝承や、帝釈天から理想的な世界の支配者である転輪聖王のマンダートリやミニ王、あるいはインドの大叙事詩の一つである『マハーバーラタ』の英雄アルジュナが半座を分かたれたという伝承などがある。

　類義語に**各留半座**《かくるはんざ》(⇧)がある。

入我我入《にゅうががにゅう》

❶真言密教の説く観法で、仏の身《しん》・口《く》・意《い》のはたらき(三密)が自己の身に入り、自己の身・口・意のはたらき(三業)が仏に入って、仏の三密と自己の三業とが一体になるのを観じること。
❷真言密教では地・水・火・風・空・識の六大が全宇宙(法界)にあまねく充ちて、仏も衆生もこの六大から作られ、互いに関係しあっていると説く。これを**六大縁起**《ろくだいえんぎ》といい、この縁起観にたてば、仏も衆生も本来不二であり、私の身体は仏の身体の中にあり、仏の身体は私の身体の中にあることになる。またこのように観じることにより、本来私たちに具わっている仏の性質が現れ、成仏するとされる。

入鄽垂手《にゅってんすいしゅ》

❶「鄽」は「廛」に同じで、店という意。ここでは埃にまみれた市街を表す。「垂手」は人々を救うこと。**入鄽垂手**は、悟りという清らかな世界から雑踏の中に下り立って、人々を救うこと。**垂手入鄽**とされる場合もあり、同趣意の言葉に**拕泥滞水**《たでいたいすい》(⇧)がある。
❷心境の高まりを牛に寄せて描いた「十牛図」の最後は**入鄽垂手**と題される。**上求菩提**《じょうぐぼだい》(⇧)が完成したら、

下化衆生《げけしゅじょう》(⇧)に向かわなければならない、ということを意味する。

鐃鉤搭索　撓鉤搭索　にょうこうたっさく

❶師が弟子を指導する際に、がんじがらめにして身動きできないようにして、心をとらえてしまうこと。
❷「鐃鉤」も「搭索」も罠の一種、あるいは火消し道具の一種とされる。「鐃鉤」は熊手の類をいい、「搭索」は竿の先端へ縄を輪にして動物を締めくくるもの。

遶仏三匝　遶仏三帀　にょうぶつさんそう

❶偏袒右《へんだんう》肩《けん》(⇧)して、仏の周りを右回りに三回まわる(右遶三匝《うにょうさんそう》)こと。
❷インドの古い風習では、右肩を袒《かたぬ》ぎ、相手にそれを見せてその周囲を右回りに回ることが、尊敬の意を表した。これが仏教にも取り入れられたもの。
釈尊時代の僧侶の衣は赤褐色(パーリ語でこれをカーサーヤ kāsāya 色、あるいはカーサーヴァ kāsāva 色という。その音写語が袈裟である)に染められた長方形の大きな布で、通常はこれを両肩をぐるぐると包み込んで着たが、仏などの尊敬すべき人の前では右肩を裸にする着方をした。また挨拶としては、その周りを時計回りに三回まわってから、足に額を付けるのが最高の礼で、仏塔や仏像の周りをこのように回るのはそれが儀礼化したものである。仏教の印である卍(まんじ)もこれから来たものであって、仏塔を中心にこのような形で遶道がつけられているからである(図参照)。

饒益有情　にょうやくうじょう

❶「饒益」は人に利益を与えること。*慈悲の心をもって、生きとし生けるものすべてに利益を与えること。
❷『*大乗本生心地観経』4には、「釈尊の説いた教え

とは微妙なものであって、さまざまな手段方法を講じて**饒益有情**する」と説かれ、また『根本説一切有部毘奈耶』23には、「仏が無上なる智慧を円満するのは**饒益有情**せんがためである」と説かれている。

如幻仮有《にょげんけう》

❶この世に現れているものすべてが、まぼろしの如き仮の存在であるということ。
❷仏教は、この世のすべては因縁によって生じたものであるから実体はなく「空」であって、夢・幻のごときものであり、したがってこれに執着してはならないと教える。

如実知見《にょじつちけん》

❶真実を真実のままに智慧によって洞察すること。
❷このサンスクリット語はyathābhūtam prajānāti（ヤターブータン　プラジャーナーティ）である。yathāは「〜のごとく」という意を表す副詞で、bhūtaは「ある」「存在する」という、英語で言えばbe動詞にあたることばの過去分詞で、「あった」「現実に起こった」「現存する」という意を表し、「真実」と漢訳される。prajānātiは「般若経」の「般若（prajñā）」の動詞形であって、仏教の智慧を表すことばである。
　このような原語からわかるように、仏教の真実とは「あるがまま」ということであり、この「あるがまま」を「あるがまま」に知ることが智慧ということになる。この「あるがまま」を*釈迦仏教は**諸行無常**《しょぎょうむじょう》（⇧）、**一切皆苦**《いっさいかいく》（⇧）、**諸法無我**《しょほうむが》（⇧）と説明し、*大乗仏教は**一切皆空**《いっさいかいくう》と説明し、これを「あるがまま」に知れと教えたのである。前者は「*三法印」、後者は「一実相印」と呼ばれ、これがそれぞれの仏教の教えの根幹であるとされる。

如実無倒《にょじつむとう》

❶道理に適っており、誤りがないこと。「倒」は「倒

錯」「顚倒」を意味する。
❷『華厳経*』十地品の異訳である『十地経』1に、「諸の菩薩*の行は**如実無倒**であって、諸々の衆生を悟りの彼岸に到らしめる」と説かれている。また、『倶《く》*舎《しゃ》論』1には、「**如実無倒**にして、衆生を教え導き、戒め励ます人を、理に適った正しい教えを説く人（すなわち仏）と名付ける」と述べられている。

如是我聞《にょぜがもん》

❶「このように私は聞いた」の意で、経典の冒頭に記されることば。
❷例えば『法華経*』は、「**如是我聞**。一時仏住王舎城耆闍崛山《ぎしゃくっせん》中（あるとき仏は王舎城の耆闍崛山＝霊鷲山に住されていた）。与大比丘衆万二千人倶（一万二千人の比丘からなる大サンガと一緒であった）」で始まる。すべての経典は原則としてこのような形を持ち、龍樹*（ナーガルジュナ、一五〇～二五〇頃）は『大智度論*』においてこれを経典の形式が完成する六つの条件（**六事成就**《ろくじじょうじゅ》）とした。すなわち「如是＝このように」は信成就*、「我聞＝私は聞いた」は聞成就、「一時＝あるとき」は時成就、「仏＝ほとけが」は主成就、「在（住）某処＝どこで」は処成就、「与某衆倶＝誰々と」は衆成就である。

すべての経典は、釈尊が亡くなられるときの、「私がいなくなった後の師は法と律である」という遺言に基づいて、残された弟子たちが遺法を編集する会議を行い、もっとも多くの教えを忠実に聞いたのは侍者であった阿難であるからというので、阿難が「このように私は聞きました。あるとき仏がどこそこで、誰々と一緒におられたときのことです」と報告したものを、会議に出席している者たちがその通りであると承認するという形で進められたので、このような形式になったものである。これを「結集《けつじゅう》」という。

このように経典は釈尊の言行録として編集されたものだが、残念ながら「時成就」が、釈尊何歳の時というように具体的にではなく、すべてが「一時（あるとき）」として処理されてしまっているので、釈尊の生涯にわたる正確な伝記を再現することができなくなった。

なお*大乗仏教の経典はこのような形式を借りているが、歴史上の釈迦牟尼仏の言行録として編集されたものではない。後世になってから、いわば仏の理念的なものが時代や風土に合わせて創作されたものであって、「結集」によって編集されたものではないということになる。そこで後には大乗仏教経典は「仏説」ではないという議論が生じた。これを「大乗仏教非仏説論」という。確かに大乗経典は歴史的には歴史上の釈迦牟尼仏の説かれたものではないが、理念的にはまさしく仏教の教えであって、現在ではこれは非仏説とはされていない。仏教では「仏」は決して釈迦牟尼仏一人ではなく、そのことは釈迦牟尼仏自身が認めていたことだからである。

如是実相《にょぜじっそう》

❶あるがままが真実であるということ。
❷中国*天台宗の開祖である天台大師*智顗《ちぎ》（五三八〜五九七）が説いた*『法華玄義』8下では、「唯一の真実とは実相であり、実相とは*『法華経』の正体であり、**如是実相**とは空《くう》・仮《け》・中《ちゅう》である」とする。天台宗では空仮中を三つの真実（三諦《さんたい》）と呼び、現象のすべては縁起によって成り立ったものであるから実体はないが（空）、しかし存在しないわけではなく（仮）、したがってこれらのどちらにも偏してはならない（中）とされ、このすべてが「あるがまま」の姿であって、真実であるというのである。要するに**色即是空**《しきそくぜくう》（⇧）が「空諦」を、**空即是色**《くうそくぜしき》が「仮諦」を、「**色即是空、空即是色**」が「中諦」を表すと解することができる。

*『正法眼蔵』発無上心には、「あらゆるものは迷いでもなく、悟りでもなく、実相である、実相とは**如是実相**である、如是とは今、ここでの我々の身心である、我々はこの身心を以って仏道修行を志すべきである」と述べられている。

女人成仏《にょにんじょうぶつ》

❶女性が仏となること、あるいは女性も仏になれるこ

と。

❷インドには古くから、女性は梵天・帝釈天・魔王・転輪聖王《てんりんじょうおう》・仏になることができないという「五障」の教えと、女性は家にあっては父に従い、嫁しては夫に従い、老いては子に従わなければならないという「三《さん》従《しょう》」の教えがあった。釈尊は女性も男性と同じように悟りを得ることができるとして、出家を許されたのであるが、女性差別的な俗世間の教えに影響されたのである。

しかしながら大乗*仏教では、「身を男性に変えてから仏となる」等の制限を加えながらも、女性も仏と成りうる可能性があると説くようになった。これを**女人成仏**という。また浄土教では、阿弥陀如来の願力（第三十五願）によって、女性も浄土に往生して、男性の身を得ることができるとされる。これを**女人往生**《にょにんおうじょう》という。

なお「三従」の教えは儒教にもあり、『儀礼』喪服伝には、「婦人に三従の義ありて、専用の道なし。故に未だ嫁せざるは父に従い、すでに嫁せば夫に従い、夫死すれば子に従う」とされている。

類義語として**変成男子**《へんじょうなんし》（⇧）、**龍女成仏**《りゅうにょじょうぶつ》（⇧）がある。

任運騰騰　にんうんとうとう（にんぬん）

❶「任運」は自然の成り行きに任せること、「騰騰」は駆け回って動くさまをいう。自然の成り行きに任せつつ、とらわれのない無心の境地で生きることをいう。

❷黄檗希運《おうばくきうん》（?～八五八）の『宛陵録』に、禅者の生き方として、「ただ今、あらゆる時にこそ、**行住坐臥**《ぎょうじゅうざが》（⇧）を無心に学び、分別することなく、よりかかることなく、とらわれることなく、日がな一日自然の成り行きに任せて（終日**任運騰騰**）、まるで痴人のように生きよ」とあり、日常の生活と禅の教えが密接不可分なことが説かれている。なお、**騰騰任運**という表現もある。**任運自在**《にんうんじざい》も同じ意味であって、『禅源諸詮集都序』*上之2に「心というものを断じてしまうこともなく、**任運自在**なること、それをまさに修することもなく、解脱《げだつ》と名付ける」と記されている。

人法無我《にんぼうむが》

❶個人存在（人）にも、あらゆる事物（法）にも実体がないということ。

❷個人存在の中に霊魂とか、永遠不変の実体（インド語でいうアートマン ātman）というものは存在しないという立場はすべての仏教に共通している。個人存在は色・受・想・行・識の五つの要素（これを*五蘊《ごうん》という）が集まって成り立っているにすぎないからである。

しかしこの五つの要素に実体があるかどうかについては見解が分かれる。説一切有部という部派は「一切の要素には実体が有る」と主張し、『般若経』に代表される*大乗仏教は「**色即是空**《しきそくぜくう》（⇧）　**空即是色**《くうそくぜしき》　受想行識亦復如是」と説いて、一切の要素（法）には実体がないと主張する。**人法無我**は後者の大乗仏教の立場を表したものである。

涅槃寂滅《ねはんじゃくめつ》

❶悟りの境地は平安であるということ。仏教の教えの基本を表す**諸行無常**《しょぎょうむじょう》（⇧）、**諸法無我**《しょほうむが》（⇧）と並ぶ「*三法印」の一つであり、**涅槃寂静**《ねはんじゃくじょう》と記される場合もある。

❷「*涅槃」は煩悩の炎が吹き消された状態を意味し、*釈迦仏教における最高の悟りの境地を表す。「寂滅」「寂静」のサンスクリット語は Sānti（シャーンティ）であって、活動を停止して静まった状態を表し、現代のインド語では「平和」を意味する。

*大乗仏教では、このような悟りでは一切衆生を救済する働きを有しないとして敬遠され、悟りを得たとしてもこのような涅槃に安住しない「無住処涅槃《むじゅうしょねはん》」が尊ばれる。

涅槃妙心《ねはんみょうしん》

❶玄妙な悟りの心。仏心のこと。

❷一四世紀に成立した『楞伽《りょうが》経』の注釈書『楞伽阿跋多羅宝経註解』1下には、過去・現在・未来の諸仏は、この*涅槃妙心を他ならぬ我々の心に発現させたのであることを知らないのか、わが心の外に法があると思うのは妄計である、と説かれている。

拈華微笑　拈花微笑　ねんげみしょう

❶むかし釈迦牟尼仏が霊鷲山《りょうじゅせん》におられたときのことであるが、梵天というインドの最高神が釈迦牟尼仏に法を説いて下さいと蓮華の花を捧げると、座に上られた仏はその花をつまんで聴衆に示された。百万の人天にその意を解する者はなく、ただぼう然とするばかりであったが、仏弟子の一人である*摩訶迦葉《まかかしょう》のみがその心を理解して破顔微笑した、という故事をいう。釈迦牟尼仏はこれをもって、すべての法を摩訶迦葉に伝えたとされている。

❷**不立文字**《ふりゅうもんじ》（⇧）、**教外別伝**《きょうげべつでん》を標榜する禅宗で作られた話で、インドで成立した古い経典には伝わらない。釈迦牟尼仏の教えは摩訶迦葉（パーリ語でマハーカッサパ mahākassapa、サンスクリット語でマハーカーシュヤパ mahākāśyapa）がリーダーとなってまとめられた（これを第二結集《けつじゅう》という）というのは事実であり、また初めは説いても衆生は分かってくれないであろうからと、自分のさとった法を説くことを躊躇されていた釈迦牟尼仏に、梵天が法を説くことを慫慂《しょうよう》した（これを**梵天**《ぼんてん》**勧請**《かんじょう》という）ので、仏は法を説く決心をされたという話も残っているから、それらをもとに脚色されたものであろう。

この逸話から禅宗では、摩訶迦葉は仏の法・禅の心を伝えられた仏弟子の中でも特別の人物としてたてまつられている。

念劫融即　ねんこうゆうそく

❶「念」は一刹那《いっせつな》・瞬間を、「*劫」は無限に近い長久の時間を意味する。極めて短い時間と非常に長い時間とが互いに融通して、矛盾なく一つとなることをいう。

❷『華厳経』*の説く世界観を表したもの。日本の鳳潭《ほうたん》（一六五七～一七三八）が『華厳五教章』を注解した『華厳五教章匡真鈔』3に、『華厳経』に説く「時無礙」とは、時間の前後がなく（**前後同時**）、万法が露わとなって（**海印炳現**《かいいんへいげん》）、極めて短い時間と非常に長い時間とが融即し（**念劫融即**）、なおかつ伸縮自在である（**巻舒自在**《けんじょじざい》）、と述べられている。
類義語として**一切即一**《いっさいそくいち》（⇧）がある。

念念声声《ねんねんしょうじょう》

❶常に仏（特に阿弥陀仏）の名をとなえること。
❷道教顕意（一二三八～一三〇三）が浄土宗西山派の綱要を示した『浄土宗要集』上には、「常に南無阿弥陀仏と唱えるところ（**念念声声**）、そこにはただ阿弥陀仏のみがましまします」と述べている。また、**声声念念**《しょうじょうねんねん》とも表現される。

念念称名《ねんねんしょうみょう》

❶時々刻々に寸時の間断もなく、「南無阿弥陀仏」を称えること。
❷『観無量寿経』*に沿って浄土を讃嘆する、中国の善導*（六一三～六八一）の撰による『依観経等明般舟三昧行道往生讃』（『般舟讃』《はんじゅさん》）には「**念念称名**常懺悔」の文言が見られ、浄土宗の教義に対する疑惑に法然が答えた内容からなる『大原談義《おおはらだんぎ》聞書鈔《ききがきしょう》』（聖覚〈一一六七～一二三五〉述）にも「以**念念称名**随犯随懺也」の用例が見られる。このように**念念称名**は、念仏*を不断に称えては過去からの罪障を懺悔《さんげ》する、といった文脈で用いられる場合が多い。

念念相続《ねんねんそうぞく》

❶間断なく余念を交えずに思いを一つの事に集中すること。また、浄土教では念仏*に専念することをいう。

❷仏伝中で最も幅広い内容を有するとされる『仏本《ぶつほん》行集経《ぎょうじっきょう》』36に、かつて林で女性の死骸を見て不浄の想いが生じ、その想いが間断なく続いた（**念念相続**）、と説かれている。また、*『禅関策進』楚山琦禅師解制には、心念を間断なく集中していれば（**念念相続**）、人が路を歩いておれば、水の窮まり山の尽きるところに到るように、自然と活路が開けてくる、と記されている。さらに浄土教の文脈では、*『教行信証』行巻で、**念念相続**する人は、命尽きる時にいたって、十人が十人とも、百人が百人とも浄土に生まれる、と述べられている。

脳後抜箭《のうごばっせん》

❶脳の後ろに刺さった矢を抜くこと。急所にある致命的な障害を取り除くことを表す。

❷指導者の適切な処置によって、危機にある修行者の活路を開くこと、また、その起死回生のはたらきをいう。*『碧巌録《へきがんろく》』二七則には、「もし、あなたが雲門宗の三句（**函蓋乾坤**《かんがいけんこん》（⇧）・**随波逐浪**《ずいはちくろう》・**截断衆流**《せつだんしゅうる》）の中に悟りを求めていくとすれば、それは正に脳の後ろに刺さった矢を抜くこと（**脳後抜箭**）となる」と記されている。

衲僧鼻孔《のうそうびくう》

❶禅僧の鼻の穴。仏道修行者の本分、真面目《しんめんぼく》、あるいは仏道修行上の要諦を表す。

❷「衲僧」は禅僧の通称。「鼻孔（鼻の穴）」とは、顔の中心にありながらも、自らそれを見ることができないことから、仏道修行において求められるべきところのもの、もしくは生まれながらに仏性を有する人間本来の姿に譬えられる。*『碧巌録』三〇則に「**衲僧鼻孔**曾拈得」とあり、「禅僧たちの鼻をつまみあげる（急所をおさえる）」というふうに使われている。また、*『正法眼蔵』仏性には、「(仏性が衆生に) ことごとく有るとは、仏の言葉であり、仏の舌であり、仏祖の眼であり、**衲僧鼻孔**である」と記されている。

は行

廃悪修善《はいあくしゅぜん》

❶悪を廃し、善を修めること。
❷「**諸悪莫作**《しょあくまくさ》(⇧)　**衆善奉行**《しゅぜんぶぎょう》　**自浄其意**《じじょうごい》　**是諸仏教**《ぜしょぶつきょう》」という句がある。これは「諸仏通誡偈《しょぶつつうかいげ》」(諸々の仏が共通して説いた教え)と呼ばれ、仏教のもっとも基本的な教えであるとされている。**廃悪修善**はこれを端的に表したものということができる。

浄土教はこのような基本的な行いさえも行いえない機根の劣った者のために、自分の力によってではなく、阿弥陀仏の他力によって救われようとする教えであって、法然*(一一三三～一二一二)は、**廃悪修善**は仏の戒めであるが(「**廃悪修善**は諸仏の通戒なり」)、それが適わない凡夫にとっては、阿弥陀仏の本願を信じて念仏*をとなえるより他に方法がない、と述べている(『黒谷上人*語灯録』15、和語灯5)。また、親鸞*(一一七三～一二六二)は、常に迷いの海に沈んでいる凡愚の人々にとっては、心を集中して雑念のない心(定心)で行う善(定善)はもちろん、散乱し動揺した心(散心)で行う善(散善)でさえも、悪を廃し善を修め(**廃悪修善**)なければならないから行い難いとしている(『教行信証*』化身土巻)。

廃詮談旨《はいせんだんし》

❶言語や文章では説明できない仏教の真理をいう。**依**《え》**詮談旨**《せんだんし》(⇧)に対する。
❷中国法相宗の開祖である慈恩大師基《き》(六三二～六八二)が著した『大乗法苑義林章』2では、仏教の真理を意味する「勝義諦」を、世間勝義諦・道理勝義諦・証得勝義諦・勝義勝義諦の四種に分類しているが、最後の勝義勝義諦を「**廃詮談旨**の無差別相で、非安立(文字言語では説明できない)の自内証の一真如法界なり」と説明している。

日本*華厳宗の碩学である凝然《ぎょうねん》（一二四〇～一三二一）の著した『*八宗綱要』法相宗には、**廃詮談旨**と**依詮談旨**（⇧）を対比させた文章がある。

破家散宅《はかさんたく》

❶身上をつぶすこと。転じて、一切のしがらみを断ちきって出家すること、あるいは悟りを得ることを表す。
❷身上をつぶす、無一物になるという一般の意味の他に、「家宅」を俗世のしがらみ・煩悩・修行上の教条主義などに譬えて、これを「破散」する、つまり身一つになる、あるいは悟りを得るという禅語として使われる。『*碧巌録《へきがんろく》』八〇則に「*趙州（七七八～八九七）は一八歳の頃、家宅をつぶせるようになった（**破家散宅**）」と記されている。

白雲重重《はくうんじゅうじゅう》

❶白い雲が折り重なっていること。高い境地を表す。
❷『*碧巌録』三四則に「**白雲重重　紅日杲杲《こうじつこうこう》**」とあり、白い雲が折り重なって、その上には日が明るく照り輝いているさまをいう。禅の修行で得られた悟りの境地の高さを表したもの。

婆子《ばし（ばす）》焼庵《しょうあん》

❶庵主（修行僧）の言動に失望した老婆が庵を焼いてしまった、という故事に因んだ公案をいう。
❷その昔、ある老婆が一人の庵主を救い奉養して二〇年もの歳月が流れた。老婆はある日、一人の少女を、給仕のおりにその庵主に抱きつかせた。その時、庵主は「枯れた木が冷たい巌に寄り添っている、冬の三ヶ月に暖気など無い」と言ったので、老婆はこの二〇年間、この俗物を供養しただけであったと悲憤慷慨して、その庵を焼き払った、という。仏道修行の真の目的は、欲求の抑制に終始することではなく、本来の面目、すなわち本来各人に具わっている真実の自己の徹見にあることを示したものである。『密菴《みつあん》和尚語録』（密菴咸《かん》

傑《けっ》〈一一八〜八六〉の語録）、『続*伝灯録』29・34などに見られる。

破邪顕正　はじゃけんしょう

❶誤った見解やとらわれをしりぞけて、正しい教えを顕すこと。**顕正破邪**ともいう。❷三*論宗の基本的な教義で、中道の因縁を明らかにすることが「顕正」に、諸の邪《よこし》まな説を滅することが「破邪」とされ（『中観論疏』1＝吉*蔵による『中論』の注釈書）、「破邪」は迷いに沈む衆生を救うこと（**下拯沈《げじょうちん》論《りん》**）であり、「顕正」は大いなる教えを広めること（**上弘大法《じょうぐたいほう》**）である、ともされている（『三論玄義』＝吉蔵による三論宗の教義綱要書）。
　類義語として**下救沈淪《げぐちんりん》**（⇨）がある。

抜苦与楽　ばっくよらく

❶仏・菩*薩が衆生の苦しみを抜いて、楽を与えること。❷慈*悲のはたらきをいう。『大智*度論』27に、「仏・菩薩の**大慈大悲《だいじだいひ》**（⇨）とは略説していえば、大慈は一切衆生に楽を与え、大悲は一切衆生の苦を抜くなり」とされるように、「抜苦」が「悲」に、「与楽」が「慈」に相当する。

撥草参玄　はっそうさんげん

❶諸方を巡り歩いて師を求め、あるいは煩悩や妄想を払いのけて、仏法の教えを究めること。❷「撥草」とは、草を払いのけること、自分の師を求めて諸法を行脚《あんぎゃ》すること。あるいは煩悩や妄想を払いのける意にも用いられる。「参玄」は、仏道の玄義に参じて、仏法を究めることをいう。『無*門関』兜率三関に、「**撥草参玄**は、ただ自己の仏性・本性を見究めることにある」と記されている。
　また、**撥草瞻風《はっそうせんぷう》**ということばもある。「瞻風」は風を仰ぎ見ること。転じて、本地の風光を見る（仏性もしくは真実の自己を自覚する）ことをいう。さまざまな

妄想を払いのけて、本来の自己を見いだすことを表したものである。

八相成道《はっそうじょうどう》

❶「八相」とは、釈迦牟尼仏が生涯を通じて衆生救済につくした八つの姿をいう。特に第六番目の「成道」がもっとも重要であるから**八相成道**と呼ばれる。

❷「八相」には諸説があるが一般には、(1) 降兜率《ごうとそつ》(*菩薩として兜率天から白象に乗ってこの世界に下ること)、(2) 託胎《たくたい》(母マハーマーヤーの胎に入ること)、(3) 降誕(母マハーマーヤーの母胎から出生すること)、(4) 出家、(5) 降魔《ごうま》(菩提樹下で悪魔を降伏させること)、(6) 成道《じょうどう》(菩提樹下で成道して仏になること)、(7) 転法輪《てんぼうりん》(説法すること)、(8) 入滅(クシナーラーの沙羅双樹の間で*涅槃に入ること)をいう。なおこれらの姿をレリーフや絵画に表したものを「八相成道図」といい、ガンダーラなどにも多くの作例が見られる。

撥転機関《はってんきかん》

❶「きかんをはってんす」と訓読する。「撥転」は、払いのけること、転換すること、手玉にとって操ることをいう。「機関」は、からくり、問題の勘所、修行者の機根(素質と能力)に応じて設けた関門のことをいう。問題の勘所を操って**自由自在**《じゆうじざい》(⇧)に活動することを表したもの。

❷*『碧巌録《へきがんろく》』五四則に「**透出生死**《とうしゅつしょうじ》。**撥転機関**」とあり、生死を超越して、問題の勘所を意のままに操る、という用例がある。

八不中道《はっぷちゅうどう》

❶「八不」とは生・滅・常・断・一・異・来・去という固定的な見解を否定するもので、それが「中道」であるという意。

❷*大乗仏教の理論を体系づけた龍樹*(ナーガルジュナ、

一五〇～二五〇頃）の『中論』の冒頭に挙げられる「不生亦不滅　不常亦不断　不一亦不異　不来亦不出」という偈に基づくことば。このなかの生・滅・常・断・一・異・来・去（出）が何を意味するかについてはさまざまな解釈があるが、ありうべき固定的見解を掲げたものであって、「八不」はこれを否定したもの。固定的見解というのは、それを絶対唯一であって、それ以外に真実はありえないと固執する偏った見解・思想のことであって、一切のものは縁起によって生じており、絶対で唯一というものはありえないという仏教の考え方に従えば、このような主張は成立しえないからである。これが仏教の説く「空《くう》」であって、『中論』はこれこそが中道の立場であると説いたのである。

板歯生毛　版歯生毛《ばんししょうもう》

❶「板（版）歯」は前歯のこと。歯に毛が生えてしまうほど、久しく口を結んで坐禅をしているさまをいう。
❷口もとにカビが生えること（「口辺生白醭」）と同義。虚堂智愚《きどうちぐ》（一一八五～一二六九）の語録である『虚堂和尚語録』3に「**版歯生毛老古錐**」とある。前歯に毛が生えてしまった老師家という意味である。なお、「老古錐《ろうこすい》」とは使い古して先の丸くなった錐《きり》のことで、禅において円熟した境地をいう。

番番出世《ばんばんしゅっせ》

❶「番番」とは「次々と」の意で、諸仏がこの世に次々と出現すること。あるいは、仏が姿を変えて世に次々と出現することをいう。
❷仏教は唯一神教ではなく、釈迦仏教においても毘婆《びば》尸《し》仏《ぶつ》などの過去七仏や未来仏である弥勒仏が信仰されていたように、仏は無数に存在するもので、仏教の理想はすべての衆生が仏になることという理想を持っている。そこで「海徳仏より我々の師たる釈尊に至るまで、次々と世に出現した（**番番出世**）仏たちは、阿弥陀仏の広大な誓いに殉じて、自利と利他に励まれたことは明らかである」（『口伝鈔』下＝覚如*による親鸞口伝の

言行録）などと表現されることになる。

非有非無《ひうひむ》

❶有るのでもなく、無いのでもない、ということ。
❷一切の現象は因縁によって生じたものであるから、そこには固定的実体があるわけではないが、無常転変《むじょうてんぺん》する現象としてはないわけではない、ということを表す。禅宗で重んじる『入楞伽経《にゅうりょうが》』3に、「例えば谷響（こだま）は風や水や人等の音声が和合して起こるのであって、それは有でもなく、無でもない」とか、「例えば大地の草木のないところに日光が照れば、陽炎《かげろう》が水が動くように見えるように、それは有でもなく、無でもない」と説かれている。

非常非断《ひじょうひだん》

❶常住であるのでもなく、断滅するのでもないこと。
❷世界は**常住不滅**《じょうじゅうふめつ》（永遠に存在し、生滅変化しない）であると見なす常見や、死後には何もないとする断見を否定することば。仏教は縁起によって**生滅輪廻**《しょうめつりんね》するという世界観を持つから、決して**常住不滅**ではないし、断滅して死後には何も存在しないなどとは見ない。常見や断見は偏った見解であって、これを離れるのが中道の立場である。

非心非仏《ひしんひぶつ》

❶私たちの心がそのままで仏ではない、ということ。仏教ではしばしば、私たちの心そのままが仏であると説くが、これがあまりに安易に説かれることを戒めたものである。
❷馬祖道一《ばそどういつ》（七〇九～七八八）はかつて**即心即仏**《そくしんそくぶつ》、および**即**《そく》**心是仏**《しんぜぶつ》（⇧）の公案で修行者を指導した。しかし、「心」や「仏」に対する執着を起こす者もおり、これらの執着を断つための公案がこの**非心非仏**である。*『碧巌録《へきがんろく》』四四則に、**即心即仏**は求めやすく、**非心非仏**は求め難くて、その境地に到る者は少ない、と説かれてい

る。また、『*無門関』非心非仏にも、「仏とは何か？」の問いに対して、馬祖は「**非心非仏**」と答えたと記されている。さらに、『*伝灯録』7には、伏牛山自在禅師（七四一～八二一）の言として、**即心即仏**は、本来無病の者がわざわざ病を求める言葉であり、一方の**非心非仏**は、薬の毒によって生ずる病を治す言葉である、としている。

非僧非俗　ひそうひぞく

❶僧侶でもなく俗人でもないということ。
❷語義は上記のごとくであるが、日本仏教ではもう少し重いことばとして知られる。このことばは浄土真宗の開祖である*親鸞（一一七三～一二六二）の主著である『*教《きょう》行信証《ぎょうしんしょう》』化身土巻のなかにあり、「ひそかにおもんみれば、聖道門の諸教は廃れて、浄土の真宗が盛んであることをねたんで、興福寺の学徒が承元元年（一二〇七）に*念仏停止を天皇に訴え、主上臣下が法に背き、義に反し、怒りをなし、怨みを結んだために、浄土宗の太祖である源空法師（*法然）並びに門徒の多くが還俗させられて、俗人としての姓名をたまわり、遠流に処せられた。自分もその一人であるから、もうすでに**非僧非俗**であって、頭を剃っていても僧ではないから、禿という字をもって姓とする」という文章である。こののち親鸞は愚禿《ぐとく》釈親鸞と名のるようになり、浄土真宗は僧侶でもなく俗人でもないという、世界にも類のない立場を宗義とするようになった。

悲智円満　ひちえんまん

❶*慈悲と智慧の二つが完全に具わっていること。
❷「悲智」は仏・*菩薩の衆生に対する慈悲と智慧のはたらきをいう。永明延寿《ようめいえんじゅ》（九〇四～九七五）によって教禅一致が説かれている『宗鏡録』26には、「この上ない菩提を行じ、十波羅蜜を具足することが**悲智円満**である」と述べられ、東嶺円慈（一七二一～九二）によって参禅学道が一〇段階に説かれている『宗門無尽灯論』上では「**悲智円満**を仏道という」と説かれている。

また、悲智果円《ひちかえん》という語もあり、善導*（六一三～六八一）の著した『往生礼讃偈*』に「一切の諸仏は、仏の三身*（法身・報身・応身）が同体であることを証しており、悲智果円であって悲と智は不可分である」と説かれている。

鼻直眼横　びちょくがんおう（げんおう）

❶眼は横に、鼻は縦についているということ。誰でも知っている当たり前のことが仏教の説く真理であるということを表す。眼横鼻直《がんおうびちょく》ともいう。花紅柳緑《かこうりゅうりょく》（⇧）、柳緑花紅《りゅうりょくかこう》も同趣意の言葉である。

❷曹洞宗の開祖である道元*（一二〇〇～五三）は、安貞元年（一二二七）に五年間の修行を終えて中国（宋）から帰国した際に、自らの参禅の成果を「ただ鼻直眼横を得ただけであって、そのほかは何もない。手ぶらで帰ってきた」（『永平広録』巻頭の上堂）と語ったという。この「鼻直眼横を得た」ということが、真理をあるがままに知って悟りを得たということを表すわけである。道元はこれに続けて、朝ごとに日は東から上り、夜ごとに月は西に沈むほかに仏法はないと語ったとも伝えられている。仏教のいう真実とは「あるがまま」であって、悟りとはこの「あるがまま」を「あるがまま」に知ることにほかならないということを語ったものである。

披毛戴角　被毛戴角　ひもうたいかく

❶毛に被われ、角を戴くことから、畜生道に堕ちること、または畜生に準ずる行いをいう。

❷『臨済録*』示衆に、「もし一念一念が鎮まらないならば、すぐに無明樹（菩提樹の対）に上って輪廻し、ただちに六道四生《ろくどうししょう》（地獄*・餓鬼・畜生・阿修羅・人・天を六道といい、胎生・卵生・湿生・化生を四生という）に入って、毛に被われ角を戴く（披毛戴角）畜生道に生まれることになるが、もし一念を鎮めることができるならば、すなわちそれが清浄身の世界である」と説かれている。また、曹山本寂（八四〇～九〇一）による語録『曹

山録』の一つ、『撫州曹山本寂禅師語録』下に述べられているように、沙門が身を転じて敢えて畜生道に堕ちて（**披毛戴角**）、迷いの世界で衆生を済度することを表す場合もある。

百即百生　ひゃくそくひゃくしょう

❶念仏*する者は百人が百人とも極楽浄土に往生ができるということ。
❷中国浄土教の善導*（六一三〜六八一）が著した『往生礼讃*偈』には、念仏する者は（阿弥陀仏の名を唱える者は）極楽浄土に生まれさせたいという仏の願力によって往生するのであるから、**十即十生**《じっそくじっしょう》、**百即百生**できると書かれている。

平常無事　びょうじょうぶじ（へいじょう）

❶普段の日常生活を平穏無事に過ごすことがそのまま仏道であるということ。
❷『臨済録*』示衆に、仏法というものは恣意的な努力や計らいといったものとは無縁な自明なものであり、ただ**平常無事**であって（「祇是**平常無事**」）、大小便をしたり、着物を着たり飯を喰ったりして、疲れたら横になって休むまでのことである、と説かれている。

平等平等　びょうどうびょうどう

❶絶対の平等をいう。悟りの見地からは、仏・菩薩*も含めてあらゆる生き物（有情《うじょう》）はすべて平等であるという意味。
❷『大般若経*』380では、上は仏から下は畜生の類まで絶対の平等であって分けることができない（「**平等平等無所分別**」）、なぜならば、あらゆる存在、あらゆる有情の本質はすべて「空《くう》」であって差別がないからであると説いている。また、『倶《く》舎《しゃ》論*』29にも、生きとし生けるものは本来平等であって（「諸有情類**平等平等**」）、親しいとか怨むといったものもない、と記されている。

賓主歴然《ひんじゅれきねん》

❶客と主が相対して、それぞれの立場が明確であること。

❷*『碧巌録《へきがんろく》』二〇則に、「**一言一句**に前後は照応し、方便と真実があり、智慧と働きがあり、**賓主歴然**であって、しかも縦横自在に入れ替わる（**互換縦横**《ごかんじゅうおう》（⇧））」としている。

　また二人の僧が互いに主となり客となって、丁々発止と問答往復することを**賓主互換**という。

風行草偃《ふうこうそうえん》

❶風が吹けば草がなびくように、何事も然るべきときに自ずと成就するということ。

❷この語は『論語』顔淵篇にある「草上之風必偃（草、これに風を上《くわう》れば、必ず偃《ふ》す）」に由来するとされる。*『圜悟《えんご》仏果禅師語録』5に「世の中の事柄も仏の教えと矛盾しておらず（「世法即是仏法」）、共に真実の道理によって行われ、草が風になびくように自ずと物事が成就する（風行草偃）」と説かれている。

　また、**水到渠成**《すいとうきょせい》（⇧）と併記される場合も多い。例えば、竺仙梵僊《じくせんぼんせん》（一二九二～一三四八）の語録『竺仙和尚語録』中に「時節や因縁といったさまざまな条件が揃えば、自ずと物事は水が流れて渠《みぞ》を作り、風が吹いて草がなびく（水到渠成**風行草偃**）ように成就するものであって、各人がそのことをそれぞれ**冷暖自知**《れいだんじち》（⇧）するのである」と述べられている。なお、**草偃風行**とも表現される。

父子相投《ふしそうとう》

❶「父子」は師と弟子の関係のことで、師と弟子とが互いに意気投合することをいう。

❷*『碧巌録《へきがんろく》』六四則には、師である南泉《なんせん》（七四八～八三四）と弟子の*趙州《じょうしゅう》（七七八～八九七）が**父子相投**して、また禅の修行者同士としても気が合っている（**機鋒相合**《きほうそうごう》）と記

されている。また、『同』八一則には石鞏《しゃっきょう》（生没年不詳、唐代）と三平《さんぺい》（七八一〜八七二）の師弟が意気投合している様を「**父子相投和《わ》**」と評している。

不捨一法《ふしゃいっぽう》

❶現実の世界を仏の側から見ると、何一つ捨てるものはなく、無駄なものはないということ。
❷「いっぽうをすてず」と訓読する。『大宝積経*』88には、「**不受一法《ふじゅいっぽう》**。**不捨一法**。**不増一法《ふぞういっぽう》**」と説かれている。また、永明延寿《ようめいえんじゅ》（九〇四〜九七五）によって禅と浄土の双修が説かれる『万善同帰集』中には、「但だ実際は**不受一塵《ふじゅいちじん》**。仏事は**不捨一法**」と記されている。真理には汚れなど微塵もなく、仏の働きには無駄なものは一つもない、という意である。

不惜身命《ふしゃくしんみょう》

❶仏道を修め、衆生を救済するために自らの身命すらもかえりみないこと。
❷**捨身供養《しゃしんくよう》**ともいい、次のような話が有名である。むかし一人の王子があり、摩訶薩埵《まかさった》（釈迦牟尼仏の前世）といった。あるとき園遊に行くと七頭の子を生んだ母親の虎がいて、飢えて今にも死にそうであった。王子は今こそ覚りを得る好機だと考えて、衣服を脱いで虎の前に横たわった。しかし虎はそれを食べる体力すらも残していなかった。そこで竹で頸《くび》を刺し、血を出して崖の上から虎の前に身を投げた。虎は血を舐め肉を食べた。これは『金光明経』捨身品や『賢愚経』2などに出る話で、**捨身飼虎《しゃしんしこ》**と呼ばれる。
　これもまた釈迦牟尼仏の前世の物語で、雪山童子の施身聞偈と呼ばれる話である。昔のことであるが帝釈天が恐ろしい姿形をもつ羅刹に姿を変えて雪山（ヒマラヤ山）に住んでいた。この羅刹が「諸行は無常であって、生じては滅するものである」と、一つの詩句の半分をうたった。これを聞いた童子は羅刹に残りの半分を教えてほしいと懇願した。しかし羅刹は自分は飢えていて、もうたえない、しかも自分の食べるもの

は人間の生肉と熱血だけであるという。童子は自分の身体を与えることを約束して、残りの「生じては滅するあり方を超越して、寂滅の境地となることそれが悟りである」という句を聞き、喜んで一本の木に登って自ら身を投げた。帝釈天はもとの姿に返って、途中でこれを受け止めたという。これは大乗の『*大般涅槃経《だいはつねはん》（曇無讖訳）』14に説かれる。

　この二つの話は、法隆寺に伝わる推古天皇の念持仏とされる玉虫厨子《たまむしのずし》に描かれている。

不住涅槃　ふじゅうねはん

❶仏・*菩薩が衆生を救済するために、*涅槃（ニルヴァーナ）に安住しないこと。

❷「無住処涅槃」に同じ。迷いの世界を脱しながら、しかも涅槃に入らないで、衆生を救済するために迷いの世界にとどまって活動することをいう。例えば、『*華厳経（実叉難陀訳）』20十行品に、「菩薩は生死に留まらず、また涅槃にも留まらない（**不住涅槃**）」と説かれ、菩薩の実践が述べられている無著《むじゃく》（アサンガ、三一〇～三九〇頃）の『大乗荘厳経論』1には、「煩悩を捨てる者は生死に留まらないが、煩悩を捨てることにもとらわれない者は涅槃にも留まらない（**不住涅槃**）」と説かれている。さらに、*道綽《どうしゃく》（五六二～六四五）による末法時代の*念仏法門を確立した書である『安楽集』上には、菩薩の二つのすぐれたはたらきとして、「一つは空の智慧の力によって、輪廻しつつも煩悩に汚されることがなく、二つは大悲が衆生を念ずるが故に自らは涅槃に留まることがない（**不住涅槃**）」とされている。

不宿死屍　ふしゅくしし

❶大海は死屍《しかばね》が流れ込むと、これを岸に打ち上げて海の中にこれをとどめない。このようにいかなる穢《けが》れからも離れるということ。

❷『*華厳経（実叉難陀訳）』77入法界品に、「賢者が諸の悪を受けないのは、大海の**不宿死屍**なるが如くである」と説かれ、大乗の『*大般涅槃経（曇無讖訳）』20に

も、「如来は悪人と同じところに坐起せず、ともに談論しない。それは大海の**不宿死屍**なるが如くである」と説かれている。

不受不施《ふじゅふせ》

❶日蓮宗の一派である不受不施派が唱えた、『法華経』*の信者以外からは何ものも受け取らず、また何ものをも与えないとする主張をいう。

❷文禄四年（一五九五）に豊臣秀吉が方広寺の先祖供養に千僧会を開こうとした時、妙覚寺の日奥《にちおう》（一五六五〜一六三〇）が日蓮宗の信者でもない秀吉が催す供養会への出席を拒絶したことに由来する。以後、為政者からたびたび迫害・弾圧等を受けることになった。

不渉階梯《ふしょうかいてい》

❶階段を上るような漸進的な修行を経るのではなく、一気に悟りの境地に到達すること。**頓修頓悟**《とんしゅとんご》をいう。

❷「かいていにわたらず」と訓ずる。『無門関』*外道問仏の頌に「剣の上をわたり、氷の上を走り、**不渉階梯**にして、崖から手を離す」と**大死一番**《だいしいちばん》（⇧）の境地が詠われている。また、『禅関策進』*師子峰天如則禅師普説に「一念も生じない境地に至るならば、**不渉階梯**にして、ただちに仏と同等の境地に至る」と説かれている。

不生実際《ふしょうじっさい》

❶「不生」は生滅などの相対を超えた永遠という意で、「実際」はものの究極的な在り方、すなわち真理を意味する。生滅を超えた永遠なる真理をいう。

❷『勝思惟梵天所問経』を*世親《せしん》（ヴァスバンドゥ、三二〇〜四〇〇頃）が注釈した『勝思惟梵天所問経論』3に、「如来の身体は**不生実際**の悟りのすがたそのものである、とよく知った上で供養せよ」と説かれている。また、宥範《ゆうはん》（一二七〇〜一三五二）による『大日経疏』の注釈書である『大日経疏妙印鈔』63には、「煩悩（塵垢）は

本から人に具わっているのではなく、外から付着したもので、人は初めから**不生実際**の中に安住しているのである」と記されている。

さらに、真言宗の道範（一一七八〜一二五二）による「阿字観」（万有一切を阿字と観ずる観想）の簡明な説明が記された『道範消息』に、「阿字は宇宙に偏在し、**不生実際**であるのであるのだから、衆生であれ仏であれ、大日如来の功徳が至らないところはない」と述べられている。「阿」は日本語の五十音の最初でもあるが、インドの古代語の五十音に相当するものでも最初におかれており、万物の根源と考えられている。

不生不滅《ふしょうふめつ》

❶生ずることもなく、滅することもないこと。
❷これには二種の意味づけがなされる。一つは「常住」ということを表し、仏や真理が**不生不滅**とされる。もう一つは一切のものは縁起によって成り立っているのであるから「空」であって、実体のある何ものかが生じたり滅したりするのではないということを表す。四世紀末から五世紀初頭にかけて成立し如来蔵思想を組織的に説いた『宝性論』3が「諸仏如来の本質はあたかも虚空の**不生不滅**なるがごとし」とするのは前者の意であり、四天王による国家鎮護や現世利益的信仰を説く『金光明経』5が「例えば鼓は木により、皮により、バチを打つ人によって声を出すようなものであって、鼓の声は空にして**不生不滅**である」とするのは後者の意である。**無生無滅**とも表現される。

不即不離《ふそくふり》

❶二つのものの関係が、つかず離れず、同一でもなく背反もしないことをいう。
❷*『伝心法要』には、「本心」（本源の心）と**見聞覚知**《けんもんかくち》（日常的な視覚・聴覚などの認識）の関係は**不即不離**であって、そのどちらか一方に偏らず、縦横自在にふるまえば、どこであっても道場ならざるところはなくなる（「縦横自在無非道場」）、と記されている。

不退不転《ふたいふてん》

❶修行が後戻りしないこと。「不退転の覚悟」などと使われる「不退転」と同義。
❷『大智度論』23に、*菩薩は「信」の力によるが故に、また「精進」の力をよく身に受けるが故に、修行において**不退不転**である、と説かれている。また、*『正法眼蔵』嗣書では、仏の悟りの内容が後継者に漏れなく継承されるという事実は深遠にして（「仏仏の相嗣すること深遠にして」）、「**不退不転**なり、**不《ふ》断《だん》不《ふ》絶《ぜつ》**なり」と述べられている。

仏恩報謝《ぶつおんほうしゃ》（ぶっとん）

❶仏の恩に感謝すること。特に他力の信仰において、阿弥陀仏に感謝し、*念仏して報いることをいう。
❷*親鸞（一一七三～一二六二）は『口伝鈔』下（*覚如による親鸞口伝の言行録）で、「平生（普段）の一度の念仏によって浄土に往生することが決定した上で称える多念の念仏は、**仏恩報謝**のものである」と述べている。また、*蓮如《れんにょ》（一四一五～九九）およびその弟子たちの言行を記した『蓮如上人御一代記聞書』には、「弥陀をたのんで浄土往生が決定して、そのうれしさに念仏をとなえることが**仏恩報謝**である」と記されている。浄土真宗でよく唱えられる親鸞が作った恩徳讃と呼ばれる「如来大悲の恩徳は　身を粉にしても報ずべし　師主知識の恩徳も　ほねをくだきても謝すべし」という詩に、このこころがよく表されている。

仏性一如《ぶっしょういちにょ》

❶素質や能力にさまざまな違いが見られるのが衆生であるが、その衆生に具わっている仏性（仏となる可能性もしくは仏の本性そのもの）は本来平等であって差異はない、ということ。
❷*『一遍上人語録』百利口語に見られる語。それには「本来は**仏性一如**であって、迷いや悟りといった差別

はないものを、漫然と妄念を起こしては、それを迷いと思うことの方が不思議である」と説かれている。

仏性常住《ぶっしょうじょうじゅう》

❶衆生が仏となる可能性もしくは仏の本性そのものとしての「仏性」が衆生には常に具わっているということ。また「仏性」は一切の衆生には平等に具わっていることを**仏性平等**《ぶっしょうびょうどう》という。
❷大乗の『*大般涅槃経《だいはつねはんぎょう》（曇無讖訳）』16には、「仏性にあっては内も外もない、その理由は**仏性常住**であって変化しないからである」と説かれている。また、『*大乗義章』3に、「**仏性常住**とは真我にして、永遠にして平等であり、真実なるものにして差別がない」と記されている。

また**仏性平等**は、僧肇《そうじょう》（三八四〜四一四）が老荘思想によって仏教哲理を明かした『宝蔵論』本際虚玄品に、「**仏性平等**たることは広大にして量りがたく、凡夫・聖者を問わず、また、草木や小虫にいたるまでことごとく具わっている」と説かれ、『*景徳伝灯録』4には、玄素禅師（六六八〜七五二）の言として、「**仏性平等**たることに賢者も愚者もない」と記されている。

仏所護念《ぶっしょごねん》

❶諸々の仏に心をこめて護られていること。
❷例えば、『*阿弥陀経』は「阿弥陀仏の不可思議の功徳を称讃する一切の諸の**仏所護念**の経である」と説かれ、また『*大宝積経』116には、「般若波羅蜜を信じて疑いのない者は仏に護念される」とされ、*道元（一二〇〇〜五三）は『*正法眼蔵』行仏威儀で、「我が我として、汝が汝として、それぞれに諸の仏が護念してきたところを行うことが仏道を行ずる者の威儀である」と述べている。

仏世一枚《ぶっせいちまい》

❶日常は仏法と異ならず、日常がそのまま仏法である

ということ。

❷江戸時代初期の曹洞宗の僧であるが、仏教は世俗の生活に密着したものでなければならないと説いた鈴木正三《しょうさん》（一五七九～一六五五）が著したとされる『反故《ほご》集』念願書略に、「世法すなわち仏法なり。若し、世法を以て成仏するの道理を用いずんば、一切の仏意を知らざるの人なり。**仏世一枚**の段にこれあるなり」と記されている。「世法」はすなわち「仏法」であり、日常がそのまま成仏の道であることを知らないならば、それは仏の真意を知らない人であるという意である。なお、**仏世一枚**は『華厳経*（実叉難陀訳）』19十行品の「仏法不異世間法。世間法不異仏法」に拠っているとされる。

仏仏祖祖《ぶつぶつそそ》

❶諸々の仏と諸々の祖師をいう。

❷竺仙梵僊《じくせんぼんせん》（一二九二～一三四八）の語録『竺仙和尚語録』中に、「禅の修行の枢要たる**直指人心**《じきしにんしん》(⇧)**見性成仏**《けんしょうじょうぶつ》(⇧)が即ちこれ**仏仏祖祖**である」と説かれている。また、『正法眼蔵*』説心説性には、「**仏仏祖祖**に受け継がれたあらゆる功徳とは**説心説性**《せっしんせっしょう》（心と本質を解明すること）にある」と記されている。

不変真如《ふへんしんにょ》

❶真如（真理）のいかなる変化も被らない側面をいう。**随縁真如**《ずいえんしんにょ》(⇧)に対する。

❷理論と実践の両面から大乗仏教*の思想が要約されている、馬鳴《めみょう》（アシュヴァゴーシャ、五世紀？）の作とされる『大乗起信論』の説で、真如には絶対不動であるという側面と、それが縁にしたがって現実世界に現れると汚れもするし、清らかにもなるという二つの側面があるとする。前者を**不変真如**、後者を**随縁真如**という。このうちの**不変真如**は海水に、**随縁真如**は波に譬えられる（『胎蔵金剛菩提心義略問答鈔』5＝安然による天*台密教の教理を判じたもの）。ただし実際にこれらの語が用いられているのは、法蔵（六四三～七一二）による『大乗起心論』の注釈書『大乗起心論義記』中においてであ

る。

不昧因果《ふまいいんが》

❶因果の道理に昧《くら》くなく、因果の理法をあるがままに認めること。**不落因果**に対する。
❷『*無門関』百丈野狐に次のような話が記されている。*百丈和尚（七二〇〜八一四）の説法を聞いていた一人の老人が、「実は私は人間ではなく野孤でございます。むかし、仏道修行を完成した人でも因果の法則に落ちるのかと問われて、因果に落ちず（**不落因果**）と答えたために野孤になったのです。仏道修行を完成した人でも因果の法則に落ちるのでしょうか」と尋ねた。百丈が**不昧因果**と答えると、老人はたちまちに大悟して、野孤の身を脱することができた、という。**不落因果**は修行を完成した人は因果に支配されないという意であるが、**不昧因果**は修行を完成した人も、因果をあるがままに認めて、それに身を委ねるという意である。
*道元（一二〇〇〜五三）は『*正法眼蔵』深信因果で、「**不昧因果**とは因果の道理を深く信ずることであって、それによって悪趣《あくしゅ》（*地獄・餓鬼・畜生などに堕ちること）を脱することができる」と説いている。

附物顕理《ふもつけんり》

❶「物について理を顕《あらわ》す」と読む。真理は無形のもので、現象として現われた底に隠されているように思われるがそうではなく、物そのものに顕れているということを表す。**即色明心**《そくしきみょうしん》と共に用いられることが多く、これも私たちが本来持っている仏性（心）は肉体（色）と別ではなく、仏性は肉体の動きとなって明らかになるということを表す。
❷大慧《だいえ》宗杲《そうこう》（一〇八九〜一一六三）の語録『大慧普覚禅師語録』14に、「道は屎溺（くそと小便）に在り、道は稊稗（のびえとひえ）に在り、道は瓦礫に在り、色に即して心を明らかにし、物に附して理を顕す」とする。真理とか仏性というものは、神秘的で隠されて見えないものではなく、私たち自身や卑近な取るに足らない物その

ものに顕れていることを表したものである。**物物全真**《もつもつぜんしん》、**全真物物**、**物物覿体**《もつもつてきたい》もこのような意を表した語である。本嵩によって一一世紀に書かれた『華厳七字経題法界観三十門頌』下に「**物物全真**にして一道清浄、純一無雑なり」「物物は尽く全真なり。**三界**《さんがい》**唯心**《ゆいしん》にして更に別法なし」とし、『雲門*匡真禅師広録』上には、「これ**挙体全真**《こたいぜんしん》、**物物覿体**にして不可得なり」とする。

普門示現　ふもんじげん

❶仏・菩*薩などが種々に姿を変えて現れ、衆生を救済すること。特に観世音菩薩が普《あまね》く門戸を開き（普門）、種々に姿を示現して（三十三身）、衆生を救済することをいう。
❷『法*華経』観世音菩薩普門品には、もし衆生が観世音菩薩が神通力を起こし、**普門示現**することを知れば、その功徳は大きいと述べられている。『源*平盛衰記』25大仏造営には、「菩薩の慈*悲とりぐ〱也といえ共、**普門示現**の利生悲願は観音大士に過たるはあらじ」とされている。

不来不去　ふらいふこ

❶来ることもなく、去ることもないこと。**無去無来**《むこむらい》とも表現される。また**不生不滅**《ふしょうふめつ》（⇧）も同趣旨を表す。
❷『大*般若経』296には、「智慧の完成した境地では、一切の法は**不来不去**であると観じられる」と説かれる。一切のものは空であって、実体はないのであるから、何が来て、何が去るというものはない、ということを表す。**八不中道**《はっぷちゅうどう》（⇧）の項も参照されたい。また禅宗で重んじられる『楞伽経《りょうが》（求那跋陀羅訳）』4には、「如実とは**不来不去**をその特徴とする」と記されている。真実は永遠不変であるから、来ることも去ることもない、という意である。

不立文字　ふりゅうもんじ

❶仏教の教えは文字では伝えられないということ。**教《きょう》外別伝《げべつでん》**とならんで、禅の特徴をもっともよく表す。

❷『碧巌録《へきがんろく》*』一則に次のように述べられている。「達*磨大師は仏教の教えを理解できる環境が備わっていると中国に渡り（五二〇年頃）、その真髄を伝え、迷える人々に道を示された。**不立文字**、**直指人心《じきしにんしん》**（⇧）、**見性《けんしょう》成仏《じょうぶつ》**（⇧）を会得できれば、自由自在な悟りを得ることができる。一切の語言に影響されず、今のそのままで仏になる」と。

また『無門関*』世尊拈花にも、釈尊が弟子の迦葉《かしょう》*に対して、文字によらず、ことばによって表された教えのほかにその真髄を心から心に伝えたという故事（**不立文字教外別伝**）が記されている。

不著名字《ふじゃくみょうじ》、**不著文字《ふじゃくもんじ》**ともいい、**不拘文字《ふくもんじ》**とも説かれる。文字に拘泥してはいけない、ということである。

また同趣旨を表すことばとして、**言語道断《ごんごどうだん》**（⇧）、**言詮不及《ごんせんふぎゅう》**がある。

不老不死　ふろうふし

❶老いることなく死ぬこともないこと。

❷『法華経*』薬王菩薩本事品に、「法華経はすべての病人の良薬であって、もし病人がこの経を聞くとたちまちに病が消滅して、**不老不死**となる」と説かれている。また、親鸞*（一一七三〜一二六二）は『教行信証*』真仏土巻で、大乗の『涅槃経*』の文言を引用して、「さとり（解脱）とはすなわち如来そのものであって、如来もまた**不生不滅《ふしょうふめつ》**（⇧）**不老不死不破不壊**である」と記す。

分段生死　ぶんだんしょうじ（ふんだん）

❶「分段」は区別のあることで、寿命の長短や肉体の大小などがあること。私たち凡夫の生き死にをいう。

❷私たちは過去の行為を原因として、その結果（業の果報）さまざまな身体的特徴や個性を有する者として

生まれてきて、そして死んでいく。これを**分段生死**といい、これに対して、*阿羅漢や*菩薩など一定の悟りの境地に達している者の生死を**変易生死**《へんやくしょうじ》という。これらの聖者は、業の果報ではなく自分の意志でこの世に生まれてきて、寿命も肉体も自由に変化させることができる、とされる。

法相宗《ほっそうしゅう》の根本聖典であり、*世親《せしん》の『唯識三十頌』を注釈した護法（ダルマパーラ、五三〇～五六一）の『成唯識《じょうゆいしき》論』8には、因縁によって寿命の長短や肉体の大小などが限定されるが故に「分断」といい、有漏《うろ》（汚れのある状態）の善・不善業を因とし、煩悩障を縁として、*三界に輪廻するとされている。これに対して、初地以上の菩薩は衆生を救済しようとの「悲願」の力によって、身体とその寿命の長短を自在に変化させられるが故に「変易」といい、無漏《むろ》の業を因とし、所知障《しょちしょう》を縁とした「生死」のことを**変易生死**という、と述べられている。

また、聖徳太子（五七四～六二二）による『勝鬘経《しょうまんぎょう》』の注釈書『勝鬘経義疏』如来蔵章にも、「**分断生死**とは因縁に束縛されている人（有為人）が繰り返す生死である」と記されており、梁の法雲（四六七～五二九）による『*法華経』の注釈書『法華義記』3には、**分断生死**が三界にとどまるのに対し、**変易生死**は三界を超える、と記されている。

類義語として**無為生死**《むいしょうじ》がある。

平生業成　へいぜいごうじょう

❶普段の日常生活の中で極楽浄土への往生が完成すること。

❷死を待って初めて往生が確定するとする**臨終業成**《りんじゅうごうじょう》に対する。また、**現生不退**《げんしょうふたい》ともいう。*親鸞（一一七三～一二六二）が開いた浄土真宗では、現実の日常生活における他力の*念仏を通じて、浄土往生が約束されるとする。たとえば、存覚（一二九〇～一三七三）によって浄土真宗の立場から念仏の要点が記された『浄土真要鈔』には、「親鸞聖人の一流においては、**平生業成**の義にして臨終往生ののぞみを本とせず。不来迎の談にして来迎の

義を執せず」と述べられている。また、浄土真宗中興の祖と仰がれる蓮如の手紙を集めた『蓮如上人御文*』1にも、「ただ一念帰命の他力の信*心を決定せしむるときは、さらに男女老少をえらばざるものなり。(中略) これすなわち不来迎の談**平生業成**の義なり」と記されている。他力の信心が決定した時が浄土往生の完成と見なされるのであって、それゆえに**平生業成**では仏・菩*薩による来迎はないということになる。

劈頭劈面　へきとうへきめん

❶「劈頭」は真っ先に、「劈面」は真っ向からの意。避けて通ることのできないこと。
❷『*碧巌録《へきがんろく》』四三則に、ある僧が*洞山良价《とうざんりょうかい》(八〇七～八六九)に「暑さ寒さをどのように避けるべきでしょうか」と問うたのに対し、洞山は「寒い時は寒さになりきれ、暑い時は暑さになりきれ」と答えたという。これを*雪竇《せっちょう》(九八〇～一〇五二)は**劈頭劈面**と評している。なお「寒暑」を煩悩と見なせば、煩悩を離れて悟りなどなく、煩悩に徹してこそ煩悩を克服できる、とも解される。

劈腹剜心　へきふくわんしん (ひっぷく)

❶腹を裂き、心臓をえぐること。腹蔵なく心を打ちあけること、自分をさらけ出すことを意味する。
❷『*従容録《しょうようろく》』二則に、梁の武帝(四六四～五四九)がインドから西来した達*磨(五三〇年ころ中国に渡り禅を伝えた)に、仏教の究極の真理とは何かを尋ねたところ、達磨は**廓《かく》然無聖《ねんむしょう》**(⇧) (からりとして聖なるものなどない)と答えたとされる。この答え方が**劈腹剜心**と評される。

変成男子　へんじょうなんし

❶女子が変じて男子と成ること。女性が仏となるために男性に生まれ変わることをいう。
❷女性には梵天・帝釈天・魔王・転輪聖王《てんりんじょうおう》・仏になることができないという「五障」があって、女性が直接成仏することはできないので、一度男性に生まれ変わ

った上で仏となることをいう。『*法華経』提婆達多品では、龍王の娘が釈迦如来によって男子に生まれ変わり、後に成仏するという**龍女成仏**《りゅうにょじょうぶつ》(⇧)の物語が記されている。また『*無量寿経』上に説かれる四十八願の中の、「わが名号を聞き*信心歓喜し菩提心を発して、女身を厭悪する者があれば、命が終わって後に再び元の姿にはならしめない」という第三十五願は、「**変成男子の願**」と呼ばれる。もちろんこれは仏教本来の思想ではなく、インドの女性差別的な社会環境が影響を与えたものである。

類義語として**女人成仏**《にょにんじょうぶつ》(⇧)がある。

偏袒右肩　へんだん（へんたん）うけん

❶ひとえ（偏）に右肩をかたぬぎ（袒）、左肩のみを袈裟で覆うこと。相手に対して恭敬の意を示すインドの礼法をいう。

❷仏典にはしばしば仏弟子が仏にまみえるときに、衣を**偏袒右肩**して、右ひざを地につけ（**右膝著地**《うしつじゃくじ》）、長いあいだ合掌した（**長跪叉手**《ちょうきしゃしゅ》）と記されている。さらに恭《うやうや》しい尊敬の姿勢は、**偏袒右肩**して、右ひざを地につけ、自分の額を仏の足につけて、おしいただいて礼拝する（**頂礼仏足**《ちょうらいぶっそく》）ことである。これに対して日常的な衣の着方は、両肩に袈裟をかける「通肩《つうけん》」である。

卞璧燕金　べんべきえんきん

❶「卞璧」と「燕金」はともに貴重なもので、両者の間に優劣がつけ難いことをいう。

❷「卞璧」は「趙氏連城の璧《たま》」、「燕金」は「燕の国に産する金」のことで、共に最上の宝玉を意味する。『*従容録《しょうようろく》』六三則に「三聖慧然《さんしょうえねん》（生没年不詳、唐代）と雪峯義存《せっぽうぎそん》（八二二〜九〇八）は、春の蘭と秋の菊（のように共に高雅）であり（**春蘭秋菊**《しゅんらんしゅうきく》(⇧)）、また、*趙州従諗《じょうしゅうじゅうしん》（七七八〜八九七）と投子大同《とうすだいどう》（八一九〜九一四）は、卞璧と燕金（のように共に尊くて優劣をつけがたい者）である」と記されている。

法已応捨《ほういおうしゃ》

❶仏の教えである「法」すらも、彼岸（悟り）に達したならばもはや捨てるべきである、という意。
❷仏法は筏《いかだ》に譬えられる。その筏を用いて、此岸より彼岸に達したならば、その筏を担いで行くなどは滑稽なことで、手段・方法に執着してはならないとする教えである。たとえば、空海（七七四～八三五）による日本の真言宗の根本聖典『秘蔵宝鑰』下には、「筏である仏法も本来、無自性・空であるが故に**法已応捨**せよ」と説かれている。また、『*一遍上人語録』門人伝説に「浄土が西方に実在するとする教えも方便であって（**指方立相**《しほうりっそう》（⇧）の分）、**法已応捨**の分である」と述べられている。

法塵煩悩《ほうじんぼんのう》

❶教えにとらわれることも煩悩であるということ。悟りを得るためには教えそのものにもとらわれてはならないという意。
❷法執《ほうしゅう》・法縛《ほうばく》ともいう。大慧《だいえ》宗杲《そうこう》（一〇八九～一一六三）の語録の一つ『大慧普覚禅師書』27に、「修行者が寂滅のところにとどまることで、かえって法界の量（かさ）に制約されることとなる。教典ではこれを**法塵煩悩**と呼ぶ」と記されている。

法爾法然《ほうにほうねん》

❶ものの本来のあり方そのままであって、作為を加えていないということ。
❷『*黒谷上人語灯録』15（和語灯5）には、浄土宗の祖である*法然（一一三三～一二一二）が自らの法名の由来として、「自分は父母、兄弟、妻子、朋友等との別離といった、何らかの理由があって仏道を志したのではない。**法爾法然**に仏道を志したが故に、師匠より法然という名を賜った」と述懐している。

方便善巧《ほうべんぜんぎょう》

❶「方便」とは衆生を救済するための手段や手立てのことで、それが巧みですぐれていること。

❷『*大般若経』3には、「*菩薩は**方便善巧**に、自らのこの上ない悟り、すなわち計り知れない功徳を諸の有情に差し向ける」と説かれている。また、*世親の『唯識三十頌』を注釈した護法（ダルマパーラ、五三〇〜五六一）の『成唯識論』9には、この**方便善巧**には菩薩自らが積んだ功徳を衆生に差し向けるものと、衆生の苦しみを直接取り除いて難を救うものとの二種類がある、と記されている。**善巧方便**ともいう。

方便菩提《ほうべんぼだい》

❶衆生を教化し利益する手段・方法を「方便」といい、それがそのままで菩提、すなわち悟りであるということ。

❷*天台宗などで説く三菩提（実相・実智・方便）の一つ。『*法華玄義』5下には、釈尊が出家してから、ブッダガヤーで得た悟り（「少出家近伽耶城得三菩提」）がこの**方便菩提**であると記されている。しかし同書には「授八相記即**方便菩提**」とあり、仏がその生涯において示す、（1）降兜率（兜率天から白象に乗ってこの世界に下ること）、（2）託胎（母マハーマーヤーの胎に入ること）、（3）降誕（母マハーマーヤーの母胎から出生すること）、（4）出家、（5）降魔（菩提樹下で悪魔を降伏させること）、（6）成道（菩提樹下で成道して仏になること）、（7）転法輪（説法すること）、（8）入滅（クシナーラーの沙羅双樹の間で*涅槃に入ること）の八つのすがたも**方便菩提**であると説かれている。

法界一相《ほっかいいっそう》

❶真如（真理）そのものの世界にはただ一つの相（すがた）しかないということ。

❷曼荼羅仙によって六世紀初頭に訳された『文殊師利

所説摩訶般若波羅蜜経』下には、文殊菩薩の「一行三昧とは何か？」の問いに、仏は「**法界一相**である」と答えている。心を一つに集中して仏を念ずることは、真如の世界がただ一つの相を呈していることを観ずることに他ならないと説くのである。

また『*大宝積経』83には、真如の世界たる「法界」には二つの相はなく、一つの相に入ることを常とする、と述べている。さらに、理論と実践の両面から*大乗仏教の思想が要約されている馬鳴《めみょう》（アシュヴァゴーシャ、五世紀？）の『大乗起信論（真諦訳）』1では、**法界一相**とは如来の「平等法身（絶対平等なる真理そのものとしての仏）」そのものであると記している。

法界縁起　ほっかいえんぎ

❶「法界」は、仏や衆生の本源にある、清浄なる一心から現れてきている世界のことであって、この世界が**重々無尽**《じゅうじゅうむじん》（⇧）、**事事無礙**《じじむげ》（⇧）に関係しあっていることをいう。

❷この語は*大乗仏教の経典である『*華厳経』の世界観に基づいて、中国の*華厳宗において作られたとされる。『*華厳随疏演義鈔』53に、「一乗円教（『華厳経』に基づいた教え）」とは、この**法界縁起**を明らかにする教えであることが説かれている。また、法蔵（六四三〜七一二）による華厳教学の概説書『華厳五教章（華厳一乗教義分斉章）』2にも、この円教の教えは、真如の世界は完全にして明朗であり（**性海円明**《しょうかいえんみょう》）、法界縁起は**無礙自在**（⇧）であるということに要約できる、と述べられている。

また法界が一心より現れていることを**法界唯心**《ほっかいゆいしん》、**唯心所現**《ゆいしんしょげん》といい、法界が円満に融和し、関係しあっていることを**法界円融**《ほっかいえんゆう》という。

発願廻向　ほつがんえこう

❶仏・*菩薩が衆生を救いとりたいという本願を立て、自分の修した善を衆生に差し向けること。浄土教では、あらゆる善根功徳を浄土往生に差し向けることをいう。

❷本願は、誓ってすべての衆生を救いとろう（衆生無辺誓願度）、誓ってすべての煩悩を断ちきろう（煩悩無数誓願断）、誓ってすべての教えを学び取ろう（法門無尽誓願学）、誓ってこの上なき仏道を完成させよう（仏道無上誓願成）という、**四弘誓願**《しぐぜいがん》（⇧）に収斂される。衆生を救済することがそのまま自らの悟りを完成させることと重なるわけである。

また浄土教的な意味としては、中国浄土教の教義を大成させた善導*（六一三〜六八一）の『観経疏*』玄義分1に、「南無阿弥陀仏」の「南無」とは「帰命」のことであり、あらゆる善根功徳を浄土往生に差し向ける**発願廻向**の意味である、と記されている。また浄土真宗の祖である親鸞*（一一七三〜一二六二）は『教行信証*』行巻で、独自の見解を述べている。すなわち、「帰命」とは如来が浄土に来いという衆生に対する命令であって、**発願廻向**というのは、如来自らがすでに願を起こして、衆生の浄土に生まれる行を回し施した心をいう、と解釈している。善を浄土往生に差し向ける行為も如来の行い（他力）であって、私たち衆生の行いではないというのである。

法華一乗　ほっけいちじょう

❶『法華経*』は一乗*の教えを説くということ。一乗とは、仏教には阿羅漢*になることを目標とする声聞*乗、縁覚*（独覚、辟支仏）になることを目標とする縁覚乗、仏になることを目標とする菩薩*乗の三種の教え（三*乗）があるとされるけれども、声聞乗も縁覚乗も仏になるための手段であって、真実には仏になる教えしかないとする立場をいう。

❷『法華経』方便品に「十方の仏土の中に唯だ一乗の法のみ有り」とされ、『法華経』の教えは三乗の教えがそのまま一乗に融合される教えである、と説かれている。また、湛然*《たんねん》（七一一〜七八二）は、智顗《ちぎ》の『法華玄義*』に対する注釈書『法華玄義釈籤』2で、華厳*や般若といった他の教えも実は**法華一乗**から生み出されたものである、としている。

法性常楽《ほっしょうじょうらく》

❶真実を体得した悟りの世界は、一切の苦しみを離れて、常住なる安楽の境地であるということ。

❷『*大般若経』550には、「完成された智慧（般若波羅蜜）によって、**法性常楽**の世界を観察すれば、一切が空であって、差別もなく、願うということもなく、生じることもなく、滅することもなく、真実そのものである」と説かれている。

また、浄土真宗の祖である親*鸞（一一七三〜一二六二）の著した『*教行信証』証巻では、「常楽」とは究極の*涅槃《ねはん》を、「法性」とはあるがままの真実たる「真如」を意味すると解説している。そして『*浄土高僧和讃』善導に、「煩悩具足と信知して、本願力に乗ずれば、すなわち穢身すてはてて、**法性常楽**証せしむ」とうたっている。

法性随縁《ほっしょうずいえん》

❶不変の真理が縁にしたがって種々に変化して、現象として現れること。

❷法相宗の天台批*判に対して反論した最澄（七六六／七六七〜八二二）の『守護国界章』下之上には、「真理それ自体は本来不変でありながらも**法性随縁**する、これを有為《うい》（因縁によって成り立った現実世界）と名づける」と記されている。

法性随妄《ほっしょうずいもう》

❶真理が根源的な無知（無明）という妄縁に随って、迷いを生ずること。

❷宗暁（一一五一〜一二一四）が四明知礼の遺文を集録した『四明尊者教行録』4に、法性というものは平等（**法性平等**（⇧））であって真でも妄でもなく、始めも終わりもないのであるけれども、私たち衆生の中にいつの

ことやら分からない昔に迷いの根源である無明が生じて、この無明が**法性随妄**して、真なるものと妄なるものとが混じりあって迷いの世界が縁起する、と述べられている。

法性平等《ほっしょうびょうどう》

❶真理には相対的な差別はなく、絶対の平等であるということ。

❷『*大乗本生心地観経』8に、「法界の本質は無垢にして、上中下といった差別の相がない、なぜなら、それらは因果に束縛されず、**法性平等**であるからである」と説かれている。また、『*往生要集』大文5にも、「真理そのものである法身の仏は、**法性平等**そのものであるから、姿かたちがなく、空寂にして因果に束縛されることがない」と述べられている。

法身説法《ほっしんせっぽう》

❶仏教の真理そのものである法身が説法すること。

❷*大乗仏教では仏に法身、報身《ほうじん》、応身《おうじん》の三種があるとする。「法身」は仏を仏たらしめている仏教の真理そのものをいい、「報身」は仏になるための修行の結果としての仏をいい、「応身」は衆生を救済するために現れた仏をいう。すべての仏はこれら三種の性質をもっているのであるが、「報身」としての性格をもっとも強くもつ仏は、法蔵菩薩として四十八の願を立てて、途方もない長いあいだ修行した報いとして仏となった阿弥陀仏であって、「応身」の性格をもっとも強くもつ仏は釈迦牟尼仏である。

　このように「法身」は真理そのものであるから、一般には法身は説法するとは考えられていないが、真言宗では『大日経』などの密教経典は、法身仏としての大日如来が説いた法であると理解している。また『*伝心法要』には、「**法身説法**とは言語・音声・姿かたち・文字によって求めるべきではなく、また説かれたものでも証せられたものでもない。法そのものは実体がなく、しかもいたるところに遍満している」と説かれている。

また、虫の声、風の音などもすべてが仏教の教えを説いているという理解から、これを**法身説法**と呼ぶこともある。

法身平等《ほっしんびょうどう》

❶法身とは真理そのものとしての仏のことであって、この仏は絶対の平等であって差別がないということ。仏には釈迦牟尼仏や阿弥陀仏・薬師仏などさまざまな仏があり、これらの仏はそれぞれ個性や特徴をもっているが、しかし仏を仏として成り立たせているものには違いがないということを表したもの。
❷『*華厳経（実叉難陀訳）』38十地品に、「法身は平等であって、不滅であり、時に随い状況に随って、仮に現れたものを差別という」としている。また、理論と実践の両面から*大乗仏教の思想が要約されている馬鳴《めみょう》（アシュヴァゴーシャ、五世紀?）の『大乗起信論（真諦訳）』1には、「諸の仏・如来の法身は平等にしていたるところに遍在する、何の作意も無いが故に」と記されている。

法体恒有《ほったいごうう》

❶インド仏教の有力な部派の一つであった説一切有部の主張する理論であって、物質的・精神的世界を構成する要素のすべてには、実体があって、過去・現在・未来の三世にわたって存在するとみなす説をいう。**法《ほっ》体実有《たいじつう》**とも、**三世《さんぜ》実有《じつう》**（⇧）ともいう。
❷「説一切有部」とは、一切法が存在すると説く部派のことであって、「一切法」とは物質的・精神的世界を構成する要素のすべてをさし、説一切有部はこれに七五があると主張するが、最初期の仏教から使われていた言葉で言えば、色・受・想・行・識の*五蘊《ごうん》である。説一切有部は、これら色・受・想・行・識など諸々の要素には実体があって、過去・現在・未来の三世にわたって存在するのであるけれども、私たちはこれら身心を構成する要素が集まってでき上がっているのみで

あって、私たちのなかには永遠不変の霊魂のようなものは存在しないから「無我」であり、これらの要素は未来から現在に現れ、現在の一瞬に私たちを形成した次の瞬間には、過去に散り散りバラバラになっていくから「無常」であると説く。だから我々の心身は細胞が生まれては滅していくように、これら要素が一瞬一瞬に入れ替わっていることになる。

　しかし『般若経』はこれらの法には実体はないと主張し、色・受・想・行・識は「空」であると説いた。それが「**色即是空**（⇧）　**空即是色**受想行識　亦復如是」ということばである。

本有種子《ほんうしゅうじ》

❶*唯識《ゆいしき》派でいう、人が先天的に所有している悟りの智慧の因（種子）のこと。

❷唯識派では、悟りの智慧の因を先天的に所有しているとする立場と、修行によって後天的にもたらされるとする立場とがあった。「本有」とは前者の立場を指し、インドの*護法（ダルマパーラ、五三〇～五六一）などが主張したものである。なお「種子」とは、植物のたねのように、私自身や私をとりまく環境のすべてを現わしだす原因となるものであって、*阿頼耶識《あらやしき》という私たちの深層にある心のなかに宿されているとされる。したがって外界のすべては夢幻のようなものであって実際には存在せず、存在するものはただ阿頼耶識のみということになる。これを唯識という。

本有仏性《ほんうぶっしょう》

❶衆生のすべてが具えている仏となる可能性、もしくは衆生が本来有している仏たる性質をいう。

❷『*禅源諸詮集都序』上之2に、「衆生は**本有仏性**とはいうものの、根本的な迷いに覆われていてそれが自覚できず、迷いの生死を繰り返す」と説かれている。また、『*往生要集』大文4に「道を修する者は**本有仏性**を顕すが、道を修さない者はその道理が顕わになることはない」と記されている。

本願他力《ほんがんたりき》

❶阿弥陀仏が過去に立てられた誓願である「本願」が「他力」であるということ。

❷「他力」とは、私たち凡夫は自力で極楽往生できるほどの善をなすことはできない、阿弥陀仏に救われるほかに極楽往生する道はないということであるが、その阿弥陀仏の救済力の根源は「本願」であるということを意味する。阿弥陀仏は法蔵という名の菩薩*であった時代に、南無阿弥陀仏を唱える人が極楽に往生できないというなら、自らは仏にならないという「本願」をたてて無量劫*の修行をした結果、すでに阿弥陀仏という仏になっているのであるから、その「本願」は実現されていることになり、したがって私たちはこの「本願」を信じて念仏*すれば往生することができるというのである。

凡聖一如《ぼんしょういちにょ》（ぼんせい）

❶迷っている凡夫も、迷いを脱した聖者も、本質的には違いはないということ。

❷大乗*仏教では、「本来、衆生も仏も本質（体）は同じであり、凡夫も聖者も一如（**凡聖一如**）なるが故に、善と悪といった理《ことわり》も融解する」（『仏祖統紀』14、志磐による一三世紀の歴史書）と説かれる。また、「仏と衆生との間には、自と他といった区別すらもなく**凡聖一如**である。なぜなら、その本質もすがたも平等だからである」とも述べられている（『釈氏要覧』中＝一一世紀に成立、仏典中の故実等を注釈）。キリスト教の神は私たちの創造主であって、私たちは被造物であり、神と私たちは本質的に異なるが、仏教では私たちが仏になるのであるから、私たちと仏とは本質的な違いはないということになる。**凡聖不二**《ぼんしょうふに》ともいう。

本性清浄　ほんしょうじょう

❶衆生がもっている本来の性質は清らかであって、汚れは外から塵埃《じんあい》がついたにすぎないということ。
❷『*大般若経』36に、心というものの本性は本来清浄であるという。また、*慧《え》能《のう》（六三八〜七一三）の行実と説法が収録されている『六祖壇経（宗宝本）』坐禅に、坐禅とは精神集中して、自ら**本性清浄**であることを発見して、修行してこれを完成させることである、と説かれている。

このような人間観は最初期の仏教にもあったとされるが、特に*大乗仏教になってから強調されるようになった。この立場に立つ仏教は、鏡は本来は清らかであって、たといその上に埃《ほこり》がつもっているとしても、布でさっとひとふきすれば、本来の清らかさを取り戻すように、外から付着した煩悩はさっとぬぐい去れば、本来私たちがもっている仏性が現れるのであるから、いっぺんにポンと悟ることができるとする。しかし部派仏教の一つの説一切有部はこの説に反対の立場にたち、心性は清浄ではないから、私たちが本来もっている煩悩を一つ一つしらみつぶしに断じていかないと悟りは得られないとする。

類義語として**悉有仏性**《しつうぶっしょう》がある。

本証妙修　ほんしょうみょうしゅ

❶本来悟っている上での修行をいう。
❷「本証」は衆生が本来悟っていること、「妙修」はその「本証」の上に立った修行をいう。*道元（一二〇〇〜一二五三）によれば、人間は本来悟っているのであるから（本証）、修行することも坐禅することも「妙修」になるとする。すなわち修行や坐禅は悟りを得るための手段としての位置づけではなくなるわけである。『*正《しょう》法眼蔵《ぼうげんぞう》』弁道話に、「妙修を放下すれば、本証は手中に満ちることになり、また、本証を出身すれば、妙修は修行者の身体全体を通じて行われることになる」と述べられている。

本来円成《ほんらいえんじょう》

❶仏たる資質は誰にでも本来的に具わっていて、それらが円満に完成していることをいう。
❷臨済宗の塩山抜隊（一三二七～八七）の語録『塩山抜隊和尚語録』1に、聖人も凡夫も自己の本源に霊妙なる光の（**一源霊光**）、本来的に具わって円満に完成しているもの（**本来円成**）を有しているが、真摯に修行をして悟りを得て初めてそれを会得することができる、という。しかし、真言宗の慈雲（一七一八～一八〇四）による超宗派的な内容の仮名法語『慈雲短篇法語』短篇法語には、**本来円成**は修行しなくても悟りを得られるとする仏教以外の思想である、との見解が述べられている（「**本来円成**は不修の外道」）。

ま　行

万善成仏《まんぜんじょうぶつ》

❶どんな善も仏になることに繋がるということ。
❷聖徳太子（五七四～六二二）が著した『法華義疏』1には、『*法華経』は**万善成仏**を明らかにしており、**万善成仏**をもってその根本教理となす、と記されている。『法華経』は、仏教には*阿羅漢になることを目標とする*声聞乗、*縁覚（独覚、辟支仏）になることを目標とする縁覚乗、仏になることを目標とする*菩薩乗の三種の教えがあるとされるけれども、声聞乗も縁覚乗も仏になるための手段であって、真実には仏になる教えしかないとする立場をとるからである。**万善同帰**《まんぜんどうき》というも同じ。

万徳円融《まんどくえんにゅう》

❶すべての仏のもつ徳が渾然一体となって一人の仏に融け込んでいること。特に阿弥陀仏をいう。
❷*『往生要集』大文4に、「阿弥陀仏には諸々の仏のもつ徳が渾然一体となって溶け込んでおり、これが光明となって現れている」としている。

万法一如《まんぼういちにょ》

❶すべてのものは「空《くう》」であるが故に平等であり、差別がないということ。それが真実の姿であるということを表す。
❷『*華厳随疏演義鈔』88に、「真実というものの中には差別はなく、さまざまな姿というものもない。**万法一如**であって、平等でないものはない」と説かれている。
　類義語として**諸法実相《しょほうじっそう》**（⇧）がある。

万法一心《まんぼういっしん》

❶あらゆる存在（万法）が一つのこころ（一心）によって成り立っているということ。
❷「万法」とは、物質的なもの、精神的なものを含めた一切をいう。唐の宗密（七八〇～八四一）による『円覚経』の注釈書『円覚経略疏』上2には「**万法一心　三界唯《さんがいゆい》識《しき》**」とあり、この世のあらゆるものは一つの心におさまる、*三界（欲界・色界・無色界）はただ識よりあらわれたものである、という。そこで**万法唯識**とも表現され、**三界一心**（⇧）ともいう。
　これを体系化したものが、私たちの心の根源にある*阿頼耶識《あらやしき》というものから一切の世界が現わしだされているとする*唯識思想であるが、仏教の教えの根底には私たちの行為が世界を作っているという業の思想があって、業は意思がなければ起こしえないものとすれば、心が世界を作っているとも言えなくはないわけである。

　そこで、最古の経典の一つとされる『法句経《ほっくきょう》』の、

「心はすべてのものに先立ち、すべてのものは心によって成る。汚れた心によって語り行えば、引くものの後を追う車輪のごとく、苦しみが彼に従う。心はすべてのものに先立ち、すべてのものは心によって成る。清らかな心によって語り行えば、影の形に添うがごとく、楽しみが彼に従う」というような句が生まれることになる。

『*一遍上人語録』門人伝説には、あらゆる存在（万法）は、聖道門では「一心」におさめられ（**万法一心**）、浄土門では「南無阿弥陀仏」におさめられる（万法南無阿弥陀仏）、と説かれている。

類義語として**唯識無境**《ゆいしきむきょう》（↑）がある。

未生以前《みしょういぜん》

❶「父母《ぶも》**未生以前**」の略で、父母さえも生まれていない以前という意。後天的に得られたものではなく、先天的に有している本来の姿、すなわち仏性をいう。

❷『*禅関策進』楚石琦禅師示衆に、「もし悟りを得ることができないのであれば、蒲団の上に一〇年でも二〇年でも三〇年でも坐禅して、父母**未生以前**の本来の面目を究明せよ」とされている。また、『*正法眼蔵』十方には「自己とは、父母さえ生まれていない以前から各人が本来具有している大切なもの（父母**未生以前**の鼻孔）である」という。

密受心印《みつじゅしんいん》

❶弟子が師より仏の奥義を受けること。

❷「密」は「秘密」「親密」「綿密」の意。「心印」は「印可」とも言い、仏の悟りそのもののことで、悟りの内容は変化しないので印章に譬えられたもの。『*正法眼蔵』坐禅箴に、「江西大寂禅師（馬祖道一、七〇九〜七八八）は南岳大慧禅師（六七七〜七四四）に参学して**密受心印**してよりこのかた、常に坐禅をした」という。

冥機冥応《みょうきみょうおう》

❶「冥」は暗くて目に見えないこと。目に見えないはっきりとしない原因の結果として（冥機）、目に見えないはっきりしない報いが返ってくること（冥応）をいう。これに対して**顕機**《けんき》**顕応**《けんおう》は目に見えるはっきりとした原因の結果として、目に見えるはっきりとした報いが返ってくることをいう。

❷『*法華玄義』6上に記される四句料簡の一つで、上記のほかにも、**冥機顕応**（＝目に見えないはっきりしない原因の結果として、目に見えるはっきりした報いが返ってくること）、**顕機冥応**（＝目に見えるはっきりした原因の結果として、目に見えないはっきりしない報いが返ってくること）があげられている。私たちの行う行為とその果報の因果関係が、はっきりと読み取れる場合や、はっきりとは読み取れない場合など、さまざまなケースがありうることを表したものである。

名詮自性《みょうせんじしょう》

❶ものの「名」がそのものの本質を表すということ。「名」は「体」を表すということ。また「名」と「実」が相応することをいう。仏教語としての「名《みょう》」は「ペン」とか「力」などのものの名、「文《もん》」は「ペ」とか「ン」などの音、「句」は「ペンは力」というようなまとまった意味を表すものをいう。

❷*世親の『唯識三十頌』を注釈した護法（ダルマパーラ、五三〇～五六一）の『成唯識論』2に「**名詮自性句**《く》**詮差**《せんしゃ》**別**《べつ》」とあり、ものの「名」はそのものの本性を表し、まとまった意味を有する「句」はものとものとの相違を表す、と記されている。

名体不離《みょうたいふり》

❶「名」は名前、「体」はその名前がつけられている当体をいう。特に阿弥陀仏の名号と阿弥陀仏の体が一つであることをいう。**名体不二**《みょうたいふに》、**名体相即**《みょうたいそうそく》ともいう。

❷阿弥陀仏に具わっている功徳そのものが、南無阿弥陀仏と唱える名号にも具わっている、だから名号を称えれば衆生に大きな利益が与えられる、とされる。

弁長（一一六二～一二三八）による『選択本願念仏集』の注釈書『徹選択本願念仏集』上に、「名は即ちこれ体であり、相（姿）は即ちこれ性（性質）であって、だから**名体不二**、**相性一如**《そうしょういちにょ》であり、これが**念仏三昧**＊である」という。

冥得護持　みょうとくごじ

❶私たちが気がつかないところで、神々や諸仏の加護を得ているということ。

❷『往生要集』＊大文7に記されている七つの念仏＊の利益の中の一つ。三六の神々や無数の鬼神が、三宝に帰依する者をひそかに護ってくれているという。親鸞＊（一一七三～一二六二）は**冥衆護持**《みょうしゅごじ》ということばを用いる（『教行＊信証』信巻）。

名聞利養　みょうもんりよう

❶名前が聞こえ、利益を得て自分の身をこやすこと。名誉と財産のことで、これらを得たいという欲望をさす。

❷釈迦牟尼仏に関するさまざまな因縁譚を集めた『仏《ぶっ》本行集経《ほんぎょうじっきょう》』52には、「財産に恵まれ、名声を博していたとしても、仏はそれら**名聞利養**に決してとらわれて穢れることがないことは、あたかも濁った水の中で咲く蓮華のようである」と説かれている。また、『瑜伽《ゆが》師地論《しじろん》』の綱要書と目される無著《むじゃく》（アサンガ、三一〇～三九〇頃）の『顕揚聖教論』19には、**外心散乱**して、修行者が折角すぐれた法を得ても、世間の**名聞利養**に執着してしまい、心に憂いと悩みを生ずることが多いと述べている。

また**名聞利養**を得るために仏道を学ぶというケースもまれではなく、『太平記』＊36仁木京兆参南方事付大神宮御託宣事に「ただ**名聞利養**のために修せしところの善根なれば、今身は武名の家に生れて、諸国を管領し、眷属多くたなびくといえども、悪行心に染みて乱を好み人を悩す」と述べられている。

無為自然《むいじねん》

❶「無為」は因縁によって束縛されていない悟りの世界。「自然」にはさまざまなニュアンスがあるが、人為を離れた真実のあり方という意に解すればよいであろう。

❷『*無量寿経』下に、「浄土に生まれたならば、人は無限の快楽を享受し、煩悩がなく、寿命は自在に得ることができる世界であると言われるが、実は浄土とは**無為自然**そのものの世界であって、涅槃の境地に近いところである」と説かれている。

無為生死《むいしょうじ》

❶無為とは原因とか条件に影響されることのない、生き死にを超越した世界をいう。このような世界を体得している聖者が受ける生死のこと。寿命や身体を自由に変えることのできる**変易生死**《へんやくしょうじ》に相当する。

❷勝鬘《しょうまん》夫人を主人公にした『勝鬘経』法身章に、因縁の束縛の有無によって**有為**《うい》**生死**と**無為生死**の二種類の生死があると説かれ、隋の吉蔵*（五四九～六二三）による『勝鬘経』の注釈書『勝鬘宝窟』中では、**有為生死**を**分段生死**《ぶんだんしょうじ》（⇧）に、**無為生死**を**変易生死**に配している。また、隋の慧遠《えおん》（五二三～五九二）による仏教の術語辞典『*大乗義章』8では、「煩悩（有漏）による行いによって、自らの寿命や身体が限定される報い（分断報）を受けることがないから無為であって、その無為の聖人の生死をさして、**無為生死**と名づける」と記されている。

無為常住《むいじょうじゅう》

❶「無為」は因縁によって作られていない悟りの世界をいう。この悟りの世界は生滅変化せず永遠不変であるということ。これに対して、因縁によって作られた迷いの世界を「有為《うい》」といい、この世界は無常である。

❷弥勒《みろく》（マイトレーヤ、二七〇～三五〇頃）の著した『瑜伽師《ゆがし》

地《じ》論』93には、「**有為《うい》無常《むじょう》**、**無為常住**なり。諸行は皆苦にして、涅槃*は寂静である」と記されている。諸行も因縁によって作られた世界のすべてを意味するので、**諸行無常**（⇧）とか**一切皆苦**（⇧）とも表現される。涅槃は因縁を超えた悟りの世界を意味する。

また、**他力信心**（⇧）の肝要を記した『安心決定鈔』末に、「極楽浄土を**無為常住**というのは、凡夫のなすによりてうせもし、いできもすることのなきなり」と述べられている。

無礙自在　むげじざい

❶何も妨げになるものがなく、**自由自在**（⇧）であること。

❷『大般若経*』446に、菩薩*は妨げるものとて何もない自由自在な神通力（「**無礙自在**神通」）を得て、有情（衆生）の生死の大いなる苦しみを抜き、この上なく仏と等しい悟りを衆生に得させようとする、と説かれている。また、法蔵（六四三〜七一二）による華厳*教学の概説書『華厳五教章（華厳一乗教義分斉章）』2にも、『華*厳経』の説く円教とは「真如の世界は完全にして明朗であり（**性海円明《しょうかいえんみょう》**）、仏の悟りから展開された世界（**法界縁起《ほっかいえんぎ》**（⇧））は**無礙自在**である」ということに要約できる、と述べられている。

夢幻泡影　むげんほうよう

❶ゆめ、まぼろし、あわ、かげのこと。これらは固定的な実体を持たないものであって、比喩として無常とか無我を表現する。

❷「空《くう》」のことばを用いずに「空」の思想を説く『金剛般若波羅蜜経』に、「因縁によって成り立っているとされる迷いの世界（一切有為法）は、ゆめ・まぼろし・あわ・かげ（**夢幻泡影**）の如く、露や電光の如しと観じるべきである」と説かれている。

無言無説　むごんむせつ

❶言語表現が途絶えたこと。言語・概念・思想を超えた悟りの境地を表す場合と、ただ黙然としている状態を表す場合とがある。
❷前者の例として、『*大般若経』127には、「極めて深い智慧の完成（「甚深般若波羅蜜多」）とは、すがた・形・言語表現を超絶したものである（「**無相無状　無言無説**」）」と説かれ、維摩《ゆいま》（ヴィマラキールティ Vimara-kīrti の音写。正確には維摩詰《きつ》という）という在家の大商人を主人公とする『維摩詰所説経』下では、清浄な仏土のありさま（或有清浄仏土）が**無言無説**、**無示無識**《むしむしき》であると説かれている。**無示無識**も同じ意である。
後者の例としては、大慧宗杲《だいえそうこう》（一〇八九～一一六三）の語録の一つ『大慧普覚禅師書』28に公案を用いずにただ禅のみを修する黙照禅を揶揄する際に用いられている（「只以**無言無説**為極則」）。

無作福田《むさふくでん》

❶「福田」は福徳を生みだす田のことで、布施《ふせ》を行う対象となるもの。布施を行うことは布施を行う者の福徳となるのであるが、布施を受ける者はこの福徳を生みだしてくれる田のようなものであるからである。「無作」はこの功徳を期待しないということ。
❷そもそも見返りを期待するような「布施」は商行為とでもいうべきで、「布施」とはならない。したがってそもそも「布施」は「無作」でなければならないのであるが、どうしても布施の見返りを期待してしまうから、そこで布施は**三輪清浄**《さんりんしょうじょう》（⇧）でなければならないと教えられる。「三輪」とは布施の三つの要素、すなわち施者と受者と施物をいい、これらにとらわれてはならないというのである。

無師独悟《むしどくご》

❶師につくことなく、独りで悟りを得ること。
❷釈尊は「私は自ら悟ったのであって、誰を師と称せよう。自分には師はないし、自分に等しい者もない」と言われたとされる。釈尊の弟子たちを*声聞《しょうもん》といい、

彼らは釈尊という師がいなければ悟ることのできない者という認識があったから生まれたことばであろうと考えられる。

転じて、道元*（一二〇〇〜五三）は『正法眼蔵*』嗣書で、仏より仏となる承認を得るとき、師と弟子の悟りの内容が一つに重なるがゆえに、**無師独悟**であり、かつ**無《む》自独悟《じどくご》**でもあると記している。また、『同書』法性で、経巻や師にしたがって研鑽して修行者は**無師独悟**するが、これは真理の側からの働きかけ（法性の施為）によるものである、としている。

無師自証《むしじしょう》、**無師自悟《むしじご》**ともいう。

無始無明　むしむみょう

❶始めもわからない昔から私たちの中にある無明（真理に無知なこと）のこと。

❷仏教では、私たちはいつからとも分からない昔から輪廻し続けてきて今ここにあり、もし解脱をすることができなければ、終わりもわからない未来まで輪廻し続けなければならないという世界観をもっている（これを**無始輪廻《むしりんね》**という）。このように果てしもなく輪廻しなければならないのは私たちの中にある根源的な煩悩、すなわち「無明」のせいであって、これを**無始無明**という。『禅源諸詮集都序*』上之2に、「衆生は本来仏性を有するけれども、**無始無明**によって覆われていて、これを見ようとしないために輪廻を繰り返す。しかし諸仏は既に妄想を断って仏性が明瞭に現れ、生死の輪廻を出て神通力による自在を得ている」と記されている。

無修無証　むしゅむしょう

❶絶対的な境地から見ると、修行もなければ悟りもないということ。

❷『臨済録*』示衆に臨済（？〜八六七）の言葉として、「自分（臨済）の見地からすれば、仏もなければ衆生もない、古も今もなく、得たものは元々得ていたのだから、時節を重ねて得たというのでもない、**無修無証**

であって、得るとか失うということもない」、あるいは「もともと仏も法もなく、**無修無証**である」と説かれている。いずれも絶対的な境地からすると、相対的な次元における修行やそれによって得られた結果としての悟りもなく、したがって、それに執することもなくなることをいう。

無常迅速《むじょうじんそく》

❶一切のものは生滅をくり返し、時の過ぎ去るのは速いということ。
❷永明延寿《ようめいえんじゅ》（九〇四～九七五）によって禅と浄土の双修が説かれる『万善同帰集』下に、「片時も空しく過ごしてはならない、**無常迅速**であって、一瞬一瞬に移ろい行くものである」と説かれている。

無情説法《むじょうせっぽう》

❶「無情」は心を持たないという意で、木石など動物以外のものをいう。この「無情」が仏の教えを説くこと。
❷風の音、谷の響きに仏の教えを聞くということで、宗暁（一一五一～一二一四）によって四明知礼の遺文を集録した『四明尊者教行録』4には、「**無情説法**とは本清浄法性と名付けられるもののはたらきであって、草木瓦礫などの無情が説法を行うことをいう」と記されている。また、*『正法眼蔵』無情説法に、「**無情説法**というものを、人間のような有情がなす説法のはたらきと異なるものと考えてはいけない」と述べられている。
類義語として**草木成仏**《そうもくじょうぶつ》（⇧）がある。

無法可説《むほうかせつ》

❶真理として説くことができるものはない、ということ。
❷「空」の言葉を用いずに「空」の思想を説く『金剛般若波羅蜜経』に、「如来に説くところの法があると思ってはならない。もし如来に説くところの法がある

と思うなら、それは仏を謗《そし》ることになる。なぜなら、仏が説くところは理解を超えているからである。法を説くというのは、法として説くことができないということであって、これを法を説くと名づけるのである」と説かれている。また、『伝心法要』*にも「法身《ほっしん》（真理そのものとしての仏）の説く法は、言語・音声・姿かたち・文字によって求めることはできない、また、説かれるべきものでも証せられるべきものでもない、だから法として説くことができないということであって、これを法を説くと名づけるのである」と述べられている。

無明業障　むみょうごっしょう

❶人間が生まれながらにしてもっている根源的な煩悩《ぼんのう》をいう。

❷『蓮如上人御文』*2では、この無明業障が「無始よりこのかたのおそろしきやまい」とされている。しかし、阿弥陀如来の光明にひとたび遇うことによって、無明業障による深い罪や咎がたちまち消滅（治癒）するとも記されている。

明月蘆花　めいげつろか

❶「蘆花」は蘆の穂。明月も蘆花も白いという点では同じであるが、その白さはそれぞれ異なっている。平等の中に差別があることを表す。

❷『*宏智《わんし》禅師広録』1に、「鷺鷥《ろじ》（さぎ）」と「雪」、「明月」と「蘆花」はそれぞれ白い点で同じであるが、その白さはそれぞれ微妙に異なっており、全く同じではない、と説かれている。

迷中又迷　めいちゅううめい（ゆうめい）

❶迷いの上に迷いを重ねること。

❷『正法眼蔵』*現成公案には「迷いを大悟するのが諸仏であり、悟りに大迷であるのが衆生である、さらに悟りの上に悟りを得る人もいれば、迷いの上に迷いを

重ねる人（迷中又迷の漢）もいる」と述べられている。

迷頭認影《めいとうにんえい》

❶「こうべをまよいてかげをみとむ」と訓読する。鏡に映った自分の頭にとらわれて、真実の自己を見失うこと。

❷禅定に専注して生死の迷いを脱却することを説く『大仏頂首楞厳経』10に説かれている話がもとになっている。むかし室羅城（舎衛城）に演若達多という男がいた。ある朝、鏡に映った自分の頭や眉目がはっきりと見えるのに、直接自分が自分の頭を見ることができないのに腹を立てて、魑魅《ちみ》（ばけもの）となり狂うように走り去ってしまった。これを聞いた仏は、もともと悟りは自分の中にあって明々白々なのに、なぜ迷いの原因を探そうとするのか。自ら妄想を抱いてそれが原因となって迷いが迷いを生み、無量劫*にわたる輪廻を積み重ねてきたのである。このように迷いの原因は迷いであることを知らなければならない、と説かれたという。

また、*『碧巌録《へきがんろく》』一五則には、「擾擾怱怱《じょうじょうそうそう》たり、水裏の月」という句に、「青天白日《せいてんはくじつ》（☞）、**迷頭認影**、慌てふためいてどうしようというのか」という頌が付せられている。擾擾も怱怱も慌てふためくさまを表すことばで、水裏の月は水に映った月である。ここでの**迷頭認影**は経典のことばなどにとらわれて、真実を見失っているさまを表しているのである。

盲亀浮木《もうきふぼく》

❶百年に一度息をしに海面に首を出す盲目の亀が、大海を風に吹かれて西に東にと浮遊する木片の孔に首を突っ込むこと。めったにないことを表す。

❷六道を輪廻している間に人間として生まれ、しかもその間に仏法に出遭うことが極めて稀で困難であることを表すときに用いられる。「盲亀」を「一眼之亀」と表記する場合もある（*『法華経』妙荘厳王本事品）。三千年に一度、あるいは億劫*に一度しか花を開かないと

される優曇華《うどんげ》とともに用いられることが多い。

文文見諦《もんもんけんたい》

❶文章の背後にある肝心なこと（要諦）を見究めること。仏典の文言の中に教えの要諦を見究めて、その意味するところ以上のものを体現することをいう。
❷「**文文見諦・句句超宗**《くくちょうしゅう》（⇧）」として成語で用いられることが多い。*道元（一二〇〇～一二五三）の語録『永平広録』5に、「ある時、釈迦牟尼仏は大いなる自在の境地にとどまって、真理を信受して修行を続けていくうちに、どの文も一目見ればはっきり理解でき（**文文見諦**）、どの句もその意味するところ以上のものを啓示してくれるようになったという（**句句超宗**）」と記されている。

門門不同《もんもんふどう》

❶仏の教えに入る門は人によって異なっており、同じものは一つとしてない、ということ。
❷唐の*湛然《たんねん》（七一一～七八二）による『摩訶止観』の注釈書『止観輔行伝弘決』4の4に、「仏教の教えは**門門不同**であるから無量となる」と説かれている。また、*善導（六一三～六八一）の『法事讃』下には、「諸仏の大悲は一つであるけれども、六道の凡愚を教化するために随宜に変現したために八万四千の法門となった。**門門不同**であるけれども別ではない、別々の門は一つところに還るのである」とされている。

や　行

夜間珍重《やかんちんちょう》

❶禅寺における夜間の挨拶のこと。おやすみなさい、また明朝にお会いしましょう、などの意。

❷「珍重」とは別れの挨拶の語。さようなら、お大事に、ありがとう、などの意。また、朝の挨拶は**早起不**《そうきふ》**審**《しん》である。*『伝灯録』11に、ある僧が「出家者の本分とは何ですか？」と尋ねたところ、*趙州従諗《じょうしゅうじゅうしん》（七七八〜八九七）は「おはようございます（**早起不審**）と、おやすみなさい（**夜間珍重**）である」と答えた、と記されている。

唯我独尊《ゆいがどくそん》

❶この世界では自分がもっとも尊い、ということ。

❷義浄（六三五〜七一三）の翻訳にかかる『根本説一切有部毘奈耶雑事』20によると、釈迦牟尼仏が誕生したとき、帝釈天が敷いた蓮華の花の上を七歩あるいて、四方を見渡し、手で上下を指さして、「これは私の最後の人生で、天上天下に**唯我独尊**である」と宣言したとされる。

この**唯我独尊**の部分は、経典によってさまざまに表現されており、パーリ語の経典では「私は世間で最高の者である」ということばであり、このほかに「諸々の天人中において我為無上尊」（*『雑阿含』23）、「天上天下唯我為尊」（『修行本起経』上）、「我れ世間において最尊最勝」（『方広大荘厳経』3）などがある。

仏となるために*菩薩としての修行を、三阿《あ》僧祇《そうぎ》劫《こう》という天文学的な年数のあいだ積み重ねてきて、これがついにそれを実現するための最後の人生であり、これに肩を並べられるような者は他にいない、ということを表す。

唯識無境　ゆいしきむきょう

❶日常的に私たちが認識している外界のすべてのものは、私たちの心の深層にある阿頼耶識《あらやしき》と称される識が現しだしたものであって本来は存在しないということ。

❷*大乗仏教の学派の一つである唯識思想の説くところであって、阿頼耶識の阿頼耶は梵語のālayaの音写語。「貯蔵所」を意味するので「蔵識」と意訳される。「蔵」には、一切法を現しだす可能性である種子《しゅうじ》を貯蔵しているという「能蔵」の意と、行為の結果が影響（これを薫習《くんじゅう》という）として蓄積されるという「所蔵」の意と、これが「我」と執着されるという「執蔵」の三つの意味があるとされる。日常的な表面に現れる認識である眼識（視覚）・耳識（聴覚）・鼻識（嗅覚）・舌識（味覚）・身識（触覚）・意識（知覚）を六識といい、その底にある第七番目の識は末那識《まなしき》と呼ばれ、根底にあるこの阿頼耶識は第八識と呼ばれることもある。

　この思想によると、この世界は末那識が阿頼耶識を「我」と執着するところから展開するとされるのであって、このような世界観が説かれたのは、一切は私たちの妄想の結果生まれたものであって、このような実体のないものに執着してはならないということを教えんがためである。しかしこのような世界観はなかなか日常的な思考では理解できないので、ヨーガ（禅定）に入って観察すべきであるとされる。この学派を瑜伽行派《ゆがぎょうは》（ヨーガを行ずる学派）と呼ぶのはそのためである。**諸境唯心**《しょきょうゆいしん》も同義である。

唯心廻転　ゆいしんえてん

❶存在するのはただ心だけであり、それに基づいてあらゆるものが成り立っているということ。

❷『大乗起信論』の注釈書である『釈摩訶衍論《しゃくまかえんろん》』4に、「一切諸法唯心廻転」ということばがある。**三界一心**《さんがいいっしん》（⇧）、**万法一心**《まんぽういっしん》（⇧）、**万法唯識**《まんぽうゆいしき》、**唯識無境**《ゆいしきむきょう》（⇧）など類義語は多い。

唯仏与仏《ゆいぶつよぶつ》

❶「ただ仏と仏と」の意。仏のことは仏にしかわからない、ということ。

❷仏典では、ただ仏と仏のみ（**唯仏与仏**）が知りうるものとして、**諸法実相**《しょほうじっそう》（☆）（『法華経*』方便品）、「諸法無差別」（『華厳経*（実叉難陀訳）』夜摩宮中偈讃品）、「仏力不可思議」（『法苑珠林』3—道世〈?〜六八三〉による仏教の百科事典）、「安養浄土の荘厳」（『浄土高僧和讃*』天親）などが挙げられている。また、道元*（一二〇〇〜五三）は『正法眼蔵*』袈裟功徳で、「**唯仏与仏**の究尽するところなりといえども、袈裟《けさ》を身につけている修行者には、袈裟が有している功徳といったものは必ず成就する。もし宿善なき者は（仏教に縁ができないのであるから）無量の生を経歴しなければならない。袈裟を見ることができない、袈裟を着ることができないのだから」として、袈裟を身につける功徳を述べている。

融通無礙　融通無碍《ゆうずうむげ》

❶何ものにも妨げられることなく、**自由自在**（☆）なこと。

❷光宗（一三一一〜四七）によって天台*の故事・口伝が集録されている『渓嵐拾葉集*』96に、「無自性ということは、法界の全体が**融通無礙**であるということであって、固定的な本性を有したものではないということである。喩えていえば、幻や炎（かげろう）のようなものである」とされている。

勇猛精進《ゆうみょうしょうじん》

❶心を勇猛にして、困難な修行に励むことをいう。

❷浄土教の根本経典である『無量寿経*』上に、阿弥陀如来の前身である法蔵比丘のすがたとして、「**勇猛精進**して修行に励み、志して倦《う》むことなく、専ら清浄潔白なる法を求めては、智慧によって衆生を利益する」

と説かれている。また、菩薩*の実践が述べられている無著（アサンガ、三一〇〜三九〇頃）の『大乗荘厳経論』8には**勇猛精進**の他、**弘誓精進**、**現起精進**、**堅固精進**、不捨仏道精進といった様々な「精進」が記されている。

瑜伽三密《ゆがさんみつ》

❶「三密」とは密教の行者の行う身《しん》（手に印《いん》を結び）・口《く》（口に真言を誦し）・意《い》（心に本尊を念ずる）の行為（業《ごう》）のこと。「瑜伽」はサンスクリット語のヨーガ（yoga）の音写で、「結びつける」という意。精神集中する行法のことをヨーガと呼ぶのは、それが人と神を結びつけることになるからである。身・口・意の三つの行為（三業）が「密」と呼ばれるのは、私たち衆生の行為が仏の働きと結びつけられていることを意味する。

❷**三密瑜伽**《さんみつゆが》、**三密相応**《さんみつそうおう》ともいう。唐の不空（七〇五〜七七四）によって訳された『大乗瑜伽金剛性海曼殊室利千臂千鉢大教王経』1に、**瑜伽三密**の行を志して成就すれば、速やかに万物の根源に達し、仏の境地に登ることができる、と説かれている。

揚眉瞬目《ようびしゅんもく》

❶眉を揚げ、目を瞬《しばた》かせること。ありふれた日常の動作。師が弟子を導く際の一挙手一投足をいう。

❷『正法眼蔵*』仏道に「今、この仏法の正伝たる正法眼蔵は、**揚眉瞬目**して、仏祖から仏祖へと直接受け継がれてきた」と記されている。**揚眉動目**《ようびどうもく》ともいう。

ら　行

来迎引接《らいごういんじょう》

❶浄土往生を願う人の臨終に際して、阿弥陀仏と*菩薩が迎えに来て（来迎）、極楽浄土へと導くこと（引接）。❷良忠（一一九九～一二八七）は、法然の『選択集』を注釈した『選択伝弘決疑鈔』2で、『*無量寿経』上の四十八願中の第十九願（臨終現前の願）の趣意はこの**来迎引接**にあるとしている。**来迎引摂**《らいごういんせつ》とも言う。なお第十九願は、「たとい自分が仏になることができるとしても、十方の衆生が菩提心を起こし、諸々の功徳を修め、心から極楽浄土に生まれたいと願っているにもかかわらず、自分が菩薩たちとともにその前に現れることができないなら、仏にはならない」という法蔵菩薩の誓いをいう。**臨終来迎**《りんじゅうらいごう》（⇧）という言葉もある。

力用交徹《りきゆうきょうてつ》

❶作用、機能、はたらき等が互いに交じり合うこと。❷「力用」とは、作用、機能、はたらき等をいう。また、「交徹」は互いに交じり合うこと。『*華厳随疏演義鈔』2の「一多相容不同門（一と多は相互に影響し合って、しかも同じではないとする教え、十玄門の一つ）」に関して、一と多が互いに縁起をなす関係にあって、**力用交徹**して相互に影響し合うことを「相容」といい、しかも一と多という特質は損なわれないが故に「不同」という、と説かれている。一と多が不可分（相容）にして、不可同（不同）の関係にあることをいう。

利行摂事《りぎょうしょうじ》

❶*慈悲の心をもって、衆生のためにつくし、衆生を仏道に引き入れること。❷「四摂事」の一つ。説一切有部の教理を整理した論

書『集異門論』9には、「利行」とは、重病・困苦・厄難に出合って立ち往生している有情に対して、慈愍の心を起こして、身と言葉を挺して救済することをいうとされ、このような「利行」によって、衆生をして仏道に親しませること（「能等摂能近摂」）を名づけて**利行摂事**という、と定義している。

理事不二　りじふに

❶真理と現実は一つであって、異ならないということ。❷**理事無礙**《りじむげ》などと同じく、*華厳教学の法界観（世界観）の一つ。一七世紀に成立した*潙山霊祐《いさんれいゆう》（七七一～八五三）の語録、『潙山霊祐禅師語録』に、もし**単刀直入**（⇧）するならば（ずばりと核心に触れるならば）、凡も聖も尽きて、真実が丸出しとなって、**理事不二**となり、現実がそのまま仏になる、と記されている。

理智冥合　りちみょうごう（めいごう）

❶真理とこれを悟る智慧とが深いところで合致することをいう。❷『*一遍上人語録』別願和讃には、「迷いも悟りもなきゆえに　しるもしらぬも益ぞなき　**万行円備**の報身は　**理智冥合**の仏なり」とされている。「報身」とは、修行を円満してすべての功徳を具えた仏をいう。

立処皆真　りっしょかいしん

❶どこにいようが自分のいるところが真理の実現される場であるということ。❷『*臨済録』示衆に、「君たちは、その場その場で主人公になれば、おのれの在り場所はみな真実の場となる」という用例があるように、**随処作主**《ずいしょさしゅ》（⇧）ということばとともに使われることが多い。次項に解説する**立処即真**《りっしょそくしん》（⇧）に似たことばであるが、意味は異なる。

立処即真　りっしょそくしん

❶現実そのものが真理であり、現実を離れて真理はないということ。
❷中国仏教哲学に大きな影響を与えた、後秦の僧肇《そうじょう》（三八四〜四一四?）による『肇論』不真空論に、「不動の真理というのは現実にものが成り立っているところにある。真理を離れて現実があるのではない。**立処即真**であり、現実の事物そのものが真理なのである（**触事而**《そくじに》**真**《しん》）」と説かれている。

利益衆生　りやくしゅじょう

❶衆生に利益を与えること。ここにいう利益とは財産・名誉などの世俗的なものではなく、仏教的な意味のものであることはいうまでもない。
❷『*大乗本生心地観経』2には、「過去・現在・未来の三世にわたる諸仏は法によって修行し、一切の煩悩を断じて菩提を得て、果てしなく遠い未来にまで衆生を利益する（尽未来際**利益衆生**）」と説かれている。また、*吉蔵（五四九〜六二三）による大乗経典の注釈書『大乗玄論』5では、『*大智度論』を引いて、「仏は三つの時があって**利益衆生**をする、仏となるための修行を積んでいる時（*菩薩時）、仏となりえた時（得仏時）、そして仏としての使命と活動を終える時（滅度時）である」と記されている。なお、日本の*道元（一二〇〇〜五三）は『*正法眼蔵』発菩提心で、「いたずらに衆生にとっての世俗的な欲楽を与えることは、**利益衆生**することにはならない」と述べている。

龍華三会　りゅうげさんね（さんえ）

❶釈尊の滅後五六億七千万年の後、弥勒菩薩がこの世に生まれてきて龍華樹の下で悟りを得て弥勒仏となり、**衆生済度**のためにひらく三度の説法の法座をいう。
❷弥勒菩薩は釈迦牟尼仏の後にこの世に出現する仏で、未来仏と呼ばれる。現在は兜率天という天上の世界に住していて、次には人間世界に生まれることになっているのであるが、寿命が長いうえに、天上の一年は地上の一年よりも長いために、地上の年数に換算すると

五六億七千万年もの後になるとされる。弥勒菩薩がこの世に下って衆生を教化することを説く『弥勒下生成仏経』には、この三度の法座において、「初会の説法では九六億人、第二会の説法では九四億人、第三会の説法では九二億人が*阿羅漢の悟りを得る」と説かれている。龍華会、龍華下生三会、**弥勒三会**、**慈尊三会**《じそんさんね》ともいう。

龍女成仏《りゅうにょじょうぶつ》

❶娑竭羅《しゃから》龍王の娘が『*法華経』によって男子となり、仏となったこと。**女人成仏**《にょにんじょうぶつ》（⇧）の典拠とされる。

❷『法華経』提婆達多品には、次のような話が記されている。文殊菩薩が龍王の八歳になる娘が仏となったという話をしたとき、誰も信じなかった。女性は梵天王、帝釈、魔王、転輪聖王、仏となることができないという五つの障りがあると信じていたからである。そこで龍女は神通力を起こして、龍女が忽然と変じて男子となり、菩薩行を修して三十二相八十種好（身体上の優れた特徴）を具える仏になったことを見せしめたので、会衆はみな信受した、という。

*道元（一二〇〇～五三）は、『*正法眼蔵』礼拝得髄で、「たとい七歳の童女であったとしても、仏法を修行し、仏法を得たならば、私たちの導師、慈父である。例えば龍女のごときであって、他の諸仏如来と全く同じように敬わなければならない」と述べている。

臨終正念《りんじゅうしょうねん》

❶命終わるその瞬間に、妄念を起こさず、仏の来迎をたのみ、浄土への往生を期すること。

❷*法然（一一三三～一二一二）の『*黒谷上人語灯録』12（和語灯録2）には、「ひとすじに*念仏するものは**臨終正念**にして、めでたき往生をするは現に証拠あらたなる事なれば、つゆちりもうたがうべからず」として、一心に阿弥陀仏を念ずる者の浄土往生が疑いようのないことが強調されている。

しかし*親鸞（一一七三～一二六二）が『*歎異抄』で、「自力の心にして**臨終正念**といのる人の本意なれば、他力の信*心なきにてそうろうなり」と述べているように、自力の計らいによる**臨終正念**は、「他力の信心」に及ばないものと見なされている。そこで親鸞は**平生業成**《へいぜいごうじょう》(⇧)を唱える。日常生活において信心を確立して、往生極楽を確かなものとしなければならないというのである。

臨終来迎　りんじゅうらいごう

❶念仏*の行者が命終わるときに、阿弥陀如来と観音・勢至の二菩薩*が白雲に乗って迎えに来て、極楽浄土へと迎えとること。

❷『源平盛衰記*』9宰相申預丹波少将事に、「念仏を憑《たのみ》て、往生を期し給わば、**行往坐臥**《ぎょうじゅうざが》(⇧)**念々歩々**、口に名号を唱え、心に極楽を念じて、臨終の来迎を待ち給うべし」とされている。この光景を描く絵画を来迎図という。**来迎引接**《らいごういんじょう》(⇧)という言葉もある。

輪転生死　りんてんしょうじ

❶輪廻を繰り返し、生まれ変わり死に変わりすること。**輪廻転生**《りんねてんしょう》ともいう。

❷原始聖典の一つである『雑*《ぞう》阿含経』には、「私たちが長い間**輪転生死**するあいだに身体が破れて流した血の量は、ガンジス河の水の百千万倍よりも多い」とされている。これによって私たちが輪廻してきた時間がいかに長いかということを表したものである。

また**輪転五道**ともいわれ、私たちが輪廻する世界は、地獄・餓鬼・畜生・人間・天の五道であるとされる。私たちは今幸いに人間に生まれているが、悪いことをすると、あるいは地獄とか餓鬼とか畜生の世界に生まれることがあるということであって、だからよい行いをしなさいと教えられる。

輪廻業報《りんねごうほう》

❶生まれ変わり死に変わりしなければならない輪廻は、私たち自身が行う行為の結果であるということ。
❷輪廻とは私たちが、地獄*・餓鬼・畜生・人・天の五道、あるいはこれに阿修羅を加えた六道を、生まれ変わり死に変わりすることをいう。このうち地獄・餓鬼・畜生を悪趣といい、人・天を善趣という。阿修羅は悪趣に含める見解と、善趣に含める見解がある。これら悪趣あるいは善趣に生まれるのは、生前に悪を行うか、善を行うかで決定する。だからもし天に生まれて幸せな生涯を送りたいなら、善を行いなさいという教えである。
　しかしながら、幸いに天に生まれたり、人間に生まれたりしたとしても、その業が尽きれば地獄に生まれるかもしれないし、究極的な悟りを得てすべての苦しみを解決したわけではないから、私たちはこの輪廻を解脱することを、最終的な目標としなければならないとされる。

留多寿行《るたじゅぎょう》

❶自らの寿命をコントロールすること。
❷『倶舎論*』3に、**留多寿行**とは「自在な神通力を得た阿羅漢*の寿命を延ばすことのできる特殊な能力のことである」と述べられている。これと反対に、寿命を縮めることを**捨多寿行**《しゃたじゅぎょう》という。他の福徳を寿命に振り替えたり、寿命を他の福徳に振り替えたりして、寿命を自由にコントロールするのである。
　釈迦牟尼仏の最後を描いた原始仏典の『大般涅槃経*（法顕訳）』上にはこの**留多寿行**と**捨多寿行**が次のように説かれている。釈迦牟尼仏は八〇歳の誕生日を迎えられたときに恐ろしい病いを得て、死ぬほどの激痛があった。しかし「弟子たちに別れを告げないで涅槃*に入ることは私にはふさわしくない。寿命のもとを留めて住することにしよう」と心に決められた。そこで病いはしずまった。その後しばらくして釈迦牟尼仏は侍

者の阿難に、「如来は神通力を得ているので、もし望むならば一*劫《こう》（天文学的な時間の単位）でもこの世にとどまることができる」と告げられたが、悪魔にとりつかれていた阿難はこのサインを読み取ることができないで、「人々の利益のために寿命のつづく限りこの世にとどまって下さい」と懇請することをしなかった。そこで釈迦牟尼仏は三ヶ月のちに涅槃に入ることを決心され、この決心のとおりに三ヶ月ののちに沙羅双樹の間で横になって入滅された。

流転輪廻《るてんりんね》

❶生死を繰り返して、迷いの世界をさまよい続けること。この苦しみから脱することを「解脱《げだつ》」という。
❷衆生が迷いの世界を**流転輪廻**することは、「流転して息まざること風車のごとし」（『仏本行集経』30—釈迦牟尼仏のさまざまな因縁譚を集めたもの）とか、「衆生あってなお河の海に趣きて昼夜に息まざるが如し」（『出曜経』5—教訓的な偈頌とその注釈的な説話から成る。パーリ語で書かれた『ダンマパダ』に相当する）などと説かれる。
同義語に**六道輪廻《ろくどうりんね》**、**六趣輪廻《ろくしゅりんね》**がある。輪廻とは衆生が、*地獄・餓鬼・畜生・阿修羅・人間・天上の六道に生まれ変わり死に変わりすることであるからである。

冷暖自知　冷煖自知《れいだんじち》

❶水がどのくらい冷たいか暖かいかは、自ら飲んでみないと、あるいは手で触れてみないと分からない。悟りというものも自分で会得する以外に知りようがないということをいう。
❷『*宏智《わんし》禅師広録』5には、ただ自己のみが悟りを深められるのであり、それは人が水を飲んで冷たい暖かいを**冷煖自知**するようなもので、それを経験する人にとってのみに自明なことであって、経験しない人にとってはわからない、と説かれている。
しかし*道元（一二〇〇〜五三）は『*正法眼蔵』法性で、「仏教の大道は人が水を飲んで**冷暖自知**するような道理で

はない。一切諸仏および一切菩薩*、一切衆生はみな知の働きによって仏教の何たるかを明らかにするのである」と戒めている。

裂破古今《れっぱここん》

❶古と今との両端を引き裂くこと。始まりも終わりもない、悠久の時の流れをいう。
❷『従容録《しょうようろく》*』九七則の頌に「帝業堪為万世師（天子の国の統治を評価することは難しいが、万世にわたって師範となるに堪えるものでなければならない）」とあり、これが**裂破古今**と評されている。

連縛縁起《れんばくえんぎ》

❶**十二縁起**（⇧）の解釈の仕方の一つで、一二の要素がそれぞれ因となり果となって、これが間断なく連続するとする。
❷**十二縁起**は釈迦仏教の縁起説の代表的なもので、（1）無明《むみょう》＝「あるがまま」を「あるがまま」に知るという智慧がないこと、（2）行《ぎょう》＝行為の原動力となる意思、（3）識《しき》＝潜在的な認識能力、（4）名色《みょうしき》＝視覚で見られるべき色と形、聴覚で聞かれるべき音声、嗅覚でかがれるべきにおい、味覚で味わわれるべき味、触覚で感じられるべき手触りを「色」といい、知覚で認識されるべき抽象的な概念を「名」という、（5）六入《ろくにゅう》＝眼・耳・鼻・舌・身・意の認識器官、（6）触《そく》＝先の「識」と「名色」と「六入」が関係しあうこと、（7）受《じゅ》＝認識によって生じた苦楽などの感覚、（8）愛＝苦しいものからは遠ざかりたい、楽しいものは手に入れたいという欲望（9）取《しゅ》＝欲望に対する執着、（10）有《う》＝いつまでも**輪廻転生**しなければならないという生存原理、（11）生《しょう》＝生まれること、（12）老死＝老い死ぬこと、の一二の要素の関係をいう。
『倶舎論*』ではこの**十二縁起**に四つの解釈の仕方があるという。一つは**刹那縁起《せつなえんぎ》**で、私たちの一瞬一瞬の生存にこの一二の要素が具わっているとする解釈、二つ目が**連縛縁起**で、「無明」が因となって「行」が生

じるという関係が連続して起こるとする解釈、三つ目は**分位縁起**《ぶんいえんぎ》で、前世の煩悩とそれによって起こした業を「無明」「行」といい、これらの結果として母親の胎内に生まれて最初の識が生じた瞬間を「識」というなど、私たちが過去世から今世に生まれてきて、生きそして死ぬまでを「名色」「六入」「触」「受」「愛」「取」「有」に分け、今世に起こした業によって来世に生まれ、老死することを「生」「老死」というように、過去世から現在世にそして未来世にというように生まれ変わり死に変わる過程として解釈するもの、四つ目の**遠縛縁起**《おんばくえんぎ》はこれが無始より解脱しない限り無終に続くとする解釈である。

なお『倶舎論』では第三の**分位縁起**を正義とし、これを**三世両重**の因果と呼びならわしている。過去・現在・未来の三世にわたって、二重の因果関係を認めるからである。

老少不定《ろうしょうふじょう》

❶若い者が老いた者よりも先に亡くなる場合があるように、人間の死期には定まりが無く、予測不可能なものであることをいう。
❷『*平家物語』10横笛に、「**老少不定**の世の中、石火の光に異ならず、たとい人長命といえども、七十八十をば過ぎず、其の中に身の栄んなる事は僅に二十余年也」とし、*蓮如（一四一五～九九）の『*御文章』5に、「人間のはかなき事は**老少不定**のさかいなれば、たれのひともはやく後生の一大事を心にかけて、阿弥陀仏をふかくたのみまいらせて、*念仏もうすべきものなり」としている。

老婆心切《ろうばしんせつ》

❶「老婆心」は老婆が子や孫をいつくしむように、世話を焼きすぎること。「切」は懇《ねんご》ろという意。
❷禅籍においては、師が弟子のことをあれこれと思い遣る文脈のなかで用いられる。例えば、『*臨済録』行録では、次のように用いられている。

臨済（?〜八六七）が師である黄檗《おうばく》（?〜八五〇?）の指導を受けていたとき、仏教の根本義は何ですか、と尋ねた。ところが質問が終わらないうちに黄檗は臨済を棒でうった。このようなことが三度くり返されたので、臨済は因縁が熟しないのだと考えて、大愚（生没年不詳）のところに行った。大愚がどこから来たかと問うので、「黄檗のところから参りました、わたしは仏教の大義を質問して三たび棒で打たれました」と答え、「私にどんな落ち度があったのでしょうか」と質問した。大愚は「黄檗は**老婆心切**で、お前のためにくたくたになるまで計らってくれているのに、どんな落ち度があったのでしょうかなどと聞くのか」と言った。臨済は言下に大悟した。

六窓一猿《ろくそういちえん》

❶眼・耳・鼻・舌・身・意の感覚機官（六根）を六つの窓に、心（心識）の作用を一匹の猿に譬えたもの。❷心識が六根を通して現れることを、六つの窓から一匹の猿が顔を出したり引っ込めたりすることに喩えたもの（『*大乗義章』3）。

六度万行《ろくどまんぎょう》

❶「六度」とは*六波羅蜜（布施・持戒・忍辱・精進・禅定・智慧の完成）のことで、この中にあらゆる善行が含まれるので「万行」という。
❷波羅蜜はパーラミター（pāramitā）の音写語で、現在は「最高の」を意味するparamaに抽象名詞を作るtāを付して作られた語で「完成」を意味すると解されるが、伝統的には「向こう岸」を意味するpāraに至ったという意味のitaが合わされたもので、「向こう岸にわたる」と意味すると解されたために「度」という訳語がつけられた。*菩薩が仏になるために修する修行徳目である。
『*大乗本生心地観経』6では、「菩薩の修行としての**六度万行**を速やかに満たすことで、悟りの智慧を直ちに得る」と説いている。また、永嘉玄覚（六六五〜七一三）

が禅の要訣を詩によって述べた『永嘉《ようか》証道歌』では、「六度万行といったものは本来すべて自己の中に円満している（六度万行体中円）」としている。

しかし、浄土門では*念仏以外の自力の善行を意味し、特に*親鸞（一一七三～一二六二）は真宗の教義を検討した『愚禿鈔』下でその功徳というものは極めて少ないと断じている。

六難九易《ろくなんくい》

❶『*法華経』見宝塔品に説かれる六つの困難なことがらと九つの容易なことがらをいう。
❷「六難」は、仏滅後の悪世で『法華経』を（1）説き、（2）自他共に書き、（3）読み、（4）ただ一人のために説き、（5）義趣（教えの真意）を問い、（6）受持する、の六つをいう。
また、「九易」とは、（1）『法華経』以外の経典を説く、（2）須弥山をとって、無数の仏土に投げ置く、（3）足の指で大千世界を動かし他国に投げうつ、（4）有頂天に立って無量の経を演説する、（5）手で虚空をつかんで遊行する、（6）大地を足にのせて梵天にのぼる、（7）劫火《こうか》（世の終末に起こる大火災）にこの世界が焼き尽くされており、その中に枯れ草を背負って入ったとしても焼かれない、（8）八万四千の法蔵を演説して、聞く者に六神通を得させる、（9）千万無量の衆生に説法して*阿羅漢果を得させ、六神力を具えさせる、の九つを指す。

「六難」の方が易しく、「九易」の方が難しそうであるが、悪世の中でさまざまな迫害を受けながら、それでも『法華経』を弘めることの困難さを説いたものである。

露地白牛《ろじびゃくご》

❶「露地」とは覆いのない露出したところをいう。表にいる白い牛ということであるが、*一乗を表す場合や、悟りの境地を表す場合などがある。
❷『*法華文句』5上では、「白牛」は『*法華経』に説

く一乗思想を、「露地」はあらゆる「思い」を断じ尽した平安の境地をさすものと解釈されている。白牛が一乗思想をさすのは、『法華経』譬喩品の、家が火事になっているのを気づかず遊びほうけている子供たちを救うために、大長者が露地に羊の車、鹿の車、牛の車に宝物が積んであるぞと誘い出して、結局は白牛が牽く車を与えたとする話にもとづく。羊車は*声聞乗、鹿車は*縁覚乗、牛車は*菩薩乗を喩えたものであるが、与えたのは白牛の一仏乗であったというものである。

また『*碧巌録』九四則には、浄裸裸赤悟りの境地といったものが丸裸同然に限なく露呈されている姿（浄裸裸赤灑灑）とは、「露地の白牛」そのものであると述べられている。この場合の**露地白牛**は悟りの境地を表したものである。

驢前馬後《ろぜんばご》

❶驢馬の前を行ったり、馬の後ろに従ったりすること。他人に追従する者、主体性のない者をいう。
❷*洞山良价《とうざんりょうかい》（八〇七〜八六九）の語録『洞山録』の一つである『瑞州洞山良价禅師語録』に「苦々しいかな。今時の人は、皆なこんな輩ばっかりで、**驢前馬後**然としているだけだ」と記されている。また『*正法眼蔵』仏性には、やってはならないということを知っていながらやるような人と、「**驢前馬後**の漢」が対照的に使われている。

六根清浄《ろっこんしょうじょう》

❶眼・耳・鼻・舌・身・意の六根（六つの機官）が清浄になること。身心ともに清浄になることをいう。また、六根の不浄を祓い清めるための唱え言葉としても用いられる。
❷欲望の対象となるものは、眼で見る色や形、耳で聞く声、鼻でかぐ匂いなどであって、これを六愛とか六愛身という。**六根清浄**はこれらの欲望から離れるために、眼・耳・鼻・舌・身・意を清らかにすることをいう。

『*大智度論』11には、「布施を行うということはさまざまな煩悩が薄くなるということであるが、布施を行うときに**六根清浄**となれば、善心が生じ、善心が生じれば心が清浄となって*信心が生じ、身心が柔軟となって喜びが生じ、一心を得て、本当の智慧が生じる」とされている。

なお登山をするときに**六根清浄**と唱えるのは、神聖な山に登るためには六根を清浄にしなければならないということと、それによって安全を祈願するためとされる。

わ　行

和顔愛語《わげんあいご》

❶和らいだ顔と優しい言葉。
❷仏教における人との接し方の理想で、*菩薩は衆生をすくいとり利益を与えるために、つねに**和顔愛語**であって、口汚いことばから離れるとされる。『*探玄記』6では、「和顔」は身体で自ら謙遜し他を敬う心を示すものであり、「愛語」は口によって自ら謙遜し他を敬う心を示すものであるとしている。

和光応迹《わこうおうじゃく》

❶「和光」は智慧の光を和らげて隠して現わさないこと、「応迹」は必要に応じて現れることをいう。仏や菩薩が衆生救済のために、衆生と同じ環境に現れるこ

とをいう。
❷『*正法眼蔵』四禅比丘に、「和光応迹の功徳はあくまで過去・現在・未来の諸仏・*菩薩だけの法であって、最初から俗塵にまみれた凡夫のなしうるところではない」と記されている。
　類義語として「和光垂迹《わこうすいじゃく》（和光垂跡）」がある。『*平家物語』5物怪之沙汰に、「夫れ神明は和光垂跡の方便区区にましませば、或時は俗体とも現じ、或時は女神とも成り給う」という用例がある。和光同塵《わこうどうじん》とも表現される。

和泥合水　わでいがっすい

❶自分のことをなげうって、泥にまみれ水に濡れて人を救うこと。合水和泥《がっすいわでい》ともいう。また、同趣意の言葉に拕泥滞水《たでいたいすい》（⇧）がある
❷禅語録として有名な『*碧巌録』八七則には、「明眼の漢（悟りの智慧を具した人）はすべての衆生を済度するために*慈悲の光を放ち、塵埃にまみれた世界に姿を現して、仏・*菩薩のような人になって和泥合水す」とする。

人名・書名・仏教用語解説

〔本文の四字熟語との関連を考慮して解説しており、「　」中の四字熟語は本文を参照されたい〕

あ　行

阿弥陀経（あみだきょう、インド撰述）
一巻。鳩摩羅什《くまらじゅう》（三四四～四一三）訳。浄土三部経の一つ（他の二つは『無量寿経』と『観無量寿経』）。「小経」と略称される。阿弥陀仏と浄土の荘厳《しょうごん》（美しく飾られたありさま）が説かれており、後代、浄土宗や浄土真宗などで用いられる「倶会一処《くえいっしょ》」や「即得往生《そくとくおうじょう》」などの言葉が見られる。

阿羅漢（あらかん）
「阿羅漢」とは、サンスクリット語arhan、パーリ語のarahanに由来し、「世の尊敬を受けるに値する人」「供養を受けるにふさわしい人」の意味で、「応供《おうぐ》」と意訳される。また、「阿羅漢果」とは、その「阿羅漢」が得られるさとりのことをいう。三乗《さんじょう》を参照。

阿頼耶識（あらやしき）
「阿頼耶（ālaya）」とは、貯蔵所を意味し、「蔵識《ぞうしき》」と意訳される。インド大乗仏教の一つ、唯識《ゆいしき》思想で説かれ、この「阿頼耶識」から全世界が展開していると考える。また、これらのことはヨーガ（禅定）に入って観察すべきであるとされるから、この学派を瑜伽行派《ゆがぎょうは》（ヨーガを行ずる学派のこと。インド大乗仏教の学派の一つで、弥勒《みろく》を祖とし、無著《むじゃく》、世親《せしん》（天親）の兄弟によって教理が大成される）とも称する。唯識ならびに「唯識無境《ゆいしきむきょう》」の項を参照。

潙山霊祐（いさんれいゆう、中国）
七七一～八五三。大円禅師ともいわれる。百丈懐海《ひゃくじょうえかい》（七二〇～八一四）の法嗣《はっす》（後継者）にして、潙仰宗《いぎょう》（五家七宗の一）の祖。謹厳綿密な家風によって多くの道俗を教化する。仰《きょう》山慧寂《ざんえじゃく》（八〇七～八八三）、香厳智閑《きょうげんちかん》（?～八九八）はその弟子。一七世紀に成立したとされる語録『潙山霊祐禅師語録』には、「体露真常《たいろしんじょう》」「単刀直入《たんとうちょくにゅう》」「理事不二《りじふに》」などの語が見られる。

一乗（いちじょう）
「乗」とは、さとりに趣かせる乗り物を喩えたもの。仏教には、三つの教え（三乗を参照）があるように説かれているが、真実の教えはただ一つしかないとする思想のことをいう。「開三顕一《かいさんけんいち》」「醍醐一実《だいごいちじつ》」「法華一乗《ほっけいちじょう》」をそれぞれ参照。

一遍上人語録（いっぺんしょうにんごろく、日本撰述）
二巻。上巻は『一遍聖絵』『一遍上人縁起』記載の和讃・消息・和歌などが集録され、下巻は一遍（一二三九～八九）の法語等を門弟が筆写したもの。「厭離穢土《えんりえど》」「機法一体《きほういったい》」「指方立相《しほうりっそう》」などの語とともに、一念の念仏によって往生するとみなす一遍の思想が断片的に述べられている。

雲門匡真禅師広録（うんもんきょうしんぜんじこうろく、中国撰述）
『雲門（和尚）広録』ともいう。雲門文偃《ぶんえん》（八六四～九四九）の語を広く収集したもの。三巻。宋代に刊行。徳山（五代宋初）によって整理された有名な「雲門三句（「函蓋乾坤《かんがいけんこん》」の項を参照）」が説かれている。

雲門文偃（うんもんぶんえん、中国）
八六四～九四九。匡真弘明禅師ともいわれる。雲門宗（五家七宗の一）の開祖。意表をつく言句を駆使した独特の宗風をつくった。修行者を導く手段を三つに分けた雲門三句（「函蓋乾坤《かんがいけんこん》」の項を参照）や悟りの境地を喩えた「体露金風《たいろきんぷう》」の語は有名である。著述に『雲門匡真禅師広録』がある。

慧能（えのう）⇩六祖慧能《ろくそえのう》

縁覚・縁覚乗（えんがく・えんがくじょう）
「縁覚」は「独覚《どっかく》」とも言われ、仏の教えによらず「各自に独力でさとった者」を意味する。また、「縁覚乗」とは、「独りだけでさとりを楽しみ、他を導くことがない」聖者のあり方をいう。三乗《さんじょう》を参照。

圜悟仏果禅師語録（えんごぶっかぜんじごろく、中国撰述）
『仏果圜悟禅師語録』ともいう。圜悟克勤《えんごこくごん》（一〇六三～一一三五）の語録。二〇巻。明代に刊行。「回光返照《えこうへんしょう》」「懸崖撒手《けんがいさっしゅ》」「頭頭是道《ずずぜどう》」「全機独露《ぜんきどくろ》」「風行草偃《ふうこうそうえん》」など禅の真髄をあらわす言葉が多く散見される。

往生要集（おうじょうようしゅう、日本撰述）
源信著。三巻。九八五年成立。浄土往生をすすめ、往生の方法を説いて、日本浄土教の確立に貢献し、後世に多大な影響を与えた。源信はもともと天台宗の僧であるが、本書では内容的に浄土教系の思想が多く引かれており、「厭離穢土《えんりえど》」「欣求浄土《ごんぐじょうど》」などの語も大文（章）の題として用いられている。さらに、「念仏為本《ねんぶついほん》」（「信心為本《しんじんいほん》」の項参照）という語も見られる。

往生礼讃偈（おうじょうらいさんげ、中国撰述）

善導（六一三〜六八一）著。一巻。浄土往生のために、一昼夜を六分して礼拝する六時礼讃の行法を明らかにしたもの。その中で説かれる「懺悔滅罪《さんげめつざい》」や「真実信心《しんじつしんじん》」などの考えは日本の浄土教にも影響を与えた。

御文（おふみ）⇩蓮如上人御文《れんにょしょうにんおふみ》

か 行

覚如（かくにょ、日本）

一二七〇〜一三五一。諱《いみな》は宗昭。本願寺第三世、親鸞（一一七三〜一二六二）の曾孫。真宗教団の統一を図って、独立の態勢をつくった。著述に『報恩講式』『口伝鈔』『親鸞伝絵』『改邪鈔』などがある。このうち、親鸞の言行録『口伝鈔』では、真宗の念仏を「一念往生《いちねんおうじょう》」「他力往生《たりきおうじょう》」の念仏としてとらえ、その後で称える多念の念仏は「仏恩報謝《ぶつおんほうしゃ》」の念仏であるとしている。

迦葉（かしょう、インド）

パーリ語でマハーカッサパ、サンスクリット語でマハーカーシュヤパ、摩訶迦葉《まかかしょう》と言われる。釈迦十大弟子の一人。頭陀《ずだ》（生活規律を守り、仏道修行に専念すること）第一と称せられた。釈迦の入滅後、経典を結集させた中心人物。また、禅宗では第一祖と見なされている。「不立文字《ふりゅうもんじ》」を標榜する禅宗では、釈迦が「拈華微笑《ねんげみしょう》」した迦葉に対して、「正法眼蔵《しょうぼうげんぞう》」たる法を付嘱したエピソードが伝えらえている。また、師弟間の法の継承を重視する禅宗では、「血脈《けちみゃく》不断《ふだん》」「師資相見《しししょうけん》」「嫡嫡相承《ちゃくちゃくそうじょう》」などで迦葉の名が見られる。さらに、釈迦が自分の座を迦葉に分け与えたエピソード（「各留半座《かくるはんざ》」）もある。

観経（かんぎょう）⇩観無量寿経《かんむりょうじゅきょう》

観経疏（かんぎょうしょ）⇩観無量寿経疏《かんむりょうじゅきょうしょ》

観無量寿経（かんむりょうじゅきょう、インド撰述）

『観経』とも略称する。一巻。畺良耶舎《きょうりょうやしゃ》訳（四二四頃までに訳出）。浄土三部経の一つ（他の二つは『無量寿経』と『阿弥陀経』）。王舎城の悲劇をテーマに、韋提希夫人《いだいけぶにん》が苦悩を除いて浄土に救われていくプロセスを通して極楽や阿弥陀仏の世界を描き、他力による救済を説く。阿弥陀仏の来迎に関しては「授手迎接《じゅしゅごうしょう》」（「授手引接《じゅしゅいんじょう》」の項を参照）、その救済に関しては「摂取不捨《せっしゅふしゃ》」を説いている。

観無量寿経疏（かんむりょうじゅきょうしょ、中国撰述）

『観無量寿仏経疏』もしくは『観経疏』とも言われる。善導（六一三〜六八一）著。畺良耶舎《きょうりょうやしゃ》訳『観無量寿経』の註釈書。

『四帖書』とも称し、玄義分、序分義、定善義、散善義の四巻から成る。「指方立相《しほうりっそう》」「二河白道《にがびゃくどう》」など極楽往生の教えが説かれており、日本浄土教の重要な聖典でもある。

吉蔵（きちぞう、中国）

五四九〜六二三。嘉祥大師ともいわれる。浄影寺慧遠《じょうようじえおん》（五二三〜五九二）・智顗《ちぎ》（五三八〜五九七）と共に隋の三大法師の一人。「破邪顕正《はじゃけんしょう》」を標榜する三論宗再興の祖と称される。『三論玄義』『大乗玄論』『中論疏』『法華玄論』『観無量寿経義疏』など多数の著作を著わし、「難解難入《なんげなんにゅう》」とされる空の立場から仏教を解明した。なお、悟りの境地は「言忘慮絶《ごんもうりょぜつ》」であると説く。

教行信証（きょうぎょうしんしょう、日本撰述）

親鸞（一一七三〜一二六二）著。六巻。一二二四年成立。詳しくは『顕浄土真実教行証文類《けんじょうどしんじつきょうぎょうしょうもんるい》』。教、行、信、証、真仏土、化身土の各巻から構成され、親鸞の代表的著作であるとともに浄土真宗の根本聖典と見なされる。自らのあり方を「非僧非俗《ひそうひぞく》」と位置づけた親鸞が、多くの経や論を引用しつつ、独自の見解を述べていることが「一念往生《いちねんおうじょう》」「顕彰《けんしょう》隠密《おんみつ》」「信楽開発《しんぎょうかいほつ》」「発願廻向《ほつがんえこう》」などの語によってもわかる。なお、教行信証のうち、行巻には『正信念仏偈《しょうしんねんぶつげ》（正信偈）』という偈文が記され、阿弥陀仏への帰依と七高僧の教説が謳われている。

倶舎論（くしゃろん、インド撰述）

『阿毘達磨《あびだつま》倶舎論』ともいう。世親著（三二〇〜四〇〇頃）。三〇巻。玄奘（六〇〇〜六六四）訳。『婆沙論』の教理を整理して、煩雑な「有部」の教義を批評的にまとめたもの。「一業所感《いちごうしょかん》」や「連縛縁起《れんばくえんぎ》」などの業ならびに縁起に関する語、「天人五衰《てんにんごすい》」などの日本語としても定着した語が見られる。インド・中国・日本を通じ、小乗・大乗を問わず広く研究されている。

黒谷上人語灯録（くろだにしょうにんごとうろく、日本撰述）

源空（法然、一一三三〜一二一二）著、了慧編。全一八巻（『黒谷上人漢語灯録』一〇巻、『黒谷上人和語灯録』五巻、『拾遺黒谷上人語灯録』三巻）。一二六四〜七五年にかけて成立。法然の遺文ならびに法語を集めたもの。法然の名が「法爾法然《ほうにほうねん》」に由来すること、また「一文不知《いちもんふち》」や「罪悪深重《ざいあくじんじゅう》」といった浄土教の人間観が説かれ、さらに「他力念仏《たりきねんぶつ》」が宣揚されている。

景徳伝灯録（けいとくでんとうろく、中国撰述）
道原（一〇～一一世紀）著。三〇巻。一〇〇四年成立。過去七仏より始まるインドおよび中国の禅宗に関する列伝体の史書。祖師の伝記が述べられており、中国禅宗史を研究するための基本資料とされる。このうち、日本の道元（一二〇〇～五三）も論及している「一顆明珠《いっかみょうじゅ》」「一箇半箇《いっこはんこ》」や、禅の中心的な思想である「自心是仏《じしんぜぶつ》」「是心是仏《ぜしんぜぶつ》」といった語も見られる。

華厳経（けごんきょう、インド撰述）
成立順に『大方広仏華厳経六〇巻（六十華厳）』仏駄跋陀羅《ぶっだばっだら》（三五九～四二九）訳、『同八〇巻（八十華厳）』実叉難陀《じっしゃなんだ》（六五二～七一〇）訳、『同（四十華厳）』唐の般若（八～九世紀）訳がそれぞれ存在する。仏陀が迷いを離れて悟りを開いた、その悟りの内容が説かれた経で、その内容は「一時炳現《いちじへいげん》」「三界一心《さんがいいっしん》」などで表わされる。また、『華厳経』で説く「重重無尽《じゅうじゅうむじん》」「法界縁起《ほっかいえんぎ》」の世界観は、「一切即一《いっさいそくいち》」「相即《そうそく》相入《そうにゅう》」であるとも言われている。さらに、『華厳経』の優れた教えは「先照高山《せんしょうこうざん》」と喩えられる。

華厳経探玄記（けごんきょうたんげんき）⇩探玄記《たんげんき》

華厳宗（けごんしゅう）
中国唐代の杜順《とじゅん》（五五七～六四〇）によって興され、賢首《けんじゅ》大師法蔵（六四三～七一二）によって大成された、『華厳経』を所依の経典とする大乗仏教の宗派。日本へは、唐僧道璿《どうせん》（七〇二～六〇）によって伝えられた。「互為主伴《ごいしゅばん》」「三界一心《さんがいいっしん》」「事《じ》事無礙《じむげ》」「相即相入《そうそくそうにゅう》」「法界縁起《ほっかいえんぎ》」「理事不二《りじふに》」の各項を参照。

華厳随疏演義鈔（けごんずいしょえんぎしょう、中国撰述）
澄観《ちょうかん》（七三八～八三九）著。九〇巻。『華厳経（八十華厳）』に対する註釈書。先に著わした『華厳経疏』をさらに詳しく解説したもの。「挙一全収《こいちぜんしゅう》」や「力用交徹《りきゆうきょうてつ》」という語によって、『華厳経』の説く世界観（「法界縁起《ほっかいえんぎ》」）に言及している。

源信（げんしん、日本）
九四二～一〇一七。卜部《うらべ》氏。天台宗の僧で、恵心僧都《えしんそうず》といわれる。比叡山の良源（九一二～九八五）に師事する。末法濁世にはただ念仏のみがまことの教えであるとして、『往生要集』を著わした。「厭離穢土《えんりえど》」や「倶会一処《くえいっしょ》」などの世界観に基づく浄土の教えと阿弥陀如来の「大悲無倦《だいひむけん》」に対する信仰は、後代の親鸞などにも多大な影響を及ぼして、日本浄土教成立の基盤を築いたとされている。『一乗要訣』『観心略要集』『台宗二十七疑』などの著作もある。

源平盛衰記（げんぺいせいすいき、げんぺいじょうすいき、日本文学）
作者、成立年代共に不詳。鎌倉時代の軍記物語で、『平家物語』の異本と見られる。四八巻。源氏と平家の盛衰・興亡を描いて、後代に大きな影響を与えた。大乗仏教で説く「三界一心《さんがいいっしん》」や念仏による「臨終来迎《りんじゅうらいごう》」の語、仏教説話なども見られる。

劫（こう）
kalpaの訳語。インドにおける天文学的な時間の単位を言う。「曠劫多生《こうごうたしょう》」の項を参照。

五蘊（ごうん）
われわれの身心を構成する肉体（色《しき》）と四つの精神作用である受《じゅ》（感受作用）・想《そう》（イメージ作用）・行《ぎょう》（意思作用）・識《しき》（認識作用）をいう。「五蘊皆空《ごうんかいくう》」の項を参照。

五陰（ごおん）
「五蘊《ごうん》」に同じ。「五蘊皆空《ごうんかいくう》」の項を参照。

御文章（ごぶんしょう）⇩蓮如上人御文《れんにょしょうにんおふみ》

さ　行

三有（さんう）
「三界《さんがい》」に同じ。「三界一心《さんがいいっしん》」の項を参照。

三界（さんがい）
欲望に渦巻く「欲界《よくかい》」と、性欲・食欲などの欲望がなくなったものの、まだ物質がある「色界《しきかい》」と、ただ精神のみがある「無色界《むしきかい》」の三つをいう。仏教では、衆生はこの「三界」を業にしたがって輪廻し、この世界から解脱することが悟りであると説く。「三界一心《さんがいいっしん》」の項を参照。

三乗（さんじょう）
「乗」とは人々を悟りの境地に導く教えを乗り物に喩えたもので、これに声聞《しょうもん》乗・縁覚《えんがく》乗（独覚《どっかく》乗とも）・菩薩乗（仏乗）の三種があるということ。声聞乗というのは釈迦仏教の四諦《したい》の教えにしたがって阿羅漢（果）という悟りを得る教え、縁覚乗は「十二縁起」を観察することによって縁覚という悟りを得る教え、菩薩乗は六種の実践徳目である六波羅蜜《ろっぱらみつ》（布施、持戒、忍辱、精進、禅定、智慧）を修行することによって仏の悟りを得る教えとされる。前二者は「小乗」、菩薩乗を「大乗」ともいう。「小乗」は「大乗」の側から勝手に名づけられた「劣った教え」という蔑称であることから推測されるように、この三乗の区分も、大乗側の勝手な区分であって、このような見方からすれば、阿羅漢は自分一人が悟りを得るだけで満足する聖者、縁覚は仏の悟りに近いが人に法を説こうとしない聖者、菩薩（尊称を摩訶薩《まかさつ》という）は自分よりも先に人々を救おうとする理想的な聖者ということになる。

三身（さんしん）

法（ダルマ：dharma）そのものとしての「法身《ほっしん》」、仏となる修行の果報としての功徳を備えた仏としての「報《ほう》身《じん》」、衆生を救済するために現実世界に現われた仏としての「応身《おうじん》」もしくは「応化身《おうけしん》」の三つを言う。「一月三身《いちげつさんしん》」の項を参照。

三法印・四法印（さんぼういん・しほういん）

「法印」とは、仏教であることの印・旗印をいい、「あるがまま」を「あるがまま」に知れとした仏教の教えの根幹であるとされる。このうち、三法印とは、「諸行無常《しょぎょうむじょう》」「諸《しょ》法無我《ほうむが》」「涅槃寂静《ねはんじゃくじょう》」をいい、これに「一切皆苦《いっさいかいく》」を加えて四法印とする。「諸法無我《しょほうむが》」「如実知見《にょじつちけん》」の項を参照。

三論宗（さんろんしゅう）

インドで興り、鳩摩羅什《くまらじゅう》（三四四〜四一三）によって中国に伝えられ、隋の吉蔵（五四九〜六二三）が大成した、『中論』『十二門論』『百論』の三論を所依とする大乗仏教の宗派。日本へは、高麗の僧慧灌《えかん》（恵灌、六二五?〜六八一?）によって伝えられた。「下救沈淪《げくちんりん》」「入室瀉瓶《にっしつしゃびょう》」「破邪顕正《はじゃけんしょう》」の項参照。

四弘誓願（しぐせいがん）

仏・菩薩が衆生救済のために立てる誓い（誓願・本願）のうち、すべてに共通する四つ、①衆生無辺誓願度、②煩悩無量誓願断、③法門無尽誓願学、④仏道無上誓願成をいう。「四弘誓願」の項参照。

地獄（じごく）

地球に相当する須弥山《しゅみせん》世界の地下にあるとされるところ。人間が輪廻する「六道（地獄・餓鬼・畜生・阿修羅・人・天）」のうち、生前に悪を行なったために趣く「悪趣」の一つと見なされる。「阿鼻叫喚《あびきょうかん》」「三界一心《さんがいいっしん》」「輪廻業報《りんねごうほう》」の項を参照。

四諦（したい）

釈迦仏教で説かれる「苦諦《くたい》・集諦《じったい》・滅諦《めったい》・道諦《どうたい》」の四つの真実のことをいい、「諸の仏が説いた最もすぐれた教え」であるとされている。迷っている私たちと、それを解決したさとりの境地の「あるがまま」をいう。「四苦八苦《しくはっく》」「四《し》諦現観《たいげんかん》」の項を参照。

慈悲（じひ）

「慈」は衆生に楽を与えること、「悲」は衆生の苦しみを抜くこと。ひとの喜びを我が喜びとし、ひとの悲しみを我が悲しみとすることをいう。「大慈《だいひ》大悲《だいじ》」の項を参照。

釈迦仏教（しゃかぶっきょう）

古くは「大乗仏教」に対して「小乗仏教」とよばれていたもの。しかし「小乗」は「劣った教え」という意味であって、大乗仏教から一方的に投げつけられた差別的用語であるから、現在は用いられない。そこで現在では「原始仏教」とか「初期仏教」、あるいは「南方《なんぽう》仏教」「上座《じょうざ》仏教」という呼び名でよばれることが多いが、この仏教は決して時代的に仏教の初期だけに行われていたものではなく、大乗仏教が起こってからもむしろ大乗仏教よりも勢力があり、現在でもスリランカ、タイ、ミャンマーなどの南方仏教圏で行われているから、「原始仏教」「初期仏教」とよばれることはふさわしくない。

そこで、「南方仏教」とよばれることもあるわけであるが、この系統の仏教は中国や日本においても行われたのであるから、これもまた実態を表しているとは言い難い。また「上座仏教」も南方仏教圏で行われている仏教をさすことばであって、これはこの系統の仏教の一部の部派（宗派）のみしか表さないから、これもまた実態に即しているとは言い難い。

そこで本辞典では、古くは「小乗仏教」とよばれていた仏教を「釈迦仏教」とよぶことにした。この仏教の最大の特徴は今から二五〇〇年ほど前のインドに実在した釈迦牟尼仏の教えを信奉するところにあるからである。

なお、「釈迦仏教」で用いられる経典は、パーリ語ということばで書かれた『ニカーヤ』と漢訳では『阿含経』である。

四字熟語の「十二縁起《じゅうにえんぎ》」の項を参照。

趙州従諗（じょうしゅうじゅうしん、中国）

七七八～八九七。真際大師ともいわれる。南泉普願《なんせんふがん》（七四八～八三四）に参じ、その師弟関係は「父子相投《ふしそうとう》」、同時代に活躍した投子大同《とうずだいどう》（八一九～九一四）とは優劣がつけがたいことから「卞璧燕金《べんぺきえんきん》」、弁舌にも長けていたことから「舌頭《ぜっとう》無骨《むこつ》」と、それぞれ称された。また、〝庭前柏樹子〟や〝南泉斬猫〟の公案に登場することでも有名。語録に『趙州録』があり、古来より広く禅門で参究されている。

小乗仏教（しょうじょうぶっきょう）
「釈迦仏教」に大乗仏教から投げつけられた蔑称で、「劣った教え」を意味する。反対に「大乗仏教」は自分の教えをすぐれた教えだと自称したもの。詳しくは「釈迦仏教」「大乗仏教」を参照されたい。

浄土高僧和讃（じょうどこうそうわさん、日本撰述）
『高僧和讃』ともいう。親鸞（一一七三～一二六二）著。一二四八年成立。『三帖和讃』の一つ（他の二つは『浄土和讃』『正像末法和讃』）。浄土教の七高僧（龍樹・世親・曇鸞・道綽・善導・源信・法然）をそれぞれ仮名混じり文（七五調による四行）で讃仰したもの。このうち、中国の善導（六一三～六八一）に関して、「心光摂護《しんこうしょうご》」「千中無一《せんちゅうむいち》」「法性常楽《ほっしょうじょうらく》」などの語が用いられている。

正法眼蔵（しょうぼうげんぞう、日本撰述）
道元（一二〇〇～五三）の主著。九五巻。一二三一～五三年成立。禅の問題について、道元独自の解釈ならびに思索を展開したもの。哲学や文学等の他分野からも高い評価を受ける。自著に「正法眼蔵」の名を冠した道元の根本主張は「本証妙修《ほんしょうみょうしゅ》」の語に端的に表れている。そして、その人間観は「身心一如《しんじんいちにょ》」、修学・修道観は「究理弁道《きゅうりべんどう》」「行持道環《ぎょうじどうかん》」「功夫弁道《くふうべんどう》」「古教照心《こきょうしょうしん》」「只管打坐《しかんたざ》」、悟りの境地は「身心脱落《しんじんだつらく》」、独自の時間論は「前後際断《ぜんごさいだん》」、望ましい師弟関係と法の継承は「啐啄迅機《そったくじんき》」「入室瀉瓶《にっしつしゃびょう》」などの語に象徴されている。また、人間以外の自然も仏の教えの大いなる導き手であることを「谿声山色《けいせいさんしき》」や「無情説法《むじょうせっぽう》」などで説いている。なお、中国の大慧宗杲《だいえそうこう》（一〇八九～一一六三）による同名の書物がある。

正法眼蔵随聞記（しょうぼうげんぞうずいもんき）
懐奘《えじょう》（一一九八～一二八〇）編著。六巻。一二三五～三八年成立。道元（一二〇〇～五三）の法語が収録され、禅に基づいた宗教生活について触れられている。したがって、自らの師、道元が主張した「只管打坐《しかんたざ》」はもとより、「一文不通《いちもんふつう》」といった禅の人間観や「口決面授《くけつめんじゅ》」といった師弟関係にも言及されている。

声聞・声聞乗（しょうもん・しょうもんじょう）
「声聞」とは、仏の教えを聞いてさとる弟子たちのことをさす。また、こうした教えを声聞乗という。三乗《さんじょう》を参照。

従容録（しょうようろく、中国撰述）
『万松老人評唱天童覚和尚頌古従容庵録』もしくは『天

童覚和尚頌古従容庵録』という。宏智正覚《わんししょうがく》（一〇九一～一一五七）が選んだ公案百則に自ら頌をつけた『宏智頌古《じゅこ》』に、万《ばん》松行秀《しょうぎょうしゅう》（一一六六～一二四六）が示衆・著語・評唱を加えたもの。六巻。一二二三年成立。主に曹洞宗で尊重された。そこには、禅の師家が弟子をさまざまな態度・方法で指導する「顧鑑頻申《こかんひんしん》」や、共に優れており、甲乙をつけ難い弟子を喩えた「春蘭秋菊《しゅんらんしゅうきく》」「卞璧燕金《べんぺきえんきん》」などの語が見られる。

信（しん）

仏教でいう「信」とは、澄み切って清らかな心、敬って揺れのない心、疑いもなく了解すること、などを意味する。仏教では、この「信」によって教えに入ることができると説く。「以信得入《いしんとくにゅう》」の項を参照。

信心（しんじん）

浄土教などで、阿弥陀仏の本願の謂れを聞くことで、浄土に往生することが間違いないものと信じて、疑いの晴れることをいう。しかも、この「信心」の本体は、衆生の側ではなく、衆生を救済しようとする阿弥陀仏の側にあるとする点で、一般にいう「信仰」とは異なっている。「悪人《あくにん》正機《しょうき》」「機法一体《きほういったい》」「真実信心《しんじつしんじん》」「信心為本《しんじんいほん》」「即得往生《そくとくおうじょう》」「他力信心《たりきしんじん》」の各項を参照。

親鸞（しんらん、日本）

一一七三～一二六二。別名、範宴・綽空・善信。見真大師ともいわれる。日野有範《ありのり》の子。浄土真宗の開祖。比叡山にのぼり、二〇年間学行につとめたが、二九歳（一二〇一）のときに法然（一一三三～一二一二）の門に入り、専修念仏の人となる。念仏停止の際、法然と共に罰せられて越後に流されたが（一二〇七）、許された後に東国にて布教、『教行信証』を著わして、「時機相応《じきそうおう》」の教えを説く浄土真宗を開くことになる。そして、晩年、京都に帰って、『浄土文類聚鈔』（「曠劫多生《こうごうたしょう》」「後念即生《ごねんそくしょう》」「大悲広慧《だいひこうえ》」）、『愚禿鈔』（「六度《ろくど》万行《まんぎょう》」）、『唯信鈔文意』（「他力信心《たりきしんじん》」）、『浄土和讃』（「証《しょう》誠護念《じょうごねん》」「摂化随縁《せっけずいえん》」）・『浄土高僧和讃』・『正像末和讃』（「師主知識《ししゅちしき》」「選択本願《せんじゃくほんがん》」）の『三帖和讃』など多くの著述をなし、最晩年には「自然法爾《じねんほうに》」等の重要な思想を表明した。また、僧のままで妻帯して「非僧非俗《ひそうひぞく》」に徹し、また信者を同朋同行と呼んだ。この他、弟子の唯円による『歎異抄』も有名であり、親鸞の言行を伝えている。

世親（せしん、インド）

ヴァスバンドゥ、天親ともいわれる。三二〇～四〇〇頃の人。最初は小乗で出家して、説一切有部の思想を説いた

『阿毘達磨倶舎論』（『倶舎論』と略称）を著わした。後に兄の無著《むじゃく》（アサンガ、三一〇～三九〇頃）の勧めによって、大乗仏教に転じ、『唯識二十論』『唯識三十頌』などを著わして、瑜伽《ゆが》行派の基礎を築いた。このうち、無著の記した『摂大乗論』に対する註釈『摂大乗論釈』には「一水四見《いっすいしけん》」、また、浄土教の信仰に基づいて書かれ、中国・日本にも多大な影響を及ぼした『浄土論（無量寿経優婆提舎願生偈《うばだいしゃがんしょうげ》）』には「廻入生死《えにゅうしょうじ》」および「広略相入《こうりゃくそうにゅう》」に該当する記述が見られる。

雪竇重顕（せっちょうじゅうけん、中国）
九八〇～一〇五二。明覚大師ともいわれ、雲門宗の中興と称される。『雪竇頌古』百則を著わし、「打成一片《たじょういっぺん》」などの語を用いて、禅の要諦を示した。この『雪竇頌古』百則に臨済宗の圜悟克勤《えんごこくごん》（一〇六三～一一三五）が解説を付したのが『碧《へき》巌録《がんろく》』である。

禅関策進（ぜんかんさくしん、中国撰述）
雲棲袾宏《うんせいしゅこう》（一五三五～一六一五）著。一巻。一六〇〇年成立。参禅し学道を修める上で重要な心得を祖師の言行に則って記したもの。「十方坐断《じっぽうざだん》」「全機独露《ぜんきどくろ》」「朝参暮請《ちょうさんぼしょう》」など、禅の要諦を表わす語が散見される。

禅源諸詮集都序（ぜんげんしょせんしゅうとじょ、中国撰述）
圭峰宗密《けいほうしゅうみつ》著（七八〇～八四一）。四巻。一〇六二年成立。禅家の言句・偈頌を集録した『禅源諸詮集』（現存せず）の都序（総序）として記されたもの。仏教の教学と禅の実践の一致を説く。禅で重視する「以心伝心《いしんでんしん》」の他、迷いとしての無明（「無始無明《むしむみょう》」）や仏の資質としての仏性（「本有仏《ほんうぶっ》性《しょう》」）に関しても言及されている。

善導（ぜんどう、中国）
六一三～六八一。光明寺の和尚、終南大師ともいわれる。道綽《どうしゃく》（五六二～六四五）に学んで中国浄土教を大成、その流れを日本浄土教は汲んでいる。主著に『観無量寿経疏』『往生礼讃偈』『般舟讃』『法事讃』がある。このうち、『観無量寿経疏』では『無量寿経』と『観無量寿経』を「抑止摂《おくしせっ》取《しゅ》」の観点から捉えなおし、極楽往生を有名な「二河白《にがびゃく》道《どう》」の喩えで説き、あらゆる善根功徳を浄土往生に差し向ける「発願廻向《ほつがんえこう》」に言及している。こうした善導の考えは日本の親鸞（一一七三～一二六二）の「悪人正機《あくにんしょうき》」説などにも影響を及ぼした。

雑阿含経（ぞうあごんきょう、インド撰述）

求那跋陀羅《ぐなばっだら》（三九四〜四六八）によって四四三年に訳された。五〇巻。釈迦仏教経典の一つ（サンユッタニカーヤ）で、原型は紀元前四〜三世紀頃に成立したとされ、短い経典群（二八七五経、漢訳一三六二経）が教義・人・天・魔などに因んだ五六のテーマによって分類されている。「遠塵離《おんじんり》垢《く》」「曠劫多生《こうごうたしょう》」「生死流転《しょうじるてん》」「唯我独尊《ゆいがどくそん》」などの語が見られる。他に『別訳雑阿含経』一六巻も存する。

続伝灯録（ぞくでんとうろく、中国撰述）
円極居頂《えんごくきょちょう》（?〜一四〇四）の著とされる。三六巻。明代の成立。『景徳伝灯録』の続編に相当する。禅の伝法をあらわす「血脈不断《けちみゃくふだん》」「直指単伝《じきしたんでん》」「逓相伝授《ていそうでんじゅ》」などの語の他、有名な「婆子焼庵《ばすしょうあん》」の公案も見られる。

た　行

大乗義章（だいじょうぎしょう、中国撰述）
浄影寺慧遠《じょうようじえおん》（五二三〜五九二）著。二〇巻。隋代に成立。仏教教理を五篇に分類整理し、大乗仏教の立場から解説したもの。自らが覚りを得るだけでなく、他をも覚らしめる精神を「覚行窮満《かくぎょうぐうまん》」および「自覚覚他《じかくかくた》」として表わしている。

大乗仏教（だいじょうぶっきょう）
釈迦牟尼仏が亡くなってから五〇〇年ほどしてから起こった仏教で、自ら「優れた教え」（大乗、マハーヤーナ）と自称し、それまでの仏教を「劣った教え」（小乗、ヒーナヤーナ）と蔑んだ。「大」はたくさんの人がいっぺんに乗れる大型客船のようなものをイメージし、「小」は一人乗りのボートのような舟をイメージしている。また「大乗仏教」は仏という大きな目標を目指すのに対して、「小乗仏教」は阿羅漢という小さな悟りを目標とする、とされる。

要するにそれまでの仏教は自分一人だけの小さな悟りを目標とするから劣っており、自分たちの教えは多くの人々を救いとる力を持った仏になることを目標とするから、優れているとするわけである。

この仏教の特徴は、歴史上に実在した釈迦牟尼仏ではなく、阿弥陀仏や薬師仏、あるいは毘盧遮那仏などの仏や、観世音菩薩や地蔵菩薩などの菩薩が主人公の『法華経』『華厳経』『無量寿経』『大般涅槃経《だいはつねはんぎょう》』などを信奉するところにある。これらの経典にも釈迦牟尼仏が登場しないではないが、それはこれらの仏・菩薩の教えを代弁するためか、単に釈迦牟尼仏時代のシチュエーションが借りられているにすぎない。

なお、七世紀頃に成立した『大日経』や、それよりやや遅れて成立したとされる『金剛頂経《こんごうちょうきょう》』などは密教経典とよばれるが、これらは「大乗仏教」の歴史の後期に現れたものである。

大乗本生心地観経（だいじょうほんじょうしんじかんぎょう、インド撰述）

『心地観経』ともいう。唐の般若（八～九世紀）訳とされている。八巻。出家による心の観察（観心）を勧め、また、父母・衆生・国王・三宝（仏・法・僧）の四恩を説いている。そこには、仏・菩薩のはたらきとしての「応病与薬《おうびょうよやく》」「怨親平等《おんしんびょうどう》」「自利利他《じりりた》」、菩薩の修行としての「六度万行《ろくどまんぎょう》」などの語も見られる。

大智度論（だいちどろん、インド撰述）

龍樹（一五〇～二五〇頃）著。一〇〇巻。鳩摩羅什《くまらじゅう》（三四四～四一三）訳。『大品般若経』の逐条解釈が述べられたもので、大乗仏教の百科事典的内容を有する。「信」の重要性を説く「以信得入《いしんとくにゅう》」、「空」へのとらわれを戒める「空亦復空《くうやくぶくう》」、説法上の留意点としての「示教利喜《じきょうりき》」、仏の慈悲の働きとしての「抜苦与楽《ばっくよらく》」などの語が見られる。

大般涅槃経（だいはつねはんぎょう、インド撰述）

釈尊の般涅槃《はつねはん》、すなわち入滅を主題とする経で、原始経典と大乗経典と同名のものが存するが内容は異なる。このうち、原始経典の『大般涅槃経』は法顕（三三九？～四二〇？）によって訳され三巻本が、大乗経典の『大般涅槃経』は、曇無讖《どんむせん》（三八五～四三三）訳の四〇巻本（北涅槃）、および慧観（四～五世紀）・慧厳（三六三～四四三）・謝霊運（三八五～四三三）等の三六巻本（南涅槃）がそれぞれ存在する。原始経典の『涅槃経』は迷いの世界・衆生の在り方としての「無常・苦・無我・不浄」が強調されており、また、「留多寿行《るたじゅぎょう》」など釈尊の入滅に因んだエピソードなども説かれている。一方、大乗経典の『涅槃経』は、原始経典のそれとは対照的に、悟りの境地・仏の世界としての「常・楽・我・浄」、および「一切衆生悉有仏性」としての如来蔵思想が「仏性常住《ぶっしょうじょうじゅう》」などの語で強調されている。したがって、涅槃（ニルヴァーナ）も「伊字三点《いじさんてん》」に見られるような大乗仏教的観点から捉えられている。さらに、大乗の『涅槃経』には〝雪山童子〟の物語が「是生滅法《ぜしょうめっぽう》」「不惜身命《ふしゃくしんみょう》」などの語と共に説かれている。

大般若経（だいはんにゃきょう、インド撰述）

『大般若波羅蜜多経』ともいう。六〇〇巻。玄奘《げんじょう》（六〇〇

～六六四）訳。般若部経典の集大成であって、単独に漢訳されている『大品般若経』『小品般若経』『文殊般若経』『金剛般若経』『理趣経』等に相当する内容をそれぞれ含んでいる。そこでは、あらゆる存在の本質は「空」であるから絶対平等であり（「平等平等《びょうどうびょうどう》」）、また仏の智慧の本質は言語表現を絶したものである（「言語《ごんご》道断《どうだん》」「無言無説《むごんむせつ》」）と説かれている。さらに、大乗仏教における菩薩道の実践とは自らを利するだけでなく他をも利するものでなければならず（「自行化他《じぎょうけた》」「自利利他《じりりた》」）、衆生を導く方便も巧みなものでなければならない（「方便善巧《ほうべんぜんぎょう》」）とされるわけである。

太平記（たいへいき、日本文学）

小島法師作（生没年不明）。軍記物語。四〇巻。一三六八～七五年の成立か。一三一八～六七年までの南北朝時代の動乱期を和漢混交文で記述する。人間以外のものにも仏性を認める「草木成仏《そうもくじょうぶつ》」の他、「一業所感《いちごうしょかん》」や「各留《かくる》座半《はんざ》」などの仏教用語も見られる。後代に大きな影響を与えた。

大宝積経（だいほうしゃくきょう、インド撰述）

菩提流志《ぼだいるし》（？～七二七）訳。七一三年訳出。一二〇巻。四九の独立の経典類の集大成で、『無量寿経』『般若経』『勝鬘経』等の有名な経典が多数含まれている。そこでは、「応病与薬《おうびょうよやく》」「不捨一法《ふしゃいっぽう》」「法界一相《ほっかいいっそう》」など、大乗仏教に馴染みのある語が散見せられる。

達磨（だるま、インド→中国）

菩提達磨。円覚大師、達磨大師ともいわれる。中国禅宗の始祖。六世紀のはじめ（五二〇年）頃、インドより中国に渡り、「以心伝心《いしんでんしん》」「見性成仏《けんしょうじょうぶつ》」「直指単伝《じきしたんでん》」「不立文字《ふりゅうもんじ》」などを本旨とする禅を伝えた。嵩山の少林寺で面壁し坐禅に専念すること、九年に及んだといわれている（「九《く》年面《ねんめん》壁《べき》」）。また、梁の武帝との対論（「廓然無聖《かくねんむしょう》」）など、有名な伝説も多い。

探玄記（たんげんき、中国撰述）

法蔵（六四三～七一二）著。二〇巻。『華厳経探玄記』ともいう。『華厳経（六十華厳）』に対する註釈書として重視される。「重重《じゅうじゅう》（十十）無尽《むじん》」「相即相入《そうそくそうにゅう》」等、『華厳経』で説く法界縁起に論及している。

歎異抄（たんにしょう、日本撰述）

唯円（生没年不明）を著者とするのが定説。一巻。成立年不詳。親鸞（一一七三～一二六二）の言葉を伝える前半部と唯円の見解を記した後半部とから成り、親鸞の真意を伝えようとした。そこには、有名な「悪人正機《あくにんしょうき》」説や「一文不通《いちもんふつう》」といった浄土教の人間観が説かれ、業の深い衆生こそが阿弥陀如来の救済（「摂取不捨《せっしゅふしゃ》」）に与ることが強調されている。真宗の聖典としても有名。

湛然（たんねん、中国）

七一一〜七八二。荊渓尊者、妙楽大師などといわれる。天台宗第六祖で中興の祖とされ、天台教学の発展を促した。著書に天台三大部にそれぞれ注釈をつけた『法華玄義釈籤』『法華文句記』『止観輔行伝弘決』、その他に『十不二門』『金錍論』『維摩経略疏』がある。『法華経』の教えの優位性を「法華一乗《ほっけいちじょう》」で、天台教学の特徴を「天真独朗《てんしんどくろう》」「当位即妙《とういそくみょう》」でそれぞれ表わしている。

智顗（ちぎ、中国）

五三八〜五九七。天台大師ともいわれ、浄影寺慧遠《じょうようじえおん》（五二三〜五九二）・吉蔵（五四九〜六二三）と共に隋の三大法師の一人。天台の系統は慧文（生没年不明）から慧思（五一四／五一五〜五七七）に伝わり、さらに智顗に伝わった。禅観の実践を基盤に、『法華経』を中心とした天台教学の体系を確立した。門人灌頂（五六一〜六三二）によって筆録された『法華文句』『法華玄義』『摩訶止観』の天台三大部のほか、多くの著述がある。このうち、『法華玄義』では空・仮・中の三諦《さんたい》に基づいて「一心三観《いっしんさんがん》」「三諦円融《さんたいえんにゅう》」「如是実相《にょぜじっそう》」が、『摩訶止観』では心と一切法（あらゆる存在）の関係が「一念三千《いちねんさんぜん》」でそれぞれ説かれている。

伝心法要（でんしんほうよう、中国撰述）

詳しくは『黄檗山断際禅師伝心法要』。黄檗希運《おうばくきうん》（？〜大中年間没）述。一巻もしくは二巻。八五七年成立。中国臨済禅の基礎を築いた黄檗の教えの精髄を記したもの。「絶学無為《ぜつがくむい》」「即心是仏《そくしんぜぶつ》」といった禅における悟りの極意に触れるとともに、真理そのものとしての仏が行なう説法（「法身説法《ほっしんせっぽう》」）は、法として説くことができないものである（「無法可説《むほうかせつ》」）とも記されている。

天親菩薩（てんじんぼさつ）⇩世親《せしん》

天台宗（てんだいしゅう）

中国の天台大師智顗《ちぎ》（五三八〜五九七）によって大成された、『法華経』を所依の経典とする大乗仏教の宗派。日本へは、奈良時代に唐僧の鑑真《がんじん》（六八八〜七六三）によって初めて伝わったとされる。さらに、平安時代には唐への留学から帰朝した最澄《さいちょう》（七六七〜八二二）によって日本天台宗が開創された。中国天台宗に関しては、湛然《たんねん》ならびに智顗《ちぎ》の項と「一念三《いちねんさん》千《ぜん》」「一心三観《いっしんさんがん》」「三諦円融《さんたいえんにゅう》」「如是実相《にょぜじっそう》」の項を、日本天台宗に関しては「真俗一貫《しんぞくいっかん》」をそれぞれ参照。

伝灯録（でんとうろく）⇩景徳伝灯録《けいとくでんとうろく》

道元（どうげん、日本）

一二〇〇～五三。諱《いみな》は希玄。仏法房、仏性伝東国師、承陽大師などといわれる。久我通親《みちちか》（一一四九～一二〇二）の子。日本曹洞宗の開祖。比叡山と三井寺で学び、建仁寺の栄西《ようさい》（一一四一～一二一五）に師事して禅を修める。一二二三年に入宋、天童寺の如浄の法を嗣いで一二二七年、「空手還郷《くうしゅげんきょう》」にして帰国。京都に住して後、一二四四年に越前（福井県）の大仏寺（のちの永平寺）を開く。道元は「只管打坐《しかんたざ》」の禅風に基づいた「本証妙修《ほんしょうみょうしゅ》」の思想を打ち出した。著述に『正法眼蔵』『普勧坐禅儀』『永平清規』の他、修学弁道の規範書『学道用心集』（「直指単伝《じきしたんでん》」）がある。なお、僧の食事を管掌する役職である典座《てんぞ》の心得を説いた『典座教訓』（「一眼両眼《いちげんりょうげん》」「聖胎長養《しょうたいちょうよう》」「退歩返照《たいほへんしょう》」）は『永平清規』に含まれる。また、道元の語録としては『永平広録』（「句句超宗《くくちょうしゅう》」「文文見諦《もんもんけんたい》」「鼻直眼横《びちょくがんおう》」）がある。さらに、弟子の懐奘《えじょう》（一一九八～一二八〇）による『正法眼蔵随聞記』も有名である。

洞山良价（とうざんりょうかい、中国）

八〇七～八六九。中国曹洞宗の祖。悟本大師ともいわれる。南泉普願《なんせんふがん》（七四八～八三四）、潙山霊祐（七七一～八五三）、雲巌曇晟《うんがんどんじょう》（七八二～八四一）らに参じる。語録の『洞山録』のうち、『筠州《いんしゅう》洞山悟本禅師語録』には「瓦解氷消《がげしょうしょう》」「銀盌盛雪《ぎんわんせいせつ》」、『瑞州《ずいしゅう》洞山良价禅師語録』には「驢前馬後《ろぜんばご》」などの語が見られる。また、『碧巌録』にある「心頭滅却《しんとうめっきゃく》」と「劈頭劈面《へきとうへきめん》」の語はいずれも洞山に因んだものである。

道綽（どうしゃく、中国）

五六二～六四五。西河禅師といわれる。『大般涅槃経』の学者から曇鸞（四七六～五四二）の碑文に感銘して浄土教に転じて、仏教の教えを「捨聖帰浄《しゃしょうきじょう》」の語に象徴されるように聖道門と浄土門に分けた。著書に末法時代の念仏法門を確立した『安楽集』があり、「不住涅槃《ふじゅうねはん》」の語が見られる。

曇鸞（どんらん、中国）

四七六～五四二。菩提流支《ぼだいるし》（？～五二七）が訳した世親（三二〇～四〇〇頃）の『浄土論』を研究して『浄土論註』（別名『往生論註』）を著わし、浄土教の教理的基礎を確立した。そこでは「廻入生死《えにゅうしょうじ》」の説が敷衍されている。また、同じく曇鸞による『略論安楽浄土義』には「意馬心猿《いばしんえん》」、『讃阿弥陀仏偈』には「摂化随縁《せっけずいえん》」の語が見られる。

な　行

涅槃（ねはん）

ニルヴァーナ（nirvāṇa）の音写で、「火が吹き消された状態」を意味する。すなわち煩悩の火が吹き消されたさとりの境地をいう。「伊字三点《いじさんてん》」の項を参照。

涅槃経（ねはんぎょう）⇩大般涅槃経《だいはつねはんぎょう》

念仏（ねんぶつ）

仏を念ずること。「念仏」には、心に仏の姿を観ずる「観想の念仏」と、口に仏・菩薩の名号を称える「口称《くしょう》念仏」「称名《しょうみょう》念仏」とがある。日本の法然や親鸞は「念仏」を後者ととらえた。「一念往生《いちねんおうじょう》」の項を参照。

は　行

八宗綱要（はっしゅうこうよう、日本撰述）

凝然《ぎょうねん》（一二四〇～一三二一）著。二巻。一二六八年成立。日本仏教の八宗（倶舎・成実・律・法相・三論・天台・華厳・真言）に関する教理ならびに歴史の要約を述べ、禅宗・浄土宗にも触れており、初学者に適した仏教入門書と言える。

このうち、三論宗で「下救沈綸《げぐちんりん》」「湛湛無寄《たんたんむき》」、法相宗で「依詮談旨《えせんだんし》」「廃詮談旨《はいせんだんし》」の語が用いられている。

八正道（はっしょうどう）

欲望を滅し、覚りを得るための八つの正しい生活・修行をいう。すなわち、正見（正しい見解）・正思（正しい思惟）・正語（正しい言語的行為）・正業（正しい身体的行為）・正命（正しい生活法）・正精進（正しい努力・勇気）・正念（正しい注意）・正定（正しい精神統一）の八つをいう。このうち、最も根幹となるのは「正見」であって、「あるがまま」を「あるがまま」に知ることをいう。また、八正道は苦行と楽行を離れた「苦楽の中道」とも把握される場合がある。

般若心経（はんにゃしんぎょう、インド撰述）

『般若波羅蜜多心経』ともいう。一巻。玄奘（六〇〇～六六四）訳（六四九年）。多数の異訳がある。般若空思想の根幹を説いたもので、特に「色即是空《しきそくぜくう》、空即是色《くうそくぜしき》」の語は有名である。

百丈懐海（ひゃくじょうえかい、中国）

七二〇（七四九）～八一四。大智禅師ともいわれる。馬祖《ばそ》道一《どういつ》（七〇九～七八八）の法を嗣ぎ、南泉普願《なんせんふがん》（七四八～八三四）・西《せい》堂智蔵《どうちぞう》（七三五〜八一四）と共に馬祖下の三大士と称される。禅門の生活（百丈清規《しんぎ》）を定めて、僧団の自給自足体制を整えた。門下に黄檗希運《おうばくきうん》（？〜大中年間没）・潙山霊祐《いさんれいゆう》（七七一〜八五三）らがいる。語録がある。なお、『無門関』百丈野狐には、仏道修行を完成した人は因果に落ちない（不落因果《ふらくいんが》）と応えたため野狐と化した老人を百丈が「不昧因果《ふまいいんが》」の語で大悟させたことが記されている。

平家物語（へいけものがたり、日本文学）

作者、成立年代共に不詳。多くの異本を生じた。鎌倉前期の軍記物語。平家一門の興亡が「会者定離《えしゃじょうり》」「盛者必衰《じょうじゃひっすい》」「生者必滅《しょうじゃひつめつ》」といった仏教的無常観を基調にして描かれており、後代にも大きな影響を与えた。

碧巌録（へきがんろく、中国撰述）

『仏果円悟禅師碧巌録』もしくは『碧巌集』ともいう。一〇巻。宋代の成立。雪竇重顕《せっちょうじゅうけん》（九八〇〜一〇五二）が選んだ百則の公案に自ら頌をつけた『雪竇頌古《じゅこ》』に、圜悟克勤《えんごこくごん》（一〇六三〜一一三五）がそれぞれの公案の旨とするところを示した「垂示」、本則や頌古の語句を評した「著語《じゃくご》」、全体を評した「評唱」を付したもの。古来、宗門第一の書とされている。「大死一番《だいしいちばん》」して得られる悟りの境地は「穏密全真《おんみつぜんしん》」「光境倶忘《こうきょうくぼう》」「孤峰頂上《こほうちょうじょう》」「青天白日《せいてんはくじつ》」「打成一片《たじょういっぺん》」「露地白牛《ろじびゃくご》」などで表わされている。また、悟り同様に禅で重んじられる「自由自在《じゆうじざい》」な禅僧の働きぶりは「七穿八穴《しちせんはっけつ》」で、師が弟子を巧みに指導する様を「一機一境《いっきいっきょう》」「巻舒斉唱《けんじょせいしょう》」「斬釘截鉄《ざんていせってつ》」「正按傍提《しょうあんぼうてい》」「穿却鼻孔《せんきゃくびくう》」「展事投機《てんじとうき》」「当機敲点《とうきこうてん》」で、禅僧が衆生を懇ろに教化する様を「灰頭土面《かいとうどめん》」「和泥合水《わでいがっすい》」でそれぞれ表わしている。この他、禅語として「依草附木《えそうふぼく》」「心頭滅却《しんとうめっきゃく》」「水到渠成《すいとうきょせい》」「頭頭是道《ずずぜどう》」「滴水滴凍《てきすいてきとう》」なども見られ、まさに仏教四字熟語の宝庫である。

法然（ほうねん、日本）

一一三三〜一二一二。諱《いみな》は源空。法然房・円光大師・明照大師・法然上人・黒谷上人・吉水上人などといわれる。浄土宗の開祖。比叡山に学んだのち、南都にも遊学する。一一七五年に善導（六一三〜六八一）の『観無量寿仏経疏（観経疏）』散善義を読んで開眼、「選択本願」の専修念仏という「時機相応《じきそうおう》」の教えを人々に説く。後には、念仏停止の迫害を受け、一二〇七年土佐に流された。「知恵の法然房」とも称され、親鸞（一一七三〜一二六二）の「悪人正機」説にも影響を及ぼした。著作に「捨聖帰浄《しゃしょうきじょう》」「捨閉閣抛《しゃへいかくほう》」を説く『選択本願念仏集』、および『一枚起請文』などがある。また、彼の遺文を集めたものに『黒谷上人語燈録』がある。

法華経（ほけきょう、インド撰述）

『妙法蓮華経』ともいう。七巻。鳩摩羅什《くまらじゅう》（三四四〜四一三）訳。様々な比喩（「髻中明珠《けいちゅうみょうしゅ》」「三界火宅《さんがいかたく》」など）が用いられた高い文学性を有する経典。永遠なる生命としての仏陀観が説かれており、中国・日本にも大きな影響を与えた。そこでは、信の強調（「以信得入《いしんとくにゅう》」）とともに、すべての教えは一つに帰結するという一乗思想（「一因一果《いちいんいっか》」「一相一味《いっそういちみ》」「開三顕一《かいさんけんいち》」）が宣揚されている。また、さまざまな面でハンディ（「五障三従《ごしょうさんしょう》」）を持つ女性が仏と成れること（「龍女成仏《りゅうにょじょうぶつ》」）や観世音菩薩による救済も説かれている（「普門示現《ふもんじげん》」）。

菩薩・菩薩乗（ぼさつ・ぼさつじょう）

菩薩とは「さとりを求める衆生」を意味し、仏道に入って修行する人のことをいう。初期の仏教では、仏となることが確定した人、すなわち成仏する前の釈尊や修行がほぼ完成して釈尊の次に成仏することが確定している弥勒《みろく》菩薩などが考えられていた。これに対し、大乗仏教では、やはり修行が完成して仏となる前の状態にある人や、既に修行を完成したにもかかわらず、衆生を救済するために自らが仏となることを保留している人をさす場合が多く、観世音菩薩、地蔵菩薩、文殊《もんじゅ》菩薩、普賢《ふげん》菩薩などが有名である。また、菩薩乗とは、一般に言う「大乗」を意味する。三乗《さんじょう》を参照。

法華玄義（ほっけげんぎ、中国撰述）

智顗《ちぎ》（五三八〜五九七）説、灌頂（五六一〜六三二）記。一〇巻。五九三年成立。天台三大部の一つ（他の二つは『法華文句《ほっけもんぐ》』と『摩訶止観《まかしかん》』）。『法華経』の大意を説き、その優位性を「開麁顕妙《かいそけんみょう》」として主張している。「三諦円融《さんたいえんにゅう》」の天台教学に基づいた観想法としての「一心三観《いっしんさんがん》」や、その教学を敷衍した「如是実相《にょぜじっそう》」が説かれている。

法華文句（ほっけもんぐ、中国撰述）

智顗《ちぎ》（五三八〜五九七）説、灌頂（五六一〜六三二）記。一〇巻。五八七年成立。天台三大部の一つ（他の二つは『法華玄義《ほっけげんぎ》』と『摩訶止観《まかしかん》』）。『法華経』の経文に対する解釈が述べられており、「開権顕実《かいごんけんじつ》」「露地白牛《ろじびゃくご》」などの語と共にその優位性が説かれている。

ま　行

摩訶迦葉（まかかしょう）⇩迦葉《かしょう》

無門関（むもんかん、中国撰述）
一巻。一二二八年成立。中国の禅僧である無門慧開《むもんえかい》（一一八三～一二六〇）が、これに先立つ『碧巌録』『従容録』にならって、趙州《じょうしゅう》（七七八～八九七）など先師の禅の公案四八則を解説したもの。古来より禅宗で極めて重用され、また、参禅者の入門書としても親しまれた。このうち、有名な禅語として用いられているものに「即心是仏《そくしんぜぶつ》」「非心非仏《ひしんひぶつ》」などが挙げられる。また、「単刀直入《たんとうちょくにゅう》」を標榜する禅の悟りの境地を「打成一片《たじょういっぺん》」で、その境地を言葉で伝えることはきわめて難しいことを「唖子得夢《あしとくむ》」で説いている。

無量寿経（むりょうじゅきょう、インド撰述）
二巻。康僧鎧《こうそうがい》（生没年不明）訳。二五二年訳出。浄土三部経の一つ（他の二つは『観無量寿経』と『阿弥陀経』）。『大経』と略称される。一～二世紀に原型成立。阿弥陀仏が法蔵菩薩であった頃、念仏によって衆生が浄土に生まれて悟りを開かせよう（「度脱一切《どだついっさい》」）として修行中にたてた48の本願を成就したが、その浄土とはさとりそのものであるとされている（「無為自然《むいじねん》」）。また、その本願中（第三十五願）には、女人が往生できる可能性（「変成男子《へんじょうなんし》」）も記されている。

や　行

唯識（ゆいしき）
眼《げん》識・耳《に》識・鼻《び》識・舌《ぜつ》識・身《しん》識・意《い》識という六つの表層的な認識（六識）のさらに下の奥深いところにある第八識と呼ばれる「阿頼耶識《あらやしき》」から、認識する主体の側も、認識される客体の側も、すべてが展開するのであって客観世界は存在しないとする主張をいう。阿頼耶識《あらやしき》ならびに「唯識無境《ゆいしきむきょう》」の項を参照。

ら　行

龍樹（りゅうじゅ、インド）
ナーガールジュナ、竜樹とも表記される。一五〇～二五〇頃の人。中観派の祖。提婆《だいば》（アールヤデーヴァ、聖天・一七〇～二七〇頃）の師。「空」の思想を基礎付けて、その後の大乗仏教の発展に貢献したことから、八宗の祖師といわれる。著書に『中論』『十二門論』『大智度論』『十住毘婆沙論』などがある。このうち、『中論』では、大乗仏教で説く「空」を「八不中道《はっぷちゅうどう》」の立場から基礎づけている。また、『中論』『十二門論』は提婆の著した『百論』と共に、「下救沈淪《げぐちんりん》」を標榜する中国・日本の三論宗の依拠とされた。さらに、『大智度論』では「如是我聞《にょぜがもん》」で始まる経典の形式に論及している。この他、『十住毘婆沙論』では、阿弥陀仏の信仰を説く易行品《いぎょうぼん》によって、後の浄土教に多大の影響を与えたことから、真宗などでは「師主知《ししゅち》識《しき》」とよばれる七高僧の一人とされる。

臨済録（りんざいろく、中国撰述）

詳しくは『鎮州臨済慧照禅師語録』。中国臨済宗の開祖、臨済義玄（？〜八六七）の語を弟子の三聖慧然《さんしょうえねん》（生没年不明）が集録したもの。一巻。唐代の成立。「録中の王」と言われる。禅の修行においては「回光返照《えこうへんしょう》」して本来の自己に目覚めることに重きが置かれるとともに、日常の生活が極めて大切であることが「屙屎送尿《あしそうにょう》」「平常無事《びょうじょうぶじ》」で説かれている。また、真の主体性の確立を「随処作主《ずいしょさしゅ》」「立処皆《りっしょかい》真《しん》」で強調している。

蓮如（れんにょ、日本）

一四一五〜九九。諱《いみな》は兼寿。慧燈大師ともいわれる。本願寺八世で浄土真宗中興の祖と尊ばれる。全国の門徒に手紙を書くなどして、浄土真宗の教団に大きな発展をもたらした。この手紙を集めたものが『御文章（御文）』（『蓮如上人御文』）で、「王法為本《おうぼういほん》」や「真実信心《しんじつしんじん》」などが力説された。また多くの地方武士なども蓮如の弟子となり、それが一向一揆につながった。著書に『正信偈大意』『領解文』など、また、言行録に「師伝口業《しでんくごう》」「仏恩報謝《ぶつおんほうしゃ》」の語が見られる『御一代記聞書』がある。

蓮如上人御文（れんにょしょうにんおふみ、日本撰述）

著者および成立年代不詳。五巻。蓮如（一四一五〜九九）の法語、消息などを集めたもの。いずれも平易な文章で記されている。『御文《おふみ》』『御文章《ごぶんしょう》』『五帖消息《ごじょうしょうそく》』ともいわれる。人生のはかなさを「電光朝露《でんこうちょうろ》」「老少不定《ろうしょうふじょう》」で、また「信心《しんじん》為本《いほん》」「他力本願《たりきほんがん》」に生きる真宗の教学的特徴を「機法一《きほういっ》体《たい》」「平生業成《へいぜいごうじょう》」でそれぞれ表わしている。

六祖慧能（ろくそえのう、中国）

六三八〜七一三。大鑑禅師、六祖大師、曹渓大師ともいわれる。禅宗の第六祖にして、南宗の祖。弘忍《こうにん》（ぐにん、六〇二〜六七五）禅師に師事し、同門神秀《じんしゅう》（？〜七〇六）の北漸（漸悟を標榜する北宗）の宗風に対し、南頓（頓悟を標榜する南宗）の禅風をあげ、中国の禅宗はほとんどこの系統を引く。多くの道俗を教化し、青原行思《せいげんぎょうし》（？〜七四〇）、南嶽《なんがく》懐譲《えじょう》（六七七〜七四四）、荷沢神会《かたくじんね》（六六八〜七六〇／六八四〜七五八）などを輩出する。遺録に『六祖壇経』があり、「以《い》心伝心《しんでんしん》」「諸《しょ》悪莫作《あくまくさ》」「逓相伝授《ていそうでんじゅ》」「本性《ほんしょう》清浄《しょうじょう》」などの語が見られる。

六波羅蜜（ろくはらみつ）

菩薩が一切衆生を救い取るために修する六つの徳目で、布施《ふせ》・持戒《じかい》・忍辱《にんにく》・精進《しょうじん》・禅定《ぜんじょう》・智慧《ちえ》を完成させることである。『大智度論』四にはこれらが、自分の命さえも与え、命を捨てることになっても戒を守り、手足を切られても怒らず、衆生のために大海を汲みつくすほどの努力をし、鳥が卵を産んで小鳥となって飛び去るまで心を集中し、大地を分かって七分となすほどの智慧を得ることであると説かれている。

わ　行

宏智禅師広録（わんしぜんじこうろく、中国撰述）

宏智正覚《しょうがく》（一〇九一～一一五七）の語録『宏智語録』の一つ。九巻。一七〇八年成立。禅では「横説竪説《おうせつじゅせつ》」して言葉を駆使しつつも、「冷暖自知《れいだんじち》」する体験の重要性を説いている。また、身体と心は一つであるとする「身心一如《しんじんいちにょ》」という語も見られる。

あとがき

「不立文字」という四字熟語がもっとも端的に物語るように、言葉そのものがもつ限界性を指摘して止まないのも仏教であるが、その一方で真実を訴求する営みに言葉を駆使するのもまた仏教であって、そのために「八万四千」と表現されるような膨大な仏典が制作されてきた。この緊張を孕んだ二面性のただ中で、仏教に生きた先人たちは言葉を虚心に紡いできたのであろう。そして、我々はこの知的遺産を後代に継承するとともに、それらを仏意にかなうべく、この千変万化する日常生活で活かしていくことが求められているのではなかろうか。

本辞典に採録された仏教四字熟語こそは、仏教圏と漢字圏が交差する知的沃土で育まれた一群の文化的果実である。その果実としての四字熟語の一つ一つには、歴史的・思想的洗練を経つつも、諸仏諸祖の思いと願いが満ちているという意味で、まさに「一語一慧」（小森の造語）である。

本書は私の大学・大学院時代の恩師、森章司先生との共著として成ったもので、小森が採項し、その用例を調査したうえで下原稿を執筆したものに、森先生がもう一度もとの文献を確認しながら、最終稿に仕上げてくださったものである。下原稿を作成し、それが最終稿に仕上がっていく過程の中で、再び恩師の厳しくも暖かい御指導を仰ぐことができた。

また、本辞典の編集を担当してくださった小林英太郎氏には、東京堂出版に在職中から今日に至るまで、さまざまな点で御助力をいただいた。そして校正に当たっては、同門の大城ゆき子さんにたいへんお世話になった。

私としてはこれらのすべてを仏縁として受けとめ、ゆかりのあった方々に衷心より感謝する次第である。

平成二〇年五月

小森英明

●編者紹介

森　章司（もり・しょうじ）

一九三八年三重県生まれ。一九七一年東洋大学大学院博士課程修了。博士（文学）。現在、東洋大学名誉教授。主要編著書に『仏教比喩例話辞典』、『国語のなかの仏教語辞典』、『原始仏教から阿毘達磨への仏教教理の研究』（以上、東京堂出版）、『戒律の世界』（北辰堂）、『初期仏教教団の運営理念と実際』、『仏教的ものの見方――仏教の原点を探る』（以上、国書刊行会）、『原始仏教聖典資料による釈尊伝の研究』（1～13、中央学術研究所）ほか。

小森英明（こもり・ひであき）

一九六二年三重県生まれ。東洋大学文学部、同大学院文学研究科博士前期課程修了。仏教学専攻。武蔵野大学仏教文化研究所研究員。

仏教がわかる四字熟語辞典

二〇〇八年　八　月二〇日　初版発行
二〇一〇年一〇月二〇日　再版発行

編　者　森　章司（もり・しょうじ）
　　　　小森英明（こもり・ひであき）

発行者　松林孝至

発行所　株式会社東京堂出版
〒一〇一-〇〇五一
東京都千代田区神田神保町一-一七
電話〇三-三二三三-三七四一
振替〇〇一三〇-七-二七〇

印　刷　株式会社三秀舎

製　本　渡辺製本株式会社

ISBN978-4-490-10741-8 C0515

キーワード索引

＊本索引は、キーワードが立てられているような仏教の教えを表わす四字熟語にはどのようなものがあるかを検索できるようにしたものである。ただし、頁数の関係で、四字熟語の読みまではあげえなかった。また漢字表記も一種類に限っている。

＊頁数の表記のうち、正体は当該の項目の頁数、斜体は他項目の解説文中の頁数を表わす。

＊冒頭には、検索に便なるようにキーワード一覧を付しておいた。

【あ行】

挨拶、曖昧、悪魔、阿弥陀経、阿弥陀仏、誤り、阿頼耶識、あるがまま、行脚　意気投合、異口同音、一実相印、一乗、一心同体、一大事、戒め、印可、因果、因縁有情、海、有無　永遠、回向/廻向、縁起　往生、行い、教え、驚き、恩

【か行】

我（が）、戒、海印三昧、解決、解放、戒律、学識、加護、喝、活力、関係性、感謝、寒暑、観想、感嘆、肝要、帰依、機縁、機会、危機、希少、疑問、救済、経、究明、教化、行跡、教団、経典、境地、教導、教判、経論、虚無主義　苦、空、求道、功徳、求法、供養　華厳、華厳経、袈裟、解脱、結集、仮名（けみょう）、現実、現象、言語、言語観、見識業、恒常、広大、業報、高慢、極楽往生、こころ（心）、古今、孤独、五道、言葉、小利口、根気、混乱

【さ行】

罪悪、罪過、財産、坐禅、殺人、さとり、差別、さまたげ、障り、サンガ、懺悔、三乗、三諦、三宝、三法印、三昧、死、慈愛、自我、時間、識見、自己、地獄、自性、自性清浄、死生観、自然、自然観、四諦、実有、実践、実相、実体、失敗、師弟、師弟関係、指導、自然（じねん）、慈悲、師仏、四法印、自慢、迹門、邪見、自由闊達、終始一貫、自由自在、執着、重々無尽、修道、十二縁起、宗派、充満、修行、修行者、修行道、熟慮、守護、衆生教化、衆生済度、主体、主体性、出家、首尾一貫、寿命、瞬時、勝義諦、生死、成就、常住、清浄、浄土、成道、聖道門、浄土真宗、成仏、称名、少欲知足、女性、自力念仏、思慮分別、信、人格、心境、真実、心身（身心）、信心、人生観、身体、神通力、真如、真人、信念、神変、身命、森羅万象、真理、衰退、素直、生活、誓願、

聖者、生成、世界、世界観、世俗諦、絶対、絶対平等、説法、世話、善、善悪、禅定、禅問答、僧、相応、相即、相続、僧俗、相即相入、相対、草木国土、尊敬

【た行】

第一義諦、大乗、大乗仏教非仏説論、態度、代表、堕地獄、多数、他力、他力念仏、単刀直入、智、智慧、畜生、知的理解、中道、中途半端、超越、超俗、調和、直截、追従、罪、出会い、伝承、天台宗、天人、伝法、同音、動作、同志、道徳、徳、読書、とらわれ

【な行】

内省、名と実体、日常、日常生活、日蓮宗、女人成仏、如来蔵、人、人間観、涅槃、涅槃経、念仏

【は行】

破壊、破邪、はたらき、半座、反省、般若心経、美、比喩、表敬、平等、布教、福徳、父子、不定、布施、仏（ぶつ）、仏縁、仏教、仏性、仏心、仏陀、仏陀観、仏典、仏道、仏法、分別、平常、別離、偏見、放棄、方便、法宝、菩薩、菩提心、法界、法華経、法身、法灯、発菩提心（ほつぼだいしん）、本願、本性、煩悩、凡夫、本分、本門、本来の自己

【ま行】

魔、真面目、末法、迷い、見方、導き、密教、名号、弥勒菩薩、無、無我、報い、無常、無駄、無知、無分別、無分別智、無明、無用、名誉、明瞭、命令、黙照禅、ものの見方、問答

【や行】

唯識、唯心、悠久、幽玄、優劣、要諦、欲望、預流

【ら行】

理性、利他、利益（りやく）、臨死、輪廻、倫理、倫理観、霊魂

【わ行】

惑乱、和合

〈あ〉

挨拶　夜間珍重 273
曖昧　有耶無耶 32
悪魔　三障四魔 99
阿弥陀経　甚難希有 154
阿弥陀仏　心光摂護 148，大悲広慧 184, *185*, 大悲無倦 185, 兆載永劫 195，万徳円融 261，名体不離 263
誤り　将錯就錯 138，草賊大敗 176
阿頼耶識　一水四見 26，三界一心 97, *124*, *261*, *274*，転識得智 200
あるがまま　花紅柳緑 51, *66*, *144*, *234*, 体露真常 186, 当位即妙 203，如是実相 221，法爾法然 250
行脚　雲遊萍寄 33

〈い〉

意気投合　父子相投 236
異口同音　異口同音 8
一実相印　如実知見 219
一乗　一因一果 11，開三顕一 46，髻中明珠 72，醍醐一実 181，法華一乗 253，露地白牛 287
一心同体　同死同生 206，同身同機 206
一大事　生死事大 136
戒め　舌頭落地 166
印可　二仏並坐 *50*, *132*, 216
因果　阿鼻叫喚 7，因果撥無 29，廻因向果 33，修因感果 126，宿習開発 130，小因大果 134，善悪報応 167，先因後果 168，不昧因果 *138*, 244，冥機冥応 262
因縁　愛縁奇縁 3，有縁無縁 30，実相無相 120, *142*, *145*，十二縁起 128，値遇結縁 192

〈う〉

有情　有情世間 30，五姓格別 87
海　不宿死屍 238
有無　非有非無 232

〈え〉

永遠　亘古亘今 54，超古超今 195，不生実際 *178*, 239，不生不滅 240, *245*, *246*，裂破古今 284
回向/廻向　廻因向果 33，願力廻向 55，発願廻向 252
縁起　伊字三点 8，一切即一 24, *119*, *175*, *225*，互為主伴 81, *115*，事事無礙 114, *128*, *252*，重重無尽 *15*, *24*, *81*, *115*, 127, *175*, *252*，十二縁起 128，諸法実相 *144*, 145, *178*, *261*, *275*，入我我入 217，非有非無 232，非常非断 232，法界縁起 *81*, 252, *266*，連縛縁起 *130*, 284

〈お〉

往生　一念往生 15，一蓮托生 20，各留半座 50, *132*, *217*，願力廻向 55，教頓機漸 63，後念即生 89，斉同不退 95，千中無一 173，即得往生 *89*, 179，他力往生 188，他力本願 *188*, 190，二河白道 214，百即百生 235，平生業成 *247*, 281，来迎引接 *131*, 277, *281*，臨終正念 280，臨終来迎 *277*, 281
行い　一業所感 13，一蓮托生 20，一出一入 25，一殺多生 26，機先句後 57，挟善趣求 62，作善得福 96，止悪修善 104，諸悪莫作 132, *159*, *227*，善根成熟 171，韜光晦迹 205，廃悪修善 227，万善成仏

260, 瑜伽三密 276, 輪廻業報 282, 六度万行 286
教え　一月三舟 12, 一念不生 17, 一相一味 27, 廻心向大 35, 開麁顕妙 47, 教頓機漸 63, 教理行果 63, 髻中明珠 72, 顕彰隠密 77, 広略相入 85, 五百結集 89, 五篇七聚 90, 直途直行 108, 時機相応 108, 捨閉閣抛 126, 正法眼蔵 142, 多聞広学 187, 同一鹹味 204, 同聴異聞 209, 破邪顕正 *216*, 229, 不立文字 *9*, *14*, *29*, *36*, *68*, *78*, *92*, *94*, *125*, *142*, *187*, *210*, *224*, 246, 法已応捨 *122*, 250, 門門不同 272
驚き　飲気呑声 29, 煢煢忪忪 71
恩　師主知識 115

〈か〉

我（が）　壊本絶本 38
戒　止悪修善 104
海印三昧　一時炳現 14
解決　脳後抜箭 226
解放　休息万事 60
戒律　一殺多生 26, 五篇七聚 90, 持戒持律 105, 自讃毀他 113, 少欲知足 *60*, *102*, *106*, 143, 真俗一貫 152, 随犯随制 157, 制聴二教 159
学識　多聞広学 187
加護　慈悲護念 122, 証誠護念 140, 心光摂護 148, 仏所護念 242, 冥得護持 264
喝　胡喝乱喝 30
活力　一路生機 20
関係性　愛縁奇縁 3, 一切即一 24, *119*, *175*, *225*, 因果撥無 29, 有縁無縁 30, 廻因向果 33, 互為主伴 81, *115*, 挙一全収 81, 挙一蔽諸 82, 事事無礙 114, *128*, *252*, 修因感果 126, 重重無尽 *15*, *24*, *81*, *115*, 127, *175*, *252*, 十二縁起 128, 宿習開発 130, 小因大果 134, 先因後果 168, 前後際断 171, 相即相入 *25*, *81*, 175, 当体全是 207, 賓主歴然 *86*, 236, 不即不離 240, 不昧因果 *138*, 244, 法界縁起 *81*, 252, *266*, 冥機冥応 262, 連縛縁起 *130*, 284
感謝　遶仏三匝 218, 仏恩報謝 241, 偏袒右肩 *218*, 249
寒暑　劈頭劈面 248
観想　一心三観 25
感嘆　飲気呑声 29
肝要　敲関撃節 83

〈き〉

帰依　感応道交 54, 帰依三宝 55, *213*, 南無三宝 *56*, 213
機縁　有縁無縁 30
機会　値遇結縁 192, 難値難見 214, 盲亀浮木 *214*, 271
危機　南無三宝 *56*, 213
希少　一箇半箇 23, 盲亀浮木 *214*, 271
疑問　瓦解氷消 50
救済　悪人正機 5, *188*, 廻入生死 36, 抑止摂取 42, 灰頭土面 48, 願力廻向 55, 救世度人 69, 下救沈淪 72, *229*, 下化衆生 73, *135*, *146*, *218*, 還来穢国 80, 三輪開悟 103, 授手引接 131, 自利利他 *110*, 146, 随縁治病 154, 摂化随縁 164, 摂取不捨 165, 接物利生 166, 拕泥滞水 187, *217*, *290*, 度脱一切 212, 入鄽垂手 *77*, *187*,

217，不住涅槃 238，普門示現 245，方便善巧 251，方便菩提 251，利益衆生 279，和光応迹 289，和泥合水 *187*, 290
経 金口所説 91，如是我聞 220
究明 究竟参徹 68
教化 開示悟入 46，函蓋乾坤 52，*226*，化俗結縁 75，自行化他 110，随縁化物 154，随縁治病 154，接物利生 166，穿却鼻孔 169，即施即廃 179，道力化功 211，鐃鉤搭索 218，鼻直眼横 234，普門示現 245，揚眉瞬目 276，和顔愛語 289
行跡 韜光晦迹 205
教団 僧伽現前 174
経典 黄巻赤軸 40，五百結集 89
境地 遠塵離垢 43，穏密全真 44，玄中又玄 80，孤峰頂上 90，実際理地 119, *178*，粥足飯足 130，塵塵三昧 151，身心脱落 151，絶学無為 163，湛然常寂 192，転凡入聖 203，任運騰騰 222，白雲重重 228，法性常楽 254
教導 授手引接 131，出草入草 131，摂化利生 164，接物利生 166，穿却鼻孔 169
教判 捨聖帰浄 124
経論 千経万論 170
虚無主義 灰身滅智 74

〈く〉

苦 愛別離苦 5, *112*, *117*, *138*，一切皆苦 23, *138*, *146*, *219*, *266*，厭離穢土 39, *123*，苦海朝宗 68，三界火宅 98，四苦八苦 *5*, 111, *117*, *138*，娑婆世界 *123*, 126，知苦断集 193，輪廻業報 282
空 壊本絶本 38，空空寂寂 65，空亦復空 67，五蘊皆空 85，罪福無主 96, 三世実有 100, *256*, 三輪清浄 104, *267*，色即是空 *25*, *38*, *49*, *67*, *86*, *101*, *102*, 109, *148*, *177*, *221*, *223*，諸法実相 *144*, 145, *178*, *261*, *275*，真空妙有 *135*, 148, *177*，即有即空 177，中道実相 194，当体即空 208，難解難入 213，如幻仮有 219，人法無我 223，八不中道 230, *245*，非常非断 232，平等平等 235，不生不滅 240, *245*, *246*，不来不去 245，法体恒有 *101*, 256，万法一如 261，夢幻泡影 266, 融通無礙 275
求道 捨穢忻浄 123
功徳 袈裟功徳 73，積功累徳 125，随喜功徳 155
求法 撥草参玄 229
供養 供養雲海 70

〈け〉

華厳 事事無礙 114, *128*, *252*
華厳経 一時炳現 14，挙一全収 81，重重無尽 *15*, *24*, *81*, *115*, 127, *175*, *252*，先照高山 172，念劫融即 224，法界縁起 *81*, 252, *266*
袈裟 袈裟功徳 73，偏袒右肩 *218*, 249
解脱 灰身滅智 74，解脱深坑 75，解脱大海 75, 生死涅槃 137, 頭北面西 158，当体成仏 207，輪廻業報 282
結集 五百結集 89
仮名（けみょう） 亀毛兎角 58
現実 理事不二 *141*, *178*, 278, 立処即真 *178*, 278
現象 情有理無 134

言語　句句超宗 68, *272*, 言語道断 *36*, 92, *94*, *147*, *152*, *165*, *246*, 舌頭落地 166, 滞言滞句 182, 道得八成 210, 不立文字 *9*, *14*, *29*, *36*, *68*, *78*, *92*, *94*, *125*, *142*, *187*, *210*, *224*, 246, 名詮自性 263, 文文見諦 *68*, 272
言語観　絶言絶慮 164
見識　一眼両眼 13

〈こ〉

業　一業所感 13, 有情世間 30, 依報正報 37, 回生回死 47, 曠劫多生 83, 罪福無主 96, 作善得福 96, 自業自得 *34*, *96*, *99*, 112, *126*, 死此生彼 113, 宿習開発 130, 修因感果 126, 小因大果 134, 生死長夜 136, 生死流転 140, *144*, 世世生生 163, 善悪報応 167, 被毛戴角 234, 瑜伽三密 276, 輪転生死 281, 輪廻業報 282, 流転輪廻 *84*, 283
恒常　超古超今 195
広大　宛転盤礴 39
業報　依報正報 37
高慢　空腹高心 66, 点胸担板 198
極楽往生　挟善趣求 62, 倶会一処 *20*, 67, 後念即生 89, 斉同不退 95, 千中無一 173
心（こころ）　一念三千 16, 一念不生 17, 一心三観 25, 一水四見 26, 意馬心猿 28, 意路不倒 28, *92*, 感応道交 54, 休心息念 59, 休息万事 60, 古教照心 *60*, 86, 三界一心 97, *124*, *261*, *274*, 自心是仏 116, *178*, 赤心片片 124, 蛇入竹筒 125, 心行処滅 147, 信心不二 152, 心頭滅却 153, 心仏無別 154, 是心是仏 162, 是心是法 162, 絶慮忘縁 167, 即心是仏 *117*, *162*, 178, *232*, 即心無心 178, 端心正意 190, 湛然常寂 192, 知見解会 *107*, 193, 転境転心 198, 転識得智 200, 同心同意 206, 非心非仏 232, 劈腹剜心 248, 本有種子 257, 万法一心 261, *274*, 唯識無境 *262*, 274, 唯心廻転 274, 六窓一猿 286
古今　超古超今 195
孤独　煢煢忪忪 71
五道　依報正報 37
言葉　一字不説 14, 依詮談旨 35, *227*, 句句超宗 68, *272*, 言語道断 *36*, 92, *94*, *147*, *152*, *165*, *246*, 言忘慮絶 *29*, *92*, 94, *165*, 直指単伝 107, 滞言滞句 182, 湛湛無寄 191, 道得八成 210, 廃詮談旨 *35*, 227, 無言無説 266
小利口　草賊大敗 176
根気　九年面壁 70
混乱　玉石朱紫 64

〈さ〉

罪悪　罪悪深重 94
罪過　罪過彌天 95, 懺悔滅罪 98
財産　名聞利養 264
坐禅　只管打坐 106, 定慧円明 135, 心頭滅却 153, 禅灯黙照 173, 息慮凝心 180, 板歯生毛 231
殺　啞子得夢 6, 以心伝心 9, 一字不説 14, 一念不生 17, 一箇半箇 23, 遠塵離垢 43, 穏密全真 44, 恢廓曠蕩 45, 覚行窮満 48, *106*, 廓然大悟 48, 廓然無聖 49, *248*, 教理行果 63, 金鎖玄関 64, *205*, 見色明心 77, 言前薦得 80, 光境

倶忘 83，孤峰頂上 90，自覚覚他 106, *110*, 自受法楽 115, 自調自度 119，上求菩提 *73*, 135, *146*, *217*, 頭頭是道 158，絶言絶慮 164，全機透脱 169，千了百当 174，触目菩提 180，大悟却迷 182，大死一番 182, *239*，体露金風 185，体露真常 186，打成一片 *7*, 186，脱体現成 187，天真独朗 202，透関破節 204，透頂透底 209，日用無生 215，涅槃寂滅 223，涅槃妙心 *142*, 223, 破家散宅 228, 白雲重重 228，不渉階梯 239，不即不離 240, 不老不死 246，方便菩提 251，法性常楽 254，本証妙修 259，無為自然 265，無為常住 265，無言無説 266，無師独悟 267，無修無証 268，唯仏与仏 275，冷暖自知 *41*, *236*, 283，露地白牛 287

差別 銀盌盛雪 65，明月蘆花 270

さまたげ 自障障他 116

障り 五障三従 88，三障四魔 99，脳後抜箭 226

サンガ 僧伽現前 174

懺悔 懺悔滅罪 98，随犯随懺 157，念念称名 225

三乗 開三顕一 46，法華一乗 253

三諦 一心三観 25，三諦円融 101，*177*

三宝 帰依三宝 55, *213*

三法印 如実知見 219，涅槃寂滅 223

三昧 塵塵三昧 151

〈し〉

死 坐脱立亡 96，頭北面西 158，大死一番 182, *239*，天人五衰 203，刀風一至 210

慈愛 救世度人 69

自我 随処作主 *6*, 156, *169*, *278*

時間 前後際断 171，念劫融即 224

識見 一眼両眼 13

自己 空手還郷 66，唯我独尊 273，立処皆真 *156*, *178*, 278

地獄 阿鼻叫喚 7

自性 見性明心 77, 見性成仏 *9*, 78, *107*, *162*, *187*, *243*, *246*

自性清浄 還源返本 *56*, 76

死生観 生死事大 136，生死長夜 136，生死涅槃 137，生死無常 *112*, 138, *144*, 諸行無常 *23*, *109*, *120*, *138*, *139*, 143, *146*, *161*, *219*, *223*, *266*，世世生生 163，老少不定 285

自然（しぜん） 谿声山色 71，風行草偃 *157*, 236，法爾法然 250

自然観 無情説法 269

四諦 四諦現観 117，知苦断集 193

実有 法体恒有 *101*, 256

実践 潜行密用 170

実相 中道実相 194

実体 有名無実 31

失敗 草賊大敗 176

師弟 函蓋乾坤 52, *226*，師資相見 113，師主知識 115，師勝資強 116，師伝口業 120，借事明機 123，啐啄迅機 180，嫡嫡相承 194，朝参暮請 196，展事投機 200，入室瀉瓶 216，父子相投 236，老婆心切 285

師弟関係 逓相伝授 198

指導 一機一境 21, *25*，一放一収 27，応機接物 41，巻舒斉唱 79，顧鑑頻申 86, 借事明機 123, 正按傍提 133，善巧応機 170，展事投

機 200, 当機敲点 *64*, 205, 鐃鉤搭索 218, 揚眉瞬目 276
自然（じねん） 自然法爾 121
慈悲 愛見大悲 3, 怨親平等 43, 慈悲護念 122, 慈悲仁譲 122, 大慈大悲 183, *185*, *229*, 大悲広慧 184, *185*, 大悲闡提 184, 大悲無倦 185, 同体大悲 208, 饒益有情 218, 抜苦与楽 *183*, 229, 悲智円満 233, 鼻直眼横 234, 利行摂事 277, 和顔愛語 289, 和光応迹 289
師仏 超仏越祖 197
四法印 一切皆苦 23, *138*, *146*, *219*, *266*
自慢 点胸担板 198
迹門 開権顕実 45
邪見 因果撥無 29
自由闊達 呵仏罵祖 52
終始一貫 機先句後 57
自由自在 一竅虚通 22, 宛転盤礴 39, 撃関破節 59, 逆順縦横 59, 七穿八穴 119, *205*, 自由自在 *22*, *119*, 127, *193*, *209*, *211*, *230*, 身心脱落 151, 随処作主 *6*, 156, *169*, *278*, 舌頭無骨 165, 築著磕著 192, 蕩蕩無礙 209, 東涌西没 211, 撥転機関 230, 無礙自在 *252*, 266, 融通無礙 275
執着 殺仏殺祖 *52*, 166
重々無尽 一切即一 24, *119*, *175*, *225*
修道 究竟参徹 68, 直途直行 108, 自調自度 119, 粥足飯足 130, 出草入草 131, 諸悪莫作 132, *159*, *227*, 定慧円明 135, 聖胎長養 141, 絶観忘守 163, 専注奉行 173, 退歩返照 185, 智目行足 194, 朝参暮請 196, 滴水滴凍 198, 日深月久 216, 念念相続 225, 廃悪修善 227, 撥草参玄 229, 板歯生毛 231, 不渉階梯 239, 不退不転 241
十二縁起 連縛縁起 *130*, 284
宗派 王法為本 42, 開麁顕妙 47, 顕彰隠密 77, 信心為本 151, 不受不施 239, 門門不同 272
充満 塡溝塞壑 199, 稲麻竹葦 211
修行 一眼両眼 13, 一心一学 25, 雲兄水弟 33, 雲遊萍寄 33, 依草附木 36, 究理弁道 60, *87*, 行持道環 61, 教理行果 63, 九年面壁 70, 功夫弁道 70, 繫属一生 74, 行雲流水 *33*, 82, 只管打坐 106, 自行化他 110, 積功累徳 125, 出草入草 131, 聖胎長養 141, 随処入作 156, 水到渠成 157, 潜行密用 170, 専注奉行 173, 大死一番 182, *239*, 大道無門 183, 智目行足 194, 兆載永劫 195, 朝参暮請 196, 滴水滴凍 198, 透関破節 204, 日深月久 216, 撥草参玄 229, 不渉階梯 239, 不退不転 241, 劈頭劈面 248, 本証妙修 259, 無修無証 268, 勇猛精進 275, 六度万行 286
修行者 雲兄水弟 33, 雲遊萍寄 33, 依草附木 36, 行雲流水 *33*, 82
修行道 頭頭是道 158
熟慮 九思一言 69
守護 慈悲護念 122
衆生教化 下化衆生 73, *135*, *146*, *218*, 毒天二鼓 211, 入鄽垂手 *77*, *187*, 217
衆生済度 廻入生死 36, 抑止摂取 42, 灰頭土面 48, 還来穢国 80, 自他平等 118, 摂化随縁 164, 摂

化利生 164，和泥合水 *187*, 290
主体 魂神精識 93，罪福無主 96，随処作主 *6*, 156, *169*, *278*，驢前馬後 288
主体性 随処作主 *6*, 156, *169*, *278*，驢前馬後 288
出家 休心息念 59，三衣一鉢 102，辞親尋師 116，四門出遊 122，少欲知足 *60*, *102*, *106*, 143，真俗一貫 152，破家散宅 228，非僧非俗 *42*, 233
首尾一貫 頭正尾正 158
寿命 留多寿行 282
瞬時 石火電光 160
勝義諦 廓然無聖 49, *248*
生死 生死事大 136，生死長夜 136，生死涅槃 137，生者必滅 *35*, 139，不老不死 246，分段生死 246，*265*，無為生死 *247*, 265，流転輪廻 *84*, 283，老少不定 285
成就 水到渠成 157, *236*，風行草偃 157, 236
常住 仏性常住 242
清浄 六根清浄 288
浄土 厭穢欣浄 39, *123*，厭離穢土 39, *123*，恢廓曠蕩 45，倶会一処 *20*, 67，指方立相 122, *250*，捨穢忻浄 123，捨聖帰浄 124，授手引接 131，選択本願 171，無為自然 265，無為常住 265，臨終正念 280，臨終来迎 *277*, 281
成道 八相成道 230
聖道門 捨閉閣抛 126
浄土真宗 王法為本 42，顕彰隠密 77，信心為本 151，非僧非俗 *42*, 233
成仏 上求菩提 *73*, 135, *146*, *217*，是心是仏 162，当体成仏 207，龍女成仏 *201*, *222*, *249*, 280
称名 念念声声 225，念念称名 225
少欲知足 軽財知足 60, *143*，三衣一鉢 102，少欲知足 *60*, *102*, *106*, 143
女性 五障三従 88，転成男子 201，女人成仏 *88*, *201*, 221, *247*, *280*，変成男子 *88*, *202*, *222*, 248，龍女成仏 *201*, *222*, *249*, 280
自力念仏 教頓機漸 63
思慮分別 絶慮忘縁 167
信 悪人正機 5, *188*，以信得入 10，帰依三宝 55, *213*，志意和雅 105，信楽開発 147，真実信心 149，信心為本 151，信心不二 152，他力信心 189，如是我聞 220，念念相続 225
人格 一眼両眼 13，全機独露 169
心境 一出一入 25
真実 開権顕実 45，花紅柳緑 51，*66*, *144*, *234*，実相無相 120, *142*, *145*，証誠護念 140，処処全真 144，心行処滅 147，真実人体 149，単提独弄 190，万法一如 261，無為自然 265
心身（身心） 一篋四蛇 22，身心一如 150，六根清浄 288
信心 信楽開発 147，真実信心 149，信心為本 151，他力信心 189
人生観 一切皆苦 23, *138*, *146*, *219*, *266*
身体 一篋四蛇 22
神通力 石壁無礙 161，転身自在 202
真如 一顆明珠 21，穏密全真 44，花紅柳緑 51, *66*, *234*，鼻直眼横 234
真人 昭昭霊霊 140

信念　志念堅固 *118*, 121

神変　転身自在 202

身命　不惜身命 237

森羅万象　谿声山色 71

真理　一月三舟 12, 一字不説 14, 一塵法界 15, 一顆明珠 21, 依詮談旨 35, *227*, 開権顕実 45, 花紅柳緑 51, *66*, *144*, *234*, 教理行果 63, 空空寂寂 65, 言語道断 *36*, 92, *94*, *147*, *152*, *165*, *246*, 言忘慮絶 *29*, *92*, 94, *165*, 三諦円融 101, *177*, 直指単伝 107, 四諦現観 117, 実際理地 119, *178*, 実相無相 120, *142*, *145*, 自然法爾 121, 証誠護念 140, 性相如如 141, 諸行無常 *23*, *109*, *120*, *138*, *139*, 143, *146*, *161*, *219*, *223*, 処処全真 144, 諸法実相 *144*, 145, *178*, *261*, *275*, 諸法無我 *23*, *120*, *138*, 145, *177*, *219*, *223*, 真実人体 149, 随縁真如 155, *243*, 絶言絶慮 164, 相即相入 *25*, *81*, 175, 即事而真 177, *204*, 体露真常 186, 単提独弄 190, 湛湛無寄 191, 当位即妙 203, 道前真如 207, 如実知見 219, 如実無倒 219, 如是実相 221, 廃詮談旨 *35*, 227, 破邪顕正 *216*, 229, 鼻直眼横 234, 不捨一法 237, 不生実際 *178*, 239, 不生不滅 240, *245*, *246*, 不変真如 *155*, 243, 附物顕理 *178*, 244, 不来不去 245, 法爾法然 250, 法界一相 251, 法性随縁 *155*, 254, 法性随妄 254, 法性平等 *254*, 255, 法身平等 256, 無為自然 265, 無言無説 266, 無法可説 269, 文文見諦 *68*, 272, 唯仏与仏 275, 理事不二 *141*, *178*, 278, 理智冥合 278, 立処皆真 *156*, *178*, 278, 立処即真 *178*, 278, 冷暖自知 *41*, *236*, 283

〈す〉

衰退　雲騰致雨 32

素直　質直無偽 118, 劈腹剜心 248

〈せ〉

生活　少欲知足 *60*, *102*, *106*, 143

誓願　願力廻向 55, 四弘誓願 *73*, *106*, 111, *212*, *253*, 証誠護念 140, 選択本願 171, 他力本願 *188*, 190, 転凡入聖 203, 本願他力 *188*, *190*, 258

生成　雲騰致雨 32

世界　一念三千 16, 一切即一 24, *119*, *175*, *225*, 有情世間 30, 三世実有 100, *256*, 自他法界 118, 娑婆世界 *123*, 126, 法体恒有 *101*, 256

世界観　生者必滅 *35*, 139, 諸行無常 *23*, *109*, *120*, *138*, *139*, 143, *146*, *161*, *219*, *223*, *266*, 相即相入 *25*, *81*, 175, 念劫融即 224

世俗諦　王法為本 42

絶対　開麁顕妙 47

絶対平等　朕兆已前 197, 同一鹹味 204

説法　一字不説 14, 横説竪説 41, 応病与薬 41, *154*, *155*, *181*, 谿声山色 71, 示教利喜 110, 初転法輪 *55*, 144, *193*, 舌頭無骨 165, 対機説法 *41*, 181, 法身説法 255, 無情説法 269

世話　老婆心切 285

善　万善成仏 260

善悪　罪悪深重 94, 罪過彌天 95,

善悪不二 167
禅定 定慧円明 135，息慮凝心 180
禅問答 互換縦横 86, *236*

〈そ〉

僧 僧伽現前 174
相応 函蓋相称 53
相即 挙一全収 81，当体全是 207
相続 血脈不断 76
僧俗 非僧非俗 *42*, 233
相即相入 一切即一 24, *119*, *175*, *225*
相対 開麁顕妙 47
草木国土 同身同機 206
尊敬 遶仏三匝 218

〈た〉

第一義諦 廓然無聖 49, *248*
大乗 廻心向大 35
大乗仏教非仏説論 如是我聞 220
態度 志意和雅 105，自讃毀他 113，質直無偽 118，志念堅固 *118*, 121，慈悲仁譲 122，絶観忘守 163，和顔愛語 289
代表 挙一蔽諸 82
堕地獄 煢煢忪忪 71
多数 稲麻竹葦 211
他力 悪人正機 5, *188*，願力廻向 55，自然法爾 121，他力往生 188，他力信心 189，他力念仏 189，他力本願 *188*, 190，仏恩報謝 241，仏所護念 242，発願廻向 252，本願他力 *188*, *190*, 258
他力念仏 顕彰隠密 77
単刀直入 単刀直入 191, *278*

〈ち〉

智 一切種智 24
智慧 一切種智 24，境照不二 62, *63*，境智倶融 62，四諦現観 117，定慧円明 135，禅灯黙照 173，大悲広慧 184, *185*，難解難入 213，如実知見 219，悲智円満 233，本有種子 257，理智冥合 278
畜生 披毛戴角 234
知的理解 知見解会 *107*, 193
中道 即有即空 177，中道実相 194，八不中道 *230*, 245，非常非断 232，不来不去 245
中途半端 依草附木 36
超越 呵佛罵祖 52，金鎖玄関 64, *205*，殺仏殺祖 *52*, 166，超仏越祖 197，透関破節 204
超俗 韜光晦迹 205
調和 唱拍相随 141
直截 単刀直入 191, *278*

〈つ〉

追従 驢前馬後 288
罪 罪悪深重 94，罪過彌天 95

〈つ〉

出会い 愛縁奇縁 3
伝承 仏仏祖祖 *113*, *178*, *180*, 243
天台宗 開麁顕妙 47
天人 天人五衰 203
伝法 以心伝心 9，一味瀉瓶 18, *114*, *216*，口決面授 69，血脈不断 76，直指単伝 107，師資相承 114, *216*，師伝口業 120，嫡嫡相承 194，逓相伝授 198，入室瀉瓶 216，拈華微笑 *142*, 224，密受心印 262

〈と〉

同音 異口同音 8

動作　一出一入 25
同志　同心同意 206
道徳　諸悪莫作 132, *159*, *227*
徳　袈裟功徳 73, 積功累徳 125, 随喜功徳 155, 韜光晦迹 205, 無作福田 267
読書　古教照心 *60*, 86
とらわれ　世縁妄執 160, 滞言滞句 182, 破邪顕正 *216*, 229

〈な〉

内省　退歩返照 185
名と実体　一拳五指 23, 有名無実 31, 亀毛兎角 58, 名詮自性 263, 名体不離 263

〈に〉

日常　屙屎送尿 6, 一出一入 25, 行住坐臥 *41*, 61, *91*, *222*, *281*, 語黙作作 91, 語黙動静 91, 照顧脚下 *34*, 136, 潜行密用 170, 日用無生 215, 任運騰騰 222, 仏世一枚 242, 揚眉瞬目 276
日蓮宗　不受不施 239
女人成仏　龍女成仏 *201*, *222*, *249*, 280
如来蔵　一顆明珠 21, 三界一心 97, *124*, *261*, *274*
人　一文不知 19, 一文不通 19, 一箇半箇 23
人間観　真実人体 149

〈ね〉

涅槃　伊字三点 8, 灰身滅智 74, 解脱深坑 75, 解脱大海 75, 生死涅槃 137, 頭北面西 158, 当体成仏 207, 不住涅槃 238
涅槃経　伊字三点 8, 毒天二鼓 211
念仏　一念往生 15, 機法一体 57, 自障障他 116, 信心為本 151, 千中無一 173, 他力念仏 189, 念念声声 225, 念念称名 225, 念念相続 225

〈は〉

破壊　金剛不壊 92
破邪　下救沈淪 72, *229*
はたらき　一路生機 20, 大機大用 181, 当位即妙 203, 入我我入 217, 力用交徹 277
半座　各留半座 50, *132*, *217*
反省　回光返照 34, *136*, *185*
般若心経　色即是空 *25*, *38*, *49*, *67*, *86*, *101*, *102*, 109, *148*, *177*, *221*, *223*

〈ひ〉

美　錦上鋪花 64
比喩　啞子得夢 6, 伊字三点 8, 一顆明珠 21, 一篋四蛇 22, 一拳五指 23, 一水四見 26, 意馬心猿 28, 雲兄水弟 33, 雲遊萍寄 33, 依草附木 36, 函蓋乾坤 52, *226*, 函蓋相称 53, 亀毛兎角 58, 玉石朱紫 64, 金鎖玄関 64, *205*, 錦上鋪花 64, 銀椀盛雪 65, 苦海朝宗 68, 髻中明珠 72, 解脱深坑 75, 解脱大海 75, 行雲流水 *33*, 82, 金剛不壊 92, 斬釘截鐵 102, 師子奮迅 114, 蛇入竹筒 125, 春蘭秋菊 132, 生死長夜 136, 水到渠成 157, *236*, 青山白雲 159, 青天白日 159, *271*, 石火電光 160, 先照高山 172, 禅灯黙照 173, 啐啄迅機 180, 智目行足 194, 釣絲絞水 196, 塡溝塞壑 199, 電光朝露

199，同一鹹味 204，稲麻竹葦 211，二河白道 214，日下孤灯 215，白雲重重 228，風行草偃 *157*, 236, 不宿死屍 238, 卞璧燕金 249，夢幻泡影 266，明月盧花 270，六窓一猿 286，露地白牛 287，驢前馬後 288

表敬　邁仏三匝 218，偏袒右肩 *218*, 249

平等　一相一味 27，怨親平等 43，自他平等 118，主伴同会 131，春蘭秋菊 132，朕兆已前 197，同一鹹味 204，平等平等 235，仏性常住 242，法性平等 *254*, 255，法身平等 256，万法一如 261，明月蘆花 270

〈ふ〉

布教　初転法輪 *55*, 144, *193*，即施即廃 179

福徳　無作福田 267

父子　青山白雲 159

不定　同聴異聞 209

布施　三輪清浄 104, *267*, 不惜身命 237，不受不施 239，無作福田 267

仏（ぶつ）　一月三身 12, *100*，一仏多仏 17，開示悟入 46，覚行窮満 48, *106*，各留半座 50, *132*, *217*，谿声山色 71，光明遍照 84，三身即一 *12*, 100, 三輪開悟 103, 師子奮迅 114，主伴同会 131，心仏無別 154，頭北面西 158，大悲広慧 184, *185*, 大悲闡提 184, 大悲無倦 185，難値難見 214，二仏並坐 *50*, *132*, 216, 八相成道 230, 番番出世 231, 不捨一法 237, 不生不滅 240, *245*, *246*，仏仏祖祖 *113*, *178*, *180*, 243, 法身説法 255, 法身平等 256，凡聖一如 258，万徳円融 261，名体不離 263，唯仏与仏 275，龍華三会 279，留多寿行 282

仏縁　有縁無縁 30，化俗結縁 75

仏教　一月三舟 12

仏　性　一顆明珠 21, 回光返照 34, *136*, *185*, 帰家穏坐 56, 空手還郷 66，懸崖撒手 76, *183*，還源返本 *56*, 76, 見性成仏 *9*, 78, *107*, *162*, *187*, *243*, *246*，見性明心 77，向外求仏 83，箇箇圓成 87，直指人心 *9*, *78*, 107, *187*, *243*, *246*，自心是仏 116, *178*，照顧脚下 *34*, 136，昭昭霊霊 140，心月円明 147，全機独露 169, 草木成仏 176, *269*，即心是仏 *117*, *162*, 178, *232*，天真独朗 202，同身同機 206，道前真如 207，衲僧鼻孔 226，婆子焼庵 228，非心非仏 232，仏性一如 241，仏性常住 242, 附物顕理 *178*, 244, 本有仏性 257，本性清浄 259，本来円成 260, 未生以前 *197*, 262, 迷頭認影 271，唯我独尊 273

仏心　涅槃妙心 *142*, 223

仏陀　唯我独尊 273，唯仏与仏 275

仏陀観　番番出世 231

仏典　黄巻赤軸 40，千経万論 170，如是我聞 220

仏道　行持道環 61，大道無門 183

仏法　谿声山色 71，正法眼蔵 142，是心是法 162

分別　意路不倒 28, *92*，心行処滅 147，心頭滅却 153，絶慮忘縁 167，知見解会 *107*, 193

〈へ〉

平常　屙屎送尿 6

別離　会者定離 35, *139, 140*
偏見　空腹高心 66，点胸担板 198

〈ほ〉

放棄　懸崖撒手 76, *183*
方便　開権顕実 45，単提独弄 190，法已応捨 *122*, 250，方便善巧 251, 方便菩提 251，迷頭認影 271
法宝　教理行果 63
菩薩　繋属一生 74，自行化他 110，慈悲仁譲 122，積功累徳 125，大悲闡提 184
菩提心　赤心片片 124
法界　一時炳現 14，一塵法界 15，融通無礙 275
法華経　一因一果 11，開権顕実 45，開三顕一 46，開示悟入 46，髻中明珠 72, 醍醐一実 181，二仏並坐 *50, 132*, 216，不受不施 239，法華一乗 253，六難九易 287，露地白牛 287
法身　広略相入 85
法灯　師資相承 114, *216*, 師伝口業 120，嫡嫡相承 194，逓相伝授 198，入室瀉瓶 216，仏仏祖祖 *113, 178, 180*, 243
発菩提心　頭正尾正 158
本願　願力廻向 55，四弘誓願 *73, 106*, 111, *212, 253*，選択本願 171，他力往生 188，他力本願 *188*, 190, 発願廻向 252, 本願他力 *188, 190*, 258
本性　心月円明 147，天真独朗 202，本性清浄 259
煩悩　愛縁奇縁 3，愛見大悲 3，瓦解氷消 50，自障障他 116，十方坐断 120，情有理無 134，世縁妄執 160，大悟却迷 182，滞言滞句 182, 当位即妙 203, 破邪顕正 *216*, 229，仏性一如 241，劈頭劈面 248，法塵煩悩 250，法性随妄 254，無始無明 268，無明業障 270, 迷中又迷 270，迷頭認影 271
凡夫　転凡入聖 203，凡聖一如 258
本分　衲僧鼻孔 226
本門　開権顕実 45
本来の自己　回光返照 34, *136, 185*，空手還郷 66，懸崖撒手 76, *183*，還源返本 *56*, 76，照顧脚下 *34*, 136，昭昭霊霊 140，全機独露 169，婆子焼庵 228

〈ま〉

魔　三障四魔 99
真面目　婆子焼庵 228
末法　時機相応 108
迷い　愛見大悲 3, 瓦解氷消 50，自障障他 116，十方坐断 120，情有理無 134，将錯就錯 138，世縁妄執 160，大悟却迷 182，滞言滞句 182，当位即妙 203，破邪顕正 *216*, 229, 法塵煩悩 250, 法性随妄 254，無始無明 268，無明業障 270, 迷中又迷 270，迷頭認影 271

〈み〉

見方　一月三舟 12
導き　一機一境 21, *25*，一放一収 27，応機接物 41，化俗結縁 75，巻舒斉唱 79，顧鑑頻申 86，自行化他 110，借事明機 123，授手引接 131，出草入草 131，正按傍提 133，随縁化物 154，摂化利生 164，接物利生 166，穿却鼻孔 169，善巧応機 170，即施即廃 179，展事投機 200，当機敲点 *64*,

205, 道力化功 211, 鐃鉤搭索 218, 揚眉瞬目 276
密教 入我我入 217, 瑜伽三密 276
名号 機法一体 57
弥勒菩薩 龍華三会 279

〈む〉

無 啞子得夢 6
無我 一拳五指 23, 機関木人 57, 諸法無我 *23*, *120*, *138*, 145, *177*, *219*, *223*, 人法無我 223, 夢幻泡影 266
報い 罪福無主 96, 善悪報応 167
無常 会者定離 35, *139*, *140*, 生死無常 *112*, 138, *144*, 盛者必衰 *35*, 139, *144*, 生者必滅 *35*, 139, 諸行無常 *23*, *109*, *120*, *138*, *139*, 143, *146*, *161*, *219*, *223*, *266*, 石火電光 160, 是生滅法 161, 電光朝露 199, 夢幻泡影 266, 無常迅速 *136*, *144*, 269
無駄 釣絲絞水 196
無知 一文不知 19, 一文不通 19
無分別 意路不倒 28, *92*
無分別智 境照不二 62, *63*, 境智倶融 62
無明 無始無明 268
無用 日下孤灯 215

〈め〉

名誉 名聞利養 264
明瞭 貼体分明 196
命令 頭正尾正 158

〈も〉

黙照禅 無言無説 266
ものの見方 一月三舟 12
問答 互換縦横 86, *236*, 唱拍相随 141

〈ゆ〉

唯識 転識得智 200, 本有種子 257, 万法一心 261, *274*, 唯識無境 *262*, 274, 唯心廻転 274
唯心 万法一心 261, *274*, 唯心廻転 274
悠久 裂破古今 284
幽玄 玄中又玄 80
優劣 卞璧燕金 249

〈よ〉

要諦 敲関撃節 83, 衲僧鼻孔 226, 文文見諦 *68*, 272
欲望 名聞利養 264, 六根清浄 288
預流 遠塵離垢 43

〈り〉

理性 知見解会 *107*, 193
利他 自他平等 118
利益 自利利他 *110*, 146, 饒益有情 218, 利益衆生 279
臨死 天人五衰 203, 刀風一至 210
輪廻 回生回死 47, 曠劫多生 83, 魂神精識 93, 死此生彼 113, 生死長夜 136, 生死流転 140, *144*, 世世生生 163, 被毛戴角 234, 輪転生死 281, 輪廻業報 282, 流転輪廻 *84*, 283
倫理 諸悪莫作 132, *159*, *227*
倫理観 善悪不二 167, 善悪報応 167, 廃悪修善 227

〈れ〉

霊魂 魂神精識 93

〈わ〉